Борис Носик

Прогулки по Парижу

Правый берег

Москва
ОАО Издательство «РАДУГА»
2001

ББК 84.Р7-4
Н72

Фотографии Б. ГЕССЕЛЯ
Внешнее оформление А. НИКУЛИНА
Макет Р. СЕЙФУЛИНА
Редактор В. РУМЯНЦЕВ

Н72 Носик, Борис
Прогулки по Парижу. Правый берег.— М.: ОАО Издательство «Радуга», 2001.— 368 с.

Борис Носик, литератор и переводчик, более пятнадцати лет проживший во французской столице, вновь приглашает читателей, уже знакомых с его книгой «Прогулки по Парижу. Левый берег и острова», на прогулку по Парижу. На этот раз по правому берегу Сены: дворец Карнавале, башня Сен-Жак, кладбище Пер-Лашез, сад Тюильри, Монмартр, Булонский лес... Интересно? Тогда присоединяйтесь!

Книга написана живым языком, в жанре историко-культуроведческого путеводителя, она богато иллюстрирована и предназначена для самого широкого круга читателей.

Автор книги благодарит всех, кто помогал ему в его работе и прогулках по Москве и Парижу:

М. де Агостини, С.-М.-Р. Носик, А.Б. Носика, Б. Гесселя, А.,Т. и М.Граников, П. и Т. Перро, М. и А. Щетинских, Ж. и П. Кюрье, Л. Перекрестову, Н. Петыш, Н. Антонюк, А., А.А., Д. и К. Поповых, Л. и Ф. Фирсовых, Т. Гладкову, В. Красильникову, П. Кана, Д. и Д. Витале, А. и Ю. Вишневских, Н. и М. Сулькиных, О. и Д. Бутыльковых, Д. Зака, Ж. Репо, А. Репо, В. Мотыля, С. и Л. Ивановых, Е. и Т. Клейнеров, Л. Шумакова, В. Канавина, Н. Гаджиеву, Н. Мяготину, Ю. Амбросова, Н. Ухову, Я. Гордина, А. Арьева, М. Панина, А. и Н. Фуксонов, Л. Немченко, И. Объедкову, О. Гребенникову, В. Рубцова, М. Данилова, М., Н. и Б. Золотухиных, С. Джурабаева, Т., М., Ч. и А. Манасыповых, К. и В. Федермессеров, М. Болысова, В. Чеботарева, З. Набок, К. Санчеса, Т. Александрову, Ю. Суворова, а также русскую редакцию РФИ и русскую редакцию Би-Би-Си.

ISBN 5-05-004964-4   © ОАО Издательство «Радуга», 2001

Прогулки по Парижу
Правый берег

Присядем у берега перед дорогой

*Сыночку Антоше,
дочке Санечке*

ОТЕЛЬ-ДЕ-ВИЛЬ, ТО БИШЬ МЭРИЯ, НА БЫВШЕЙ ГРЕВСКОЙ ПЛОЩАДИ, или ОТКУДА ВСЕ ПОШЛО И К ЧЕМУ ПРИШЛО

С чего же нам начать прогулку по правому берегу Парижа? Конечно же, с площади Отель-де-Виль, с площади парижской мэрии (мэрия и будет по-французски **Hôtel de Ville**, в буквальном переводе — Дворец города)! И вовсе не из почтения к городским властям и их главному учреждению мы решили начать отсюда. В конце концов, подумаешь, учреждение!.. Чиновники, они и есть чиновники, одни — энтузиасты и труженики, другие — лодыри и казнокрады: как везде, берут взятки (по-французски — *pot-de-vin*, то есть кувшин вина, а по-нашему — пол-литра), как везде, делают приписки, как везде, не обходятся без семейственности. Однако ведь и за порядком в городе следят, и дороги чинят, и электричество с водой подают, и библиотеки держат, да и все прочее в норме, разве что вот с собачьим дерьмом на тротуарах никак справиться не могут: несмотря на грозные указы и миллионные затраты, не поддаются воспитанию ни собаки, ни парижане...

А почему же все-таки мэрия? А потому, что место уж больно красивое. Великолепное, праздничное здание, площадь с фонтанами близ Сены и — воспоминания, воспоминания, воспоминания... Историческое место. Отсюда многое пошло — и городское самоуправление, и вообще французская демократия, и городские праздники, и бунты, и перевороты, и освободительные восстания, и забастовки (даже самое имя им дала эта площадь — *grève*), и жестокие (и пожалуй что тщетные) усилия правосудия держать своих сограждан в строгой узде, и роскошные пиры (разумеется, за счет горожан-налогоплательщиков), и герб города Парижа... В общем, всего не перечислишь, но кое о чем надо вспомнить именно здесь, отдыхая на скамеечке под плеск фонтанов и глядя на украшенный статуями фасад мэрии...

Кстати, в этом уголке Парижа и почище нашего ценители прекрасного получали эстетическое удовольствие. Скажем, поэт Александр Блок сидел за столиком в кафе в конце улицы Риволи, любовался мэрией, писал письма матери и, небось, переносился мыслями в стародавние парижские времена... Мы тоже перенесемся.

До XII века был тут просто берег Сены, поросший камышом, — тишь, глушь, крупнозернистый песок и гравий («песчаный берег» по-французски будет «грев» — *grève*). В 1141 году торговцы водой (очень влиятельная в те времена купеческая корпорация) решили устроить на этом участке Сены новый порт, благо течение тут тихое, чтобы хоть немного разгрузить порт Сен-Лондри, что располагался на тесном острове Сите. Гревский порт очень скоро приобрел популярность — разгружали тут и зерно, и сено, и лес, и вино, — и стал он одним из главных портов столицы. Мало-помалу местные торговцы водой настолько укрепили свое экономическое положение, что перенесли собственную, весьма влиятельную выборную администрацию с левого берега (из монастыря Сент-Женевьев) на правый (эта часть берега вдобавок оказалась не затопляемой паводками), а их герб с корабликом стал со временем гербом всего Парижа («Похож на наш, тоже кораблик», — отмечают приезжие петербуржцы). В 1357 году купеческие советники (эшевены) во главе со своим знаменитым старостой (прево) Этьеном Марселем купили стоявший на этом месте дом с аркадами («Дом на сваях»). На протяжении многих столетий это средневековое готическое здание потом достраивалось, перестраивалось, украшалось (здесь были великолепные интерьеры, висели картины Энгра и Делакруа), и даже безжалостная Французская революция пощадила эту колыбель купеческой демократии. Революция, но не Парижская Коммуна... В 1871 году здание сгорело со многими своими сокровищами. Кое-какие уцелевшие шедевры (вроде статуи X века Карла Великого и барельефа Лемера) попали в музей Карнавале, в парки Трокадеро, Монсо, в сквер Поля Ланжевена (правда, в мае 1968 года участники студенческой заварухи снесли некоторым из многострадальных статуй головы, пытаясь, вероятно, доказать, что у них не какая-нибудь там банальная молодежная потасовка, а «самая настоящая революция»)... Уже через три года после усмирения Коммуны здание было вновь отстроено, и ныне оно предстает во всем своем великолепии — со множеством скульптурных фигур на фаса-

Отель-де-Виль...

Вот здесь и находился когда-то бойкий парижский порт...

де: кариатид и статуй — аллегорий тридцати городов Франции, а также с изображениями более сотни знаменитых парижан и парижанок. А уж внутри здания чего только нет — и картины, и статуи, и росписи Пюви де Шаванна, и зеркала, и позолота, и старинная мебель, и роскошь бесчисленных салонов... В одном из них — как не похвастать? — мэр города Парижа вручил моей доченьке за отличное окончание коллежа, то есть неполной средней школы, какую-то книжку с картинками (надеюсь, оплаченную из моих налоговых отчислений). Это, впрочем, было лишь одним из знаменательных событий, имевших место в стенах нового здания мэрии (нередко с участием вездесущих русских — куда от них деться в Париже?). В 1893 году здесь принимали русского адмирала Авеллана и офицеров его эскадры, был дан грандиозный обед в ознаменование русско-французской дружбы (репродукцию со старинной акварели, отразившей эту встречу, до сих пор можно видеть на станции метро «Отель-де-Виль» — не проходите мимо!). В мэрии принимали императора Николая II и императрицу Александру Федоровну, а еще позднее, с 1960 по 1989 год, по очереди кормили обедами Хрущева, Брежнева, Косыгина и Горбачева (последнего — дважды)...

В 1871 году революционер Петр Лавров участвовал в провозглашении Парижской Коммуны (тут-то мэрию и сожгли). Именно в мэрии арестовали Робеспьера. А Ламартин столкнулся с бунтовщиками. Здесь чествовали Людовика XVIII. А Наполеон отпраздновал свадьбу с Марией-Луизой. Здесь принимали английскую королеву Викторию... В 1944-м в штурме мэрии принимал участие юный рус-

Герб водоторговцев еще в старину стал гербом города Парижа.

ский герой Толя Болгов (вскоре погибший). Здесь размещался штаб Сопротивления...

С 1310 до 1830 года (больше пяти столетий) эта (тогда еще Гревская) площадь служила местом казней. Виселицы стояли на ней постоянно, но преступников не обязательно вешали. Иным отрубали голову, иных четвертовали, иных (по подозрению в колдовстве) сжигали живьем. Здесь казнили, к примеру, грозу Парижа разбойника Картуша, убийцу короля Генриха IV Равайяка, известную отравительницу маркизу де Бренвилье. Казнь этой страшной женщины, отравившей отца и двух братьев (в целях увеличения своей доли наследства), была с ужасом и отвращением описана в письме блистательной писательницы маркизы де Севинье от 17 июля 1676 года. До революции здесь шумно отмечали многие праздники, в том числе день Иоанна Крестителя, и, бывало, сам король возжигал праздничный костер. Революция обогатила площадь новинкой революционного быта — гильотиной. Так что позднее, в 1812 году, на этой площади культурно отрубили голову одному из чинов французской военной администрации, который снимал копии с конфиденциальных военных отчетов, предназначенных

Статуй на новом (после 1881 г.) здании мэрии и вокруг нее превеликое множество. Что символизируют эти пышущие здоровьем женщины, догадаться бывает трудно.

На бывшей Гревской площади казней больше не бывает. Но иногда здесь происходят не менее волнующие события. Скажем, уже за три часа до начала парижского финального матча на Кубок мира по футболу (1998 год) на площади перед мэрией, где были установлены гигантские телевизионные экраны, собралось немало возбужденных болельщиков. После матча некоторые из них крушили витрины на Елисейских полях.

для Наполеона, и продавал их в русское посольство — полковнику Чернышеву. Нравы тогда были дикие, и даже сообщника казненного чиновника выставили в кандалах у позорного столба. Надо сказать, что в наше время нравы заметно смягчились. Недавно молодой французский инженер-атомщик Франсис Тампервиль передал двум разведчикам из советского посольства 100 сверхсекретных документов (в общей сложности около 6000 листов), но его не только не казнили, но даже и не слишком клеймили позором. Газеты очень трогательно писали, что он хотел открыть на вырученные деньги частную школу и, может, открыл бы, если б его не выдал советский злодей перебежчик из КГБ. Тампервилю

Зимой на площади перед мэрией отцы города устраивают небольшой каток. А им самим с лихвой хватает скользких политических гонок и борьбы за власть.

пришлось промаяться в тюремной камере весь период следствия, и газеты сообщали, что он плодотворно работал там над диссертацией и даже цветной телевизор не мог отвлечь его от работы. Вскоре по окончании следствия он был отпущен на волю и ныне, вероятно, уже пошел на повышение... Вот такой оптимистической историей я и хотел закончить рассказ у фонтана перед парижской мэрией, но вдруг вспомнил незначительный, а все же противный эпизод... Как-то я так же вот нежился на скамейке и думал, что надо бы заглянуть на почту, которая размещалась тогда в полуподвале этого здания — очень удобно для туристов, не успевших отослать открытки с сообщением, что они уже в прекрасном Париже. Браня себя за леность, я наконец оторвался от скамейки, и тут раздался взрыв в помещении почты. Уцелевшие от взрыва туристы и почтовые барышни рассказали потом, что они приметили арабскую девушку, которая бросила какой-то пакетик в мусорную урну на почте и поспешила прочь. Полицейские эксперты (которые, как всегда, никого не поймали) высказали предположение, что это была, скорей всего, «боевичка» из Ирана, Ирака или Палестины. Почту после этого закрыли напрочь, так что вы можете спокойно отдыхать у мэрии, набираясь сил для долгой прогулки по правому берегу. И если моя последняя история показалась вам поучительной, никуда не спешите.

БАШНЯ СЕН-ЖАК

Прежде чем двинуться по правому берегу в глубь старинного квартала Маре, отклонимся на сотню метров к западу по авеню, носящей имя английской королевы Виктории, чтобы осмотреть странное и весьма знаменитое сооружение в соседнем сквере. Замечено, что, переходя по мосту с острова Сите на правый берег Сены или глядя вниз от Сорбонны вдоль длинной улицы Сен-Жак, приезжие неизменно обращают внимание на эту странную башню и спрашивают:

— А там у вас что такое?

— Это башня Сен-Жак, — отвечает парижанин.

— Но почему вдруг башня? Там ведь ни крепостной стены, ни замка, ни церкви... А может, это просто памятник? Тогда чему памятник?

На такие вопросы в двух словах не ответишь. Потому что за этой башней целая история — Франции и Парижа. История былого благочестия и былых заблуждений, былых страстей. История французского искусства, науки и музыки, история варварства революционной толпы и история поэзии... Всему этому, вероятно, и памятник... Да еще какой памятник!

Вот она стоит посреди Парижа, эта позднеготическая башня начала XVI века, стоит одиноко и словно бы неуместно, потому что у самых дерзких варваров и самых неуважительных революционеров и преобразователей не поднимается на нее больше рука. Сама жестокая революция чудом ее пощадила. Даже дерзкие поэты-разрушители, сюрреалисты, на заданный им вопрос, разрушить ли эту башню, перенести ли ее или перестроить, отвечали (уже в варварском, красно-коричневом 1933 году) весьма неуверенно и весьма умеренно, я бы даже сказал, робко.

«Перенести на площадь Согласия на место Обелиска», — ответил поэт Морис Анри.

«Поставить ее в центре Парижа, а вокруг охрану», — сказал Бенжамен Пере.

«Склонить ее слегка», — предложил поэт Элюар, который и сам всегда готов был склониться — перед женщиной, перед партией, перед противником, а главное — перед силой.

«Разломать все дома вокруг нее», — сказал Жорж Ванстайн.

А вождь сюрреалистов Андре Бретон пошел дальше всех:

«Сохранить ее как есть, но разломать окружающий квартал и запретить приближаться к ней под страхом смерти на протяжении ста лет».

Вот так, вполне почтительно, высказались о башне Сен-Жак

непочтительные сюрреалисты в своем журнале «Сюрреализм на службе революции».

А ведь она не всегда пребывала в таком странном одиночестве, эта башня. Она служила колокольней огромной, занимавшей чуть не весь нынешний сквер старинной парижской церкви Святого Иакова в Мясницкой, церкви Сен-Жак-де-ла-Бушери. Место это на скрещении главных дорог — с юга на север и с запада на восток, да еще и на берегу Сены — испокон веку не пустовало. Стояла здесь еще в Средние века часовня Святой Анны, а в начале XVI века при короле Франциске I была построена почтенная церковь Сен-Жак в слободе мясников, кожевников, дубильщиков кожи, щедро пожертвовавших на ее постройку. Впрочем, как уточняют историки, большая часть денег, пущенных на строительство церкви, была конфискована у евреев. А что посвятили церковь святому Иакову, это неудивительно: именно тут и шла дорога на юг, приводившая в конце долгого путешествия к знаменитой испанской святыне Сантьяго-де-Компостела, по-французски — Сен-Жак-де-Компостель.

Жертвовали на церковь в надежде обрести в ней или возле нее место последнего упокоения не только мясники и прочие богатые буржуа квартала, но также и обитавшие рядышком писари. Их крошечные будки лепились к стенам храма со стороны нынешней рю Риволи, которую в ту пору так и называли — улицей Писарей или, может, улицей Писцов — в общем, рю дез Экривен. Писцы учили в своих будках грамоте и составляли для клиентов бумаги. Среди этих просвещенных и богобоязненных грамотеев славен был своей праведностью и зажиточностью некий Никола Фламель, чья судьба сложилась весьма странно.

Жил он, подобно прочим, в крошечной будке, которой, по словам старинного автора, сам Диоген бы не позавидовал, и вот однажды во сне ему явился ангел и показал огромный золоченый манускрипт, украшенный загадочными рисунками и знаками, смысл которых был писцу неясен. А через несколько месяцев какой-то незнакомец принес в лавчонку Фламеля огромный раззолоченный манускрипт, который тот сразу узнал и купил. Раскрыв его, он с трепетом увидел название — «Книга Авраама, иудея, князя, священнослужителя, левита, астролога и философа, обращенная к народу иудеев, гневом Божиим рассеянному среди галлов». Рукопись оказалась собранием рецептов по алхимии. С той поры просвещенный Фламель стал искать философский камень и формулу, которые позволили бы ему превращать любой презренный металл в благородное золото. Он даже ходил под видом паломника в Испанию, чтобы повстречаться там с просвещенными иудеями в надежде, что те помогут ему понять смысл загадочных иероглифов из Книги Авраамовой. В конце концов он, говорят, раскрыл все тайны, и нашел камень, и всего достиг, но только вот, жалко, нам ничего не сообщил — помер и был похоронен в здешней церкви, и надпись на его над-

Башня Сен-Жак

гробном камне цела и поныне. Он даже труд оставил после себя — «Книгу иероглифических рисунков Парижа», однако из этого труда тоже невозможно понять, как получить из любого металла золото, которого людям вечно так не хватает. Что же до его дома, который потомки, конечно, весь обшарили, то там золота не нашлось ни крупицы. В общем, хотите — верьте, хотите — нет...

В середине XVII века церковь неоднократно посещал знаменитый математик Блез Паскаль. Рассказывают, что он взбирался на самый верх башни Сен-Жак, чтобы проверить свои открытия о пустоте и земном притяжении. В ту пору ученый работал над созданием гидравлического пресса, и труд этот вконец истощил его здоровье, но на вершине башни получил он божественное откровение, после чего удалился в Пор-Руайяль, где предался благочестивым размышлениям. Так что, может, именно на вершине этой башни открылось великому Паскалю, что хрупкий и ничтожный, подобный тростнику, человек тем и отличен от других растений, что он тростник мыслящий.

В начале XVIII века в церкви Сен-Жак играл один из самых блистательных представителей музыкальной династии Куперенов — композитор Франсуа Куперен...

А в конце столетия Францию, как известно, постигла революция. Церковь разграбили и продали на слом, надгробие Фламеля купил зе-

«Сохранить ее как есть, но разломать окружающий квартал и запретить приближаться к ней...» — почтительно сказал о башне бунтарь-сюрреалист Андре Бретон.

ленщик, чтобы резать на нем овощи, однако ломать башню, которая была продана фабриканту охотничьей дроби, революционные власти не позволили, а позднее, после всех бед, в 1836 году, город Париж купил ее, и еще некоторое время производили в ней свинцовую дробь. В 1854 году в городе начались восстановительные работы. Башня являла собой тогда печальное зрелище: сброшены были на землю и гигантская фигура Иакова, и символы четырех евангелистов — орел, лев, телец и человек. Сиротски чернели пустые ниши... Мало-помалу ниши заполнились скульптурами, копиями тех, старых. Внизу был установлен мраморный Паскаль... Какой-то гравер приволок купленное им на толкучке надгробие Никола Фламеля.

Нынче в сквере Сен-Жак можно видеть оригиналы былых изуродованных статуй (их отличные копии украшают саму башню), а также новую стелу, увековечившую память бедного поэта Жерара де Нерваля, который неподалеку от этих мест лишил себя жизни: он страдал душевной болезнью и повесился здесь в 1855 году. Похоже, круг завершился — мясники и дубильщики, обкраденные евреи, алхимики, Франциск I, Никола Фламель, паломники на пути в Сен-Жак-де-Компостель, Паскаль, Куперен, Революция, Реставрация, де Нерваль, сюрреалисты... Да мало ли о чем еще может напомнить «пламенеющая готика» этой загадочной башни...

По бывшему болоту

НА СЕВЕР ПО БОЛОТУ, ПО СЛЕДАМ РЫЦАРЕЙ-ХРАМОВНИКОВ
(квартал Маре)

Не бойтесь болот — их давно осушили храмовники, не страшитесь и рыцарей-храмовников — они сгорели на кострах или разбрелись по свету в результате некрасивых поступков короля Филиппа Красивого. Смело пускайтесь в путь — вы увидите один из самых экзотических районов правого берега, где болота и храмовники остались лишь в названиях улиц (Храмовая улица, улица Старцев Храма, улица Белого Плаща), в исторических хрониках, в книгах, на картинах и гравюрах. От более поздних времен остались нам великолепные дворцы — «отели», столь бережно хранимые городом (в строгом соответствии с декретом деголлевского министра культуры писателя Андре Мальро), что временами кажется, будто люди не живут тут больше, что ты в музее. Днем-то еще, конечно, торгуют лавчонки, кишат людом галереи, музеи, американские туристы ищут, где настоящие парижские евреи продают настоящий фалафель, днем туристы издали, по походке, по интонации узнают соотечественников, днем поклонники Пикассо толпятся у великолепного «пикассиного» дворца-музея, а вот ночью порой бывает пустынно и жутковато, разве что гомосексуалисты, гуляют в кафе недавно освоившие улицы Бретонского Креста и ее окрестности, да, может, еще какой-нибудь запоздалый галерейщик сидит среди своих шедевров в надежде на шального ночного покупателя... Вот в эту-то пору, встав у великолепного подсвеченного дворца-«отеля» (во избежание ошибок напомню, что «отель», а тем более «отель партикюлье» — это в Париже не гостиница, а особняк, частный дом, шикарная городская вилла, даже и дворец), и вспомнишь прошлое квартала Маре да его рыцарей-храмовников, то бишь тамплиеров.

Рыцарский орден храмовников («тампль» и значит «храм», тут имелся в виду Храм Господень и древний Иерусалимский Храм) создан был на Святой земле в 1118 году для защиты от мусульманских нападений паломников, идущих ко Гробу Господню. В 1139 году по возвращении из Святой земли группа монахов-рыцарей осела на северо-восточной болотистой окраине крошечного Парижа и взялась за труд: осушила болота, возделала землю, развела огороды. Орден уже разбогател к тому времени за счет благодарных паломников, окружил свой квартал укрепленной стеной с воротами, создал свой банк — в общем, это был «город в городе», притом город более надежный, чем королевский Париж. Недаром же, отправляясь в третий Крестовый поход, французский король Филипп-Август отдал часть своих сокровищ на хранение храмовникам, а английский король Генрих III, гостя в Париже, счел, что безопаснее всего ночевать в Маре у тамплиеров. Да и королю Филиппу Красивому пришлось однажды прятаться от толпы у тамплиеров. Наглядевшись на их достаток, он воспылал завистью и решил погубить монахов и поживиться за их счет. В 1313 году орден был объявлен во Франции вне закона, тамплиеров стали преследовать за всякие мифические проступки, и больше пятидесяти членов ордена были сожжены заживо на острове Евреев посреди Сены. А в марте 1314 года был казнен на острове гроссмейстер ордена Жак Меле. Перед смертью он проклял и короля, и папу Климента V, и, надо признать, оба они не дожили после этого до рождественских праздников. В Маре поселились соперничавшие с тамплиерами монахи-госпитальеры. Район не заглох вовсе, но утратил монашескую суровость. Аристократы и богатые финансисты строили теперь здесь роскошные дворцы, здесь процветали искусства, здесь были знаменитые литературные салоны, и даже когда королевская семья покинула здешние отели Сен-Поль и Турнель, переселившись в Лувр, аристократы продолжали роскошествовать в Маре на свободе.

В XVIII веке в Приорском дворце в Маре процветал салон принца Конти, это у него гостил Жан-Жак Руссо, у него играл на фортепьяно маленький Моцарт, и весь блестящий Париж считал своим долгом являться сюда на поклонение гениям. Приорский дворец не уцелел до наших дней, но представление о той эпохе могут нам дать уцелевший отель Субиз, великолепнейший отель Сент-Эньян, отель Монмор, в котором друг мадам Севинье Анри-Луи де Монмор устроил частную академию наук, послужившую зародышем нынешней Академии наук. В отеле Монмор Мольер читал своего «Тартюфа» после того, как пьеса была запрещена. Богатейшая библиотека де Монмора и его собрание рукописей были позднее куплены Кольбером, а ныне хранятся в Национальной библиотеке Франции. Таких дворцов-«отелей», как Монмор, и ныне еще немало в квартале Маре: отель Эруэ, отель Голландских Послов, отель Санс, отель Руан-Страсбург, отель Куланж, отель Гегено и еще, и еще... Правда, нет уже больше прежних укреплений квартала Маре, нет знаменитой башни XIII века: ее снесли в XIX веке, как и Приорский дворец, в котором вечером 13 августа 1792 года была взята под стражу королевская семья и откуда 12 января 1793 года его величество короля Людовика XVI увезли на казнь. Что до семилетнего наследника Людовика XVII, якобы захороненного на кладбище Сент-Маргерит, то на самом деле тело его так и не было найдено, загадка эта до сих пор не разгадана, в результате чего французские историки насчитывают более сорока лженаследников в разных концах Франции...

К XIX веку аристократия отсюда все же поразъехалась: одни переселились в предместье Сен-Жермен, другие — на рю Сент-Оноре. А здесь стали селиться кустари, производили какие-то кичевые «парижские» сувениры. Потом прибыли экзотические иноземцы...

Несколько лет тому назад, гуляя по улицам Маре с приезжими русскими друзьями в холодный зимний вечер, я зазвал их в какое-то кафе погреться чайком. Чай их удивил — он был сладкий, мятный. Еще больше удивила их публика: какие-то небритые пираты или бедуины мрачно резались в углу в карты.

— Туареги? — с опаской спросил мой эрудированный друг.

Я перевел его вопрос девушке-кабатчице.

— Наши. Евреи, — сказала она равнодушно.

Мне пришлось объяснять другу, что эту улицу Розье начали обживать когда-то европейские, по преимуществу немецкие, евреи, но с тех пор их сильно потеснили здесь евреи североафриканские, сефарды из Магриба. Они-то и приучены к приторно-сладкому чаю с мятой. Религия у них та же, что у европейских евреев-ашкеназов (тех, конечно, ашкеназов, что сохранили религию), но остальное — не слишком похоже. Впрочем, многие из них сочетают патриархальную религиозность с бывшей некогда в моде верой в коммунизм, в мировую революцию и ее пророка Л. Троцкого. Думаю, впрочем, что это уже скорее влияние французской левацкой моды, чем пережиток африканского колорита. Так или иначе, я не знаю, по совести, чего можно ждать от висящей здесь на стене рекламы еврейской летней колонии, обещающей на все дни летнего отпуска «чисто еврейскую атмосферу» («амбьянс жюив»). Значит ли это, что за кошерным обедом там будут рассказывать еврейские анекдоты из Одессы? Или что вас будут там агитировать за «перманентную революцию»? На всякий случай лучше не ехать. Тем более что ни в каких самолетах не кормят так плохо, как на «кошерной» израильской линии «Эль Аль»... Впрочем, ашкеназский ресторан Гольденберга (он здесь же, на улице Розье) пользуется у французов большим успехом. Но там ведь балык, икра, селедочка, копченая колбаска, соленые огурчики (из Польши), черный хлеб, хала с маком, правда, и цены круче, чем в нынешней Москве. Кстати, французы так и представляют себе русскую кухню: оладушки с икрой, как у Гольденберга. А палестинские воины-экстремисты видят в этих блинах главную угрозу исламу (недаром именно под мирных парижских пожирателей оладушек они подложили как-то бомбу)...

Учитывая религиозные потребности обитателей квартала и любопытство ностальгических туристов из США (думаю, это для них продают здесь сэндвичи с фалафелем), в квартале за минувшее столетие открыли несколько синагог. Постройку одной из них (дом № 10 на рю Паве, **rue Pavée**) грамотные члены общины заказали (в 1913 году) самому́ гению модерна Эктору Гимару. Кстати, на старинной улице Розье (некогда ее называли Круглой дорогой, ибо она опоясывала изгиб оборонительной стены Филиппа-Августа) сохранились еще бесценные элементы старинной архитектуры (дома № 16, 18, 20, 23, 32). Еще больше их на прилегающих улицах квартала (улице Архивов, улице Старцев Храма, на святой рю Сент-Круа-де-ла-Бретоннери). Последняя из названных улиц стала ныне истинной Меккой парижских геев — атмосфера здесь по вечерам почти сан-францискская.

Жемчужиной этого квартала дворцов и храмов по праву считают элегантную и праздничную площадь Вогезов (Вогезскую площадь, **Place des Vosges**). Еще в начале XVII века всю эту площадь и прилегавшие к ней улицы Сент-Антуан, Турен, Турнель и Сен-Жиль занимал огромный дворец — отель Турнель. Построен он был в конце XIV века для Пьера д'Оржемона, а к середине XVI века сюда ус-

Евреи из Европы (ашкеназы) появились в квартале Маре довольно поздно. Ныне их сильно потеснили северо-африканские евреи (сефарды). Этот этнический островок (приводивший в ярость антисемита Сименона, жившего неподалеку) привлекает множество туристов (по большей части американских), желающих увидеть «европейскую» экзотику и закусить самой что ни на есть бруклинской питой с фалафелем.

пели вселиться герцог Беррийский, герцог Орлеанский, герцог Бедфордский, Карл VI, Людовик XI... Это было странное сообщество, крепко спаянное привязанностями, ненавистью, интригами. Но великие люди не разъезжались, хотя жили как пауки в банке. Особенно страдала от этого королева Екатерина Медичи...

Конец общежитию положил роковой день 30 июня 1559 года. Во дворце проходили свадебные торжества по случаю бракосочетания Елизаветы Французской с Филиппом II Испанским — с песнями, плясками и, как водится, рыцарскими турнирами. И вот в дружеском поединке против капитана шотландской гвардии графа де Монтгомери король Генрих II был смертельно ранен на глазах у супруги-королевы и своей возлюбленной Дианы де Пуатье. Агония длилась десять дней, король отдал Богу душу, и безутешная вдова заявила, что она больше и дня не останется в этом проклятом Турнельском дворце. Она переехала в Лувр на время, пока не будет построен для нее дворец Тюильри. А от Карла IX королева добилась разрешения снести ненавистный дворец. Сказано — сделано: на просторном пустыре долго шумел знаменитый конный рынок, суетились лошадники и конокрады. Именно здесь произошла некогда знаменитая стычка сторонников Генриха III с людьми де Гиза (католики, гугеноты, кто там еще — как они только различали друг друга?). А потом площадью занялся следующий Генрих, по номеру Четвертый. К 1594 году он уже окончательно установил, что этот грязный Париж «стоит мессы», и водворился в столице. Провинциал-наваррец, он решил сделать этот незавидный город «целым миром и одним из чудес света», так что «славный король» Генрих IV был первым в Париже — пользуясь нынешней терминологией — урбанистом. Это ведь он возобновил работы на Новом мосту (**Pont-Neuf**), спроектировал площадь Дофина и продолжил улицу Дофины до самой Сены, взялся за оборудование Большой и Малой галерей Лувра, начал сооружение площади Франции в том же квартале Маре и озаботился водоснабжением города и уборкой мусора, специально для этого изучив опыт итальянских городов. Только после этого короля Париж стал постепенно превращаться в один из образцовых городов Европы. Продолжая начатое Екатериной Медичи обустройство квартала, Генрих IV создал Королевскую площадь, ныне носящую название площади Вогезов. Поначалу он построил посреди площади шелкоткацкую мануфактуру, а вокруг нее по краям площади велел поставить дома для рабочих. К 1607 году мануфактура пришла в упадок и была разобрана, а на месте жилых домов воздвигли новые, более престижные, однако со сходными фасадами. Король изъявил желание, чтобы площадь стала местом торговли и прогулок. Увы, королю-градостроителю не суждено было увидеть завершение своих планов: 14 мая 1610 года он был убит Равайяком, а открытие этой новой, праздничной парижской площади, так мало похожей на другие, состоялось весной 1612 года во время сразу двух свадебных празднеств — французский король сочетался браком с Анной Австрийской одновременно с женитьбой принца Испании.

Однако расцвета своего эта площадь, названная Королевской площадью (именно так назвал одну из своих драм великий Корнель), достигла в царствование Людовика XIII. Это уже при Людовике XIV знать потянулась вслед за королем в иные пределы. Крупные финансисты, впрочем, долго еще сохраняли верность этим местам. Великая революция с присущим ей «изысканным» вкусом (наш Бунин тонко подмечал бездарность таких ее изобретений, как «Культ Разума») переименовала красавицу площадь в площадь Неделимости, а чуть позднее, во время ярмарки 1800-го, в честь провинции, первой выполнившей план налогообложения, — Вогезской (верная ученица Французской революции, русская революция-путч назвала бы ее площадью Продналога или площадью Госпоставок). Но революция минула, и площадь стала обретать свою прежнюю элегантность. На ней почитали за честь селиться люди, знающие толк в городском жилье. Именно так поступил прославленный Виктор Гюго, много лет занимавший этаж в отеле Лаварден (дом № 6). Французский классик прожил здесь добрых шестнадцать лет, всласть предавался украшению своего жилищного интерьера, написал здесь несколько драм и часть романа «Отверженные», выдал замуж дочку Леопольдину. Здесь он принимал гостей, чьи имена вам, вероятно, знакомы — Бальзак и Мериме, де Виньи и Ламартин, Дюма и Сент-Бёв, Беранже и Давид Анжерский... На славной этой площади и в «отелях» квартала Маре жили Жак Бенинь Боссюэ, Теофиль Готье, Марион Делорм, Альфонс Доде и многие другие знаменитости. Об одной из них мы расскажем особо...

ДВОРЕЦ КАРНАВАЛЕ И ЕГО ЖИЛИЧКА

Среди многочисленных уцелевших, на наше счастье, старинных особняков прибрежного Маре, среди всех этих великолепных «отелей партикулье» моему сердцу особенно мил отель Карнавале. Русское слово «особняк» хотя и передает при переводе термина «отель партикулье» качество особости, партикулярности, приватности дома, однако не дает представления о его размерах. Здешние «отель партикулье» — это настоящие дворцы, только бывшие не королевскими и не казенными, а частными. В Маре в эпоху его расцвета жили в таких домах аристократы и кардиналы, богатые буржуа и выскочки финансисты, а дома для них строили и украшали Ле Во, Мансар, Ле Брен, Миньяр и Куазевокс... В домах этих звучали музыка больших композиторов того времени и стихи славных поэтов, возникали научные общества, рождались идеи, зарождались театры. Отель Карнавале был одним из таких дворцов. Собственно, вся его история, начиная с середины XVII века, была словно бы подготовкой к последним полутора десятилетиям XVII века, когда здесь поселилась известная в свете, однако далеко не столь знаменитая, как нынче, вдова-аристократка маркиза де Севинье.

Но начнем с начала, от дворца, даже от его фундамента. Дворец этот построил в середине XVI века для президента парижского парламента архитектор Никола Дюпюи. А в 1678 году дворец купила вдова бретонского аристократа по фамилии Керневенуа. Веселые парижане, чтобы не ломать язык, перекрестили и вдову и дом в Карнавале. Как знать, может, эта дама была и впрямь веселой вдовой? В 1660 году дворец несколько перестроил прославленный архитектор Франсуа Мансар. Мансар надстроил этаж над левым крылом XVI века, украшенным барельефами на тему времен года. Создание барельефов приписывают самому Жану Гужону. Мансар пристроил и правое крыло, тоже, кстати, украшенное барельефами. К слову сказать, всю эту красоту видно только из парадного дворика, и это в высшей степени типично для особняков квартала Маре. На улицу здесь обычно выходят только порталы, ворота, в данном случае — тоже замечательные. У дворца Карнавале портал XVI века, конечно же, с барельефами. В парадном дворике отеля стоит нынче статуя короля Людовика XIV работы самого Куазевокса. Статуя датируется концом XVII века, но раньше она стояла в старой парижской мэрии, а сюда ее перенесли после того, как мэрия сгорела (в 1871-м). Ну а в XVII веке (во времена Куазевокса) дворец этот снимала дама, которую звали в девичестве Мари де Рабютэн-Шанталь, а в браке — маркиза де Севинье. Улица же называлась тогда рю де ла Кюльтюр-Сент-Катрин, и никому бы в голову не пришло тогда, что ее переименуют когда-нибудь в рю де Севинье.

По бывшему болоту

Не то чтобы мадам Севинье вовсе уж не знали и не любили в Париже, в среде утонченных, образованных дам света, тех, кто, борясь с грубостью века, называл себя «пресьёз» — «драгоценнейшими» (это уж потом, по вине тех, кто так неловко подражал этим изысканным дамам, словом этим стали обозначать всех манерных жеманниц — как в пьесе Мольера).

Маркиза де Севинье, красивая, изысканная блондинка, была дамой весьма образованной, милой и сердечной. Судьба ей выпала нелегкая. Шести лет от роду она осиротела, а в восемнадцать вышла замуж за маркиза Анри де Севинье. Замужем ей не понравилось, и она не слишком горевала, когда супруг умер, оставив ее молодой вдовой. Не следует думать, что она пустилась после его смерти во все тяжкие. Нет. Хотя поклонников у нее было много. Но главным в ее жизни были любовь к дочери и сыну и нежная привязанность к друзьям. У нее был веселый нрав, она не унывала, столкнувшись с бедой и нуждой, она была остроумна, шутки ее имели успех в обществе, их передавали и при дворе. Когда дочь ее вышла замуж, маркиза стала писать ей письма — занятие обычное для людей того времени. Письма развлекали, позволяли излить душу, поделиться заботами и материнскими тревогами, сократить расстояние между Парижем и родовым замком в глуши, где томилась дочь... Маркиза писала не только дочери, но и сыну, и кузену Бюсси-Рабютену, и кардиналу де Ретцу, и мадам де Помпон, и самому Ларошфуко, и подруге своей мадам Лафайет. Письма ее нравились друзьям, их даже цитировали в свете, но не более того. Когда же письма эти были изданы лет тридцать спустя после смерти маркизы, Париж ахнул. Это была блестящая литература, ее письма, — какой сочный язык, какая точность выражений, какая наблюдательность, какая эмоциональность, а сколько в них юмора!.. Отныне парижскую жизнь XVI века изучают по письмам маркизы де Севинье: это же настоящая энциклопедия светской жизни, нравов того времени. Гуляя по дворцу Карнавале, глядя через окна на парадный или задний внутренние дворики, непременно вспомнишь маркизу: она смотрела через эти окна во двор, здесь звучал ее смех, здесь она принимала друзей — в этом дворце, в котором прожила последние полтора десятка лет и который любовно называла Карнавалетом.

Вы спросите, можно ли нынче всякому гулять по дворцу? Можно и, думаю, полезно. Это музей, и, как считают парижане, «самый парижский» из музеев. Город купил дворец еще в 1860 году, архитектор Пармантье его слегка подреставрировал, и уже в 1880 году музей открыл двери для посетителей — музей Парижа в самом сердце Маре. Недавно музей снова на несколько лет закрывали на реставрацию. За эти годы Карнавале обставили великолепной мебелью из других дворцов, восстановили интерьер, украсили стены росписями в стиле XVIII века... Прорубая некогда широкие бульвары в теле старинного Парижа, барон Осман снес несколько дворцов вроде отелей Флерюс, Бретей. Однако он позаботился о том, чтобы сохранить мебель, резную отделку, лепнину из этих дворцов, и он уже тогда думал при этом о Карнавале.

Шестьдесят недавно отреставрированных комнат, залов и салонов Карнавале переносят нас в XVIII век. Тем, кого поражают эти яркие, густые краски, цвет стен — желтых, лиловых, синих, розовых, реставратор мадам Анн Форе Карлье объясняет, что, вопреки распространенному мнению, натуральные цвета были вовсе не в моде в том веке и в ходу была фраза: «Весь Париж цвета синего, розового, лилового»...

Послушаешь мадам Карлье, постоишь у окна над пустынным двориком — и невольно вспомнишь строки земляка-поэта: «Какое, милые, у нас тысячелетье на дворе?» Время-то остановилось, замерло...

Описанию залов музея, перечню экспонатов, картин, афиш, предметов обихода из старинной парижской жизни, размещен-

Это скромное жилище (дворец Карнавале) снимала для себя и своей семьи прелестная маркиза де Севинье. Здесь она написала многие из писем, которые прославили ее имя и посмертно возвели ее в ранг великой писательницы. Бронзовая статуя Людовика XIV (работы Куазевокса, 1687 г.) была перенесена в парадный дворик дворца из двора парижской мэрии.

ных в его зданиях, посвящены статьи, каталоги, книги — не мне с ними тягаться. Расскажу кратенько лишь об одной исторической выставке в стенах Музея Карнавале, которую мне довелось недавно посетить. Это была выставка «Русские во Франции в XIX веке». Век, как известно, начался кровопролитными наполеоновскими войнами. А потом, разбив «узурпатора» Буонапарте, русские и их союзники, то есть заклятые враги французов, вошли в Париж. Декларации русского императора — я дотошно их изучал на стенах Карнавале — обещали измученной Франции разумное правительство, которое гарантирует ей мир. Совместная декларация союзников заявляла, что кровопролитий больше не будет. Отставной драгунский капитан, француз месье Вильер, посвятил тогда нехитрые стихи императору Александру I:

> *Утешься же, народ французский,*
> *Не Марс пришел, разящий громом,*
> *Нет, то герой, бог венценосный,*
> *Он нам Людовика вернет.*

И вот гравюры того времени — на стенах, бесчисленные французские гравюры... На них — казачий бивак на Елисейских полях, казаки в кабаках, которым они оставят на память лихое словечко «быстро» — французу иначе как «бистро» его не выговорить. И вот уже слезы прощания, прощаются парижские дамы с офицерами, так и звучит опять в ушах прекрасное окуджавское: «А молодой гусар, в Амалию влюбленный, он перед ней стоит, коленопреклоненный...» А потом пришли парижская русомания и мода на шаровары и аттракцион «русские горки» в Париже, позднее — богатые русские в Париже: их любимые сады и рестораны, круг великих французских друзей великого Тургенева... А дальше на стенах — картины из Москвы и из здешнего Музея д'Орсэ: репинская «Дорога на Монмартр», Перов, Мария Башкирцева, Леон Пастернак. Тихое церковное пение слышно в комнатке, где на стенах фотографии русского кафедрального собора на рю Дарю... И вдруг неотвязная мысль: не все одно только плохое принесло наше время — ведь после долгого, более полувека с лишним, перерыва русские-то нынче снова в Париже! Вот и сейчас в старом добром отеле Карнавале то и дело слышна русская речь.

Жаль, милой хозяйки дома нет с нами... Совсем недавно близ замка Гриньян, что на Дроме, проходил «Праздник письма». Актеры читали на нем знаменитые письма, букинисты продавали книги — на столиках лежали перья, чернила, конверты, воск и печати: садись, пиши письмо. Праздник был приурочен к трехсотлетию со дня смерти маркизы де Севинье, похороненной тут же, в Гриньяне, близ замка дочери, и смысл его ясен: жаль будет, если люди разучатся писать письма. Сам министр культуры Франции посетил этот деревенский праздник и даже выступил там с небольшой речью. Он говорил об этой чаровнице стиля маркизе де Севинье. Если б маркиза услышала, наверное, ей бы эта речь понравилась. Но, как знать, может, она и слышала?..

ПО СЛЕДАМ КОМИССАРА МЕГРЭ И ЕГО ТВОРЦА СИМЕНОНА

В квартале Маре, на славной площади Вогезов провел в молодости несколько счастливых лет, познал первый успех и радости любви всемирно известный и очень талантливый бельгиец, писатель Жорж Сименон. Он творил в столь любимом читающей публикой жанре детективного романа, и его герой, симпатичный комиссар Мегрэ, превзошел своей мировой славой нашего вполне симпатичного майора Пронина с Петровки, 38. Трудно, оказавшись в Париже, не поддаться искушению погулять по парижским следам легендарного Мегрэ и его столь же легендарного создателя Жоржа Сименона. Прогулка эта представляет интерес не только потому, что инспектор и его творец вдоль и поперек исходили Париж, но и потому, что в Париже прошла и самая, вероятно, важная для его становления как писателя часть жизни молодого бельгийца. Добрых два десятка лет провинциал-бельгиец бурно обживал и познавал французскую столицу, успев стать (как это часто бывает с недавними провинциалами) истинным парижанином, которого знал «весь Париж». Прогулка же в обществе прославленного детектива Мегрэ настроит и нас с вами на исследовательский или хотя бы на следовательский лад, так что, может, и нам удастся раскрыть какие-нибудь тайны. Скажем, тайны Парижа, или тайны Мегрэ, или тайны самого Сименона, который последние полтора десятилетия своей совершенно фантастической жизни занят был созданием биографического мифа о Сименоне, диктуя собственные мемуары на магнитофон, записывая их четким и мелким почерком или бесконечно рассказывая историю своей жизни корреспондентам. При этом, как всякий писатель, еще при жизни достигший богатства и славы, он творил для себя новый «имидж», тасуя полузабытые истории, не в силах отделаться от обретенного за трудовую жизнь литературного навыка, иными словами, сочиняя новый роман — роман о своей жизни. Ну а читатель, особенно поклонник детективных романов, он ведь хочет докопаться до истины, хотя бы и горькой, хочет знать, что же все-таки было на самом деле. В результате обычно случается то, чего так боится писатель-мифотворец: по следам писателя (уже вскоре после его смерти) устремляется биограф, который извлекает на свет Божий документы, устные свидетельства близких, неуютные факты. Увы, так случилось и с Сименоном... Впрочем, не будем медлить. Нас ждет сименоновский Париж, и вот уже попыхивают две трубки и солидные фигуры наших спутников, инспектора Жюля Мегрэ и писателя Жоржа Сименона, маячат за углом парижской улицы. Что ж, в дорогу...

Как и для тысяч тогдашних приезжих, Париж для Жоржа Сименона начинался на Северном вокзале, на Гар дю Нор, под великолепным стеклянным навесом архитектора Хитторфа, приведшим некогда в восторг заказчика — самого императора Наполеона III. Впрочем,

По бывшему болоту

Дом № 21 на площади Вогезов. Отсюда, не выходя из дома, талантливый Жорж Сименон отправлял в странствия по стране и по городу своего комиссара Мегрэ.

ошарашенному новичку по приезде обычно не до стеклянной крыши, он озабочен предстоящими трудностями. В творимой им позднее легенде Сименон даже усугублял свои растерянность и страх перед незнакомым Парижем, свое одиночество новичка-провинциала. На самом деле его встретил на вокзале друг-художник, который еще на родине, в бельгийском Льеже, был душой их богемной компании. Так что молодой льежский журналист Жорж Сименон, или, как он себя представлял, Жорж Сим, сразу попал в шумную компанию молодых земляков-бельгийцев, которые собирались в ателье его друга на Монмартре, на улице Мон-Сени. На этой знаменитой улице сохранились еще остатки старого Монмартра, есть башня XV века, однако молодым завоевателям французской столицы не до чужой истории: они пьют вино, спорят о политике, о профессии и строят планы на будущее. Девятнадцатилетний Сименон уже сделал дома первые шаги в журналистике, в кармане у него рекомендательное письмо от редактора «Льежской газеты», но он мечтает о литературной карьере. Во время шумного дружеского застолья он заявляет, что будет подобно Форду, который клепает дешевые машины на конвейере, печь какое-то время литературные произведения для денег, а уж потом для себя самого не спеша соорудит блистательный «мерседес». Оставались ли у него полвека спустя силы на создание «мерседеса» — вам судить...

Для начала судьба и рекомендательное письмо редактора «Льежской газеты» приводят Сименона в поисках места на улицу Фобур-Сент-Оноре. Здесь, близ знаменитого концертного зала Плейель и почти напротив нынешней газеты «Русская мысль», в старинном обшарпанном доме жил писатель Жан Бине-Вальмер, к которому Сименон устроился секретарем. Бине-Вальмер был литератор не слишком знаменитый, но зато являлся активным политиком, возглавлял политическую организацию и даже издавал какую-то газету. Организация, как пишет Сименон, была «ультраправая, как и «Льежская газета», из которой я явился». Понятно, что молодому журналисту не всегда приходится выбирать газету, но, поскольку в России в 80-е годы много было понаписано о прогрессивных и гуманистических воззрениях Сименона, может, следует уточнить, что ни взгляды «Льежской газеты», ни взгляды парижского его хозяина не коробили молодого Сименона. Еще в «Льежской газете» он отличился длинной серией в семнадцать антисемитских статей, пересказывавших модные в тот год «Протоколы сионских мудрецов», что же до его критики капитализма, которой позднее так восторгались советские литературоведы, то Сименон действительно всегда с яростью разоблачал чужой (но не свой) капитал, банки, парламенты, демократию, и в этом плане действительно красные и коричневые смыкаются очень близко. Все эти взгляды с небольшими вариациями можно было проследить позднее и в романах, и в газетных статьях Сименона.

После Бине-Вальмера Сименон служил секретарем у другого ультраправого политика — маркиза де Траси и жил у него в замке. Там ему тоже приходилось писать статейки для местной, вполне коричневой газеты, и только в 1924-м Сименон с молодой женой, землячкой-художницей из Льежа Режин Раншон, которую он звал Тижи, наконец поселился окончательно в Париже в отельчике «Босежур» на рю де Дам, то есть на Дамской улице, в Батиньоле. Этот колоритный квартал расположен на севере Парижа, неподалеку от площади Клиши, в двух шагах от бульвара Батиньоль — там, учтите, и ныне еще отели не слишком дороги, а молодые супруги занимали всего одну комнату и даже не имели права готовить у себя пищу.

Монмартр находился неподалеку, совсем рядом были и бульвар Клиши, и площадь Пигаль, и злачные места, и бордели, которые, если верить его рассказам, Сименон всегда посещал усердно, как только появлялись деньги. В общем, в двух шагах от них бурлила криминальная стихия будущего инспектора Мегрэ, это, если помните, и был его участок до того, как он перебрался в управление на Кэ дез Орфевр. Сименон (или Жорж Сим) начинает здесь журналистскую борьбу за выживание — пишет заметки, очерки, репортажи, разносит их всюду, где берут, или отсылает в Бельгию. Супруга его купила однажды общую тетрадь, куда стала заносить все литературные доходы, все скудные пока еще гонорары.

Мало-помалу Жорж Сим начинает писать рассказики для доброго десятка низкопробных журналов вроде «Фру-фру», «Парифлирт», «Рик-э-рак» и наконец проникает в более солидную «Матен». Это удача для новичка. Супруги перебираются в новое жилье, на знаменитую площадь Вогезов, на плас де Вож. Их маленькая квартирка — на первом этаже дома № 21, бывшего дворца маршала Ришелье, о котором Сименон написал позднее, что герцог Ришелье «прославился не военными победами, а своими сексуальными подвигами». Так или иначе — исторический дом на исторической площади... И в утренней тишине квартала, и днем, и даже в ночи Жорж Сим — за письменным столом. Милая Тижи выполняет все домашние обязанности и еще успевает заниматься живописью. Вечером она ведет мужа на Монпарнас, где собираются художники, парижская богема, — в «Куполь», в «Дом», в «Ротонду». В «Куполи» Сименон беседует с барменом Бобом, знакомится с русским писателем и поэтом Эренбургом. Среди его друзей-художников также Моше Кислинг. Там бывают в те годы и Вламинк, с которым Сименон сходится ближе всех, и Макс Жакоб, и россиянин Сутин, и Пикассо. Иногда среди дня Сименон гуляет по своему кварталу Маре, забредает на рю де Розье, где живут иммигранты-евреи из Литвы, Польши, Чехословакии. О них, как ему кажется, он все знает с детства: молодые студенты-евреи из Восточной Европы снимали комнаты в доме его матери в Льеже. При сложных, ревнивых отношениях Сименона с матерью это не пробудило у него симпатии к разлучникам-евреям... Так что все, что ему нужно было знать о евреях и во что хотелось бы верить, Сименон нашел в «Протоколах сионских мудрецов». Неудивительно, что и в романе, который официально считается первым его романом с участием инспектора Мегрэ, в романе «Латыш Петр», именно сюда, на рю де Розье, где живут ненавистные евреи, в поисках преступников забредает инспектор Мегрэ... Любопытно, что через полвека с подачи самого писателя автор советского послесловия о Сименоне приписывал этим ненавистным студентам, которых Сименон лукаво называл «русскими революционерами», благотворное влияние, которое они оказали на подростка Сименона... Но где ж знать простому московскому доктору филологии все эти тонкости — что он, психоаналитик, что ли?

Итак, середина двадцатых годов, благословенная парижская жизнь молодого, пока еще небогатого писателя на площади Вогезов. Супруги вместе ходят в маленькие кинотеатры левого берега — «Урсулинки» или «Вье Коломбье», иногда добираются до Монмартра, бывают на концертах, на спектаклях — в Театре Елисейских полей или в маленьком кабаре близ Мадлен, которое называется «Бык на крыше». Здесь можно было увидеть и Дягилева, и Поля Морана, и Андре Жида, и Мориса Шевалье, и Коко Шанель. Здесь много русских. Здесь все знают друг друга. И уже многие знают Жоржа Сима.

Чуть позднее у Сименонов появляется прислуга из деревни, крепышка по кличке Буль, то есть Шарик. Она во вкусе Сименона, так что становится прислугой, другом семьи и любовницей хозяина. Она осталась с ним до конца своих дней.

Когда в доме № 21 освободилась квартира, Сименон снял еще и салон с видом на площадь Вогезов. Здесь он теперь пишет, сравнивая себя с ремесленником, с крестьянином, который знает цену своей продукции на вес: в отличие от многих собратьев по перу он умеет торговаться, умеет зарабатывать деньги, знает цену своему труду. Впрочем, он не преувеличивает литературных достоинств этой продукции и никогда не подписывает ее собственным именем. За семь лет, с 1924 по 1931 год, он напечатал 180 так называемых популярных романов, подписав их полутора десятками псевдонимов. Он набивает руку, он овладевает техникой. Герои его романов путешествуют, совершают подвиги на Монблане, на Южном полюсе, во льдах, но сам он не выходит из комнаты, он держит под рукой географический атлас и иллюстрированный словарь Ларусс — этого ему достаточно. Он листает, читает, пишет, очень быстро... Иногда он выходит ненадолго подкрепиться в недалекий ресторанчик. Позднее туда забегал и Мегрэ — это в тупике Генеме, что близ улицы Сент-Антуан, на самом углу...

Подлинные его путешествия пока пролегают по Парижу на пути к издателям: на улицу Антуан-Шантен, что в XIV округе, — к издателю Ференци, на улицу Сен-Готард — в издательство Артэма Файяра, зять которого покровительствует Сименону и часто приглашает его к себе домой на рю д'Амаль или в кафе «Куполь». Несколько издателей едва успевают выпускать все, что пишет Сим, — он пишет очень быстро и производит как раз то, что нужно издателям, стараясь не выходить за рамки игры.

Жорж Сим теперь свой человек в Париже. Недаром же озабоченный приемом прибывающего в Париж советского наркома просвещения Анатолия Луначарского директор театра «Одеон» просит именно «малыша Сима» поводить могущественного наркома по столице. Сименон показал наркому все, что было достойно внимания в

Париже, и в первую очередь повел его, конечно, к прославленной Жозефине Бекер. Он и сам открыл танцовщицу совсем недавно, одновременно со всем Парижем, в октябре 1925-го, во время ревю американского диксиленда в знаменитом Театре Елисейских полей, том самом, что еще помнил дягилевский скандал и триумф Нижинского... Дерзостные позы, животная грация и волнующая сексуальность этой гениальной мулатки из миссурийского городка Сент-Луис тоже вызвали скандал и имели шумный успех. Сотни мужчин были тогда взволнованы игрой актрисы, но не многие, подобно Сименону, решились отправиться к ней за кулисы, чтобы попытать счастья. «Малыш Сим» добился своего — он стал ее близким другом и любовником. Он не женился на ней, потому что уже был женат, и к тому же здраво рассудил, что рядом с прославленной мадам Бекер он, еще не снискавший славы, станет не более чем месье Бекером. А он не сомневался, что его собственная слава не за горами.

Новый издатель Сименона, Эжен Мерль, хозяин «Белого Мерля», «Фру-фру», «Пари-суар» и других газет и журналов, которые Сименон исправно заполнял своей продукцией, решил основать новую газету и для ее рекламы придумал трюк. Первый номер его «Пари-матэн» должен был открыть роман Жоржа Сима, роман, который этот гениальный, плодовитый, пулеметно-скоропишущий Сим будет сочинять на глазах у публики, сидя в стеклянной клетке на террасе «Мулен-Руж». Причем сами читатели путем референдума заранее определят название романа и список его персонажей. А великий Сим будет передавать наборщику исписанные листы, которые будут тут же выставляться на обозрение публики. Сименон согласился, только, как всегда, жестко обсудил финансовые условия: 50 000 аванса, 50 000 по окончании и еще по франку с четвертью за строчку... Мерль не поскупился на рекламу, возвещая о том, что двадцатитрехлетний гений уже написал тысячу рассказов и шестьдесят романов, что он пишет с невероятной скоростью и может за час написать очередную порцию текста для номера газеты. Ж. Сименон и сам многим уже успел похвастать, что за сорок пять минут он может отстучать на машинке десять страниц романного текста...

Некоторые биографы Сименона описывают этот невероятный аттракцион так, словно он действительно имел место. На самом деле Мерль усомнился в том, что фокус этот окупится и принесет после всех затрат ожидаемый доход. Сенсационное мероприятие не состоялось, но по странной аберрации памяти Сименон вошел в историю как «тот самый Сименон, что писал в стеклянной клетке». Позднее Сименона раздражали все эти ярлыки и термины вроде «феномен Сименона», «случай Сименона». Он не хотел быть феноменом. Он хотел быть просто писателем, настоящим писателем, таким, как его великие предшественники. В конце концов, разве Мольер не написал «Мещанина во дворянстве» по заказу за один месяц, разве Вольтер не написал «Кандида» за одну ночь, а Гюго свой первый роман за пятнадцать дней? Разве не понаписали кучу романов для денег великий Дюма-отец и великий Бальзак? Может, Сименон и пожалел через десять, двадцать или сорок лет, что сам некогда распускал все эти слухи про «Сима, который пишет десять страниц за сорок пять минут», про великого мужчину Сименона, которому нужны три женщины в день. Но удержаться он уже не мог — ни от торопливой работы для денег, ни от саморекламы и эксгибиционизма. Даже в старости в диалоге с Феллини, имевшем якобы целью разрекламировать фильм «Казанова», заявил вдруг, что у него было 10 000 женщин, из них 8000 проституток. Он и позже, в страшном, трагическом интервью о самоубийстве дочери, вдруг вспоминал о себе какие-то непристойности... Инерция...

К двадцати восьми годам Сименон решает, что ему пора начать писать под своим именем. К этому времени в романах его появляется новый персонаж — комиссар Мегрэ. Запершись в номере гостиницы «Эглон» на бульваре Распай (я жил там когда-то с московской писательской группой туристов, и никто из нас не знал, чем славен «Эглон»), Сименон пишет несколько романов, в которых комиссар Мегрэ, имя которого уже мелькало у него здесь и там, становится главным героем. Желая начать новую жизнь, Сименон создает про запас несколько романов с комиссаром Мегрэ. Среди них «Латыш Петр», где герой — «русский» (латыш, еврей — в общем, «русский»), и «Человеческая голова», где появляется персонаж, похожий на Илью Эренбурга, носящий фамилию Радек: сказывается близость гостиницы «Эглон» к «Ротонде». Договорившись с Файяром об издании серии о Мегрэ под его настоящим именем, Сименон дает бал в мартиникском ночном баре «Белый шар». И афиши, и декор, и пригласительные билеты, и карточки с афоризмами комиссара Мегрэ — все на этом балу выдержано было в полицейско-тюремном стиле... Кого только не было в ту ночь в мартиникском баре на улице Вавэн! И поэт Франсис Карко, и подруга Дягилева Мися Серт, и Филипп де Ротшильд, и знаменитая модель Кики с Монпарнаса, и художники Кислинг и Дерен, и журналист Пьер Лазарев. Презентация комиссара Жюля Мегрэ удалась на славу, комиссару оставалось теперь отправиться на завоевание Франции, Европы, далее везде. И может, сейчас, когда Мегрэ только двинулся на завоевание мира с предрассветной парижской улицы, самое время присмотреться к нему поближе.

Мегрэ как раз в том возрасте, в котором умер отец Жоржа Сименона, Дезире. Что до биографии, то она кое в чем напоминает биографию его творца. Он не сыщик-интеллектуал, он не Пуаро, не Шерлок Холмс, он полагается на инстинкт, на интуицию, на нюх. Запахи, кстати, вообще играют огромную роль у Сименона. Память Сименона воспроизводит запахи пива в льежских пивных его детства, запах и шум льежского дождя. Комиссар любит выпить, но редко напивается, он человек привычки и традиций. Он автодидакт, как и его творец, поэтому не любит умников, эрудитов, не любит депутатов, не любит парламенты, не любит богачей. Поднимаясь на свой этаж в доме на бульваре Ришар-Ленуар, он расстегивает пальто и лезет в карман за ключом, хотя точно знает, что Луиза, его жена, откроет дверь прежде, чем он вставит ключ в замочную скважину. Сила традиции. Он давно в Париже, но остается в душе провинциалом, человеком от земли...

По бывшему болоту

Парижская жизнь его в основном протекает в треугольнике между его домом на бульваре Ришар-Ленуар (хотя, может, вы отметили, что ему доводилось одно время быть соседом Сименона на площади Вогезов), между штабом уголовной полиции на набережной Златокузнецов, на Кэ дез Орфевр, что на южном берегу острова Сите, и набережной де ла Рапе, где находятся судебно-медицинский институт и знаменитый морг. Можно было бы назвать еще бульвар Бон-Нувель, куда он раз в неделю ходит в кино с женой, два-три, а может, и десять-двадцать его любимых кафе, бистро и пивных, но боюсь, что перечисление отнимет у нас слишком много времени. Оттого я просто посоветую читателю, как однажды это сделал живший в Париже писатель Виктор Некрасов, побродить в свободный вечер вместе с комиссаром Мегрэ по улицам Парижа. Побродить, не выходя из дома, как чаще всего делал и сам творец Мегрэ Жорж Сименон. Побродить, положив рядом на диване роман Сименона, карту Парижа, а если попадет под руку — и хороший путеводитель, который поможет сделать путешествие более содержательным, ведь, в конце концов, полицейский комиссар не эрудит и не историк, он знает Париж, но воспоминания его носят по большей части семейный и служебный, то есть криминальный, характер. Зато присутствие Мегрэ сообщит вашей прогулке то, за что так высоко ценят Сименона, — его знаменитую «атмосферу». Сам писатель объяснял умение создавать ее своей близостью к эпохе художников-импрессионистов. Однако он знал, конечно, что и образом Мегрэ, и знаменитой «атмосферой» он обязан только своему исступленному труду и своему таланту...

Итак, вооружившись книгами, отправляйтесь странствовать по Парижу комиссара Мегрэ. Маршрутов при этом представится великое множество. Можно проследить путь буфетчика Проспера Донжа, который из своего домика на холме пригородного Сен-Клу едет на работу в отель «Мажестик» на велосипеде: едет мимо домиков с садиками в Сен-Клу, через мост Сен-Клу, мимо ворот Сен-Клу, через Булонский лес, мимо прудов, мимо Порт-Дофин, по авеню Фош, мимо Триумфальной арки и площади Звезды, по Елисейским полям и на другую сторону, к отелю, к улице Берри и служебному входу в отель с улицы Понтье. Конечно, буфетчику, который в такую рань спешит на работу (а тут еще и шина у него лопнула на заднем колесе) не до красот примелькавшегося маршрута, но для нас, праздных туристов, это прекрасное путешествие: на пути и Булонский лес, и Порт-Дофин (названный так в честь Марии-Антуанетты) с прелестным павильончиком метро — стеклянной бабочкой Эктора Гимара, и авеню Фош со множеством деревьев, великолепнейший бульвар, может, один из самых красивых в Париже (иные считают, что он один из самых красивых в мире), потом площадь Звезды, ныне Шарль-де-Голль-Этуаль, Елисейские поля...

Шикарный отель «Мажестик», в котором служит буфетчик Донж, подозреваемый в убийстве, появляется уже в первом романе с Мегрэ — в романе «Латыш Петр». Сименон дает там портрет инспектора, человека, столь мало совместимого с обстановкой отельной роскоши:

«Присутствие Мегрэ в «Мажестике» совершенно не вязалось со здешней атмосферой. Он являл собой как бы инородное тело, которое она как бы отказывалась принять в себя. Не то чтобы он являл собой образ полицейского с популярной карикатуры: у него не было усов, он не носил ботинок с толстой подошвой. Одежда его из довольно тонкой шерсти, хорошего покроя. Он брился каждое утро, и руки у него ухоженные. Однако остов его тела был плебейским. Он был огромен и костист. Жесткие его мускулы проступали под пиджаком и лишали складок только что купленную пару брюк... Трубку, зажатую в зубах, он не вынул изо рта, хотя и сидел в «Мажестике». Может, это была нарочитая грубость, знак уверенности в собственных силах».

Итак, Мегрэ чужд роскоши отелей «Мажестик», «Кларидж», «Георг V»... Ну а Жорж Сименон? Под неподкупным взглядом комиссара Мегрэ должен признать, что певец «маленького человека» Сименон всю эту роскошь обожал, что он щеголял ею, и это стало очевидным в его жизни именно с момента появления Мегрэ в его романах. В это время Сименон переехал в аристократический Нейи, заказал посуду с инициалами, стал шить костюмы у лучших портных, обедал у «Максима», а свидания отныне назначал в «Фуке». Он поселился в доме № 7 по улице Ричарда Уолласа, но, так как в доме № 7 не было знаменитостей, он говорил, что живет в доме № 3, в том же, где Абель Ганс, Даниэль Дарье и Пьер Брассер. Заветным парижским адресом для него, как, впрочем, и для почти всякого французского писателя, становится дом № 3 на улице Себастьян-Ботен. Здесь размещалось издательство «Галлимар», в котором издавалась настоящая литература. Сименон близко знакомится с Гастоном Галлимаром, Сименона много печатают здесь, но печатают не в престижной серии «Новый французский роман». К последней знаменитый Жан Полан его не подпускает, считая, что, хотя Сименон полезен для кассы, он вульгарен. Полан уже тогда употреблял такие обидные термины, как «феномен Сименона», «загадка Сименона» или «случай Сименона».

Есть еще место, где над Сименоном посмеиваются. Это настоящая полиция, контора на Кэ дез Орфевр. Для настоящих полицейских Мегрэ — дилетант и уж конечно не тянет на комиссара, а может, и на участкового инспектора. И потом, почему он ведет следствие за границей? На это есть «Сюрте женераль». Этих «почему» у профессионалов много, но Сименон пренебрегает мелочами, и он прав — он ведь придумывает свою полицию, такую, какой нет на свете. Впрочем, публика и журналисты принимают его расследования всерьез. В газетах его принимают с распростертыми объятиями, и он приносит туда зачастую что-нибудь сенсационное, скажем интервью с Троцким, который показался ему страстным любителем рыбной ловли. Особенно тепло относился к Сименону редактор «Франс-суар», знаменитый Пьер Лазарев. Он поручил Сименону репортаж-расследование дела афериста Ставиского. И тут всесильный Мегрэ растерялся. Тайна была настоящая, не им придуманная, и какие-то проходимцы стали за деньги поставлять ему «утки» и обвели его вокруг пальца. Впрочем, Сименон часто ездил от газет по Европе, ездил в Африку, привозил оттуда репортажи, зачастую выдававшие его ультраправые взгляды.

Был еще один адрес в Париже, которым Сименон дорожил. Дом Андре Жида на западной окраине Отей. Конечно же, и этот уголок Парижа пригодился комиссару Мегрэ: «В квартале, расположенном вокруг Отейской церкви, преступления случаются редко. А улица Лопер, которая никуда не ведет, вернее, даже не улица, а дорога, окаймленная двумя десятками частных домов, скорее могла бы сойти за провинциальный бульвар. Находишься в двух шагах от улицы Шардон-Лагаш, а чувствуешь себя вдали от парижского шума...»

Вот тут и располагался дом Андре Жида. Сименон дорожил дружбой с Андре Жидом, который подбадривал его и то ли искренне, то ли по дружбе давал всегда высочайшую оценку его романам, называл их подлинной литературой.

Заручившись свидетельством о своей «подлинности», Сименон возвращался к комиссару Мегрэ, который колесил по улочкам так хорошо знакомых Сименону окрестностей площади Пигаль, поднимался на Монмартр, вызывавший у него тысячу воспоминаний о молодости. Это здесь в пору бедности он помогал Тижи продавать ее картины... На деньги, полученные за картину, они смогли впервые поехать на Лазурный берег... Это были счастливые времена...

Война оборвала парижскую жизнь Сименона. Дальше все было иначе — и в Вандее, и в Америке, и в Канаде, и в Швейцарии... И не было больше Тижи. Она застала его в неловкой позе со служанкой и ушла насовсем. Париж, после войны с подозрительностью допрашивавший писателя о годах его военного процветания (вопреки его собственным рассказам, Сименон не участвовал ни в каком Сопротивлении, много печатался в пору оккупации и жил по-царски), а позднее снова поднявший его на щит, больше не был его городом. Сименон навсегда покинул Париж. Город продолжал, однако, жить в романах о комиссаре Мегрэ, чей силуэт еще добрую четверть века возникал в самых укромных уголках Парижа...

«...Такси остановилось на набережной Орфевр. Было половина шестого утра. Над Сеной поднимался желтоватый туман...»

Иногда, проходя весною по этой набережной, я вдыхаю насквозь пробензиненный воздух и думаю о том, что надо было иметь обоняние Мегрэ и Сименона, чтобы различать еще какие-нибудь запахи парижской весны кроме запаха бензина. Впрочем, может, не эта, а сименоновская Кэ дез Орфевр и есть настоящая. Ведь столько людей во всем мире знакомы с ней по Сименону...

ПРОГУЛКА ПО СЛЕДАМ БАЛЬЗАКА

Среди сыновей квартала Маре самым славным был, наверное, великий романист Бальзак. Когда я гуляю в Маре, он вспоминается мне часто. Да ведь и в целом Париже многое напоминает о его героях, о нем самом. Если помните, в подзаголовке его «Человеческой комедии» так и сказано: «Сцены из парижской жизни в 23 томах». Чего там только не найдешь о Париже!..

Иногда в мои воспоминания о бальзаковском Париже врывается грустная мелодия моей юности — звук армянской дудки — дудука... В юные годы, когда я отбывал срок солдатской службы в маленьком армянском городке Эчмиадзине, лучшим моим другом в полку был молодой донецкий шахтер Саня Свечинский. Он исполнял обязанности писаря стройчасти, свободного времени у него оставалось много, и вечерами он часто приходил ко мне посоветоваться, что бы ему еще такое почитать. Однажды я отослал его к Бальзаку, и Саня исчез надолго. Две недели спустя он явился ко мне в обед и сказал, что теперь он будет читать только Бальзака и не остановится, пока не прочтет все тома его полного собрания, которые завезла по случаю из Еревана полковая библиотека. Теперь, когда Саня забегал ко мне на досуге в казарму, мы толковали с ним о Бальзаке: откуда он знал так много о людях, этот Оноре де Бальзак? Откуда он так хорошо знал женщин? И еще мы говорили, конечно, о Париже, о котором в ту пору часто пел по московскому радио Ив Монтан, первая зарубежная ласточка послесталинской «оттепели». Этот живчик Монтан весело и беспечно гулял по Большим бульварам, тем самым, где некогда обедал с друзьями Бальзак. Впрочем, мы с Саней уже знали, что настоящим парижанам не всегда бывает так весело. Мы узнали об этом от Бальзака... Думали ли мы когда-нибудь с Саней, что пройдет еще четверть века и я тоже стану обживать Париж? Вряд ли это могло прийти нам в голову... А вот теперь, сорок лет спустя, проходя по туманному, серому Парижу, я вспоминаю иногда звездное небо Армении, вспоминаю двугорбый Арарат-Масис, наши с Саней бальзаковские беседы и, конечно, гениального труженика Бальзака, его беды и его радости, его героев и его Париж... И печально-нежно звучит дудук...

Поначалу Парижем для Бальзака был лишь правобережный, заречный квартал Маре, замечательный уголок французской столицы. Конечно, в начале XIX века в Маре уже не было ордена храмовников-тамплиеров, а память о них сохранялась (как и ныне) только в названиях улиц. Дедушка и бабушка Оноре Бальзака (или, как предпочитал с определенного времени писать отец будущего писателя, интендант Бернар-Франсуа Бальзак, — де Бальзака) издавна жили в Маре. Их внук Оноре поселился в Париже четырнадцати лет от роду — тоже, конечно, в Маре. Его отдали в пансион господ Базелена и Гансера, что размещался в доме № 9 по улице Ториньи, в самом сердце Маре. На улице Ториньи и сегодня еще немало дворцов XVII века. Самый роскошный и знаменитый из них — это, конечно, отель Сале середины XVII века, рядом с которым и жил в пансионе подросток Бальзак. Ныне дворец Сале отреставрирован, в нем размещаются коллекции Музея Пикассо, ну а в те времена, в 1813 году, в моде, как вы помните, был не король всех художников Пикассо, а император всех французов Наполеон I. Дни его величия были уже, впрочем, сочтены. В январе 1814-го он устроил пышный парад в Тюильри, чтобы доказать всему миру, что силы его не иссякли, и восторженный подросток Бальзак присутствовал при этом прощании Наполеона с подданными: он видел обожаемого императора, он мечтал стать таким же великим и прославленным, как его кумир Бонапарт (позднее он описал тревволнения этого дня в романе «Тридцатилетняя женщина»). Через год после этого события уже вся семья Бальзаков переехала из Тура в Париж и поселилась там же, в Маре, в доме № 40 на рю дю Тампль, то есть на старинной Храмовой улице, название которой уводит нас к Крестовым походам, к бывшему таким могучим в XII–XIV веках ордену тамплиеров-храмовников, разгромленному позднее королем Филиппом Красивым в надежде поживиться богатствами ордена...

Пятнадцатилетний Оноре живет в эту пору на старинной рю де Турен, в пансионе монархиста месье Лепитра, который в годы революции и террора пытался спасти из тюрьмы Тампль королеву Марию-Антуанетту и лишь чудом уберег свою голову от гильотины... Как вы заметили, все это происходило здесь же, в Маре, где каждый метр мостовой помнит великие события французской истории. И позднее, в романах Бальзака, его героев неотступно преследует эта неизбежная в Париже «связь времен». Скажем, в той части книги «Мадам де Шантери», где речь идет о старинном квартале на острове Сите близ башни Дагобера, Бальзак взволнованно пишет: «Представляется Париж от римлян до франков, от норманнов до бургундцев, Средние века, династия Валуа, Генрих IV и Людовик XIV, Наполеон и Луи-Филипп... Каждое господство оставило руины или памятники, которые наводят на воспоминания...» На воспоминания наводили героев Бальзака и узкие улочки близ былой Гревской площади, и другие, хорошо знакомые ему, юному парижанину, уголки правобережного Парижа.

Потом пришла весна 1815 года, Наполеон бежал с Эльбы; легко представить себе восторг лицеистов, и особенно восторг Бальзака, который уже мечтает в ту пору стать писателем. А летом того же года — последнее поражение Наполеона, Ватерлоо... Юный бонапартист Бальзак возвращается в старый свой пансион на рю де Ториньи и худо-бедно сдает экзамены в знаменитом лицее Карла Великого. Потом он поселяется в отчем доме тут же, в Маре, и его отдают в учение — сперва к одному стряпчему, на улице Кокийер, что близ Биржи и «Чрева Парижа», потом к другому стряпчему, опять-таки в Маре, на рю дю Тампль, близ родительского дома. Убожество этих юридических контор скрашивают дружба молодых конторщиков, каламбуры, чтение и та фантастическая реальность, которая раскрывается любопытному юному стажеру в судебных делах, кляузах, бумагах, заполнявших пыльную контору до потолка. Молодой Бальзак жадно впитывает все эти жизненные истории, он наблюдает характеры, вникает в семейную жизнь собственных сестер; скоро все это пойдет в дело, все переплавится в литературу. Попутно Оноре посещает юридический факультет и в 1819 году сдает экзамены на бакалавра права. Он много времени проводит в библиотеках Сорбонны, Коллеж де Франс и Музея естествознания. Его в ту пору интересует все — философия, физиология, механика устройства общества, нравы и обычаи, история. Для того, кто жаждет знаний, Париж — благословенный источник.

А потом родители переезжают в провинцию, в городок Вильпаризис, что неподалеку от Парижа, и Оноре окончательно выбирает свой путь. Он не будет юристом, он будет писать, он станет писателем. Родители согласились дать ему возможность испытать себя. Мать снимает для него за 60 франков в год жутковатую парижскую мансарду на четвертом этаже дома № 9 по улице Ледигьер, неподалеку от площади Бастилии и Арсенала. Родители выплачивают ему очень скудное вспомоществование — такое, чтобы только-только не умереть с голоду. Разумная политика эта, впрочем, не приучила молодого Бальзака ни к скромности, ни к бережливости. Оказавшись за убогим столом мансарды, Оноре для начала принимается за драму, ибо драма была самым престижным и высокооплачиваемым жанром, и пишет историческую драму «Кромвель».

Позднее он не раз описывал свою спартанскую мансарду и тогдашнюю свою жизнь. В бальзаковском «Фачино Кане» герой тоже пишет по ночам в мансарде, а дни проводит в библиотеке Арсенала. Герой «Шагреневой кожи» вспоминает:

Построенный в 1660 г. и лет пятнадцать назад отреставрированный дворец Сале (один из самых великолепных «отелей» квартала Маре) разместил ныне картины короля художественного авангарда Пабло Пикассо.

Пристойно сидящий Бальзак показался ценителям из Литературного общества более соответствующим их представлению о гении, чем роденовский полуночник в халате.

«Что могло быть ужаснее этой мансарды с жёлтыми и грязными стенами, которые пахли нищетой... Клетка, достойная венецианской камеры...»

Молодой Бальзак гордится своей самостоятельностью и в то же время страшится убожества жизни. Вместо того чтобы отдать долги прачке, он покупает зеркало в позолоченной раме. Узнав об этом, мать бранит его, и биографы считают, что мать была не права. Так или иначе, эти вечные зеркала как символ вожделенной роскоши и дурного вкуса и вечные эти долги стали приметой всей его жизни — жизни транжира, денди и труженика. Потерпев неудачу с пьесой, Бальзак начал писать романы. Один его знакомый, журналист Лепуатевен, преуспел в изготовлении для публики популярных романов, которые он писал с кем-нибудь в паре или которые просто покупал у скрытых под псевдонимами безвестных литературных наёмников. Бальзак становится одним из этих наёмников, научившись печь романы не хуже коллег, — у него появляется «литературный заработок». Он становится профессионалом, впрочем, ещё не Бальзаком: пишет то под одним, то под другим псевдонимом, и всё это пока ещё не слишком своё и не слишком настоящее. Настоящее будет позднее, однако и самостоятельная жизнь, и литературный труд начались всё же на рю Ледигьер, на краю квартала Маре, в стране его юности...

На правом берегу Сены Бальзаку доводилось жить позднее и в странной берлоге на склоне холма Шайо, и в квартире у Сары Гвидобони и её мужа на Елисейских полях, и повсюду теперь за ним охотились кредиторы, и повсюду он ухитрялся делать новые долги. Мне бы хотелось, впрочем, рассказать о двух последних правобережных пристанищах Бальзака. Но сначала о знаменитом роденовском Бальзаке...

Есть в Париже уголок, который мне всегда казался не только русским перекрёстком Монпарнаса, но и перекрёстком бальзаковским, хотя, в сущности, он лежит далеко от любимых бальзаковских ресторанов, от его литературных и светских салонов. Я имею в ви-

VILLE DE PARIS
MAISON DE BALZAC

ду то место, где близ русского ресторана «Доминик», близ знаменитых кафе «Ротонда», «Куполь», «Селект» и «Дом» пересекаются бульвар Распай и бульвар Монпарнас. Там со сравнительно недавнего времени (с 1939 года) стоит роденовская статуя Бальзака. Собственно, статуя эта была заказана Родену давным-давно Литературным обществом, но даже и для этого вполне интеллигентного общества она оказалась тогда слишком смелой. Так что гениальный роденовский Бальзак был Литературным обществом отвергнут, и литераторы заказали нового Бальзака, попристойнее, статую в стиле «великий писатель». (Не правда ли, история эта похожа на историю московского памятника Гоголю, что стоял некогда на Гоголевском бульваре, но потом был спрятан во дворе Литинститута, так как не соответствовал представлению партийного и литературного начальства о «великом писателе»?) К началу Второй мировой войны Париж дозрел до понимания роденовского Бальзака, и статуя была отлита по модели, пролежавшей много десятилетий в медонском

В сущности, Бальзак провел тут счастливые годы труда, спокойствия и вдохновения и написал «Человеческую комедию» и целую кучу романов. Увы, не о такой жизни мечтал великий человек. Он мечтал о богатстве, о роскошном дворце, о деньгах, экипажах, о паросском мраморе и гобеленах... От ворот сада виден только один (третий) этаж просторного дома. Ну да, на самом деле их было три.

ателье покойного скульптора. Роденовский «великий писатель» — это взъерошенный, ночной Бальзак в халате: ему не спится, что-то пришло ему в голову, что-то, что он немедленно должен записать, — он явно на пути от постели к письменному столу, и вид у него, конечно, не слишком светский и не слишком благоразумный. Когда я стою перед этим памятником, мне из всех бальзаковских домов Парижа прежде всего приходит в голову дом на рю Ренуар (там ныне его музей)...

Финансовые невзгоды и поиски тишины и спокойствия загнали Бальзака в начале 40-х годов (точнее — в 1842 году) в парижский пригород Пасси, на нынешнюю улицу Ренуара. Сейчас дом и сад числятся под номером 47 по улице Ренуара, а во времена Бальзака здесь был дом № 19 по улице Басс (Нижней улице). Собственно, дома, стоявшего у самой улицы и принадлежавшего знаменитой актрисе, которую посещал здесь в годы революционного террора не менее знаменитый, любимый молодым Пушкиным поэт Парни, — дома этого в бальзаковское время уже не было, но в саду, ниже улицы, на спуске к Сене, стоял длинный одноэтажный дом, переделанный из старой оранжереи. На самом-то деле дом этот вовсе не одноэтажный, и тот его фасад, что выходит в сад, — это стена третьего этажа, а второй и первый этажи дома, запасной выход и ворота выходят на нынешнюю улицу Бертон, бывшую улицу Скалы (рю дю Рок), самую, наверное, сегодня деревенскую улицу Парижа, зажатую между скалой, подпорной стенкой бальзаковского сада с одной стороны и высокой оградой сада, окружающего бывший дворец принцессы Ламбаль, — с другой. Итак, запомните: узенькая улочка Скалы (нынешняя Бертон), и бальзаковские ворота, и каменные тумбы, охранявшие стены от колес экипажей, и, наконец (у самых бальзаковских ворот), межевой камень (борн), установленный два столетия назад для обозначения границы между владениями графа Пасси и графа д'Отей (запомните и непременно туда съездите, наш рассказ туда забредет тоже). На улочке этой всегда тихо, на старых булыжниках зеленеет плесень, изредка разве пробежит собачка, таща за собой на поводке старую хозяйку, да толкутся день-ночь жандармы в бронежилетах, вооруженные до зубов. Они охраняют работников турецкого посольства, размещенного во дворце Ламбаль, ибо как десять лет назад на жизнь турок здесь покушались террористы из подпольной группы, носившей название Армянская революционная армия, так и нынче на их жизнь покушаются столь же подпольные и столь же революционные курды. Мрачная магия этого проулка и заколдованного дворца не объясняется лишь бронежилетами и ритуальным пролитием турецкой крови. В прошлом веке дворец этот купил доктор с многозначительным именем Эспри Бланш, то есть Чистая Душа, который открыл во дворце психиатрическую лечебницу. К доктору Бланшу, а позднее и к его сыну поступали для исцеления и Шарль Гуно, и Жерар де Нерваль. Дворцовый парк в те времена спускался к самому берегу Сены. По дорожкам этого парка до самой своей смерти гулял в затмении разума бедный господин Ги де Мопассан. Это здесь он «превратился в животное», здесь втыкал в землю прутики, надеясь вырастить себе потомство. Крыша дворца видна и из дома Бальзака, стоящего выше по берегу в саду, и из стоящего еще выше дома № 48-бис по улице Ренуара, где вскоре после октябрьского переворота в России поселились русские писатели-эмигранты: граф Алексей Толстой — на четвертом, а Константин Бальмонт — на втором этаже. Не правда ли, воистину магический уголок Парижа?..

Как уже было сказано, Бальзак поселился здесь в 1842 году. Конечно, гонимому кредиторами беглецу снова пришлось снять дом на чужое имя — на имя мадам де Брюньоль, которая стала у него домоправительницей. Бальзаку нравилось странное расположение дома на берегу и наличие запасного выхода, через который можно было всегда улизнуть к набережной Сены и сесть на пароход. Здесь, как и в прежнем жилище, Бальзак прибегал к предосторожностям, в частности к паролям (кре-

Ворота эти вели в сад и к дому, в котором так долго, скрываясь от кредиторов, жил и работал великий транжир и великий писатель Бальзак. Чтобы попасть в сад, посетитель должен был знать пароль. Иначе ему предстояли долгие переговоры через ворота. Тем временем вечный должник мог улизнуть через заднюю дверь к Сене...

диторы и офицеры Национальной гвардии охотились за ним по-прежнему). «Я привез кружева из Бельгии», — говорил гость слуге у калитки. Или же: «Сливы созрели». Только после этого его впускали в дом. Причем впускали не через нижний этаж, а через верхний, что навеяло Теофилю Готье такие строки:

В пленительный сей дом идешь ты через верх,
Как через горлышко вино идет в бутылку.

«Бальзак спрятался со своими бумагами, своими канделябрами и халатами в деревушке Пасси, где он надеялся обрести мир, оставшись наедине со своими видениями», — писал Рене Бенжамен. Конечно, этот дом мало походил на особняки и дворцы, о которых мечтал Бальзак. Это отмечала не без мрачной насмешки и будущая супруга писателя, богатая аристократка Эвелина Ганьска. «Дом был похож, — говорила она, — на былую танцульку-генгет, хозяин которой разорился после того, как умерли его жена, шестеро детей и последние три десятка посетителей». Ах, разве о таком доме мечтал Бальзак! Он мечтал о дворце, блистающем фантастической и нелепой роскошью, вроде той безумной виллы «Монте-Кристо», которую соорудил себе Дюма. По поводу этого странного дворца из «Тысячи и одной ночи» Бальзак с восторгом писал Ганьской:

«Ах, «Монте-Кристо» — это одно из самых прелестных безумств в истории, самая царственная бонбоньерка на свете. Дюма израсходовал уже 400 000 франков, и ему нужно еще 100 000, чтобы закончить замок... Если бы вы увидели этот замок, вы бы тоже пришли в восторг от него...»

Бальзак считает, что простака Дюма облапошили. Вот если бы... Увешанный долгами, он мечтает о том, как разумно и щедро он будет швырять сотни тысяч направо и налево. Рассказывают, что на стенах дома в Пасси он угольком обозначил будущее убранство:

«Здесь — облицовка из паросского мрамора.

Там — потолок, расписанный Эженом Делакруа.

Здесь — ковры из Обюссона...» — и так далее.

На самом деле ему не так уж плохо жилось в Пасси. Он работал по ночам. Поэтесса Марселина Деборд-Вальмор порекомендовала ему домоправительницу мадам де Брюньоль, которая взяла на себя все заботы по дому. У нее не было, конечно, шарма и тонкости маркизы Кастри или мадам де Берни и других аристократических приятельниц Бальзака, но в конце концов Бальзак сумел оценить ее щедрые, царственные формы, и она стала его возлюбленной. Здесь Бальзак писал свою «Человеческую комедию», здесь он создал три тома романа «Блеск и нищета куртизанок», романы «Розалина», «Кузен Понс» и еще, и еще... Убогое Пасси... Счастливое Пасси... Последний настоящий дом Бальзака...

Бальзак приближался к реализации своей мечты — браку с богатой польской аристократкой Эвелиной Ганьской, к постройке дворца в центре Парижа. Умер наконец господин Ганьский, и Бальзак смог жениться на его наследнице-вдове. Он купил особняк на улице Фортюне, близ престижной улицы Фобур-Сент-Оноре, и начал обставлять дом чем ни попадя. Теперь у него были деньги. Много денег. Ее деньги, их общие деньги... И вот Бальзак привез наконец жену в этот дом — вечером 20 мая 1850 года. Свет сиял в окнах. И цветы стояли повсюду в вазах. И везде была долгожданная роскошь. Однако привратник, который, на беду, именно в тот вечер сошел с ума, не открыл дверь молодоженам. Пришлось взломать дверь. Пришлось связать привратника... Увенчание надежд обернулось в тот вечер кошмаром. И всего-то оставалось ему меньше ста дней богатой жизни. Здоровья не хватило и на эти сто дней...

Бальзак умер в этом самом дворце на улице Фортюне, название которой означает «удачливый» и «богатый», три месяца спустя, в августе того же 1850 года. Отпевали его поблизости, в церкви Сен-Филипп-де-Руль. А улица Фортюне называется ныне улицей Бальзака.

ЦЕНТР ПОМПИДУ

Надежное голосование туристского электората (участвуют в нем в Париже шестьдесят миллионов ежегодно) у окошечка кассы (стоит или не стоит платить за вход?) убедительно развеяло иллюзию о паломничестве туристской массы к «священным камням Европы». Какой-нибудь римский театр Лютеции или римские бани с дворцом Клюни даже не попадают в список двадцати пяти популярнейших туристических объектов Франции и ее столицы, а сказочный исторический Мон-Сен-Мишель и сказочный Ле-Бо-де-Прованс толкутся где-то на восемнадцатой от вершины ступеньке лестницы после провинциального Футороскопа (а уж Онфлер, деревушка Рикевир, Сен-Мало — и того дальше). Зато пенопластовая сказка Диснейленда — на самой вершине (мы чадолюбивы), да и другие новейшие достижения культуры и техники входят в первую десятку — Центр Помпиду, Эйфелева башня, базилика Сакре-Кёр (леса и парки не в счет — все же отпуск, надо подышать). Так что Центр Помпиду (Национальный центр искусства и культуры имени Жоржа Помпиду), созданный лет двадцать тому назад авангардный центр самого что ни на есть авангардного искусства, попал в точку: для масс новинки соблазнительнее «священных камней» замшелой старины (или, как выражался сторонник прогресса Маяковский, «старья»).

Увидев впервые Центр Помпиду (в парижском обиходе также — Бобур), я, как и многие, не восхитился, а растерялся: посреди старинного парижского квартала высилось что-то среднее между огромным многоэтажным гаражом и химкомбинатом. Толстые железные крашеные трубы опоясывали стеклянное здание... У меня, как человека далекого от индустрии, вертелось отчего-то в голове таинственное слово «азотно-туковый» (его очень любила советская пресса). Ну да, я понял, конечно, что, как всякий авангард, это «провокация» (эпитет считается похвалой, без «провокации» не заинтересуешь, не пробудишь чувство), что это «вызов» — вызов «старью», устаревшим вкусам, вызов предрассудкам, красивости и красоте. Вызов «жирным» (которые, кстати, давно уже покупают авангард, им торгуют, вписали его в рыночный оборот, да и творцы-корифеи жируют с ними)... Да, может быть, вызов, но почему именно здесь, в чудесном старом квартале, рядом со старинным храмом Сент-Мерри? Впрочем, на все мои дилетантские вопросы можно найти ответы и объяснения у экспертов (объяснения непонятного, при этом сами не слишком понятные, играют важную роль в авангардном искусстве, так что «искусство объяснения» не менее важно ныне, чем само созидание, а иногда и заменяет созидание: не трудно выставить на тумбу в галерее искусства соседский писсуар или консервную банку из супермаркета, важно объяснить, почему это интересно и, более того, гениально). Так что я непременно познакомлю вас с этими объяснениями. Но пока два слова о самом Бобуре и его истории.

Центр Помпиду был построен в одном из самых старых кварталов Парижа (где стоит, кстати, самый старый парижский дом — № 51 по улице Монморанси). Идея его постройки принадлежала президенту Жоржу Помпиду, проект подписан архитекторами Ренцо Пиано и Ричардом Роджерсом, а также их соавторами Джанфранко Франкини, Джоном Янгом и «Группой Ове Аруп энд партнерз». Общая площадь постройки составила больше 100 000 квадратных метров, из них полезной площади было 60 000 метров (говорят, что после ремонта и реконструкции площади стало еще больше). Здание имеет 166 метров в длину, 60 в ширину и 42 метра в высоту. Находкой проекта считали вынесение наружу всех коммуникаций, чтобы освободить побольше пространства внутри. Возможно, находка эта и была причиной того, что через два десятка лет (в 1995—1997 гг.) зданию потребовался баснословно дорогостоящий (но кто считает казенные деньги?) капитальный ремонт, который завершился только на рубеже нового столетия.

На пяти этажах гигантского здания Бобура разместились Национальный музей современного искусства, Центр индустриального творчества, Публичная справочная библиотека (БПИ), Отдел культурного развития и Институт координации исследований в области музыки и звука (ИРКАМ), а также ателье, выставочные залы, большие и малые, готовые принять экспозиции. Музей современного искусства в Бобуре получил множество даров и коллекций, главным из которых был, вероятно, дар супругов Леирис, передавших музею уникальную коллекцию умершего в 1979 году писателя, издателя и коммерсанта Даниэля-Анри Канвейлера, начавшего собирать работы Пикассо, Брака и Дерена еще в 1907 году. До 1914 года Канвейлер издавал Аполлинера и Макса Жакоба, а после 1920 года — Арто, Мальро и других (в том числе и Леириса). В Бобур переведено было ателье скульптора Константина Бранкузи, завещанное им государству. Очень важным был дар госпожи Нины Кандинской, передавшей в музей работы своего мужа Василия Кандинского.

С крыши Центра Помпиду (лифт прекрасный, ползет по прозрачной трубе, и вход бесплатный) открывается лучший, вероятно, вид на Париж, вид из самого сердца Парижа...

Работая над биографией Владимира Набокова, я часто сидел в Публичной справочной библиотеке (БПИ) Бобура. Там была длинная полка английских и прочих монографий о Набокове. Доступ открытый, никакой бюрократической переписки, и все — бесплатно. Приятель, работавший в библиотеке, помог мне переснять из этих книг сотни страниц на скоростной копировальной машине; эту тонну копий я и увез с собой в Ялту. Конечно, переснялы мы все бес-

В цвете «азотно-туковый завод» выглядит еще привлекательней и азотистей — народная тропа к нему не зарастет до нового капремонта.

платно. Конечно, если б у меня был приятель в здешнем Министерстве культуры или в Фонде Сороса, я получил бы грант (ибо за изданные книги платят ныне редко, не скоро и совсем мало), но у меня были в Париже приятели только в двух библиотеках и в кинотеатре «Пагода». Так что я читал, переснимал книги для работы и иногда смотрел бесплатно кино. Честно сказать, на большее и не хватило бы времени... Спасибо, Бобур, спасибо, Танечка и Дени, спасибо, Ванда и Женя Перевезенцев...

У полки русских книг в БПИ отогревались русские ребята, зацепившиеся в Париже дуриком — без документов, без работы, без надежды, — «четвертая волна эмиграции». Местное радио дружелюбно предупреждало, чтобы не оставляли без присмотра личные вещи...

Перед бобуровским Музеем современного искусства я тоже, кстати, в долгу. Однажды я гулял тут в воскресенье с маленькой дочкой, и она вдруг сказала жалобно: «Пи-пи, папа, хочу пи-пи». Не найдя ничего лучшего, я повез ее на лифте в Музей современного искусства (вход по воскресеньям был бесплатный). Выйдя из туалета, она увидела полотно Матисса и замерла на месте. «Что это?» — спросила она. Я пожал плечами: «Матисс. Я его не знаю. Я знаю его модель, милую Лидию Делекторскую...» Дочка не хотела уходить, и я повел ее по музею. Кроме Матисса ей понравились какие-то синие доски, совсем синие, а также старый, грязный велосипед без колес. В общем, она пристрастилась к современному искусству... Но, может, именно это и имели в виду искусствоведы, писавшие,

По бывшему болоту

что Центр Помпиду «стремится установить некие личные отношения между тем, кто созерцает, и предметом, который он созерцает, — привлекая одновременно большое количество людей, не имеющих культурно-художественных корней... В мире, где все находится в процессе постоянных изменений, где умирают все запреты и где художник более, чем когда-либо, чувствует себя стоящим в сердце истории... является логичным то, что место, подобное этому, стало зеркалом, отражающим наш мир и наше время...».

Искусствовед Понтюс Юльтен назвал Бобур «уникальной и оригинальной попыткой объединить и сделать доступными различные элементы современной культуры в одном месте». Другие искусствоведы утверждают, что Бобур вывел различные формы выражения из их изоляции, показал, что эти формы выражения связаны с нашей повседневностью. Что тут возразишь? Не скажешь же, что все эти унитазные «инсталляции» не связаны с нашей повседневностью...

Быт квартала после постройки Центра Помпиду, конечно, изменился тоже. На площади перед входом в Бобур пишут «монмартрские» портреты для туристок какие-то художники. Те, кто не может и этого, плетут африканские косички европейским девочкам, производят какую-то шумную музыку, глотают пламя, показывают фокусы — в общем, современный «двор чудес» (для малолеток — совершенно неотразимый). У фонтана «Весна священная» на площади Игоря Стравинского кружатся и плюются водой смешные фигурки; дети, да и многие взрослые, их обожают (авторы Жан Тенгели и Ники де Сент-Фаль). В общем, в Бобуре да около найдется развлечение на любой вкус...

На запад вдоль Сены

ЛУВР

Отдохнув в скверике близ башни Сен-Жак, можно двинуться к западу, в направлении знаменитейшего Королевского дворца и еще более знаменитого (может, самого известного в мире) музея искусств — Лувра. Лувр тут совсем близко, и кратчайшим путем мы дойдем до него, двигаясь параллельно Сене по знаменитой улице Риволи. Улица эта проложена была лишь в начале XIX века, на ней расположены знаменитая английская книжная лавка, знаменитый чайный салон начала века (где проголодавшийся англичанин может получить настоящий чай и почти настоящий пудинг), а также знаменитый отель «Мерис», где знаменитому Джорджу Оруэллу доводилось в трудные годы жизни мыть посуду. Ну а в общем-то аркады и лоджии этой торговой улицы захватили нынче истинные короли эпохи — торговцы модной одеждой, так что пока ваши спутницы будут томиться у модных витрин, мы могли бы припомнить вкратце историю знаменитого Лувра. То, что мы еще не дошли до цели, нашему рассказу не помеха. Ведь и нынешний Лувр, и стеклянная пирамида во дворе, и толпы туристов, и палатки с сувенирами и репродукциями вряд ли помогут нам представить себе, чем был Лувр изначально. Это был укрепленный замок на правом берегу Сены. Отправляясь в конце XII века (в 1190 году) в очередной (третий) Крестовый поход в Иерусалим для освобождения Гроба Господня, предусмотрительный король Филипп-Август не только разместил часть сокровищ в надежном квартале Маре у тамплиеров, но и решил по возможности обезопасить оставляемый город. И, поскольку

*Портрет кисти Энгра. На раме сверху фамилия дарителя.
Без пожертвований, даров и конфискаций такой коллекции не собрать было бы ни королям, ни правительствам, ни отдельно взятым миллиардерам.*

нападение могло грозить с севера, из низовьев Сены (оттуда приходили норманны, да и английский собрат Ричард Львиное Сердце не внушал большого доверия), король решил воздвигнуть крепость на берегу. А вот отчего ей дали это волчье название («лув» значит «волчица») — можно только гадать (может, стая волков забредала сюда из ближнего леса). Позднее, судя по завещанию Людовика VIII, короли хранили свои сокровища в башне этого замка, так что крепость считалась надежной. Мало-помалу французские монархи украшали и совершенствовали замок, приспосабливая его для нормальной королевской жизни. В XIV веке немало сделал для благоустройства этого готического замка король Карл V. Но, конечно, и при всех королевских усилиях «удобства» замковой жизни были весьма относительными. Когда Карл V объявлял, что пора бы почистить замковый ров, обитатели Лувра срочно покидали замок — такая стояла вонища во всей округе...

Когда на троне во Франции утвердился просвещенный ренессансный король Франциск I, он приказал разобрать знаменитую башню и построить ренессансное жилье: сам он, бедняга, столько лет промаялся в плену в Мадриде, что приобрел отвращение ко всем этим тюремным интерьерам. Когда же королева Екатерина Медичи решила из Маре, из зловещего отеля Турнель, перебраться в Лувр, она добилась, чтобы построили Тюильрийский дворец, торцом к Сене — перпендикулярно уже существовавшему зданию, в котором, как она верно заметила, жить было негде, хотя ведь уже и покойный ее муж, а потом и Генрих III пристроили два боковых крыла к прежнему зданию. Название Тюильри дворец получил от двух фабрик черепицы, размещавшихся в нынешнем саду Тюильри («тюиль» и есть «черепица»). Генрих IV соединил Тюильрийский дворец со старым зданием полукилометровой Приречной галереи, а кроме того, велел построить Аполлонову галерею. Это Генрих IV и Мария Медичи положили начало собиранию произведений искусства. Славный король Генрих IV решил, что Лувр вообще должен стать музеем, и больше ничем. У короля даже вошло в привычку селить художников в помещениях Лувра. Прошло чуть ли не четыре столетия до полного осуществления замысла короля. Работы по созданию Большого Лувра завершились к концу второго тысячелетия нашей эры. Называют разные, всегда астрономические, цифры затрат на обустройство Лувра — от семи миллиардов и больше. При президенте-социалисте Миттеране было выселено из северной части дворца целое Министерство финансов. Для него правительство социалистов построило гигантское, фараоновское здание министерства в Берси и, кстати, не прекращает расширять его обширные подсобки за рекой (в современной Франции больше чиновников, чем в любой из стран Европы).

Даму эту условно называют Аспазией. Как ее звали, нам уже не дознаться. Голову изваяли в бронзе за 460 лет до Рождества Христова. С тех пор все изменилось. Только женщины по-прежнему прекрасны...

Конечно, после короля-градостроителя Генриха IV над достройкой и украшением Лувра трудились многочисленные Людовики, два Наполеона и целая армия великих архитекторов. Да и гигантское собрание произведений искусства сложилось здесь не за один день. 10 августа 1793 года Лувр был объявлен государственным музеем. Позднее Наполеон тащил сюда сокровища искусства со всего света. Недавний выезд чиновников из дворца освободил еще 22 000 квадратных метров площади, и можете не сомневаться, что все они уже заполнились произведениями искусства. Говорят, что сам Франциск I приобрел у старенького Леонардо да Винчи портрет загадочной Моны Лизы, супруги Франческо дель Джиоконды. Перед Первой мировой войной портрет был похищен из Лувра, и это стало национальной бедой. Зато, когда картина была обнаружена в Италии и возвращена в Париж, ее встретили оружейным салютом, каким гвардия встречает здесь высоких гостей...

За четырнадцать лет своего президентства Франсуа Миттеран развернул (и даже завершил) в Париже несколько «великих строек». Реализация планов Генриха IV по созданию Большого Лувра может быть, вероятно, отнесена к наиболее удачным из них (прочие попахивают катастрофой, безвкусицей и напрасной утечкой миллиардов), хотя и завершение этого проекта тоже невольно наводит на мысли о странной склонности страны революции и цареубийства к атмосфере монархии. Дело в том, что начало президентства Миттерана совпало с обнаружением смертельной болезни, которую он на протяжении десятилетия (вопреки собственному декрету) скрывал от подданных. Но сам монарх все больше думал в эти годы о памятниках бессмертия, о величии египетских фараонов. И вот во дворе Лувра была построена стеклянная пирамида, застящая старинные фасады и малосовместимая с тяжеловесным старинным дворцом. Пирамида как бы прячет вход в музей Лувра и, конечно, шумный торговый пассаж под Квадратным двором Лувра. И там все тот же базар, все тот же свободный рынок, то же готовое платье. Однако кто же из знатоков-интеллектуалов во Франции стал бы спорить со всесильным монархом, разве он не у себя дома в королевском Лувре, в верноподданном Париже?..

Одни считают, что стеклянная пирамида успешно разрешила задачи модернизации города, задачи туризма и торговли. Другие полагают, что она выглядит неуместной на фоне дворца. Спор идет между сторонниками модерна и охранителями старины. Последние, как правило, старше, однако не настолько стары, чтобы напомнить, как быстро устаревает модерн.

Вот где умеют поклоняться женщине (даже если она обнажена не полностью и потеряла руки в передрягах столетий).

Для описания знакомства, даже краткого, с галереями и залами Лувра понадобилась бы целая книга, а может, и две, и три книги: здесь ведь десятки залов, увешанных картинами, многие километры пути — от искусства древней Месопотамии, Персии, Древнего Египта, Анатолии, стран Леванта и Палестины к этрускам, римлянам, к европейскому Средневековью, к французской, итальянской, испанской, голландской, германской живописи — через века, континенты, эпохи...

Отправляясь в музей, заранее выберите себе любимую эпоху, любимую страну, любимых мастеров, и тогда — в путь... Путь неблизок, смена впечатлений утомительна, а еще ведь отвлекают внимание бодрые группы английских школьников, шумные американцы, туристы из Свердловска, дамы из Варшавы, нефтяной шейх с целым питомником жен, до глаз закутанных в чадру...

— Месье, а где Джиоконда? Да-да, и мы к Джиоконде. Мы все к Джиоконде...

— Да там и без вас толпа... Купите себе репродукцию и повесьте дома... Пририсуйте к ней усы — и прославитесь. Один французский чудак на этом карьеру сделал.

ПАЛЕ-РУАЙЯЛЬ

Пройдя какую-нибудь сотню метров от Лувра к северо-западу все по той же улице Риволи, свернешь направо и ненароком попадешь вдруг в тишину сквера и какого-то, словно бы полузабытого внутреннего города — «малого города внутри большого города», как говорил об этом квартале живший здесь Жан Кокто, «города, хранимого его кошками». Похоже, что даже самые дотошные группы туристов обходят эти места, где каждая дверь, каждое окно — молчаливый свидетель творимой здесь в былые времена (в криках, плаче, смехе, крови и слезах) истории. Но, может, потому и обходят эти места туристы, что история-то эта чаще всего история чисто французская, а заграничный турист, он быстро устает от всех этих чужих Людовиков и Робеспьеров. Ну что, скажем, нетерпеливому туристу с того, что это именно в лавке Баденов, в доме № 177 здешней галереи де Валуа, Шарлотта Корде купила нож, чтобы в тот же день зарезать Марата в его собственной ванной (у нас убивают каждый день, только убийц не могут найти). Или что это именно здесь, в галерее Божоле, в ресторане «Ле Вери» художник Фрагонар налег на мороженое и был наказан апоплексическим ударом, от которого и умер прямо за столиком (у нас тоже никто диету не соблюдает, разве что пенсионеры). И что приезжему до того, что именно с одного из этих каштанов Камиль Демулен сорвал памятные листья для кокарды (и дома-то забыть не удается про все эти революции). Или что над вон той галереей жила писательница Колетт, вон и буква «С» под ее окошком...

«Кабы они были все русские...» — сказала мне как-то разочарованно в самолете туристка, возвращавшаяся из Парижа в родной Ставрополь через Москву. Сказала с такой обидой, точно она была на экскурсии не в столице Франции, а в Среднем Поволжье. Тут я встрепенулся: «Русские?» Да, конечно, ведь и русские не обходили ни эти дворцы, ни этот квартал. Здесь не раз гуляли и пировали русские царственные особы. Великий Петр подписывал тут какие-то важные документы. Сюда приходил Карамзин. Это здесь молодые русские офицеры-победители (молодой Батюшков был в их числе), отведав устриц в этих прославленных кафе, ближе к ночи осаждены были доступными красотками, которые отчего-то именно эти царственные места избрали некогда для отправления своего древнего промысла. В более пристойной атмосфере здесь бывали и Герцен, и Анненков, и Белинский, и Тургенев, и князь Сергей Волконский. Да кто ж только из русских не приходил сюда, на Пале-Руайяль! Пора и нам с вами туда. Но для начала чуть-чуть истории.

Нетрудно догадаться, что своим возникновением этот квартал дворцов и знаменитого сада обязан своей близости к королевскому

Лувру. Двор прочно обосновался в Лувре в XVI веке. Крепостную стену города, воздвигнутую Карлом V, отодвинули дальше к северу, а нынешний Пале-Руайяль был еще в ту пору вполне сельской местностью: лужки да овечки, да коровки, да ручейки, да звон колокольчиков. И вот здесь начали строиться придворные. Расцвет нового строительства пришелся на XVII век, и возникший здесь ансамбль вызывал восхищение такого мэтра архитектуры, как Бернини. Поначалу всей операцией заправлял великий человек по имени Арман Жан дю Плесси, более известный миру как кардинал Ришелье. Приглашенный им архитектор Жак Ле Мерсье, создатель Часового павильона в Лувре, начал здесь в 1629 году строительство кардинальского дворца (кстати, позднее тот же архитектор воздвиг старое здание Сорбонны, от которого только и уцелела, что часовня, где погребен род Ришелье).

Что же до великолепного кардинальского дворца, то кардинал предусмотрительно принес его в дар королю Людовику XIII четыре года спустя. С тех пор кардинальский дворец и называется Королевским дворцом, по-французски — Пале-Руайяль. По приказу кардинала королевский садовник Дего разбил перед дворцом сад с бассейном, в ту пору это был самый большой сад Парижа. Да и самый дворец обставили с роскошью, пристрастием к которой славился этот «сфинкс в красной мантии» (именно так назвал прославленного кардинала историк Мишле): здесь находились замечательные кардинальские коллекции произведений искусства, его библиотека и большой театр в итальянском стиле (театр, кстати, был при тогдашнем способе освещения весьма, как выразился бы специалист, «небезопасным в пожарном отношении» и неоднократно горел). После смерти кардинала жила во дворце Анна Австрийская с сыном, будущим Людовиком XIV. Из всех преимуществ местоположения дворца вдовствующая королева выше всего ценила близость к дворцу кардинала Мазарини, который, если верить историкам, был ее любовником. Для вящего удобства высокопоставленной пары в стене, окружающей дворец, была устроена укромная калитка. И на счастье: она пригодилась королеве, ее сыну и герцогу Орлеанскому в 1650 году во время Фронды. Через эту калитку, как утверждают, они и бежали из дворца. Сам же Людовик XIV, когда подрос и сел на трон, избрал резиденцией Версаль.

В Пале-Руайяль жила также вдова казненного английского короля Карла I Генриетта. Когда ее дочь, тоже Генриетта, вышла замуж за младшего брата французского короля, носившего титул Месье, дворец, должным образом приведенный в порядок, был отдан королем брату. Потомки Месье по мужской линии и владели дворцом до самого 1848 года. Сын Месье принц-регент Филипп Орлеанский был поклонник науки и искусства, так что его время (а он, по существу, правил Францией при малолетнем Людовике XV) считается блистательным периодом украшения дворца. В это время галереи первого этажа были украшены художником Койпелем и все помещения на этаже обновлены. Коллекция картин принца-регента уступала в ту пору только королевской коллекции. В эпоху этого регентства дворец прославился также вакханалиями своих «ужинов». Внук принца-регента пятый герцог Орлеанский, последний предреволюционный владелец дворца, тоже Филипп Орлеанский, но по кличке Филипп-Эгалите (то есть Равенство), к моменту вступления во владение дворцом был уже по уши в долгах. Пришлось выручать его из беды. Принц пристроил к дворцу аркады, где сдавал в аренду лавки, открыл в многочисленных помещениях игорные дома и бордели. Надо сказать, что королю Людовику XVI эта предпринимательская деятельность его кузена пришлась не слишком по вкусу, именно ее он и имел в виду, когда обратился к герцогу прилюдно с упреком: «Кузен мой, вы сделались лавочником, так что отныне мы сможем лицезреть вас только по воскресеньям». Эту язвительную фразу герцог Орлеанский припомнил своему царственному кузену в «незабываемом 1793-м». Герцог тогда примкнул к революции, стал членом Конвента, добавив к своему имени кличку Эгалите, и голосовал за смертный приговор королю-кузену (втайне надеясь сесть на его трон). Он пережил короля всего на несколько месяцев и последовал за ним на гильотину: увы, история выживания аристократии в кровавые годы революций изобилует многими эпизодами предательства. Но не будем забегать вперед: обидно было бы не остановиться на бурной жизни Пале-Руайяль в годы, предшествовавшие революции, ибо история ее пестрит эпизодами и именами, без которых не обойтись ни тем, кто изучает историю Франции, ни тем, кто просто гуляет по славному кварталу.

Сократив на целую треть знаменитый сад времен Ришелье, герцог Орлеанский окружил его колоннадой, над которой высились шесть десятков одинаковых жилых домов с мезонинами, балюстрадами и антресолями. Улицы, примыкающие к этим домам, он назвал именами трех своих сыновей — Валуа, Монпансье и Божоле. Со стороны же дворцового двора он велел построить деревянные застекленные галереи, которые окрестили Татарским станом. Здесь было множество магазинов и кафе и вообще все виды популярных развлечений. Понятно, что сюда устремились в поисках удовольствий досужие парижане. Взамен вторично сгоревшего дворцового театра герцог приказал архитектору Виктору Луи построить два новых театра.

Не следует думать, что новый Пале-Руайяль сулил одни только грубые удовольствия и тот вид увлекательного времяпрепровождения, что нынче называют с легкой руки приверженных к нему средних американцев «шопингом». В здешних кафе была, например, в большом почете игра в шахматы. Рассказ об этом вы найдете в знаменитой повести Дени Дидро «Племянник Рамо», где описаны шахматные баталии в кафе «Ла Режанс», ставшем истинной Меккой тогдашних парижских шахматистов. Шахматы в кафе можно было брать напрокат за почасовую плату, и ночью это обходилось дороже, так как к шахматам прилагалась еще и свеча. «Для игры в шахматы, — говорится в повести Дидро, — лучшее место на земле — это Париж, а в Париже — кафе "Ла Режанс". Напомню, что в кафе этом давал сеансы одновременной игры на нескольких досках известный парижский композитор, основатель театра «Опера-комик», но при этом еще и некоронованный чемпион мира по шахматам Андре Даникан-Филидор, оставивший потомкам написанную им двадцати двух лет от роду и напечатанную в Лондоне книгу «Анализ шахматной игры», книгу, которая по сей день остается классическим шахматным трудом. Героя повести Дидро даже раздражало, что этот знаменитый человек, вместо того чтобы сочинять музыку, двигает деревянные фигурки сразу на многих досках, побуждаемый к этому подвигу лишь пустым тщеславием чемпионства...

Кстати, раз уж мы заговорили о тщеславии и победителях: в 1794-м в кафе забредал из своего убогого отельчика на рю Абукир другой сильный игрок — Наполеон Бонапарт. Он тоже часами двигал здесь на доске деревянные фигурки, учась обдумывать каждый свой шаг на много ходов вперед. Дидро, судя по его роману, и сам много времени проводил в Пале-Руайяль: в солнечную погоду на скамейках сада, а в дождь, подобно герою его повести, среди шахматистов в кафе «Ла Режанс». Дидро был уже стар в ту пору и болен, ему трудно было взбираться по лестнице в свою квартиру, и, узнав об этом, его поклонница русская императрица Екатерина II купила ему в подарок (через немецкого писателя барона де Гримма) великолепную квартиру во дворце XVII века, тут же неподалеку, в квартале Пале-Руайяль, на улице Ришелье. 19 июля 1784 года состоялся переезд философа, но, увы, ему недолго пришлось наслаждаться новым жильем — он умер меньше чем две недели спустя. Библиотека его была отправлена в Петербург. Нуждаясь в деньгах, Дидро выставил ее на продажу еще за двадцать лет до своей смерти, и русская императрица купила ее, но при этом оставила в распоряжении Дидро до конца его дней, а ему еще платила вдобавок жалованье как библиотекарю.

Поскольку городская полиция не имела доступа в частные владения герцога Орлеанского, труженицы панели и посетители игорных домов чувствовали себя в галереях Пале-Руайяль в полной безопасности. Вообще, древнейший промысел рядовых тружениц панели, хоть и не был в ту пору более почтенным, чем ныне, все же не страдал от излишнего ханжества и цензурных преследований. Скажем, брошюрки, которые издавали в Пале-Руайяль, со всей откровенностью сообщали о качествах предлагаемого товара и ценах на него: «Мари, крупная блондинка, цвет лица и тела бледный, чуть синеватый, зубы плохие... цена 3 ливра. Можно сторговаться за ливр четыре су». Это для тех, кто экономит на чувствах. Для более щедрых брошюра предоставляет выбор: «Жюли, брюнетка, довольно красивая, большие груди, все умеет, на все готова... Цена 6 ливров».

Девицы из Пале-Руайяль нашли в казаках бесстрашных клиентов-поклонников. Как легко догадаться, основания для опасений могли оказаться вполне реальными. Сколько французских гениев угасло от «дурной болезни» (фотокопия старой французской гравюры).

В последние предреволюционные годы граждане, посещавшие Пале-Руайяль, перешли к еще более опасному времяпрепровождению: теперь в здешних кафе с жаром толковали о политике, тут возникали кружки и тайные общества. Кончилось тем, что 12 июля 1789 года пылкий Камиль Демулен, взобравшись на столик перед кафе «Де Фуа», призвал взбудораженных граждан к оружию. Из листьев растущих здесь конских каштанов он соорудил и прицепил себе на шапку первую революционную кокарду, после чего двинулся на штурм монархии во главе бушующей толпы. Этот поход завершился взятием Бастилии. В прочие дни кончалось еще хуже. Дворец и сад, переименованные в Пале-Эгалите (дворец Равенства) и сад Революции, бушевали добрых пять лет, по истечении которых и Филиппу-Эгалите, и Камилю Демулену перегруженный работой палач республики отрубил голову на гильотине: революция приобретала истинно революционный размах. Впрочем, даже революция не сразу отбила у населения жажду плотских удовольствий. Об этом свидетельствует гулявший весной 1790 года под каштанами сада Пале-Руайяль русский писатель Николай Карамзин:

«"Нимфы удовольствий" приближались к нам одна за другой, бросали нам цветы, вздыхали, хихикали, зазывали нас в свои гроты, обещали нам бездны приятностей и исчезали, как ночные призраки в свете луны».

Революция захлебнулась в крови граждан, пришел Наполеон, взял власть и, боготворимый соотечественниками, отправился проливать кровь по всему свету. Наконец союзники победоносно вошли в Париж, ведомые русским императором Александром Победителем. Молодой офицер и поэт Константин Батюшков рассказывает, как в тот славный день, 31 марта 1814 года, он впервые двинулся к заветному месту Парижа от Вандомской площади:

«Миновав Театр-Франсэ, я стал прокладывать путь к Пале-Руайялю, этому средоточию шума, движения, девчонок, новинок, роскоши, нищеты, распутства. Те, кто не видел Пале-Руайяля, вряд ли смогут себе его представить. В лучшем ресторане, у знаменитого Вери, мы ели устриц и пили шампанское за здоровье государя, нашего доброго царя. Потом мы отдохнули немного, походили по магазинам и кафе, посетили погребки и кабаре, продавцов каштанов и т.д. Ночь застала меня посреди Пале-Руайяль».

Надо сказать, что и после окончания революции Пале-Руайяль успокоился не сразу. В кафе «Де Валуа» засиживались теперь допоздна роялисты, а в кафе «Де Лемблен» — либералы и бонапартисты. Между ними легко вспыхивали споры, которые кончались жестокими дуэлями. В мемуарах одного местного жителя описаны постоянные гром баталий и стоны, оглашавшие по ночам сад. К столкновениям вели в ту пору не только разногласия политические, но даже эстетические. Так, в погребке «Ле Каво» не раз возникали жестокие ссоры между сторонниками Пиччинни и поклонниками музыки Глюка. В конце концов зов желудка собирал даже непримиримых противников где-нибудь под одной крышей, за столиками «Ле Вери», кафе «Де Шартр» или «Гран-Вефур». Брали верх французское легкомыслие и гурманство. (Помните, как возмущался наш серьезный Белинский: разве можно приступать к ужину, если мы не решили еще вопрос о существовании Бога? Другой подход к жизни. Но у нас ведь все и кончалось хуже...)

Буржуазнейший король Луи-Филипп пытался усмирить этот небезопасный, бурлящий уголок Парижа, разогнать девочек, покончить и с вольномыслием, и с пороком. И действительно, часть поклонников моды и развлечений перебралась к тридцатым годам прошлого века на вошедшие в моду Большие бульвары, однако Пале-Руайяль затих не сразу. Здесь гуляли еще и во времена Бальзака. Да и перенесись мы назад на столетье-полтора, мы смогли бы встретить здесь (в середине прошлого века и позже) немало видных своих соотечественников, которым Пале-Руайяль казался истинным чудом. Еще и в 1847 году нашему пылкому, но не избалованному зрелищами роскошной жизни Белинскому Пале-Руайяль показался сказкой Шахерезады. Неистовый Виссарион гулял здесь в обществе Анненкова и Герцена с супругой, а вернувшись, настрочил жене отчет об этой прогулке.

«Пале-Руайяль, — писал критик-демократ, — это новое чудо, новая Шахерезада. Вообрази себе огромный квадрат, освещенный огнями роскошных магазинов, а посреди посаженные каштаны и огромный бассейн, в центре которого плещет гигантский фонтан в форме плакучей березы!»

Год спустя более привычный к роскоши Иван Тургенев, имевший обыкновение пить кофе и читать газеты в кафе на Пале-Руайяль, встретил здесь некоего загадочного человека с черными с проседью волосами и орлиным носом, который, заговорив с Тургеневым, предсказал, что уже до конца месяца Франция станет республикой, а до конца года вернутся Бонапарты. Тургенев написал рассказ об этой встрече, который увидел свет лишь тридцать лет спустя, и в подзаголовке его было обозначено: «Эпизод 1848 года». Тридцать лет спустя читатели еще, вероятно, помнили, что предсказания таинственного француза не преминули сбыться. Как видите, Пале-Руайяль и в середине прошлого века продолжал жить политическими страстями.

Гуляя по саду Пале-Руайяль летним утром 1861 года, Герцен встретил там «величественного старца с длинной седой бородой и длинными побелевшими волосами, ниспадавшими на плечи». Герцен узнал в старце участника декабрьского бунта 1825 года князя Сергея Волконского, отбывшего пятнадцать лет каторги в Сибири, амнистированного императором Александром II и приехавшего во Францию на лечение...

В общем, кого только не встретишь на Пале-Руайяль! Я ведь и сам, помнится, 120 лет спустя после встречи Герцена с Волконским увидел в саду стайку девчушек — студенток художественного училища с папками для рисования, восхищенно разглядывавших последнюю новинку Пале-Руайяль — колонны Бурена. Желая несколько оживить притихшие за последнее столетие сад и двор, парижская мэрия (и миттерановский модник-министр) позволила современному скульптору Бурену украсить прекрасный ансамбль и сад авангардным творением искусства — скопищем разновеликих, полосатых, каннелюрованных усеченных колонн. Сам я, растратив авангардистский запал первой (да и второй) своей молодости, с некоторой подозрительностью относился к попыткам улучшать старинные ансамбли Парижа (такие, как Лувр, Пале-Руайяль, площадь Бастилии) последними криками моды и авангарда, так что и к колоннам Бурена я отнесся в тот день вполне скептически: с плохо скрываемым отвращением глядел я вниз, в огражденную дыру, на мокрый изразцовый пол и обрезанные колонны в луже.

— Ой, ой! — восхищенно лепетали девчушки. — На что это похоже, Мари? Как ты думаешь, на что похоже?

Не дождавшись объяснений авторитетной Мари, которая была, вероятно, эрудиткой-второгодницей, я невежливо буркнул:

— На общественную уборную!

Я был вознагражден взрывом восторга и возмущения и в свое оправдание сказал, что я не знаток авангарда и вообще русский, что с меня взять...

— Ой, вы русский, — пролепетала самая крошечная и самая милая из девчушек с папками. — А у меня дедушка был русский...

Я строго спросил, как его фамилия, и она ответила эпически скромно:

— Краснов. А прадедушка при царе был генералом.

— А без царя — писателем? — вспомнил я.

Она пожала плечами. Ее пока не волновала история...

Боже, кого ж тут только не встретишь, на Пале-Руайяль! И Герцена с Натальей Александровной, и Белинского с Анненковым, и Тургенева с Батюшковым, и императора Павла с Доротеюшкой Вюртембергской, и Бакунина с Маяковским, и вот, на тебе, правнучку генерала Краснова, георгиевского кавалера, донского атамана, выданного англичанами советским властям в 1945-м и преданного в 1947-м мучительной казни, — популярнейшего в эмиграции романиста... Люди поинтеллигентней читали в Париже Алданова, а кто попроще и ближе к царю-отечеству — романы Краснова...

Тишина и покой, о которых мечтал король Луи-Филипп, пришли на Пале-Руайяль, вероятно, только в нашем веке, к тому времени, как знаменитая писательница Колетт поселилась на рю де Божоле, а многогранный Жан Кокто на рю де Монпансье (здесь была, по словам того же Кокто, «деревня в центре Парижа»). Колетт, которую ее друг и поклонник Кокто назвал однажды «чернильным фонтаном», оставила идиллическое описание квартала:

«По утрам мы выходим подышать свежим воздухом — кошка, бульдог и я. На садовых сиденьях, этих неудобных креслах почтенного возраста, я люблю размышлять о магии, которая еще витает над Пале-Руайяль, обо всем, что переживает ныне упадок, но еще живо, обо всем, что разрушается, но не меняется».

Дальше у Колетт — рассказ о здешних молчаливых обитателях, блюдущих загадочный кодекс взаимной вежливости: про старушку, которая опирается при ходьбе на трость, про месье, который разводит кактусы на подоконнике, и другого месье, который выходит на прогулку в соломенных шлепанцах, про серьезного мальчугана, который однажды положил ей в ладонь мраморный шарик, и про старую даму, которая вдруг прочла ей свою оду, посвященную Виктору Гюго...

Многих наших знакомых (пусть даже знакомых нам заочно) видели улицы старинного квартала Пале-Руайяль. В 1821 году лицейский товарищ Пушкина Вильгельм Кюхельбекер прочел в «Атене Руайяль», что на рю де Валуа, лекцию о русском языке, который всегда, согласно его заявлению, был языком свободы и свято хранил в каждом истинно русском сердце слово ВОЛЬНОСТЬ. Зал бурно аплодировал, а истинно русский немец Вильгельм Карлович Кюхельбекер, нескладный Кюхля, взволнованно взмахнул рукой, опрокинул стакан воды и лампу, однако либеральной парижской публике не было при этом ни «кюхельбекерно», ни «тошно». Какой-то старый якобинец пришел на помощь докладчику, сказав: «Мужайтесь, юноша. Вы нужны вашему отечеству». Вдохновленный таким дружеским приемом, Вильгельм Кюхельбекер вернулся в Петербург, вышел в 1825-м с друзьями на Сенатскую площадь, целился в одного из великих князей (пистолет, конечно, не выстрелил), бежал в Варшаву, был пойман и провел оставшиеся два десятилетия молодой жизни в тюрьме и ссылке. А в нынешнем доме № 14 на рю де Мулен разместилась весной 1844 года редакция газеты немецких социалистов, членами которой были Бакунин и Маркс с Энгельсом. Ревизионист Бернштейн рассказывал позднее, что буйный Михаил Бакунин поставил в просторной комнате редакции раскладушку и перенес туда все свое имущество — сундучок да оловянную кружку. Там он и спал. В той же комнате заседала редакция, здесь кипели революционные страсти. Работники редакции ходили по пустой комнате или сидели на раскладушке Бакунина, спорили, философствовали, и накурено здесь было так, что собеседники с трудом различали друг друга в дыму, а открыть окно боялись — как бы прохожие не вызвали пожарных...

Останавливаясь порой под этими окнами в квартале Пале-Руайяль, я вспоминаю про чудное русское детство Бакунина в цветущем Премухине под Торжком, про его милого отца и чудных сестер, которых он любил так ревниво и странно, про его размашистое барское добродушие, обжорство, дилетантское гегельянство и страстное учительство, про его долгое сидение в Петропавловской крепости, про его заграничные скитания, про его анархизм и марксизм... Про все, о чем мы так часто беседовали с его младшей родственницей милой Татьяной Бакуниной здесь, в Париже, всего каких-нибудь лет десять тому назад...

Квартал Пале-Руайяль — из числа тех уголков французской столицы, про которые «сколько ни говори, еще и на завтра останется». Ну как нам, скажите, покинуть площадь, не задержавшись у дома № 2? Здесь в конце 50-х годов прошлого века размещался «Отель Трех императоров», и в конце весны 1858 года в нем занимали целый этаж князь Кушелев-Безбородко с супругой, которых посетил здесь однажды известный (уже тогда и в России известный) писатель Александр Дюма-отец. Засиделись хозяева с веселым гостем за полночь, и вот в конце оживленной беседы князь и княгинюшка предложили писателю отправиться вместе с ними в Петербург и быть там их гостем. Так Дюма оказался в России, где провел добрых семь месяцев, странствовал, добрался от Петербурга аж до самой Астрахани и, конечно, все свое путешествие описал в книге «Путешествие по России». Позднее отель переменил свое название, но состоятельные русские останавливались в нем по-прежнему. Герцен, к примеру, тут жил не раз.

В галерее Валуа, на которую выходит правое крыло Королевского дворца (это крыло — последняя уцелевшая часть первоначального кардинальского дворца), любопытный турист может увидеть несколько очень старых ателье и кафе Парижа. Скажем, кафе «Валуа», которое наряду с «Кафе Тысячи колонн» и кафе «Гран-Вефур» является одним из старейших питейных заведений Парижа. Или увидеть, например, ателье гравера-геральдиста Гийомона, основанное еще в 1761 году, а также упомянутый уже нами в связи с убийством Марата магазин ножей Бадена.

Под № 6 и № 8 на улице Валуа размещается построенный в

Пале-Руайяль

середине XVI века дворец Мелюзин, где в 1638 году кардинал Ришелье председательствовал на первых заседаниях Французской академии.

Знаменитое кафе «Гран-Вефур» открылось в 1784-м: в нем сиживали принц Мюрат и граф Ростопчин, герцоги д'Амаль и дю Берри, Ламартин и Сент-Бёв. В той же галерее размещаются кафе «Ле Вери», где умер некогда художник Фрагонар, а также кафе «Лемблен» и кафе «Дю Каво», где в прошлом веке сиживали нимфы Пале-Руайяль. На западную сторону сада, окаймленную галереей Монпансье, выходит западное крыло дворца Монпансье, где ныне заседает Конституционный совет Франции. Бывший до недавнего времени его президентом, близкий друг покойного Миттерана месье Роллан Дюма переживает сейчас малоприятное столкновение с французской юстицией, которая преуспела в поисках шикарной женщины («шерше ля фам»), а теперь ищет, откуда взялись у месье Дюма приблудные чемоданы с деньгами. Здание этого дворца элегантностью внутреннего убранства обязано в значительной степени стараниям принца Жерома-Наполеона Бонапарта и его супруги Марии-Клотильды Савойской. Принц с супругой принимали у себя самое изысканное, интеллигентное и либеральное общество эпохи — у них бывали и Сент-Бёв, и Ипполит Тэн, и Ренан, и Флобер...

На улице Монпансье размещается Театр Пале-Руайяль, построенный еще Виктором Луи и неоднократно перестроенный, переживший свои золотые дни в 40-е годы прошлого века, когда Лабиш отдавал театру все свои пьесы.

Еще более важный театр, непосредственно примыкающий к Королевскому дворцу, размещается на углу площадей Колетт и Андре Мальро. Это знаменитый Французский театр, или «Комеди-Франсез», где снова и снова играют вечный, непревзойденный «Вишневый сад». Здание театра сооружено было в 1786–1790 годах тем же Виктором Луи, ну а годом создания самого театра (в результате слияния труппы Мольера и Театра Маре) считают 1680 год. В нынешнем помещении театр водворился в 1799-м, а декрет о передаче дел театра в ведение государства и о принципах внутренней его организации был подписан не в Париже, как естественно было бы предположить, а в негостеприимной Москве, где изволили пребывать в то время (весьма, впрочем, недолго) их императорское величество Наполеон I. Как помнит всякий русский, это было в 1812-м. Принципы устройства этого театра совершенствовались до самого 1975 года, и в результате устройство это является весьма оригинальным, пожалуй, даже уникальным в театральном мире Франции. Существует Общество актеров «Комеди-Франсез», состоящее из «пансионеров», с которыми контракт заключается на год, потом каждый год обновляется, и из «сосьетеров», «членов общества», чей десятилетней и даже тридцатилетней продолжительности контракт рассматривается тем не менее заново каждые пять лет. Еще сложнее система пропорционального распределения доходов между членами общества: каждый из членов общества обладает чем-то вроде акций, пропорционально количеству которых он и вознаграждается...

Впрочем, роль, которую сыграл этот театр в истории французской культуры, гораздо важнее его достижений в области управления финансами и оплаты труда. Ведь это здесь сотрясал стены скандальный успех драмы Гюго «Эрнани», здесь слышались самые волнующие монологи, самые гениальные строки поэтов, которые потом французы передавали из уст в уста...

На днях я проходил перед спектаклем мимо здешней театральной кассы, где за два часа до начала уже стояли школьники, студенты и пенсионеры — в надежде на распродажу непроданных билетов, которая начинается за сорок пять минут до начала спектакля, притом по божеской цене... Мне вспомнилось, как мы в холодной Москве начала пятидесятых годов простояли две ночи у кассы Малого театра перед первыми московскими гастролями «Комеди-Франсез»... Ну а теперь их время — время этих прелестных парижских школьников — пробиваться в зал по дешевому билету и обмирать от восторга, слушая торжественные монологи... Боже, как я позавидовал им, мерзнущим в очереди...

Впрочем, и у меня есть в этом квартале свой любимый уголок. Он расположен между улицами Ришелье, Кольбер, Вивьен и де Пети-Шан — путаный комплекс разнородных и великолепных зданий XVII, XVIII и XIX веков, принадлежащих одной из знаменитейших европейских библиотек, французской государственной библиотеке — Библиотек насьональ.

Ее коллекции восходят к королевским библиотекам Франции, начало которым положил король Карл V, уже во второй половине XIV века собравший около тысячи томов. Настоящим библиофилом был король Людовик XII, собравший библиотеку в замке Блуа на Луаре. Король Франциск I перевез эту библиотеку в замок Фонтенбло, где она пополнилась греческими, латинскими и восточными рукописями. И это Франциск I издал гениальный указ о том, что один экземпляр каждой отпечатанной во Франции книги должен быть послан в королевскую библиотеку. С тех пор эти книги (как выражаются в наше время, «обязательные экземпляры») обогащали королевские библиотеки, которые со времен Франциска I странствовали за королем из замка в замок, Карлом IX были перевезены в Париж, а Генрихом IV размещены в монастыре Кордельеров (том, что в Латинском квартале). Наконец, славный Кольбер перевез королевскую библиотеку из Лувра в свои дома на улице Вивьен, а потом и в соседствовавшие с ними отели Тюбеф и Шеври, принадлежавшие кардиналу Мазарини, который в 1654 году поручил знаменитому архитектору Мансару пристроить к этим домам две галереи (они целы и ныне, для Парижа три с половиной века — не вечность). Уже в 1692 году королевская библиотека была открыта для публики, а в 1724-м она водворилась на постоянное жительство также и во дворце Невер, выходящем на улицу Ришелье. Впрочем, она и тогда не перестала расширяться, ее достраивали позднее славный архитектор Робер де Котт и его сын Жюль-Робер. При этом библиотека постоянно пополнялась за счет подаренных ей частных собраний, а также вливавшихся в нее монастырских библиотек. Самое крупное пополнение поступило, конечно, в годы революции — за счет множества конфискованных библиотек, и частных, и монастырских. В середине XIX века библиотека подверглась крупной достройке и радикальной перестройке под руководством архитектора Лабруста...

Мне доводилось работать над первой моей парижской книгой в залах Лабруста, в частности в красивом книжном зале (360 мест) с металлическими балками, девятью крытыми керамикой куполами и шестнадцатью металлическими колоннами. Отыскав свое место по номеру жетона, я, прежде чем углубиться в чтение, огляделся и подумал, что вот, может, на этом месте сидели перед Второй мировой войной так ценившие эту библиотеку Михаил Осоргин и Марк Алданов, а перед Первой — невзлюбивший здешние неудобства (их немало) Альберт Швейцер или даже злобный эмигрант Ульянов-Ленин...

Конечно, десятки миллионов книг и документов давно уже не умещаются в зданиях квартала Пале-Руайяль: еще до войны построено было хранилище на 40 километров полок в Версале. Но и это еще не решило проблемы: каждый год в хранилище прибывает тысяч сорок французских книг и еще столько же иностранных, так что все старые здания уже переполнены. В двенадцати отделах старой библиотеки кроме отдела книг и читальных залов размещаются отдел рукописей и отдел старинных рукописных книг, а также отдел представляющих ценность сравнительно новых рукописей (вроде рукописей Гюго, Пруста, супругов Кюри и еще, и еще...). Там есть, кстати, рукописи Тургенева, письма Толстого, Гоголя, Герцена, Достоевского, да и русских книг тут больше полутора миллионов. Среди них есть Библия, напечатанная в 1581 году Иваном Федоровым (среди прочих книг она была привезена из России философом Дени Дидро). Среди ценных рукописей можно назвать «хартию» с подписью французской королевы Анны, дочери киевского князя Ярослава Мудрого.

Каких-нибудь три десятка лет тому назад в библиотеке был создан кабинет эстампов, и ныне в нем уже больше 148 тысяч эстампов. В отделе карт и планов — богатейшая коллекция карт, в том числе и старых, начиная с XIII века. В отдельном особняке, что на улице Ришелье, размещается музыкальный отдел — в нем без малого полтора миллиона партитур. В богатейшем, ведущем начало еще от королевских коллекций отделе монет и медалей среди прочих несметных сокровищ хранятся конфискованные революцией сокровища аббатства Сен-Дени и часовни Сен-Шапель (умудренный русский читатель догадается, что часть нагробленного была разворована, а прочее не вернули). Остается добавить, что старинные галереи библиотеки украшены стенописью, что росписью покрыты и потолки — в общем, пленительный уголок Парижа (уже и будущий русский император Павел I ходил сюда на экскурсию)...

О том, что этим бурно растущим собраниям давно стало тесно, догадаться нетрудно. Покойный президент Миттеран принял решение увенчать свое президентство сооружением новой, гигантской, фараоновской библиотеки. Президент велел не жалеть денег (тем более чужих), но, кажется, из всех его фараоновских строек в столице Франции эта оказалась самой неудачной, о чем мы уже подробно рассказывали, гуляя по левому берегу Сены. Не только фараонов, но и просвещенных французских королей социалисту-монарху превзойти не удалось. Пока единственное, в чем преуспели строители библиотеки за долгие годы, — это перерасход средств... Книги по-прежнему ютятся в квартале Пале-Руайяль.

САД ТЮИЛЬРИ

В каждом городе подлунного мира, как бы он ни был беден, находится укромный (или, напротив, открытый всем взглядам) уголок, в котором любят фотографироваться новобрачные или просто влюбленные. Чаще всего это памятник, или могилка, или просто скульптура, или обрыв над гладью Волги, Влтавы и Енисея. В Сухуми фотографировались в былые времена на могиле молодой стюардессы, в Душанбе — у памятника Ленину, во множестве городов — на могиле Неизвестного солдата, а в городах побогаче — близ какой-нибудь статуи русалки, Эроса или феи. Хотя трудно наверняка предсказывать заранее неисповедимые пути народной любви, дерзну предположить, что в Париже появилось недавно именно такое новое место для влюбленных — на краю сада Тюильри, близ Оранжереи, близ балюстрады с видом на прекрасную площадь Согласия, плас де ла Конкорд. Это место и раньше не пустовало, но вот недавно здесь была установлена — и может, на очень долгий срок — нежная и чувственная скульптура Родена «Поцелуй». Она уже замечена влюбленными, и я, не претендуя на особую дальновидность, все же берусь предсказать этому уголку столицы большое будущее в мире нежных чувств.

Сад Тюильри ведь вообще изобилует скульптурами, а недавно еще одна новая постоянная экспозиция современной скульптуры была здесь открыта премьер-министром Франции Лионелем Жоспеном, причем премьер-министр лично распорядился вытащить скульптуру «Поцелуй» из сада Матиньонского дворца, где заседает его правительство, и установить ее «навечно» в саду, ближе к народу.

«Поцелуй» лишь одна из трех скульптур Родена, представленных публике в саду Тюильри, а вместе с ними в той же западной части сада установлены на постоянное жительство еще девять скульптур, все как есть шедевры современного искусства — скульптуры Дюбюфе, Жакометти, Генри Мура, Лорана, Ришье, Макса Эрнста, Этьен-Мартена и Дэвида Смита.

Искусствоведы расценивают этот прорыв современной скульптуры в великолепный сад-музей, уже заставленный скульптурами XVII, XVIII и XIX веков, как знак времени, как знамение нового тысячелетия. До этого прорыва только бывшей модели Аристида Майоля известной коллекционерке Дине Верни с ее темпераментом и энергией одесситки уда-

Роденовский «Поцелуй» сразу прижился в саду Тюильри и пришелся по сердцу влюбленным парам.

лось уговорить власти (точнее, деголлевского министра культуры Андре Мальро) выставить в этом саду скульптора XX века — Майоля, конечно. Но отныне путь современности открыт, и в саду ждут теперь Арпа, Липшица, может, и Пикассо, и Бранкузи, и Мореле, и Доденя... Ну а если учесть, что по дорожкам этого сада проходит в год до шести миллионов гуляющих, то можете сами придумать (с нашей-то привычкой к лозунгам) лучший плакат, выражающий смысл грядущих авангардно-демократических перемен. Скажем: «Художественный авангард в массы!» Или: «Привыкай к непонятному!» И легко предсказать, какую роль может сыграть старинный сад Тюильри в пропаганде нового искусства, которое, как в один голос говорят эксперты, наилучшим образом вписалось своей монохромностью и темною бронзой (исключение составляет лишь пестрый пластик Дюбуфе) в творение великого мастера садов Ле Нотра. Однако о самом творении Ле Нотра и его истории тоже пришло время сказать несколько слов.

Возникновение этого знаменитого сада связывают с именем Екатерины Медичи и строительством дворца Тюильри, сгоревшего три века спустя во время вполне разрушительной и варварской Парижской Коммуны. Дворец Тюильри был построен в 1564 году, а еще столетие спустя, в 1664-м, великий Ле Нотр создал здесь классический сад, ставший первым парижским городским променадом на манер итальянских променадов. В XVIII веке и во времена Директории сад был местом галантных свиданий. Над берегом Сены и над улицей Риволи вдоль сада пролегли уютные террасы для прогулок, сад мало-помалу заполнялся статуями (часть которых, к сожалению, пострадали: одни — от боев 1944 года, другие — от бензинового чада — и были заменены копиями). По центральной аллее протянулись в шахматном порядке ряды каштанов и лип, которые, расступаясь, образуют зеленые залы.

В западной части сада на той террасе, что ближе к Сене, стоит один из моих любимых парижских музеев — Оранжерея. В подвальном этаже там целое озерное царство Клода Моне. Однако знатоки особенно ценят тамошнее собрание полотен Сутина — двадцать две картины. Меня этот бедный Сутин трогает лишь тем, что он родился в одном польско-белорусско-еврейском местечке с моей бабушкой. По счастливой случайности я еще застал их нищенские дома. А также тем, что он любил Модильяни и Пушкина. Напившись вместе с Модильяни, он всем читал Пушкина наизусть. Представляю себе, как ужасно он читал! В местечке он говорил по-польски и на идише и только лет тринадцати научился русскому в Минске. Но вот ведь чувствовал музыку стиха, к тому времени уже забытую во Франции...

В восточной части сада Тюильри городским властям удалось наконец привести к единому знаменателю следы неуемных творческих преобразований короля Луи-Филиппа, императора Наполеона III, а равно и пышных миттерановских празднеств по поводу двухсотлетия Французской революции. Вернемся же и мы к славным событиям двухсотлетней давности. В апреле 1790 года знаменитый русский писатель и историк Николай Карамзин любовался в саду Тюильри маленьким наследником престола. «Очаровательное дитя! — восклицал Карамзин, — ангел красоты и невинности! Как он резвился в своей темной курточке с синей лентою на груди!.. Толпа теснилась со всех сторон, чтобы его видеть... Все радостно окружали это милое дитя, которое отвечало на приветствия лаской своего взгляда и улыбки. Народ любит еще потомство своих королей!»

Майоль, пожалуй, первый из современных скульпторов проложил дорогу в Тюильри. Вернее, дорогу ему пробила его любимая модель и душеприказчица Дина Верни. Она же и музей открыла его имени...

Прошло всего два года, и прелестное, ни в чем не повинное дитя было заточено в тюрьму Тампль на верную смерть... А доброй его матушке здесь, поблизости, отрезали голову. Как не восхититься романтикой революции!..

Русские путешественники обожали сад Тюильри. Белинский выразил свои восторги в первом же письме из Парижа, напоминая при этом, что он строгий судья и критик:

«Ничто не радовало меня с первого взгляда, даже горы Кавказа; но Париж с первого взгляда превзошел все мои ожидания, все мои мечты. Дворец Тюильри с его площадью, засаженной каштанами, с террасой, откуда видна площадь Согласия (бывшая площадь Революции), ее обелиск и великолепные фонтаны — это все... сказки Шахерезады».

Письмо датируется 1847 годом. Дворец, в котором мно-

Сад Тюильри

го раз бывали знатные русские, был сожжен Коммуной в 1871-м.

В том же 1847-м (в декабре) Иван Тургенев, живший тогда на бульваре Капуцинок, писал владычице своего сердца Полине Виардо:

«У нас уже два или три дня погода стоит великолепная. Я совершаю длительные прогулки прежде, чем отправиться на ужин в Тюильри. Наблюдаю за играми детишек, прелестных, как Амуры, и кокетливо приодетых!.. Яркое красное солнце светит за огромными каштанами, статуями, спящими водами, величественным темно-серым Тюильри, все мне нравится бесконечно, я отдыхаю, я дышу воздухом после дня работы...

Красавица богиня, похоже, не боится конкуренции супермодерных бронзовых женщин.

Боже ты мой, как все же красивы осенние дни!..»

Конечно, парижский декабрь кажется русскому человеку то осенью, то весной, но ведь и зима красива. Как сказал русский режиссер, «у природы нет плохой погоды». Успей только оглядеться, полюбоваться — так коротка жизнь. Где они все — Тургенев, Полина, Белинский?..

Конечно же, как во всяком публичном парке, в саду Тюильри есть и нынче дети, есть и пони, и нянечки, и зимний каток. Однако заметно, что все больше и больше в этом саду становится статуй...

Если же учесть, что с одной стороны, по улице Риволи, бегут неустанно машины, а с другой, по набережной Сены, бегут они же и так же неустанно, то ясно станет, что сад Тюильри — это среди городской суеты островок другого, давно ушедшего мира, островок другого Парижа. Ощущение это, по мнению одних, очень сильно, а по мнению других (ваш покорный слуга в числе этих других), еще и очень ценно (как бы ни старались при этом гении авангарда напоминать нам своими шедеврами, что на дворе XXI век и ничто никогда не будет, как прежде). Вот взять хотя бы птиц в саду Тюильри... Об этом, впрочем, отдельно — глобальная ведь тема.

«ВСЕ ПТИЦЫ ПАРИЖА», или УРОК В САДУ ТЮИЛЬРИ

Лет двадцать тому назад мне довелось как-то разговориться на площади Оперы с симпатичными молодыми людьми из секты «Харе Кришна». Я стал их расспрашивать, откуда они, да что, да как, да зачем, и оказалось, что они родом из Армении, где я, повторю, в молодости провел два с лишним года срочной службы в солдатской казарме маленького городка Эчмиадзина. И вот теперь, разговорившись с молодыми армянами в Париже, я даже сумел припомнить несколько армянских фраз, а потом похвастал, что я, наверное, первым в России стал переводить на русский своего любимого писателя-армянина Уильяма Сарояна. «Так он сейчас здесь! — сказали мои собеседники. — Он в Париже. Он часто заходит к нам в ашрам поболтать». Ребята дали мне его телефон, но я так долго не решался ему позвонить, что позвонил накануне отъезда в Москву, уже близко к полуночи и стал долго и невразумительно объяснять, кто я такой, откуда я и как я люблю с юности его прозу. Теперь-то уж я понял, что доброе слово и кошке приятно, а тем более писателю, но тогда, по молодости, очень удивился, что он мне сказал: «Ну приезжай, поболтаем. Доезжай до станции «Нотр-Дам-де-Лорет», я тебя встречу, погуляем». Это была чудная прогулка, он оказался точь-в-точь таким, каким я его себе представлял. Усатый старик в старомодной соломенной шляпе-канотье. Помню, он подвел меня к стеклу какой-то неосвещенной лавки и велел мне заглянуть внутрь. Там была тьма кромешная.

— Здесь живет один сапожник-армянин, — сказал мне Сароян. — И все птицы Парижа прилетают к нему сюда. Он их кормит.

Именно эта фраза вспомнилась мне год спустя в Москве, когда знакомая переводчица, встретив меня в коридоре Дома литераторов, грустно сказала, что старый Уильям только что умер в своем родном Фресно, в Калифорнии, и что совсем недавно он прислал ей грустное письмо, полное дурных предчувствий...

«Все птицы Парижа... Все птицы Парижа...» — вспомнил я тогда и усмехнулся горестно: старый выдумщик! Какие там могут быть птицы, в бензиновом Париже?..

Я даже съездил как-то в город Фресно, штат Калифорния, искал там сарояновские следы. Но все американские города похожи друг на друга: города-побратимы...

«Все птицы Парижа», или Урок в саду Тюильри

А потом я стал жить в Париже. Гулял с доченькой по изгаженным кошками и собаками скверам и грязным улицам, сидел на садовых скамейках, коротая дни и годы безработицы. И удивительное дело, хотя работы все не находилось, я стал замечать птиц. Помню, как однажды, получив очередной отказ на каких-то языковых английских курсах, я сидел безутешно в саду Тюильри и подошла группа школьников с учительницей. Молодая, энергичная училка сказала:

— Поговорим о птицах...

Я взглянул на нее ошалело. Это в центре-то города, в королевском-то Тюильри, где бесценных статуй и опостылевших туристов больше, чем деревьев...

— Итак, кто у нас тут? — начала училка нудным голосом. — Правильно, дети, воробьи. Воробьи, они везде... Ой, глядите! — закричала она вдруг возбужденно и вполне по-человечески. — Он принимает ванну. Он купается...

И правда, воробей купался в пыли.

— Вы знаете, зачем он купается?

Дети не знали. Я тоже не знал. (Но вы-то, конечно, все об этом знаете.)

— А вон скачет скворец! — крикнула училка. — Нет, не этот. Это сорока. Вон там скворец. А это кто? Ну, кто это?

Я стыдливо отвернулся. Я не знал, кто это. Оказалось, это черный дрозд.

— Возле Музея «Оранжерея» должны быть горихвостки. Мы туда еще пойдем... А там, в вышине, кто там?

— Ворона! — сказал самый маленький мальчик.

— Молодец, Жан-Жак! — похвалила училка.

— Да ты просто Жан-Жак Руссо, — сказал я восторженно, и дети засмеялись над непонятной шуткой дяди иностранца, который так смешно говорит по-французски.

— Это вот мухоловка, — сказала учительница. — Еще тут бывают стрижи, дикие голуби — вяхири, чайки... Потом я вас поведу ближе к Лувру и арке Карусель — там гнезда ласточек. У нас в Париже больше полутысячи их гнезд...

Признаюсь, что случайный разговор этот меня успокоил. Я вспомнил, что птицы небесные и меньше нашего имеют, а ничего, живут. И век их короток, а они поют... Так что и я в конце концов найду какой-нибудь хомут, была бы шея... После этого детского урока в Тюильри я теперь везде искал птиц. Их оказалось в Париже великое множество. Помню, я очень беспокоился за ласточек в 1993 году, когда ремонтировали арку Карусель и разорили там все гнезда. Я хотел, чтобы, когда моя дочка подрастет, в Париже еще были птицы, даже если все еще не будет работы...

Однажды я прочел интересное объявление в газете и пошел в собор Нотр-Дам на остров Сите. Там демонстриро-

На прогулке в Тюильри часто увидишь суровых училок с прелестными детьми. При всех их несовершенствах дети прекраснее статуй...

вали соколов, живущих под крышей собора. Под крышей собора их жило четыре пары. Посетителям выдавали бинокли, и они таращились в вышину. А телевизионщики спрятали вдобавок камеры возле гнезд, и на большом экране внизу можно было наблюдать за птенцами и родителями. Оказалось, что в Париже обитает полсотни соколиных пар. Конечно, это были небольшие соколы, пустельги, но я, помню, так увлекся тогда всей этой пустельговиной, что даже перевел с английского роман «Пустельга для отрока» (перевод вышел в моем любимом издательстве «Радуга»).

Когда моя доченька стала подрастать, мы повадились с ней ходить в самый близкий к нашему дому парк Монсури, что в XIV округе, близ «маршальских» бульваров. Очень красивый парк, из «альфандовских» парков прошлого века. Сам Ленин снимал квартиру поблизости от этого парка и даже готов был переплачивать за близость к парку (из партийных денег, конечно) — зато он мог там гулять ежедневно, обдумывая всякие интриги против друзей и соратников по партии, которые, если недоглядишь, всегда могут из-под носа вырвать и власть и первенство. Официально это все называлось борьбой с «уклонистами», «отзовистами», «ликвидаторами наизнанку». Ну а нам с дочкой бороться было не с кем — мы просто гуляли.

В молодые годы, в пору своих российских странствий, я не раз забредал в орнитологические заповедники — в Вентос-Рагос на Немане, в заповедник Семи островов на Кольском полуострове, на острова Беринга и Медный. Но вот не ожидал, что такое разнообразие птиц обнаружится в маленьком живописном парижском парке Монсури. Позднее

«Все птицы Парижа», или Урок в саду Тюильри

один биолог с серьезностью мне объяснял, что в этом парке и флора, и климат, и природный рельеф особенные — нечто вроде горной теснины в миниатюре. И вот в этой теснине сосуществуют дятлы, славки, какие-то особые певчие дрозды, синицы с хохолком, голуби, вороны, даже сойки, зеленушки, малиновки, корольки, зяблики, щеглы, чайки и еще, и еще... Есть и такие птицы, что осенью по дороге в Африку здесь застревают. Мол, «и Африка мне не нужна». А в маленьком парковом озере полно водоплавающих птиц, завезенных из Австралии, Америки, Канады и отлично тут прижившихся, — всякие лебеди, утки, гуси... Детвора в восторге, ну а о старшем поколении и говорить не приходится. Не то что обо всех «отзовистах» и «ликвидаторах» напрочь забываешь в этом раю, но даже и невзгоды семейной и профессиональной жизни отступают на задний план...

Все-таки он тогда замечательно мне сказал, этот старый калифорнийский армянин, этот добрый писатель-выдумщик в соломенной шляпе: «Все птицы Парижа...»

ПЛОЩАДЬ СОГЛАСИЯ

С террас на западной оконечности сада Тюильри открывается вид на плас де ла Конкорд, знаменитую площадь Согласия. Парижане считают ее самой красивой площадью в столице, и это мнение разделяют и многие из приезжих. В 20-е годы нашего века один русский поэт даже высказал желание жениться на этой площади, однако тут, как, впрочем, и всю жизнь у него происходило в подобных случаях, возникло непреодолимое препятствие. Он решил, что для этого ему бы надо было быть по меньшей мере Вандомскою колонной. Но оставим комплексы Маяковского заботам психоаналитиков, а из его признания в любви извлечем главное — признание гармоничной женственной красоты этой несравненной парижской площади.

Она не только сама хороша, эта плас де ла Конкорд, она еще и расположена удачно — с нее открывается вид на перспективу Елисейских полей, на променад парка Тюильри, на Вандомскую площадь с колонной и на Бурбонский дворец за мостом Конкорд. Конечно, скрещение городских магистралей нагнало на эту площадь видимо-невидимо автомобилей, но это уж проклятие всего Парижа, и, увы, не одного Парижа. Новые поколения горожан научились, впрочем, не замечать автомобилей, их шума и вони. Среди этого рева они так безмятежно наслаждаются жизнью за столиком уличного кафе, что просто диву даешься. Но, может, они правы, может, просто у нас, стариков, слабые нервы и испорченный вкус...

Это славное место для площади выбрал некогда король Людовик XV, причем выбрал из экономии, а не по тонкости чувств. Ведь место это лежало в то время за чертой города, да и земля здесь принадлежала королю. Проектировал площадь знаменитый архитектор Жак-Анж Габриэль из габриэлевской династии архитекторов (он был уже Жак IV), тот самый Габриэль, что строил Малый Трианон и Оперу в Версале, Военную школу в Париже, замок в Компьене и два дворца здесь же, на площади Согласия, — отель Крийон и Министерство морского флота. Площадь Согласия Габриэль распланировал в стиле французского парка, и она ничуть не похожа на другие городские площади тех времен. Хотя, скажем, статуя Людовика XV работы Бушардона и Пигаля еще стояла на ней в полном соответствии с традицией — на пересечении главных осей площади. Понятно, что статуе не удалось пережить Революцию, в 1792 году и самая-то площадь Людовика XV была переименована в площадь Революции, а в

1795-м указом Конвента — в площадь Согласия. В 1814 году она снова стала площадью Людовика XV, в 1823-м — площадью Людовика XVI, а в 1830-м на несколько месяцев — даже площадью Хартии. Во время Июльской монархии, в 1830 году, она снова стала площадью Согласия. Король Луи-Филипп повелел украсить ее фонтанами, статуями, скульптурными группами и обелиском, столь древним, что уж он-то не мог разбудить никаких политических страстей.

А страсти на этой площади кипели некогда бурные — это здесь, в той части площади, что ближе к Елисейским полям, отрубили голову королю Людовику XVI. Потом, перетащив гильотину поближе к саду Тюильри, труженики революции снесли головы прекрасной королеве Марии-Антуанетте, Шарлотте Корде, Дантону, Сен-Жюсту, мадам дю Барри, Камилю Демулену, а позднее — Робеспьеру и еще многим. 1814 год пожалуй что завершил миром эту историю страстей. В воскресенье 10 апреля 1814 года, на Пасху (в тот год католическая Пасха совпала по времени с православной), русский император-победитель Александр I приказал соорудить на этой площади алтарь и отслужить благодарственный молебен. День выдался великолепный, народу на площади и на террасе парка Тюильри собралось великое множество, и государь император, растроганный молебном, так описывал этот день в письме князю Александру Михайловичу Голицыну:

«Для моего сердца это был момент торжественный, трогательный и пугающий. Вот они... мои православные воины,

В этом дворце весной 1814 года гостил у Талейрана Александр I. В угловой зале дворца были подписаны важные исторические документы. Позднее молодой Мопассан протирал здесь штаны в министерской канцелярии.

те, кого я по воле непостижимого Провидения привел из глубины их холодной северной родины, чтобы вознести нашу общую молитву к Господу в столице этих иноземцев, которые совсем недавно еще напали на Россию, вознести молитву на том самом месте, где несчастный король пал жертвою народной ярости... Царь Руси молился по своему православному обряду вместе со своим народом, как бы во очищение этого окровавленного места».

Как видите, место это всякому навевало устрашающие воспоминания, так что недаром добрый король Луи-Филипп пытался сделать его не просто красивым, но и по возможности жизнерадостным. Помогал ему в этом знаменитый архитектор Хитторф, тот самый, что проектировал Северный вокзал.

Кстати, русский император и жил после своего победоносного вступления в Париж здесь же, у площади, в построенном по проекту Габриэля угловом доме на рю Сен-Флорентен, там, где нынче Министерство морского флота. В ту пору здесь жил Талейран, пригласивший и графа Нессельроде, и самого императора разместиться под его кровом. Император намеревался жить в Лувре, но кто-то подбросил ему записочку, что в Лувре заложена мина. Не исключают, что это сам хитроумный Талейран ее и подбросил, побудив тем самым императора принять его гостеприимство. Рассказывают, что внутри талейрановского дворца император повелел оборудовать для себя домашнюю церковь, и вот как-то пришла сюда под Пасху заботливая французская мамаша с двумя юными дочками и стала уговаривать часового, чтобы он пропустил ее в церковь — взглянуть на русского царя да и семью показать. На что простодушный солдат ответил, что, мол, нынче у нас Великий Пост, так что их величество развлекаться с ее дочками не станут.

Впрочем, происходили в этом дворце и менее анекдотические, вполне серьезные события. 31 марта в угловом салоне дворца, выходящем окнами на рю Сен-Флорентен и рю Риволи, в присутствии прусского короля, посланца австрийского императора и хозяина дома Талейрана русский император подписал декларацию, объявлявшую парижанам, что союзники «уважают целостность древней страны Франции... и исходят из принципа, что для счастия Европы нужна великая и могучая Франция» и что союзники «дадут гарантии конституции, которую изберет для себя французский народ». В этом доме Талейран и умер в 1838 году, а двадцать лет спустя в той же комнате отдала Богу душу вдова русского посла и дочь генерала Бенкендорфа княгиня Ливен, которую в былые годы чуть не ежедневно посещал здесь влюбленный в нее без памяти знаменитый французский историк и министр

Франсуа Гизо. Нынче в этом доме находятся службы американского посольства, и те, кто там бывал, возможно, имели счастье видеть потрясающий потолок старых времен.

На площадь выходит и второй дворец, построенный по проекту Габриэля, — дворец Омон. В нем размещается знаменитая гостиница «Крийон». Американцам здание это дорого тем, что здесь 6 февраля 1778 года Франция подписала договор о сотрудничестве с Соединенными Штатами, первой, таким образом, признав независимость этой страны. Русские же могут вспомнить, что здесь в 1925 году остановился вместе с Айседорой Дункан Сергей Есенин. Увы, отчаянно-буйное его поведение в отеле кончилось тогда плохо — он был выдворен и из отеля, и из Франции... Впрочем, углубившись по прилегающей к морскому министерству рю Руаяль, можно было в те же 20-е годы увидеть русских, которым было не до гульбы — нужно было добывать хлеб насущный. На рю Руаяль (в доме № 14 и в доме № 23) размещались тогда дома моды, в которых трудились русские дамы из хорошего общества. Домом «Поль Каре» (N 23) заправляла Ольга Эджертон, урожденная княжна Лобанова-Ростовская. На параллельной улице — улице Буасси-д'Англа — размещался тогда же ресторан «Русский Эрмитаж», один из множества в округе русских ресторанов-кабаре. Русские рестораны и кабаре вошли в моду, а эмигрантам — рестораторам и артистам нужно было кормить семью.

Египетский обелиск из Луксора, выбранный Хитторфом для замены статуи Людовика XV и более позднего момумента Свободы, подарен был французскому королю правителем Египта. Он стоял когда-то перед храмом, и иероглифы на его гранях прославляют подвиги фараона Рамзеса II. Для доставки его в Тулон был построен специальный корабль, и на доставку ушло два года. А если учесть, что вес этого монолита 230 тонн, то легко представить себе, сколько было хлопот с его установкой. Зато успешному завершению последней стадии этой операции аплодировало 200000 парижан, собравшихся по этому поводу близ площади.

У перехода с площади на Елисейские поля стоит знаменитая группа скульптора Гийома Кусту «Кони Марли», заменившая стоявшие здесь статуи Куазевокса, которые теперь — в саду Тюильри. Группу Кусту, перенесенную сюда некогда из Марли, сильно разъела эрозия, так что лет десять назад ее после реставрации разместили в Лувре, а на площади Согласия и на прежнем ее месте, в Марли, теперь стоят копии.

Среди других многочисленных статуй этой прекрасной площади заслуживают внимания скульптурные символы городов Франции, в частности статуя Прадье «Страсбург», близ которой в ту пору, когда Страсбург и Эльзас находились под властью Германии, то есть с 1870 по 1914 год, имели обыкновение собираться французские патриоты.

Надо сказать, что нынешняя судьба площади Согласия, этой самой большой из королевских площадей Парижа, тревожит парижан: машины вытеснили пешеходов и площадь хиреет. Этой озабоченностью и объясняют появление нового проекта постройки под площадью подземной галереи длиной в 250 метров с залом площадью две с половиной тысячи метров. Проект должен обойтись в 50 миллионов долларов, однако на сей раз придется платить не налогоплательщикам, а частным фирмам. Сообщают, что богатые фирмы США и Саудовской Аравии уже проявили интерес к проекту. Поклонники плас де ла Конкорд надеются, что постройка подземного зала и переходов, где разместятся галереи искусства и магазины моды, поможет вернуть жизнь этой прекрасной площади, взятой в полон автомобилями...

ЕЛИСЕЙСКИЕ ПОЛЯ

По авторитетному мнению историков, площадь Согласия призвана была соединить сад Тюильри с Елисейскими полями. Во всяком случае, там он и начинается, сразу за площадью, этот самый, наверное, знаменитый из мировых «бродвеев», гораздо более знаменитый, чем Тверская, Невский, Дерибасовская, Крещатик, Унтер-ден-Линден, Маршалковская или Дизенгоф... Нынешнее место парадов, праздничных шествий и праздных променадов, Елисейские поля были изначально задуманы лишь как место для прогулок, как бульвар, как променад.

Этот не слишком древний (по парижским масштабам) городской променад все же имеет довольно солидный возраст: еще в 1616 году королева Мария Медичи приказала в качестве продолжения сада Тюильри на той же оси, что и сад, проложить вдоль Сены три аллеи, обсаженные деревьями, — бульвар Королевы. Еще полвека спустя планировка этих мест поручена была гению садов Андре Ле Нотру, который и спланировал пересечение ближнего к Сене Двора Королевы (**Cour de Reine**) с Большим бульваром. Первоначально пределом променаду стал Рон-Пуан («клумба» на перекрестке), но в XVIII веке решено было продолжить его до самого холма Этуаль (город уже тогда рвался дальше, к западному своему пределу). Герцог д'Антэн в начале XVIII века озаботился состоянием дорог и экипажей, а герцог Мариньи приказал расширить перспективу и продолжить работы за холмом, аж до самого моста Нейи.

В начале XIX века на проспекте насчитывалось всего полдюжины строений. С 1838 года здесь под руководством Хитторфа началось устройство садов, которые с конца века, то есть с той поры, когда юный Марсель Пруст под присмотром бонны спешил сюда с замиранием сердца на свидание с юной Мари (которую позднее сделал бессмертной под именем Жильберты), почти не изменились. Та же аллея по правую руку... Правда, она носит теперь имя Марселя Пруста, который уже почти 80 лет как покинул наш лучший из миров, но еще можно без труда все себе представить, как было... Вон совсем еще юная Мария Башкирцева мчится по этим аллеям в коляске, чтобы снова проводить влюбленным взглядом герцога Гамильтона — вчера опять передали, что он еще не

Сквозь деревья видны вполне комфортабельные дворцы - «павильоны», ныне, впрочем, купленные под рестораны. Этот — в память о творце променада, кудеснике парижских садов — назван «Ле-Нотр»...

женат, о, как сладко сжимается сердце при этом известии. Осталось только познакомиться с герцогом...

По обе стороны променада хитроумный архитектор Хитторф построил несколько изящных павильонов, но все же и нынче до самой «клумбы» Рон-Пуан Елисейские поля остаются садом, и лишь кое-где, через деревья видны какие-то шикарные дворцы. Иные из них принадлежали прославленным куртизанкам и авантюристкам XIX века, вроде родившейся в еврейской семье в Польше маркизы де Пайва (выдававшей себя за внебрачную дочь великого князя Константина Павловича). Она вышла в Петербурге замуж за французского портного, потом за маркиза «и после целовала многих». Французская элита поругивала дурного вкуса роскошь, царившую в ее дворце, однако исправно ходила сюда на приемы: хамство, конечно, но как отказаться от икорки (и Гонкуры тут бывали, и Теофиль Готье, и Сент-Бёв, и Ренан, да кто ж за ее столом не сиживал?..). Много ли изменилось с тех пор, мой спутник? И ныне ведь летят «на холяву», на огонек и блеск здешние «интелло». И ныне жмутся к елисейскому гнезду роскоши дамы, живущие за чужой счет (а какой еще может быть счет у дамы?). Одна из них совсем недавно свалила ненароком почтенного (но изрядно жуликоватого) друга Миттерана, бывшего главу французской дипломатии, а вчера еще президента Конституционного совета...

Влево от площади Клемансо открывается перспектива авеню Уинстона Черчилля, вид на раззолоченный мост

Александра III, на эспланаду и золоченый купол Дома инвалидов. В начале XX века маленькая площадь эта носила имя последнего русского императора в память о дне 7 октября 1896 года, когда император Николай II, императрица Александра Федоровна и президент Франции Феликс Фор заложили здесь первый камень в основание моста Александра III, ознаменовав этим жестом укрепление франко-русского альянса. Позднее, к началу Всемирной выставки 1900 года, здесь были построены Большой и Малый дворцы. Большой дворец (Гран-Пале) прославился в начале века шумными выставками. Первые же из них закрепили успех импрессионистов, выставка 1905 года со скандалом представила фовистов, выставка 1906 года — Гогена, а выставка 1907-го — Сезанна. Потом университеты (скажем, Сорбонна-IV) перевели в Гран-Пале своих лингвистов и филологов, так что мне по приезде в грустные годы безработицы довелось слушать здесь лекции покойного Андрея Синявского: довольно интересные лекции о русских сектах и довольно нудные — про поэмы Цветаевой. Лектор не поднимал головы от бумажки, и правильно делал: в обширном зале нас бывало не больше пяти человек, включая трех нормальных старушек и одну сумасшедшую (она все время громко и не к месту смеялась).

Часто Елисейские поля превращаются в общедоступный музей современных скульптур, которые призваны утончать вкусы публики. Даже если это женщины Ботеро.

За перекрестком Рон-Пуан, спроектированным еще в XVII веке, но по-настоящему обустроенным лишь в 1815 году, а ныне еще и украшенным фонтанами, ведут на запад полтора километра «настоящих» Елисейских полей, шумных, парадных, современных, с роскошными магазинами, кинотеатрами, автомобильными салонами, авиакомпаниями, дорогими кафе... Я не люблю ни витрин, ни роскоши, но, переносясь на 20 лет назад, должен признать, что на новичка (да еще впервые, как я тогда, попавшего на Запад) вечерний проспект производит сильное впечатление. В ту пору какие-то разодетые (или раздетые) шикарные дамы сидели в потоке автомобилей на крышах своих машин и что-то кричали время от времени прохожим, может стихи Маяковского: «Небольшие деньги, поживи для шику...» Киноафиши рекламировали неискушенную якобы Сильви Кристель в роли еще первой по счету Эммануэли, драгстор ослеплял непонятно чем, текла иноязычная толпа, под Триумфальной аркой гомонили туристы, стрекотали камеры, а мне отчего-то все время представлялось 30 марта 1814 года, парад победоносной конницы Александра I (французские дамы просятся на седло к русским кавалергардам, чтобы лучше рассмотреть душек военных, таких любезных врагов-победителей, так славно вдобавок болтающих по-французски)... Еще лет через пять после парада здесь же, вот на этом углу, граф Ростопчин побился об заклад с приятелем, что он в пять минут соберет здесь вокруг себя полтыщи зевак, и ведь собрал, шельма: остановился и стал с большим вниманием вглядываться в небо. Один остановился, второй, третий — мигом собралась толпа: где, что там летает, уж не конец ли света?.. Думалось о последнем довоенном параде 1939 года, когда во главе колонны Сен-Сира шагал русско-грузинский легендарный герой князь Дмитрий Амилахвари, вскоре после этого погибший за Францию под Эль-Аламейном в рядах Иностранного легиона... А вот и советские гимнастерки на Елисейских полях. Неужели сбылась мечта секретаря Французской компартии Мориса Тореза, дважды извинявшегося перед Сталиным за то, что коммунистам не удалось захватить власть и разместить на Елисейских полях советский гарнизон? Нет-нет, успокойтесь, это причуда Миттерана — это просто ряженые статисты на разорительнейшем празднике в честь 200-летия кровопролитной матушки-Революции... Да вот уже и совсем недавно, к 2000-летию Рождества Христова, навешали на деревья Елисейских полей белого пластика (якобы снег — красиво), ан пришлось сдирать, черным стал искусственный снег, хоть бензин тут почище, чем в слаборазвитых, но тоже не дай Бог — выхлопы, грязь, не продохнешь...

И все же прекрасны Елисейские поля! Знатные люди Франции и заграницы стали здесь селиться, как только появились первые дома. Жила здесь (в доме № 54) с мужем и приблудным неплательщиком-писателем возлюбленная Бальзака Сара Гвидобони — прятала этого вечного должника-гения от кредиторов. Жил в доме № 49 (второй этаж, антресоли) проезжий английский романист Чарлз Диккенс. Проживает и нынче президент Франции Жак Ширак с супругой своей Бернадет. Фирмы побогаче размещают тут свои лавки, конторы и ателье. Вскоре по приезде во Францию довелось мне здесь однажды работать несколько дней в качестве синхрониста-переводчика (с английским, французским, итальянским и русским) в роскошной студии господ Маруани — на «переозвучивании» фильма Никиты Михалкова «Очи черные». Студия была по тем временам фантастическая, работа срочная, работа по душе, сотрудники симпатичные. Но Н. С. Михалков меня честно предупредил, что миллионщик месье Жильбер Маруани может в последний момент обжулить или вовсе не заплатить за работу. Я, честно говоря, не поверил, но Михалков оказался прав: не заплатил месье Жильбер. Я сперва его жалел. Звонил ему по ночам — сочувствовал, думал, он больной. Потом я понял, что на этом богачи ловят особый кайф: уклониться от налога, не заплатить беднякам за работу. (Или тянуть с уплатой, сколько возможно, деньги-то в банке, на них идет процент, это у вас копеечные проценты, а у миллионера — сотни тысяч. Простите за грустную историю, но ведь роскошь Елисейских полей невольно приводит на ум именно любимую цитату Остапа Бендера: «Все крупные современные состояния нажиты нечестным путем».)

Елисейские поля упираются в площадь Звезды (ныне плас Шарль-де-Голль-Этуаль, длинно, скучно, но зато уважительно), а в центре площади — Триумфальная арка. Понятное дело, что в городе многих побед (и многих проигранных войн) триумфальных арок много, но эта самая большая, самая главная — про нее всем известно. Даже Маяковский, не знавший никаких иностранных языков, и тот переходил на французский, заговорив об этой площади: «В Париже площадь и та Этуаль...» Этуаль — значит звезда, и звезда тут особенная — не пятиконечная и даже не шестиконечная (куда уж дальше?), у нее целых двенадцать лучей, двенадцать авеню, по воле великого барона Османа, сходящихся к площади; так что, если ваша машина в часы пик надумает, идя по кругу, нырнуть с одной улицы на другую, считай, полчаса уйдет на полкруга пробки да нервотрепки. Но арка будет спокойно стоять посредине в окружении японских туристов с камерами, великолепная, 49-метровая, высотой с блочную двадцатиэтажку да и шириной чуть не в 45 метров. А чтобы ее еще возвысить, Хитторф дома велел по кругу поставить низкорослые...

С крыши арки открывается великолепный вид на Елисейские поля и османовский Париж, а в центральном пролете арки с 1921 года устроена могила Неизвестного солдата, на которой с 1926 года зажжен так называемый Вечный огонь, так что, хотя войска больше не могут проходить под аркой, это одно из самых торжественно-официальных мест в Париже. Собственно, легкомысленные Елисейские поля, если помните, никогда не задумывались их создателями как торжественные подступы к алтарю отечества. Волшебник Ле Нотр засадил дорожки вязами, чтобы можно было с легким сердцем по тенечку взойти на холм Шайо, туда, где таможенный барьер. Однако острая потребность в пропаганде величия привела к тому, что и холм пришлось разровнять для сооружения этого монумента славы. Особенно острую потребность в величии испытывают, как известно, мужчины-недомерки. Коротышка Наполеон не был исключением из этого правила (хотя исключения возможны). 18 февраля 1806 года Наполеон отправил своему министру внутренних дел письмо на тот предмет, что хорошо бы соорудить что-нибудь этакое громадное, что соответствовало бы его великой армии (и ее предводителю, конечно). Он уже заказал Триумфальную арку, но хотелось бы чего-нибудь еще пограндиознее. Министр срочно собрал архитекторов. Стали спорить, где установить что-нибудь «громадное» — на площади Бастилии, у барьера Гоблен, у барьера Данфер или барьера Шайо? Выбрали Шайо. Потом стали спорить, чтó установить. Разыгралась фантазия. Большинство соблазнялось сооружением монумента в виде гигантского слона. Император до сих пор бредил великими победами своей в сущности позорно проигранной египетской кампании, а угодить-то надо было не публике — угодить надо было императору. Отлудить ему, скажем, слона с фонтаном, а внутри — музей его (не слона — императора) великих побед. В конце концов император склонился к проверенной веками традиционной триумфальной арке. Не будет же он проходить во главе войска под детородными органами слона. В день своего рождения 15 августа 1806 года маленький великий человек заложил первый камень в основание арки. Слона, кстати, тоже воздвигли — те, кто знаком с романом Гюго или хотя бы детиздатской выжимкой из него, без труда припомнят, что в слоне на площади Бастилии жили крысы и ночевал мальчик Гаврош. В 1807 году был утвержден проект арки, принадлежащий архитектору Шальгрену, но споры между специалистами затянули начало постройки (ох и гадят нам эти архитекторы, взгляните, что они нахимичили возле Кремлевской стены в моем родном городе!). Когда в 1810 году Наполеон решил принять в Париже свою новую жену (Марию-Луизу) под аркой своих побед, то на срытом холме Шайо еще ничего не стояло — одни столбы, хоть вешайся. Однако жених не растерялся. А может, просто он знаком был с опытом Григория Александровича Потемкина. Так или иначе, велели изготовить «потемкинскую» арку — на деревянный каркас натянули полотна, на которых Лаффит и написал всю триумфально-арочную роскошь — несуществующие барельефы, Амура в Марсовой каске и сентиментальную надпись: «Она чарует, ублажая досуги героя...» После свадьбы арку разобрали, так что благодарному отечеству эта затея обошлась в каких-нибудь полмиллиона франков,

При короле Луи-Филиппе, когда выросло влияние бонапартистов, наполеоновскую Триумфальную арку решено было достроить.

в тысячи раз дешевле, чем миттерановское шествие с ряжеными красноармейцами в 1989 году. Через несколько лет по известным всему миру причинам работы по сооружению арки были остановлены, однако уже в 1823 году Людовик XVIII (тоже был изрядный бурбон) приказал завершить арку и посвятить ее не слишком впечатляющей испанской победе герцога Ангулемского. Это высочайшее решение вдохновило известного стихотворца Виктора Гюго на следующие бессмертные строки:

> До небес вознесись ты, о арка победы,
> Чтоб гигант нашей славы прошел бы под нею,
> Не согнув свою выю...

Если припомнить, что все персонажи, претендовавшие на арочные почести, были, хоть и «гиганты славы», весьма незавидного росточка, то вдохновенные вирши вызовут невольную улыбку, на которую безъюморный стихотворец не смел и рассчитывать.

Позднее во Франции стряслась еще одна революция, и, придя к власти, король Луи-Филипп приказал завершить наконец строительство монумента во славу армий, как императорских, так и республиканских, что и было исполнено к 1836 году. В общей сложности арка обошлась казне в девять миллионов. Зато она содержала большое количество разнообразных статуй и барельефов, а также огромных скульптурных групп, которые увековечили и прославили разнообразные битвы, похороны и даже юность короля Луи-Филиппа — в общей сложности там прославлено 128 битв и 660 генералов. Из всего этого разнообразия героической лепнины пари-

Елисейские поля

На Триумфальной арке хватит статуй на неделю неторопливого созерцания.

жанам больше всего полюбилось «Выступление» скульптора Рюда, отчего-то получившее название «Марсельеза».

В 1848 году, когда прах Наполеона привезли со Святой Елены, урну с прахом провезли под аркой, осуществив таким образом заветное желание покойного императора. Для этой торжественной процедуры дополнительно сделали из алебастра особое увенчание арки, на котором был изображен Наполеон, окруженный всяческими атрибутами победы. С тех пор близ арки и под аркой происходило много всего торжественного.

Здесь поместили на время заупокойной панихиды бренные останки Виктора Гюго. Но в 1919 году войска прошли под аркой в последний раз, ибо позднее из-за могилы Неизвестного солдата проходить там было больше нельзя. Зато можно было, конечно, ходить вокруг да около. Сюда пришел преклонить колено генерал де Голль — в торжественный день освобождения Парижа в 1944 году.

И надо сказать, Вечный огонь горел здесь и во время немецкой оккупации. А наблюдал за поступлением газа все тот же специально созданный «Комитет Вечного огня». Огонь горел исправно и не потух даже в тот день, когда личный секретарь Эдит Пиаф пытался зажарить на нем яичницу. Даже в тот день, когда подвыпивший иностранный турист пытался повторить подвиг Гулливера, своими средствами погасившего пожар в стране лилипутов, — даже тогда огонь под аркой не потух и газ подавали исправно. Бывали тут и случаи менее эффектные, но не менее опасные для мира и безопасности в Европе.

Лично мне пришлось здесь присутствовать (в 1977 году) при возложении товарищем Брежневым венка на могилу Неизвестного солдата. И вот тут-то, когда весь мир торжественно затаил дыхание, — тут-то все и случилось. Собственно, сам акт возложения, несмотря на физическую неустойчивость старенького советского вождя, прошел благополучно, тем более что осуществляли его какие-то два служащих из посольства. Но вот потом, в ту самую единственную, высокоторжественную минуту молчания, когда надо было, почтив честь покойника, помолчать вместе со всеми присутствующими, расслабленный Леонид Ильич склонился вдруг к подпиравшему его спутнику и стал что-то весело ему рассказывать. Более того — вот где был ужас-то! — руководитель могучей державы стал вдруг весело смеяться заместо молчания.

Назавтра все французские газеты состязались в испуганных гипотезах: что бы могло означать такое неуважительное поведение вождя? Подозревали нажим и угрозу, плевок в сторону мертвых, шантаж... И напрасно новые эмигранты из России пытались успокоить публику и аналитиков-геополитиков — их никто не слушал. Потому что русские эмигранты говорили вещи малонаучные, а может, даже клеветнические. Они говорили, что, скорей всего, старенький вождь преспокойно забыл, куда и зачем его привели все эти так противно (ну чистые евреи!) картавящие хозяева. Но зато ему

Магазины на Елисейских полях не для бедных, даже игрушечные. У детишек, конечно, нет денег, но у родителей их должно быть много. На такую обезьяну мне, впрочем, могло бы хватить годовой московской пенсии. Какое счастье, что дети уже подросли...

вдруг вспомнился в этой связи какой-то очень смешной анекдот, который ему рассказывали еще в Днепропетровске на обкомовской попойке: помните, приходит Рабинович домой, а у жены и ежедневно посещающего ее сослуживца заперта дверь... Действительно, очень смешно (всем, кроме Рабиновича). Президент развеселился и решил по доброте душевной поделиться шуткой с подпиравшим его справа дюжим холуем. Ну а тот, в силу своего зависимого положения, мог только восхититься президентским остроумием и несокрушимой силой его старческой памяти...

Я не удивлюсь (и не огорчусь), если отныне при виде Триумфальной арки или бесчисленных сувениров с ее изображением вам будет приходить на память именно этот эпизод русско-парижской дружбы...

Если нет, то есть и другие эпизоды. Скажем, вот этот... В конце царствования Миттерана на многих официальных фотографиях, в том числе и коллективных, где на трибунах Елисейских полей стоят все вожди нации и их гости, стало попадаться новое (и вполне человеческое) лицо: какой-то средних лет, длинноносый (как большинство французов), прилично одетый, вполне симпатичный француз. Гадали, кто это. А я, чтоб вас не мучить, скажу сразу. Это был Клод Хазизян. «А-а, лицо кавказской национальности!» — скажете вы. Не знаю. Не знаю даже, есть ли такие национальности. И спросить не у кого. Лучшего ленинского эксперта по национальному вопросу (И. Сталина) больше нет с нами, где он теперь, не знаю. Выражаясь нормально, Клод был лицом французской национальности (ну, если угодно, у него были армянские корни). Он был мелким служащим, жил скромно, работа скучная. Но вот он ушел на пенсию и решил жить так, как ему всегда хотелось. Вращаться в приятном обществе, ходить на приемы, видеть знаменитых людей. Да что он, хуже этих бездарностей, что маячат на экране телевизора? Не хуже... И что вы думаете, Клод начал ходить. И проходил всюду. Его видели на садовых пикниках у Миттерана, где он любезно беседовал с какими-то восточными королями. На парадной лестнице Дворца кинофестивалей в Каннах, по которой Клод Хазизян спускался, оживленно о чем-то беседуя с Аленом Делоном. О чем они беседовали? О том же, о чем и другие: «О, какой нынче денек! Не поверишь, что май на дворе... А вчера, напротив, была жара. Что ж, бедному жениться — ночь коротка...»

Добродушного, длинноносого Клода стали узнавать на фотографиях. «Ну да, это тот, что уже был в прошлый раз, а кто рядом с ним? Ах, Папа римский! Вы в этом уверены? А это? Ах, новый премьер-министр! А это? Бывший...»

На самых ответственных приемах и праздниках Клод, с достоинством пройдя сквозь пять цепей охраны и ограждения и вежливо кивнув привратникам, парням в бронежилетах, обменявшись иногда с ними парой слов, как погода, как самочувствие, улыбался обезоруживающей улыбкой честного человека и поднимался на трибуну. Там он не жался с краю, а размещался, как правило, в середине, за спиной самого президента Франции или премьера, рядом с каким-нибудь прибывшим на церемонию симпатичным черным монархом и благожелательно вступал с ним в искрометную французскую беседу: «Какое нынче солнце! А вчера — бр-р-р — вспомнить страшно...» «О да, в самом деле...» — подхватывал иностранец, весьма довольный и собеседником, и собственными успехами в иностранном языке.

На торжестве по случаю завершения величайшего спортивного состязания года, велосипедного «Тур де Франс», Клод превзошел самого себя в любезности. И неудивительно. Стоя, как всегда, за спиной французского президента и безмятежно улыбаясь, Клод обнаружил, что по соседству с ним на сей раз не просто какой-нибудь симпатичный диктатор, но и вообще — милейшая и любезнейшая молодая женщина. И Клод шутил напропалую. Французы это умеют. Не только о погоде, но и о прочих столь же безобидных предметах. О ценах, например, всегда интересно. Когда торжества кончились и победителю тура испанцу Индурану были возданы все положенные ему почести, дама спросила у Клода, где ему пришлось оставить шофера и лимузин. А узнав, что Клод пришел (для здоровья, конечно, ибо что ж здорового в езде под землей в метро!) пешочком, она предложила ему сесть в ее собственный то ли «ролс», то ли «ройс». Она спросила его дорогой, получил ли он уже приглашение по поводу той же самой велопобеды на прием к ним в посольство, а если нет — то вот оно, это вам, окажете честь. Попутно Клод выяснил, какое отношение имела эта милая дама к испанскому посольству.

— Я инфанта, — сказала она скромно. — Короче говоря, дочь испанского короля.

Можете не сомневаться, что у Клода и тут нашлось доброе слово об Испании, ибо всякому известно, что такое испанское вино, бой быков и красота испанских женщин...

В общем, жизнь симпатичного пенсионера Клода Хазизяна в самых что ни на есть верхах французского общества текла без особых событий и особенных затруднений. Клоду оставалось улыбаться бесхитростно и следовать дальше в раззолоченные залы дворца. Причем, верный своим правилам и манерам, он не бросался сломя голову к столам с икрой и семгой, а, окинув стол равнодушным взглядом пресыщенного человека, вступал в неторопливую и благожелательную беседу с очередным королем или премьером из далеких джунглей.

В конце концов он был все же замечен. Нет, конечно, не спокойными людьми из французской госбезопасности, а беспокойными тележурналистами, которые так и рыщут по свету в поисках темы. Они спросили его, кто он такой, и он ответил с обычной своей искренностью и благожелательностью, что он пенсионер Клод Хазизян, что он вообще-то никакого отношения ко всем этим... Они с изумлением смотрели на уже собранные ими бессмертные кинокадры и фотографии, где Клод маячит между Миттераном и Шираком, любезничает на трибуне с королевскою дочкой, толкует с королем... Ну а как он прошел туда? Просто так, взял и прошел, это совсем нетрудно. «Как — нетрудно?» «А вот так...» «И еще раз сможете пройти?..» Клод охотно согласился на эксперимент. Тем более что приближался национальный праздник — 14 июля и на Елисейских полях на трибуне должны были стоять на сей раз сразу два президента — входящий и исходящий, Ширак и Миттеран. Предприимчивые киношники нашпиговали Клода микрофонами, а на шею ему повесили крошечную кинокамеру, которая начала снимать все подряд — и то, как Клод раскланялся с раззявами из пяти рядов ограждения, как он взошел на трибуну и как встал за Миттераном. На сей раз Клод превзошел самого себя. Когда новый президент, Ширак, сошел с трибуны и направился к своему бронированному автомобилю, Клод пошел наперерез президенту. Через площадь Звезды... Телевизионщики замерли. Но обошлось. Клод протянул руку несколько растерянному непредусмотренным мероприятием президенту и сказал сердечно:

— О, господин президент, я же вас еще не поздравил с избранием.

— Спасибо, — растерянно глядя на незнакомое лицо Хазизяна, сказал президент Ширак.

Итак, все это было снято на пленку, отмонтировано, и до очередного выпуска телепередачи «Пленка свидетельствует» и до Клодовой общефранцузской славы оставалось каких-нибудь два дня. Журнал «ВСД» уже накануне рассказал своим подписчикам про этого фантастического пенсионера и сопроводил свой рассказ фотографиями. Клод любезничает с инфантой. А вот он нависает над Миттераном. Клод приближается один к новому президенту (а охрана благодушно ловит мух). Клод на парадной лестнице Дворца кинофестивалей в Каннах — с Делоном. Клод еще с кем-то неизвестным, с королем каким-нибудь или президентом, всех не упомнишь...

Так вот, поверите, передача эта не состоялась. Нетрудно догадаться, что пришли на телевидение люди в штатском и нагнали на теленачальство такого страху, что передачу эту вообще закрыли — не один выпуск, а целиком. В газетах теленачальство объяснило невнятно, что передача, мол, взялась не за свое дело. Что она угрожает безопасности. Но и без того ясно было, что такая передача угрожает безопасности и спокойствию. В первую очередь спокойствию и безопасности тех, кто кормится госбезопасностью. А жаль, что сняли программу. Может, увидел бы эту передачу вечерком израильский премьер Рабин, посмеялся бы, потом глянул окрест себя, поежился — и принял меры. И остался бы жив... Что ж, тогда выходит, что все эти знаменитые службы, которые сто́ят нам так безумно дорого, тоже мышей не ловят... Нет, такого нельзя говорить. Хотя при демократии не на всякий роток накинешь платок. Газеты еще долго писали здесь (соблюдая, конечно, известную осторожность) про Клодов приятный образ жизни...

А мы ведь с вами познакомились на Елисейских полях с французским рядовым тружеником Клодом Хазизяном. Что ж, это замечательный человек. Сама испанская инфанта была им очарована...

ВОКРУГ ДА ОКОЛО ЕЛИСЕЙСКИХ ПОЛЕЙ-1. АВЕНЮ ФОШ

Как вы, наверное, уже догадались, в самих Елисейских полях (или в «Шанзелизе», как научился вполне французисто называть их один из булгаковских персонажей, которого, в отличие от самого Булгакова, пустили погулять по Шанзелизе) я нахожу нынче мало соблазнительного — магазины, магазины, дорогие кафе, туристы... Иногда там, впрочем, устраивают дорогостоящую иллюминацию или выставки скульптуры каких-нибудь самых официальных из авангардистов-конформистов, но в общем-то это вполне парадный и скучный «бродвей». Зато вот на улицах, прилегающих к этому стержню всех соблазнов, и даже на авеню, которые лучами расходятся от Звезды-Этуали, там попадается немало интересных уголков. Начнем с вышеупомянутых лучей, скажем с авеню Фош. Она ведь не только среди двенадцати престижных и монументальных авеню, что расходятся от площади Звезды, считается самой престижной и монументальной: иные из французских авторов, не мелочась, объявляют ее, как и сами Елисейские поля, впрочем, «самой красивой улицей мира». Широта ее и размах, и все эти лужайки, могучие дерева, красивые дома — все придает ей вид аристократический и шикарный. Да и то сказать, нигде в Париже не стóит, наверное, квадратный метр площади так дорого, как на авеню Фош, а Париж, прямо скажем, город не из дешевых. Конечно, послевоенная спекуляция жилплощадью и новое строительство кое-где эту авеню Фош подпортили, но хвала Господу, не загубили совсем, так что еще красуются на ней великолепные дома. Конечно, уже нет того блеска и оживления, что царили здесь в шальную Бель Эпок, все поскромней, поспокойней, однако и ныне это весьма дорогостоящая скромность.

Авеню эта, как легко догадаться, тоже творение эпохи барона Османа. В 1854 году расширена была и подправлена бывшая авеню Императрицы, которая позднее, до самого 1929 года, носила название авеню Булонского леса, ибо здесь и был главный подъезд к Булонскому лесу. Наряду с центральной частью, окаймленной двумя широкими лужайками и деревьями, по краям авеню шли — для удобства жителей — еще две проезжих полосы, а в общей сложности авеню размахнулась в ширину на 120 метров. В перспективе ее видны Булонский лес, гора Мон-Валерьен, склоны Сен-Клу, Медон и многоэтажные башни района Ла Дефанс.

На лужайке у начала авеню установлен памятник великому устроителю парижских садов инженеру Альфанду, директору работ при императоре Наполеоне III: это ему обязан город Париж хлопотами по проектированию и обустройству Булонского леса, а также прочих парков. Что же до огромных жилых зданий по обе стороны авеню, то их проекты разработаны были в крупнейших архитектурных кабинетах того времени — у Денвиля, Ривза, Вальвейна, Лефевра... И поныне стоят тут такие знаменитые дворцы эпохи, как дворец Ротшильдов в доме № 19 (нынче посольство Анголы) — первый здешний дворец со своим садом. Или как, скажем, роскошный неоренессансный дворец мексиканской семьи Итюрб, где впервые в Париже танцевали фокстрот. Или дом № 56, построенный архитектором Нено (дом, где теперь посольство Арабских Эмиратов). К сожалению, не все уцелело: на месте дома № 50 стоял, еще лет тридцать тому назад, знаменитый Розовый дворец, который получил свое название из-за пилястров розового мрамора, украшавших его фасад и навеянных версальским Большим Трианоном. Подражания Большому Трианону потребовал от архитектора сам заказчик граф Бони де Кастеллан, женившийся в ту пору на богатейшей американке, наследнице миллионов. Четыре миллиона золотом граф сразу выложил на постройку этого дворца, ставшего символом безумной роскоши Прекрасной эпохи (Бель Эпок). Гости подъезжали сюда в каретах и поднимались по лестнице из черного и красного мрамора, воспроизводившей Посольскую лестницу Версальского замка. Да и потолочная роспись напоминала великого Шарля Ле Брена...

Отшумела Прекрасная эпоха, но дворец еще стоял. В войну в нем разместился нацистский генерал Штульпнагель, а в мае—июне 1949 года — советская делегация, прибывшая на конференцию министров иностранных дел «большой четверки». Ачесон, Бевин, Шуман и Вышинский должны были выработать условия мирного договора с Австрией и Германией. Впрочем, уже шла «холодная война», и ни о чем договориться больше нельзя было. Вышинский произносил пропагандистские речи, на которые он был, как известно, великий мастер. Это отмечали и его противники, бывшие союзники России, например Дин Ачесон, заявивший в своем выступлении 12 июня: «Должен признать, что в речи господина Вышинского было больше пропаганды, замечаний и различных поправок, чем на собаке блох. Я бы даже пошел дальше, признав, что на самом деле в ней были одни блохи, так как самой собаки не было»...

В 1969-м по недосмотру парижской общественности спекулянты разломали этот великолепный дворец и построили доходный многоквартирный дом.

От дома № 72, что на правой стороне авеню, открывается частная улица Вилла Саид (такие частные улочки в Париже и называют «виллами»), где жил в доме № 5 Анатоль Франс.

В доме № 24 в сквере авеню Фош умер в 1918 году композитор Клод Дебюсси. А напротив, на левой стороне авеню Фош, размещаются в доме № 59 два интереснейших музея — Армянский музей, основанный чуть больше полувека тому назад, и Музей д'Эннери, типичный частный музей, где собраны богатейшие коллекции самых разнообразных предметов, в частности старинных произведений искусства Японии и Китая. Все это было завещано городу драматургом Альфонсом д'Эннери.

В дальнем конце авеню, уже на углу, вам бросится в глаза странный павильон, прилепившийся к огромному жилому дому. Он принадлежал Луи Рено, основателю знаменитой автомобильной фирмы. Но, конечно, самый замечательный памятник в этом конце авеню — это павильончик станции метро «Порт-Дофин», покрытый стеклянной бабочкой навеса. Точнее, это даже не бабочка, а крылышки стрекозы, и спроектировал этот павильон (как, впрочем, и некоторые другие павильончики метро в Париже — скажем, павильончик станции метро «Аббес») замечательный архитектор начала века Эктор Гимар. При жизни он не был оценен по заслугам парижанами, но сейчас его ценят даже выше других гениев эпохи «ар нуво», выше, чем Жюля Лавиротта, Анри Соважа и Шарля Плюме. Дома Эктора Гимара лучше искать в квартале Отей, а здесь, в квартале Дофин, из названной мною четверки архитекторов «ар нуво» лучше всего представлен, пожалуй, архитектор Шарль Плюме. Он проектировал, например, дом № 50 на авеню Виктора Гюго, который считают самым красивым его домом и вдобавок самым характерным для его творчества. Он проектировал и дом № 39 на той же авеню. Для домов Плюме характерны лоджии и аркады, окна с арочным покрытием и скульптурный декор в стиле французского XVIII века. Два дома Плюме (дом № 17 и дом № 21) расположены на бульваре Ланн, неподалеку от нового российского посольства. Замечательное здание занимает в этом квартале и российское торгпредство. Это дом № 49 по улице Фезандри, некогда дворец семьи Эрио, владевшей магазинами «Лувр» и при этом выдвинувшей видных спортсменов, прежде всего авиаторов и яхтсменов. Дворец этот был построен в 1905 году датским архитектором Терслингом, и знатокам известны барельефы работы Фердинанда Февра на доме.

К сожалению, даже в Париже, где умеют беречь старину, часто все-таки ломали в нашем веке строения той блистательной Бель Эпок. На той же улице Фезандри разломали угловой дворец (на авеню Фош), шедевр архитектора Шеданна. Снесли здесь же, в квартале (на улице Сен-Дидье), концертный зал, спроектированный Эктором Гимаром. Помню, что в России об архитектуре той эпохи принято было говорить с надменностью невежества: «Художественной ценности не представляет». Так что круши смело. В Париже, на наше счастье, от нее все-таки еще уцелело многое, от той эпохи, и уж нынче никому больше в голову не придет ломать дома Гимара, Соважа, Лавиротта или Плюме...

ВОКРУГ ДА ОКОЛО ЕЛИСЕЙСКИХ ПОЛЕЙ - 2. «ПРОЗРАЧНЫЙ ДОМ» БЛИЗ ТРИУМФАЛЬНОЙ АРКИ

Известный читающим людям во всем мире русско-американский писатель Владимир Набоков написал в старости роман «Прозрачность предметов»: о том, как за видимыми нам, реальными, осязаемыми предметами проступает их прошлое, как бы уцелевшее в их памяти, — проступает на поверхности старого стола в номере швейцарской гостиницы, на стене горного шале, за статуэткой, выставленной в витрине сувенирной лавки... Так вот, глядя на стену или на балкон старинного городского дома, задумчивый и внимательный человек, бывавший здесь раньше или просто читавший что-то о жизни этого дома, видит иногда больше, чем торопливый прохожий, который и дома-то самого может не заметить. Для этого человека за солидной сегодняшней реальностью дома проступает другая, порой более интересная. А когда долго живешь в городе, как мне довелось жить сперва в Москве, а потом в Париже, все больше закоулков города, и домов, и скверов становятся как бы прозрачными. Взять, скажем, этот вот дом № 8 на рю Сайгон, то бишь на Сайгонской улице. Улица эта лежит в двух шагах от площади Звезды, от плас Шарль-де-Голль-Этуаль. Только она, эта улица, уже за площадью, и проходит она параллельно не самим Елисейским полям, а их продолжению, которое за площадью Звезды называется авеню Великой Армии. На рю Сайгон, как правило, не бывает туристов, и шум большой магистрали здесь почти не слышен. А уж дом № 8 на рю Сайгон и вовсе ничем не притягивает туристские толпы, старательно наводящие свои фото- и кинокамеры на Триумфальную арку, на Вечный огонь и барельеф «Марсельеза». Дом № 8 не выделяется ни размерами, ни архитектурой. Аккуратный такой дом начала века с кое-какими украшениями в стиле «ар нуво», вполне буржуазный и, я бы даже сказал, дорогой дом. В этом доме в самом начале недолгой своей парижской эмиграции жил с семьей — с женой Верой и шестилетним сыном Митей — русский эмигрантский писатель Владимир Набоков.

Семье писателя пришлось бежать из Берлина, когда к власти пришли нацисты, а во главе русской колонии встали русские фашисты генерал Бискупский и убийца отца писателя Сергей Таборицкий. В ожидании французских удостоверений Набоковы жили сперва на Лазурном Берегу, где Владимир Набоков завершил свой главный русский роман — «Дар». Осенью 1938 года документы были готовы, и Набоковы переехали в Париж. Кто-то из друзей снял им однокомнатную квартиру в доме № 8 на рю Сайгон. Раньше в квартире жил какой-то одинокий артист русского балета, и элегантная, даже можно сказать, шикарная эта квартирка для одного человека была удобна. Набоковым квартира тоже понравилась — комната просторная, красивая, кухня тоже просторная, и даже ванная не тесная. Беда только в том, что комната одна, и, когда маленького Митю укладывали спать, родителям деться было некуда. Набоковы приспособились принимать гостей на кухне. У них часто бывали старшие друзья — литераторы Ходасевич и Алданов, два друга-эсера Фондаминский и Зензинов, поэтесса Алла Головина, сестра поэта Анатолия Штейгера. Бывала у них последняя любовь Бунина Галина Кузнецова, к тому времени, впрочем, бросившая Ивана Алексеевича ради певицы Марги Степун... В общем, был довольно устойчивый и не такой уж узкий круг друзей.

Набоков закончил по приезде в Париж новый рассказ, «Посещение музея», где была навязчивая тема возвращения на родину, в полуреальный, загадочный Петербург. Все, что писал в ту пору этот лучший из молодых писателей русской эмиграции, печаталось в самом престижном эмигрантском журнале — в «Современных записках». В конце ноября в «Последних новостях», самой популярной эмигрантской газете, появилось объявление о чтениях Владимира Сирина (под этим псевдонимом молодой Набоков был известен эмиграции) в Социальном музее: «Мюзе Сосьяль (билеты стоимостью в 5, 10 и 15 франков)». Не надо думать, что эти чтения и скудные гонорары могли обеспечить семью. «Париж па риш», — повторял Набоков свой грустный каламбур: «Париж не богат». Здесь Набоков снова, как когда-то в юные годы в Берлине, стал искать учеников, искать заработка... И все-таки он ухитрялся еще писать. Когда уходили гости, когда стихал за окном город, в ванной комнате квартирки на рю Сайгон далеко за полночь горел свет. Установив чемодан на биде и положив стопку бумаги на чемодан, Набоков писал новый роман. Друзья знали, что он пишет по ночам на чемодане в ванной, и Фондаминский, с первой встречи полюбивший этого молодого писателя и неизменно опекавший его, с умилением называл Набокова орлом, запертым в ванной. «Представляете! — восклицал Фондаминский, — у этого гения нет даже письменного стола!» Но, конечно, Фондаминский не знал, о чем сейчас пишет Набоков. Он, вероятно, не знал даже, что Набоков пишет свой роман не по-русски, а по-английски. Об этом знала старая знакомая Набокова, сестра его университетского друга, Люси Леон и знал муж Люси, опытный переводчик и редактор Поль Леон. На протяжении многих лет Поль Леон работал со своим другом Джеймсом Джойсом над романом Джойса «Поминки по Финнегану». Теперь Набоков регулярно приходил в гости к Люси и Полю и садился вместе с Люси за стол красного дерева, за которым Поль столько лет сидел с великим Джойсом. Набоков впервые писал по-английски, и, хотя первая няня в далекой русской усадьбе под Петербургом у него была англичанка, он все-таки не был до конца уверен в своем английском. Люси, которая была сильнее его в английском, говорила, утешая его, что ей почти нечего у него поправлять. Впрочем, странность этой затеи заключалась в другом. К 1938 году русский писатель-виртуоз Сирин-Набоков уже создал свой собственный, оригинальный русский стиль, достиг совершенства в родном языке, который послушно выражал его мысли, его чувства. Откуда же вдруг эта странная идея — засесть за английский роман? Набоков мог, как выяснилось, писать по-английски, мог он писать и по-французски. Он написал французский рассказ о старой гувернантке и эссе о Пушкине. Но отчего же сейчас, на вершине успеха, он вдруг перешел на английский? Разве у него не было потребности писать по-русски? И разве не был для него мучительным этот переход? Отчего, зачем?

Об этом этапе жизни Набокова, об этой полоске света под дверью ванной в квартирке на рю Сайгон написано много. Но ни одному биографу не удалось ответить на поставленные мною вопросы и не пришло в голову, что этот непонятный шаг может быть связан с ка-

В уютной, но тесной квартирке Набоковых на рю Сайгон подолгу за полночь горел свет в ванной. Поставив чемодан на биде, гений эмигрантской литературы Владимир Набоков писал свой новый роман.

кой-то тайной. Не пришло это в голову даже тем, кто и с самой тайной был вообще-то знаком. Мне это первому пришло в голову, и я готов щедро поделиться с вами своими догадками...

Работая в последние годы над биографией Набокова, я, конечно, тоже искал ответа на этот вопрос у знатоков-набоковедов. Они писали по этому поводу следующее: русская эмиграция умирала, вырождалась, печататься было негде, читать некому, а Набоков смотрел вперед, английский был перспективнее, чем русский. И вообще, он, наверное, переживал кризис, муки творчества. Объяснения эти меня не убедили. Муки писатель переживает перед всякой новой вещью. Что до аудитории, то романы Набокова и раньше выходили и по-английски, и по-немецки, и никто не обратил на них внимания. Более того, даже поздние американские романы Набокова остались бы малоизвестными, если б не было знаменитого скандала с «Лолитой». Не будь скандала, Набоков закончил бы преподавание в США и ушел на пенсию таким же малоизвестным американским писателем, каким он был, скажем, до 1958 года. Конечно, в русской (эмигрантской) литературе он уже занял к тому времени особое место, но западному миру он был бы так же малоизвестен, как, скажем, Бунин, даже меньше известен, чем Бунин, который все же был нобелевский лауреат и академик. Ну а русскую эмиграцию в 1938 году хоронить было еще рано. Известность же в ней зрелого писателя Сирина-Набокова достигла тогда апогея. Лучшие эмигрантские журналы печатали все, что он писал, каждую его строчку. Читатели ждали его публикаций. Критика рвала из рук новые номера «Современных записок». А он писал и романы, и рассказы, и стихи, и пьесы, и литературные эссе, он выступал с чтениями при полных залах... Так зачем же он все-таки написал роман по-английски? У меня, как первого русского биографа Набокова, есть на этот счет своя гипотеза...

Французы, которых деньги давно уже волнуют куда больше, чем женщины, по привычке советуют за всякой тайной искать женщину — «шерше ля фам». Рецепт не универсальный, но в данном случае женщину действительно не грех было бы опознать...

Владимир Набоков с 1925 года жил в счастливом браке с Верой Евсеевной Слоним. Высокообразованная, влюбленная в него, работающая девушка из богатой в Петербурге, но разорившейся в Берлине еврейской семьи, Вера стала начинающему прозаику и поэту, потерявшему отца и оставшемуся вдруг в Берлине в одиночестве, лучшей из жен. Она верила в его талант, в его гений и готова была положить свою жизнь на алтарь своей любви и русской литературы. Это она зарабатывала на жизнь в Берлине, она после дня, проведенного на службе, перепечатывала все, что мужу удалось написать и выправить за день на своем диване, она подбадривала его, подстегивала его, не давала ни расслабиться, ни разлениться. У нее был безошибочный слух на слово, хотя сама она писать не могла и при его жизни никогда на это не решалась. Она, наконец, родила ему сына. В общем, это был счастливый брак, может быть, идеальный брак...

Но вот перед самым переездом семьи в Париж над этим браком нависла опасность. История эта была тайной. Знали о ней в Париже немногие. Об этом не знали враги и завистники Набокова, а у него, этого надменного аристократа-удачника, везунчика и к тому же задиры, не терпевшего соперников, — у него были и литературные враги, и завистники. И, надо сказать, довольно влиятельные, вроде критика Адамовича и поэта Георгия Иванова, а также чуть не всех поэтов «парижской ноты». Набоков ведь их тоже не щадил, часто бывал несправедлив к ним и жесток, о чем позднее даже сожалел...

Итак, что же это была за тайна? Расскажу о ней в двух словах. После набоковского литературного вечера в Париже в середине тридцатых его пригласили в один русский дом на чаепитие: подошла к нему после выступления мать очаровательной, одинокой молодой женщины Ирины Кокошкиной-Гуаданини, наговорила ему от дочкиного имени комплиментов его стихам (как против такого устоять поэту?) и позвала в гости. Ирина была и сама поэтесса, она была поклонница стихов и прозы Набокова. Набоков познакомился с Ириной, начался их роман...

Вернувшись из поездки домой в Берлин, Набоков вдруг отложил в сторону свою главную книгу («Дар») и написал томительный, горестный, влюбленный рассказ «Весна в Фиальте». Возможно, мне первому пришло в голову, о ком и о чем этот замечательный весенний рассказ, хотя писали о рассказе (замечательно писали) и до меня. Набоков с пронзительной грустью пишет там, что его герой не может найти счастья в любви к прелестной ветреной Нине (так Набоков и позже всегда называл Ирину в своей прозе). Герой знает, что это безнадежная, опасная любовь и надо гнать прочь мысли о ней. Однако Нина нейдет у него из головы... У них обоих — у героя и у писателя. Что делает обычно в таких случаях писатель? Он пытается разобраться во всем на бумаге и освободиться. Писателю не нужен психоаналитик (да Набоков и побоялся бы поделиться с кем-нибудь своей тайной) — писателю нужен лист бумаги. Лирический герой рассказа объясняет (и себе и читателю), что он живет в идеальном браке, что жизнь с Ниной была бы совершенно невозможна... Однако трудно, ах как трудно избавиться от этой сладкой муки! В конце концов автор убивает свою героиню, а потом, погрустив и, кажется, на время успокоившись, садится за работу над главным своим романом.

Но тут судьба готовит писателю новое испытание. Оставаться в нацистском Берлине, где к власти пришли убийцы его отца, становится для него опасно, и жена уговаривает его бежать в Париж. Там он встречает роковую Ирину, и все начинается снова. Позднее Ирина тайно пишет ему письма в Прагу и на Лазурный Берег Франции, и он отвечает ей влюбленными письмами. Жена Набокова Вера узнает об этой переписке. Набоков терзается, в семье его разлад, но он не способен на решительные действия... И тут Ирина вдруг приезжает в Канны, чтобы увезти его с собой. Она появилась утром, перед завтраком — на пляже, и писатель был испуган ее вторжением, ее решительностью. Смертельно испуган размерами катастрофы, которая грозит его браку, испуган неизбежным крахом его творческих занятий, ибо Ирина представляется ему менее надежным существом, чем Вера. Да и сама ведь Ирина едва-едва сводит концы с концами, зарабатывая на жизнь стрижкой собак. Вдобавок Набоков ревнует, ему все время чудятся действительные или мнимые ее ухажеры, толпы поклонников этой привлекательной и одинокой молодой женщины в ночном богемном Париже. Воображение удесятеряет его страхи. Набокову чудится собственная погибель... Он ведь был на самом деле человек робкий, как многие люди, наделенные богатым воображением. Человек гениальный, но робкий...

Набоков просит Ирину немедленно уехать из Канн и уходит с пляжа за женой, которая пришла звать их с сыном на завтрак...

Ирина исчезает. Ее больше нет поблизости. Теперь осталось восстанавливать мир в семье, замаливать грех и писать, писать... Но сомнения гложут писателя. Воспоминания о пережитом запретном счастье его не оставляют. Он пишет пьесу «Событие», в которой, на мой взгляд, главное — это страх, пережитый в то утро на пляже... Набоков завершает роман «Дар», и в последних его главах — нестерпимая нежность к Вере, искупление вины. А вскоре Набоков переезжает с семьей в Париж, где живет Ирина. Набоков не видит ее, но он не может отделаться от мыслей о ней. Он убеждает себя в том, что он принял в Каннах единственно возможное решение. Однако бесконечные мысли об этом не спасают. Есть один способ спастись — чисто писательский. Набоков должен написать обо всем. И вот он пишет роман. Герой его нового романа уходит от идеальной Клеры (Веры) к роковой Нине (Ирине) — и гибнет. Главное — идет прахом его творчество...

Итак, новый роман Набокова — это заклинание, это еще один акт самолечения, писательского колдовства, экзорсизма... В новом романе, который он решает написать, будут прочитываться все мельчайшие подробности недавно пережитой запретной любви, в нем будет весь ход рассуждений Набокова, все его только что пережитые страхи... Свидетелями его тайны станут лист бумаги, ночь, ванная комната, где стол-чемодан стоит на биде, дом № 8 на рю Сайгон... Но как потом отдать эту подробную, хоть и слегка зашифрованную, исповедь в русский журнал? Ведь каждую его строчку читают в эмиграции. А значит, все узнают. Все догадаются... Что скажут друзья? Как переживет это Вера? Однако и не написать он не может...

И вот Набоков решает писать свой роман по-английски.

Расчет его оказался точным. Роман был написан, даже напечатан, но, кажется, никто так и не прочел его, в целой русской эмиграции — да кто ж станет искать английский роман, кто станет читать по-английски? К тому же, как вы знаете, русской эмиграции и всему миру скоро стало не до романов. На дворе стоял 1939 год. Началась новая мировая война...

Однако роман этот существует, он пережил все — войны, гибель миллионов, терзания молодого мужа, ненадежную, прелестную Ирину, самого робкого Набокова и даже верную, надежную Веру (она умерла последней, совсем недавно). А что дом № 8 на рю Сайгон, и та просторная ванная комната, и ее стены? Они тоже всех пережили, немые свидетели парижской тайны, чужой муки — прозрачные стены чужого дома...

Останется время — загляните на рю Сайгон. А будет еще больше времени (скажите, куда мы с вами всегда спешим?) — почитайте по-английски этот роман. Или хотя бы прочтите его в русском переводе. А кому уж совсем недосуг — прочтите хоть мой небольшой очерк о нем в книге «Русские тайны Парижа»...

ВОКРУГ ДА ОКОЛО ЕЛИСЕЙСКИХ ПОЛЕЙ-3. КВАРТАЛ ФРАНЦИСКА I, АВЕНЮ МОНТЕНЬ

Квартал Франциска I был создан королевским указом лишь в 1823 году. В те времена здесь еще были прибрежные огороды, козы, травка — тишь, благодать. Позднее создаваемые в этом квартале улицы потянулись к совсем еще молодым тогда Елисейским полям, да и обустроен ведь был квартал стараниями «Компании Елисейских полей». Думаю, что самое нам время побродить по этому роскошному кварталу, что лежит между Елисейскими полями и Сеной.

И авеню Монтень, выходящая к знаменитому перекрестку Елисейских полей Рон-Пуан, и авеню Марсо, выходящая к площади Этуаль, и авеню Георга V берут начало у прибрежной площади Альма. Название площади — русское, крымское, еще точнее — крымскотатарское: близ речки Альма французы и англичане нанесли жестокий удар русским во время Крымской войны. Об этой трагедии народов мало кто помнит ныне (разве что запущенное французское кладбище неподалеку от села Почтовое в Крыму), но зато популярная пресса всех стран посвятила тысячи строк недавней трагедии этих мест: в туннеле близ моста Альма погибли английская принцесса Диана и ее возлюбленный-египтянин, царствие им небесное... В окрестностях площади Альма стоит нынче несколько разного достоинства памятников — например, памятник польскому поэту и борцу за свободу Польши Адаму Мицкевичу работы известного скульптора Антуана Бурделя, аллегорическая фигура Сены и подаренная Нью-Йорком копия пламени с факела все той же нью-йоркской статуи Свободы работы Бартольди, за которую Нью-Йорк уже однажды отдаривал Париж...

Итак, обратимся к кварталу, уходящему в сторону от Елисейских полей. Королевский указ, принятый в 1823 году, не давал еще гарантий его энергичной застройки. Виктор Гюго, живший тут в 1833 году (в доме № 9 по улице Жана Гужона), писал о пустынном, «заброшенном городе Франциска I». Предприимчивый полковник Брак, который занимался обустройством этого нового района, придумал рекламный трюк: из прелестного городка Море-сюр-Луанг, что на краю леса Фонтенбло, он перенес сюда красивый ренессансный дом XVI века, который называли домом Франциска I и который должен был стать символом нового поселения. Историки утверждали, что именно в этом доме происходили некогда интимные встречи короля-рыцаря с герцогиней д'Этамп. Как и перенос мнимых останков Абеляра и Элоизы на Пер-Лашез, перенос гнездышка романтических королевских свиданий должен был оживить интерес будущих обитателей квартала, его застройку и заселение.

Поначалу дело шло туго, но в годы Второй империи на здешних улицах, все как есть получивших культурные названия (Гужон был, как известно, скульптор, а Монтень и вовсе философ), выросли роскошные дворцы-отели. Впрочем, и до того, как улицы эти получили свои интеллигентные названия, они не оставались безымянными. Скажем, нынешняя авеню Монтень и прилегающие променады еще в XVII веке получили галантное название Аллеи Вздохов, а позднее даже — Аллеи Вдовушек.

Дело в том, что не старые и вполне привлекательные вдовушки, которым в нудный период траура не полагалось выезжать и развлекаться прилюдно, заводили именно в этих укромных местах приятные знакомства и развлекались как могли (может, и не в ущерб

На этом тротуаре французские дамы преклоняли колени, когда из Театра Елисейских полей выходил король балета Вацлав Нижинский. Мне-то здесь чаще вспоминается красавица одесситка Мария Кузнецова-Массне, разместившая в театре позднее свою Русскую оперу...

своему кошельку). Отчего именно аллее небезутешных вдов предприниматель присвоил позднее имя великого Монтеня, сказать не берусь. Может, он помнил слова философа о том, что «хороших женщин не так много, не тринадцать на дюжину, а хороших жен среди них и того меньше». Но может, он сроду не видел книг Мишеля Монтеня, зато обладал «деловой сметкой» и вкусом. Многих из шикарных зданий, украшавших в ту пору авеню Монтень, ныне нет больше (исчезли с лица земли отель Валевски и вилла принца Наполеона), но многие старинные дома еще радуют глаз и бередят воспоминания. Скажем, дом № 45. Здесь раньше была психлечебница доктора Ле, у которого лечился знаменитый поэт Жерар де Нерваль, чьи поэтические «вторжения в жизнь сна» так волновали современников. Когда старый Гёте прочел перевод своего «Фауста», сделанный де Нервалем, он воскликнул, что отныне он будет читать Гёте только по-французски. Заметив однажды, что друг его де Нерваль прогуливает в Пале-Руайяль омара на синей ленточке, Теофиль Готье посоветовал ему обратиться к психиатру. С тех пор и доктор Ле, и доктор Бланш долго и безуспешно лечили поэта...

Нынешние дом № 51 и дом № 53 стоят на месте былого сада Мабий, где в эпоху Реставрации папаша Мабий устраивал свои знаменитые балы. Заплатив полфранка за вход, всякий половозрелый энтузиаст мог свести знакомство с танцующими или отдыхающими дамами всех сортов, достоинств и уровней. После смерти папаши Мабия его сыновья освежили декорации популярного сада: они поставили газовые рожки для освещения аллей, соорудили киоск в китайском стиле и установили вырезанные из цинка и лихо раскрашенные искусственные пальмы. С 1844 года балы гремели снова. Играли прославленные оркестры Полидо и Оливье Метра, в толпе наметанный глаз парижанина мог опознать светских львов и самых знаменитых денди Парижа. Можно было встретить здесь фотографа Надара, писателей Теофиля Готье и Эжена Сю, поэта Шарля Бодлера. Блистали красотой (аж до самых времен Парижской Коммуны) всем известные бальные королевы — Помаре, Могадор, Бриди, Шикар; ах, где вы нынче, милые дамы?

На месте нынешнего дома № 17 жил в собственном особняке почтенный седой барон-эльзасец. Свою русскую супругу Екатерину он захоронил чуть не полсотни лет тому назад у себя на родине, в Сульце, а сам дожил в Париже до 83 лет и часто по вечерам ездил в коляске на площадь Конкорд, близ которой в угловом доме на улице Буасси-д'Англа размещался Императорский клуб. Один очень грамотный француз (его звали Поль Эрвье) записал в своем дневнике, что «всякий раз, видя, как этот высокий старец с великолепной выправкой в неизменном одиночестве пересекает комнаты клуба» он говорил себе: «Вот человек, который убил Пушкина, а Пушкин дал ему то же бессмертие, что сгоревший храм в Эфесе дал своему губителю».

Ну да, вы угадали, старого барона звали Жорж-Шарль Геккерен д'Антес (или Дантес)... Да и вообще, русскими воспоминаниями авеню Монтень не бедна. В 1911–1913 годах усилиями архитекторов Ван де Вельде и братьев Перре на авеню был построен новый театр. Скульптор Антуан Бурдель тоже приложил руку к его оформлению. Но именно русские вписали первую и, вероятно, самую яркую страницу в историю этого незаурядного парижского театра — Театра Елисейских полей (авеню Монтень, № 13). Первый сезон театра был посвящен русскому балету Дягилева. На первом спектакле парижане увидели уже знакомую им «Жар-птицу», а через несколько дней, 29 мая 1913 года, был показан балет Стравинского «Весна священная» в костюмах и декорациях Николая Рериха и в постановке великого танцовщика, короля балета и любимца Дягилева Вацлава Нижинского. Остановившись нынче на тротуаре перед Театром Елисейских полей, иные вспоминают, что именно здесь опускались на колени дамы в роскошных туалетах, когда из театра выходил после спектакля сам Нижинский...

Что до премьеры 29 мая 1913 года, то она имела бешеный успех — успех скандала (скорей всего, Дягилев именно на это и рассчитывал): Париж, видевший все на свете, такого еще не видел. Парижский театр в тот жаркий вечер парижского мая содрогался от свиста, криков, улюлюканья, заглушавших оркестр. Потом в зале начались драки. Чуть позднее на сцене среди всех этих древнеславянских декораций вдруг появился в цилиндре и с тростью сам Дягилев, который гневно крикнул парижским зрителям, что они невежды, не понимающие великого творения века. И Париж, похоже, радостно согласился с этим обвинением...

Русская слава этого театра шумела и после начала российских бед и эмиграции. В 1922 и 1923 годах на этой сцене с триумфом гастролировал Московский Художественный театр, показавший здесь «Вишневый сад», «На дне», «Братьев Карамазовых». В том же 1923 году московский Камерный театр Таирова показал здесь «Федру», а еще чуть позднее здесь прошел первый концерт Сергея Прокофьева, имевший огромный успех. Еще через год Прокофьев представил здесь свои романсы на стихи Бальмонта, Гиппиус и Верлена. А еще пять лет спустя показал здесь свой первый спектакль новый русский эмигрантский театр — Русская частная опера в Париже. Ее создал для любимой жены очередной (увы, далеко не первый) муж блистательной певицы Марии Кузнецовой, дочери одесского художника Миколы Кузнецова (его лицо без труда отыщете на полотнах Репина). Новый муж красавицы Марии, племянник французского композитора, миллионер Альфред Массне не впустую потратил деньги. В Русской опере Кузнецовой спектакли ставили Евреинов, Санин, Фокин, декорации и эскизы костюмов создавали Коровин и Билибин, у Кузнецовой были замечательные дирижеры, певцы и танцовщики.

Надо сказать, что парижский и мировой успех дягилевского балета подготовил в Париже почву для побед не только блистательному русскому театру, но и русской моде в сфере одежды и развлечений. Это пришлось кстати изгнанникам, которые стали объявляться в 20-е годы в этом давно знакомом им городе, однако в незнакомой для них роли — в роли нищих, беспаспортных эмигрантов. На авеню Монтень (в доме № 7) открылось в те годы ателье моды «Китмир» (о его рождении, как и о прочих русских ателье, подробно рассказал в своей книге «Красота в изгнании» живущий в Париже историк моды А. Васильев). Кузина последнего русского императора великая княгиня Мария Павловна вместе с молодым мужем князем Путятиным, оказавшись в Париже, начала зарабатывать на жизнь, вышивая бисером для Коко Шанель, а позднее и сама открыла на авеню Монтень ателье «Китмир», где вместе с ней трудились ее свекровь княгиня Путятина и ее муж (оказавшийся способным бухгалтером). Русские дома моды продолжали начатое гастролями Дягилева мирное русское завоевание Парижа.

Через много лет после того, как завершили свое существование в Париже и русские моды, и русские театры, авеню Монтень была снова завоевана магазинами высокой моды и готового платья (и высоких цен, конечно). Дома моды довольно дружно перебрались из I округа Парижа в VIII. В бывшем отеле Бозелли разместился магазин фирмы «Кристиан Диор». Поселились здесь магазины фирм «Карон» (духи) и «Дженни холдинг». Основатель последней синьор Джиромбелли известен как открыватель таких стилистов, как Джанни Версаче, Монтана, Дольче, Габанна. На авеню Монтень заправляет его супруга Донателла Джиромбелли. Здесь же рядом увидишь обувь фирмы «Харель», лиможский фарфор в магазине «Порто» — в общем, есть где отвести душу богатому постояльцу отеля «Георг V» (того самого, где жили «битлы»).

Близ Елисейских полей и авеню Монтень - отели для самых богатых. Даже «новые русские» что-то обходят их стороной. Зато в этом «Георге V» (на улице Георга V) жили «битлы»...

Что касается продолжения театральных традиций, то Театр Елисейских полей еще, на счастье, цел. В нем три зала, причем Большой зал может разместить один 2000 зрителей. Есть еще зал комедии (655 мест) и экспериментальная студия. Дело за экспериментами. Зато неподалеку от театра теперь разместилось знаменитое зрелищное учреждение «Бешеная лошадь» (**«Crazy Horse»**). Это женское шоу, и очень хочется назвать милых его участниц «лошадками», но справедливость требует, чтобы были учтены их размеры, их длинноногость и крупноформатность. Длинноногости в наш фетишистский век, кажется, придают особое значение. Еще законодатель любовной моды Маяковский в стихах «из Парижа о сущности любви» жаловался, что «не хватает длинноногих» (за эту жалобу он был жестоко наказан коротконогими сестрами Брик-Триоле). Люди богатые бредят ныне длинноногими манекенщицами, и весь мир точно забыл, что женщина должна быть просто «нежной и удивительной».

Недавно я совершенно случайно попал на спектакль «Крейзи Хорс» и должен непременно поделиться впечатлениями от знакомства с их современным (и весьма дорогостоящим) спектаклем. Случилось так, что я ждал встречи со своими петербургскими издателями, которым я должен был отдать рукопись, а они как раз в тот вечер вознамерились посетить спектакль бешеных дам-лошадок. Издатели опаздывали, и мое долгое ожидание в вестибюле стало беспокоить администрацию шоу. Вышла администраторша с кокетливым бантом, и я объяснил ей испуганным шепотом, что к ним должны прийти два очень важных гостя из России. «Кто это? — спросила она, переходя на тот же испуганный шепот. — Миллионеры? КГБ? Министры?» «Вроде того», — сказал я еще более испуганно. Тут появились мои петербургские издатели, и они не обманули ожиданий девушки с бантом: у них были заказанные по телефону билеты на кресла первого ряда. Девушка сказала, что лично мне не нужен билет и я, как лицо сопровождающее, могу встать у бара. Какой-то служитель тут же предложил мне стакан воды ценой в мою шестимесячную пенсию, но я гордо отказался. Длинноногие девушки целый час маршировали в каком-то художественном освещении, ложились на особый лежак у края эстрады и очень высоко поднимали ноги. У каждой из них был какой-нибудь пошлый псевдоним (Волга-Матушка Московская, Лав-амур Любовна и так далее), но ноги у них были настоящие и очень большие. Ноги эти нависали над первым рядом, так что издатели мои, я думаю, натерпелись страху в своем первом ряду — ведь если бы эти лошади оказались и впрямь «крейзи», они могли бы начать брыкаться и лягаться, мало ли что бывает... На счастье, дамы-лошади были нисколечко не бешеные, они были очень обходительные и вполне буржуазные, так что все обошлось благополучно. И скандалов, как некогда на «Весне священной», никто не устраивал. Иные нынче времена на авеню Монтень.

Те, кого не утомили витрины и правобережная роскошь «отелей», могут еще с полчаса побродить по авеню Георга V (по-здешнему он Жорж Сенк) с двумя его знаменитыми международными отелями (в домах № 31 и № 35), поставляющими клиентуру для самых дорогих здешних магазинов и ресторанов, полюбоваться дворцами в стиле Людовика XV (дома № 11, 13, 15), где ведут свою непыльную работу сотрудники иностранных посольств, а также более поздними солидными строениями, где разместились банки, богатые фирмы, штаб-квартиры промышленников, а также радио- и телекомпании. На улицах, прилегающих к элегантной, мирной площади Франциска I, и на самой площади наряду с отелями в стиле Людовика XV (вроде отеля Клермон-Тоннер, где разместился самый что ни на есть Пьер Карден) можно увидеть фонтан работы знаменитого Давиу: белеет мрамор, плещет струя, утекает время нашей бесценной жизни...

ВОКРУГ ДА ОКОЛО ЕЛИСЕЙСКИХ ПОЛЕЙ-4. РЮ КОЛИЗЕ, БОЭТИ, БЕРРИ

Если идти по правой стороне Елисейских полей в сторону Триумфальной арки, то не слишком знаменитая улица Колизея (**rue Colisée**) попадется вам почти сразу после «клумбы» Рон-Пуан. Театр-колизей тут действительно существовал когда-то, с 1671-го до 1780 года. В нем показывали спектакли, устраивали всякие праздничные представления, но в 1780 году колизей этот разломали, а название пристало к улице, и ни один мэр его отчего-то не поменял на более партийно-выгодное (во Франции это делают повсеместно, меняя де Голля на Тореза, Дзержинского на мать Терезу и обратно). Земли эти, как и те, по которым пролегли нынче престижные авеню Матиньон, Елисейские поля и улица Фобур-Сент-Оноре, принадлежали некогда графу д'Артуа, но с тех пор много воды утекло в Сене.

Нас, как вы, наверное, заметили, наряду с прочими занимают события XX века, а в нем — жизнь нищего и блистательного «русского Парижа». С этой (пусть даже несколько специфической) точки зрения малозаметная Колизеевская улица не так уж и скучна. Ее близость к Елисейским полям определила ее привлекательность для тех русских изгнанников, кто, не поддавшись унынию, вступил в борьбу за существование. В первую очередь это были женщины, причем женщины-аристократки, те самые «принцессы на горошине» (по-русски «принцесса» — это «княгиня»), которых В. И. Ульянов (Ленин) в своей партийной статье «О партийной литературе» назвал «скучающими героинями». Они и впрямь оказались героинями, а скучать в Париже этим обнищавшим дамам (в отличие, скажем, от безродной подруги самого Ленина Инессы Арманд) было некогда. Оказалось, что нежные их ручки приспособлены для шитья, вышивания и стирки, а в голове у многих из них есть устройство, необходимое для ведения «дел»: они оказались деловыми дамами, или, как нынче выражаются, «бизнесвумен».

В 1924 году в доме № 5 по улице Колизея открылся русский (точнее, может, русско-грузинский) дом моды «Имеди». Открыла его графиня Анна Ильинична Воронцова-Дашкова, урожденная княгиня Чавчавадзе. Надо сказать, это был не единственный «грузинский» дом моды в Париже: в полукилометре от рю Колизе, на рю Вашингтон, открылся дом моды Нины Шервашидзе, урожденной Мхеидзе (в доме №32). Трудно даже сказать, кто больше сделал для тогдашнего парижского увлечения «грузинской модой» — красавицы княгини, шившие в своих ателье вечерние платья, или красавцы джигиты, плясавшие по вечерам в русских ресторанах (их в этом углу было множество — и на Елисейских полях, и на авеню

Ваграм, и на Буасси-д'Англа) и сводившие с ума дочек американских миллионеров. Так или иначе, и русское, и грузинское было в моде в ту межвоенную эпоху, в «золотой век» русской колонии в Париже. Муж графини Анны Ильиничны Воронцовой-Дашковой был в «старое доброе время» наместником императора Николая II на Кавказе, и осведомленный французский обозреватель писал по поводу ателье «Имеди» и его хозяйки:

«Трудно впасть в преувеличение, говоря о мужестве, с которым дамы из высшего русского общества, изгнанные со своей родины революцией, принялись за работу».

На той же рю Колизе существовало в ту пору ателье портнихи Никитиной (прославленной балерине Алисе Никитиной она приходилась родной теткой), а чуть дальше по Елисейским полям, на улице Пьера Шаррона, открылся русский дом моды «Анна Сергеева». На самих Елисейских полях, как извещал русский альманах под редакцией князя В. А. Оболенского, творил портной Калина. Кстати, уже в ту пору русские имена служили знаком высокого вкуса и качества. И по сию пору французские, польские, испанские, румынские продавцы, рестораторы, галеристы дают своим заведениям придуманные ими русские имена.

На рю Колизе можно увидеть место, ставшее свидетелем кровавых русских драм времен эмиграции. На третьем этаже дома № 29 по рю Колизе размещался с 1930 года штаб Русского общевоинского союза (РОВС). Известно, что после успешно проведенной в ноябре 1920 года эвакуации уцелевшего состава Белой армии ее командование предприняло немало усилий, чтобы удержать эту армию от упадка и разложения в трудных условиях «Галлиполийского сидения» и зимовки на острове Лемнос. Стараясь воспрепятствовать распылению армии, генерал Врангель перевез ее в Болгарию и Сербию, куда и сам перебрался в 1922 году вместе со своим штабом. С тем чтобы сохранить кадры этой армии в эмигрантских условиях, в конце 1924 года генерал Врангель отдал приказ о создании Русского общевоинского союза. Врангель писал тогда, что этот союз — настоящая армия, «насчитывающая 40 000 человек, имеющая гибкую структуру, но подчиненная строгой дисциплине, ставящая себе целью беспощадную борьбу с коммунистической властью, закабалившей Россию, и возлагающая надежду на русский народ, который единственный и имеет право решать, какую ему выбрать форму правления в стране». Осенью 1927 года генерал Врангель переехал в Бельгию, где внезапно тяжело заболел и весной 1928 года скончался (причины его гибели до сих пор неизвестны), едва миновав рубеж сорокалетия.

В 1930 году созданный им РОВС обосновался на парижской рю Колизе. Префектура зарегистрировала новую организацию под председательством генерала Шатилова, а фактическим ее руководителем стал боевой генерал Александр Кутепов. Подчиненные Кутепова днем стояли у станков на заводе «Рено», крутили баранку такси, подметали улицы, были официантами, но по вечерам они снова становились военнослужащими, занимались военной подготовкой — жили своей привычной жизнью. Имея под началом такую армию, боевой генерал-корниловец Кутепов рвался в бой против большевиков. Ему оставались лишь подпольная борьба и тайные акции, но на поприще тайной войны ему было, конечно, не переиграть сильнейшую советскую разведку и тайную полицию, любимое детище коммунизма. Советская разведка играла с Кутеповым как кот с мышью. Все героические и бессмысленные диверсии Кутепова на русской территории были инспирированы ГПУ (как операции «Трест», «Синдикат» и прочие), а РОВС и его верхушка были инфильтрованы советскими агентами. Организация была особенно уязвима для агентов, ибо интриги и борьба за власть никогда не прекращались в этом крошечном военном штабе, кишащем генералами-честолюбцами.

И Врангель и Деникин предупреждали Кутепова против безнадежной и кровавой игры в терроризм, но генерал был упрям. В 1930 году он был похищен в центре Парижа по дороге на воскресную службу в церковь галлиполийцев. Позднее (однако еще до гласности и перестройки) советская печать сообщила, что генерал был похищен советской разведкой и что он умер «от сердечного приступа» еще на корабле, по пути в Новороссийск («Красная звезда», 22.IX.1965, «Неделя», № 49, 1989). Возможно, что бить его начали уже на корабле... Русская эмиграция выражала тогда соболезнование жене пропавшего героя Лидии Кутеповой.

Наиболее теплым вниманием окружили бедняжку помощник Кутепова герой-корниловец генерал Скоблин и его жена (Кутепов был посаженым отцом на их свадьбе в Галлиполи), прославленная эстрадная певица-патриотка (ее коронным номером, вызывавшим рыдания в зале, была песня «Замело тебя снегом, Россия...») Надежда Плевицкая. В эмиграции считали, что Плевицкая держит мужа под каблуком (его даже называли за глаза «генерал Плевицкий»: она была старше его и более знаменита, имела солидный брачный опыт и зарабатывала больше)... Но в общем это была колоритная пара: недаром лет десять спустя лучший эмигрантский писатель Владимир Набоков написал об этой паре рассказ (по-английски). По заказу Рахманинова (и на деньги подозрительного поклонника певицы) «биографию» Плевицкой еще в 20-е годы написал Иван Лукаш. Однако ни в 20-е, ни в 30-е, ни позже не раскрыта была вся правда об этой роковой шансонетке, некогда пленявшей своим пением двор и самого царя. Известно, что среди многочисленных ее мужей и возлюбленных был и устрашающий одесский коммунист товарищ Шульга (не исключено, что уже тогда, в Одессе, эта голосистая патриотка была завербована). Советская пресса сообщила, что Плевицкая и ее муж были завербованы ГПУ в 1930 году, получили кодовые клички Фермер и Фермерша, а также оклад в долларах (денег им всегда катастрофически не хватало). Похищение Кутепова было, вероятно, одной из первых операций молодого карьериста генерала и его жены-певицы. Между прочим, лет десять спустя сын Кутепова Павел воевал на немецкой стороне, был взят в плен, посажен в тюрьму и там «перевоспитался» так решительно, что переведен был из тюрьмы на какую-то хитрую работу в иностранный отдел Московской Патриархии.

В промежутке между 1930 и 1937 годами в доме № 29 по рю Колизе шла бесконечная борьба за власть. Скоблина многие подозревали в предательстве, но он цепко держался за свой пост и сумел обыграть назначенного руководителем РОВС боевого генерала Е. К. Миллера. Миллер пытался свернуть подпольную работу, в которой напрасно гибли его люди, но он встретил противодействие генерала Шатилова и тайное противодействие Скоблина. Кстати, Скоблин не раз соблазнял старика Деникина поездкой в своем автомобиле, но Деникин ему не доверял и в машину не садился. В конце концов сомнения закрались и в душу генерала Миллера. Отправляясь 22 сентября 1937 года на какое-то тайное свидание, генерал Миллер оставил своему заместителю записку: «Свидание устроено по инициативе Скоблина. Может быть, это ловушка, на всякий случай оставляю эту записку». Старик заместитель вспомнил о записке поздно вечером, когда на рю Колизе привезли найденного в отеле генерала Скоблина. Прочитав записку, бестолковые старики-генералы собирались спросить Скоблина, что бы все это могло значить, но обнаружили, что тот уже ушел. Они побежали за ним на улицу, но там никого не было.

Позднее стало известно, что над штабом РОВС, в том же доме № 29, была квартира знаменитого промышленника Сергея Третьякова (из тех самых Третьяковых), тоже завербованного ГПУ (труднее, кажется, было бы найти в ту пору еще не завербованных). Из квартиры Третьякова агентам Москвы легко было наблюдать за белыми «подпольщиками», там, вероятно, Скоблин и спрятался от неспешной погони. Скоблин исчез бесследно, как исчезали все агенты.

А бедная певица Плевицкая была арестована французами, и в Париже состоялся шумный процесс. Певица, конечно, отрицала все. Но перед самой войной, сидя в тюрьме города Ренна, она вдруг призналась в своей вине русскому священнику и комиссару французской полиции. Ее показания подтверждают, кстати, беллетристическую версию Набокова: всем двигало бесовское тщеславие Скоблина. Вскоре певица умерла в этой женской тюрьме, а после ее смерти немцы пришли в Ренн и велели извлечь труп Плевицкой из могилы: видимо, хотели убедиться, своей ли она умерла смертью. Есть предположение, что супруги работали и на советскую и на немецкую разведку.

Много пишут нынче и о том, что Скоблин помог Сталину и немцам скомпрометировать Тухачевского (и заодно обезглавить Красную Армию)... В общем, кровь, кровь, предательство, алчность, интриги, борьба за власть — за власть во всем мире, за власть в стране, за власть в незавидном РОВС... И вот прошло 60 лет, а коронный номер певицы из ГПУ все нейдет у меня из головы...

> *Занесло тебя снегом, Россия,*
> *Запуржило седою пургой,*
> *И холодные ветры степные*
> *Панихиды поют над тобой.*

ГПУ, НКВД, КГБ, дом № 29 — в хорошенькое я вас привел местечко. Скорее назад, на свет, на Елисейские поля...

Следуя по той же правой стороне Елисейских полей в сторону Триумфальной арки, мы минут через пять выйдем на улицу Боэти. Друг Монтеня Этьен де Ла Боэти писал сонеты и доказывал (еще в XVI веке), что тиран оттого и всемогущ, что народ угодлив, услужлив и всегда готов к рабскому повиновению. Что же до улицы Боэти, то она в золотую пору между войнами считалась одной из самых элегантных улиц столицы. Так что, вернувшись из свадебного путешествия, процветающий художник Пабло Пикассо водворился на седьмом и восьмом этажах дома № 23 по улице Боэти. Это было в 1918 году. Молодую, прелестную супругу художника звали Ольга Хохлова, она была дочерью русского полковника и танцевала у Дягилева. В 1921 году Ольга родила сына Поля. Пикассо вдохновенно писал беременную супругу, а потом и младенца. И только еще через 14 лет Ольга ушла от страстного испанца, обиженная его связью с юной манекенщицей Марией-Терезой. Пикассо был среди жильцов этого дома не единственной знаменитостью. В доме жили Жан Кокто, композитор Эрик Сати, подруга Дягилева и жена художника Мися Серт, граф де Бомон и прочие звезды Парижа...

После рю Боэти вы увидите на той же стороне Елисейских полей рю Берри. На ней на месте нынешнего дома № 12 в XIX веке стояла православная церковь Святого Петра-и-Павла, основанная по указу императора Александра I вскоре после русской победы. В 1845–1846 годах в эту церковь часто приходил Гоголь. Стоял, молился. В апреле 1857 года Иван Тургенев услышал здесь такую интеллигентную проповедь отца Иосифа Васильева, что стал умолять священника учить катехизису его доченьку Полинетт.

В том же 1857 году в этой церкви поэт Афанасий Фет венчался с сестрой Боткина Марией. Тургенев был шафером жениха, а Фет, чтобы не разоряться на свадебный костюм, венчался в уланской форме, которая, как он признавал позднее, выглядела несколько нелепо под веночком из искусственных цветов (шафер Тургенев едва удержался от смеха). Тот же Тургенев был, напротив, весьма растроган проповедью отца Иосифа во время службы, посвященной отмене крепостного права в России. Служба состоялась 24 марта 1861 года, слова священника и долгожданная новость растрогали Тургенева до слез, да и стоявший перед ним старый Николай Тургенев (друг Жуковского) едва сдерживал слезы. Потом все обменивались рукопожатиями и растроганно говорили о государе-освободителе (воспитаннике Жуковского): «Да ниспошлет ему Господь здоровья и силы, чтобы продолжить начатое!» Шесть лет спустя царь-освободитель приехал в Париж из Петербурга, где террористы уже охотились за ним и травили его как зверя, а в Париже он чуть не был застрелен в Булонском лесу террористом-поляком... Поди угоди, поди угадай...

Напомню, что иконостас из посольской церкви Святого Петра-и-Павла установлен нынче в крипте Александро-Невского собора на рю Дарю.

С 1925-го по 1935-й в доме № 38 на той же рю Берри размещался антикварный магазин нового изгнанника — князя Ивана Куракина и чайная «Боярский терем», которую князь держал вместе с другим беженцем, московским городским головой Вадимом Шебекой. Потолки и стены в чайной были расписаны беженцем Иваном Билибиным...

В доме № 20 по рю Берри три последних десятилетия XIX века (и до самого 1904 года) дочь Жерома Бонапарта принцесса Матильда принимала всех, кто блистал в тогдашнем Париже на ниве политики, литературы, искусства. Имя им — легион. Салон — дело серьезное, и значение салонов в жизни французской столицы не следует недооценивать.

Следуя по той же стороне Елисейских полей к станции метро «Георг V», можно увидеть справа Вашингтонскую улицу (рю Вашингтон). Как мы уже говорили, здесь размещался русско-грузинский дом моды (Нины Шервашидзе), а по правой стороне улицы, на полпути к авеню Фридланд и бульвару Осман, любитель тишины может обнаружить вдруг приют спокойствия — лужайку, окруженную деревьями и домами середины XIX века. Это городок Одио. Раньше тут и впрямь стоял наполеоновских времен дом ювелира Жана-Батиста Одио. Он был мастер своего дела, оставил великолепные работы, но настоящую славу принесли ему шпага и скипетр, изготовленные им для Наполеона Бонапарта (все, что связано с именем этого тщеславного узурпатора, несет на себе отблеск славы, которой столь неистово жаждет сердце и малых и больших народов, что они готовы платить за нее ценою любых жертв и унижений. «Мы за ценой не постоим», — пел русский поэт-бард).

ВОКРУГ ДА ОКОЛО ЕЛИСЕЙСКИХ ПОЛЕЙ - 5. ДОМ НА УЛИЦЕ МАРИНЬЯН

Загадочный дом № 25 по улице Мариньян и таинственный старик, который жил в нем аж до самого 1925 года, не могут не заинтересовать всякого русского, гуляющего по Елисейским полям. Дом этот здесь рядом, за углом, на узкой улице Мариньян, — дом, в котором жил Онегин... Как, тот самый Онегин? Пушкинский? Какое он имеет отношение?..

Так вот, Онегин, который жил в этом доме, был, без сомненья, пушкинский и, бесспорно, «имел отношение». Он был однофамилец того, которого любила юная Татьяна, но однофамильцем его он стал не случайно. Жил он таинственно, от соседей имел свои тайны, таился от грабителей (время, впрочем, было тихое, нынче он вряд ли уцелел бы). Ненавидел жильца, жившего в доме напротив и имевшего фамилию д'Антес, весь их род ненавидел, до седых волос и лысин. И собственных тайн у него было много — например, тайна его рождения...

Новорожденным младенцем будущий Онегин найден был в Царскосельском парке. За давностью лет и отсутствием точных свидетельств не можем указать вам точное место, куда был подброшен подкидыш. Сам он любил шутить в старости, что его нашли под памятником Пушкину, и те, кто не знал, что самое первое прошение об установлении памятника великому поэту подано было только в 1855 году, а подкидыша Онегина нашли на десять лет раньше, — те принимали шутливое утверждение всерьез, доставляя этим удовольствие старику. Давно усопшего поэта Пушкина, несмотря на все уважение к его мужскому шарму и небезупречную семейную репутацию, никто в этой посмертной мужской шалости все же подозревать не стал, но зато намекали на какую-то бедную гувернантку, которая в родовых муках покинула наш свет, а также на некую царственную особу. Считали, что гипотезу о причастности царственной особы подтверждала заинтересованность в судьбе ребенка, какую проявили добрейший поэт Василий Андреевич Жуковский, а в более позднее время — его семейство. При этом указывали на несколько обстоятельств из жизни самого Жуковского.

Во-первых, был он сам незаконнорожденным, хотя всему семейству помещика Бунина и всей дворне доподлинно было известно, от кого родила глазастого бутуза Васеньку привезенная в подарок барину с русско-турецкой войны юная рабыня-турчанка Сальха. И хотя обласкан был в последующем своем существовании у самых вершин императорского двора поэт и учитель Василий Андреевич Жуковский, рану незаконнорожденности мог он вполне нести в душе. После рождения Васеньки бедный дворянин Андрей

Жуковский должен был дать имя младенцу: точно так поступили с подкидышем Сашей через полвека с лишним в Царском Селе — придворная дама по фамилии Отто дала подкидышу свою фамилию. У нее он и жил в детстве, у нее воспитывался. Была она, скорей всего, немка, оттого и с отчеством не мудрили, а окрестили его Александром Федоровичем. В тот самый год, когда подкидыш Отто был найден в Царскосельском парке (1845 г.), у поэта Жуковского и его молоденькой жены-немки родился в Германии сынок Павел, и воспитанник поэта сам великий князь-наследник Александр, десять лет спустя ставший русским императором, согласился быть крестным отцом младенца. Не исключено, что отцом подкидыша и мог быть упомянутый выше царственный воспитанник Жуковского. Мальчики-одногодки, крестник императора Паша Жуковский и подкидыш Саша Отто, учились в одной гимназии и были лучшими друзьями. Окончив гимназию и университет (таинственный «некто» продолжал посылать ему пенсию, впрочем весьма скромную), Саша Отто путешествовал по России, а двадцати четырех лет от роду впервые попал за границу, проехал Швейцарию и Германию, где познакомился с Тургеневым, потом побывал во Франции, жил в Англии и чуть не уехал в Америку. Чем он займется в жизни, решить он пока что не мог — видно, пенсия помогала и без работы сводить концы с концами. Мог он и подрабатывать — репетиторством, гувернерством, еще чем... Однако он не слишком был уверен в себе, Саша Отто, и долго не мог найти своего пути. Наблюдательный Тургенев заметил это еще при первой встрече, проникся к бедному юноше сочувствием, им заинтересовался. Тургеневу он напомнил молодого Белинского, и всякий, кто встречал описания нескладного, неловкого, прыщавого, обидчивого Белинского (времен, скажем, его влюбленности в одну из сестер Михаила Бакунина), поймет, что хотел сказать Тургенев, сравнивая Отто с Белинским. Сохранилось письмо Тургенева к молодому Саше Отто, написанное вскоре после их знакомства.

«Своею наружностью, — писал Тургенев, — и некоторыми чертами характера Вы мне напоминаете Белинского, но тот был молодец, пока болезнь его не сломила. Самолюбив он был так же, как Вы; но он не истреблял самого себя — а главное: он никогда не беспокоился о том, что о нем подумают, так ли его поймут и т.д. Вот этой-то безоглядочности я желал бы Вам побольше. И не говорите Вы мне, что это в Вашем положении невозможно, что Вы сызмала поставлены криво и неловко; человек образованный, самостоятельный, внутренне свободный — по этому самому — находится в тысячу раз более выгодном, менее ложном положении, чем человек с нормально устроенной обстановкой — и с темной или спутанной головой. Правда, для того, чтобы легче сносить жизнь, весьма хорошо иметь игрушку, которая бы забавляла, дар, талант. Белинский имел эту игрушку, а у Вас ее, быть может, нет; но зато у Вас есть возможность деятельности общественной, хоть и низменной, но полезной, и понимание ее, и примирение с нею; этого у Белинского не было».

Не правда ли, поразительное письмо? Увидел добрейший Тургенев еще одного неустроенного юношу, мятущегося и, как теперь говорят, «закомплексованного», и — к столу, писать ему, лечить, помогать, искать спасения... Тургенев увидел в нем страсть к служению, амбиции, но не знал еще, куда они будут приложены и когда.

Конечно, новый характер, этот молодой Отто, он и для литературы не пропал даром — у писателя каждое лыко в строку. Всеми признано, что Нежданов, герой тургеневской «Нови», многим разжился от Саши Отто. Снимите с полки роман Тургенева — и многое поймете в былом обитателе парижской улицы Мариньян...

С 1882 года Александр Отто навсегда поселился во Франции. В 1882–1883 годах был он литературным секретарем и библиотекарем у не столько старого (64 года всего ему было), сколько совсем уже больного Тургенева. Последние тургеневские письма написаны рукой 38-летнего Отто, Тургенев только ставил свою подпись. Надо сказать, что и сам тургеневский секретарь не любил подписываться фамилией Отто. Фамилия казалась ему нерусской, чужой, да она и была чужой. И поскольку самым близким для себя человеком А. Ф. Отто считал покойного А. С. Пушкина, то он и подписывался с молодых лет пушкинской фамилией — Онегин. Уже в 60-е годы начал он собирать книги Пушкина и о Пушкине, пушкинские портреты... Он даже подал на высочайшее имя прошение о замене фамилии Отто на фамилию Онегин, но дело это было сложное, и ответ из Петербурга долго не приходил. А все же, ко всеобщему удивлению, ответ пришел в конце концов положительный (в 1890 году): может, вознагражден он был за ненавязчивость свою и странность просьбы, а может, был это знак отцовского великодушия, проявленного тайно. Александр Отто был, наверное, последним, кто ухаживал за больным Тургеневым, кто закрыл ему глаза... 10 сентября 1883 года Александр Отто послал письмо в Германию лучшему своему другу Павлу Жуковскому:

«Я получил твою, милый друг, телеграмму по поводу нашего общего горя... Теперь то, что было Тургеневым, лежит в склепе русской церкви и через несколько дней повезется в Петербург, где положится около Белинского, по его желанию. Он хотел, чтобы его положили "у ног Пушкина", но боялся, что назовут это "претензией"».

Между тем, надо признать, в этом желании Тургенева не было «претензии», а было лишь преклонение перед тургеневским «идолом», перед его «учителем» и «недосягаемым образцом» — Пушкиным. Молодой Отто разделял этот восторг. Мир его замыкался между благородным Тургеневым, добрым покровителем и защитником Пушкина Жуковским и самим гением Пушкиным. Но был он уже не только почитатель и изучатель, а был он в 38 лет существом особого рода — был он «коллекционер». Об этом свидетельствует письмо, написанное после смерти Тургенева (11 сентября 1883 года) все тому же Павлу Жуковскому:

«Прошу тебя, милый, собирать для меня все немецкое о Тургеше, как бы ничтожно оно ни казалось. Мне это будет нужно. Также и портреты, особенно давнишние... Господи, какое горе!.. Вообще, что можешь, то и собирай... Помоги, друг».

Странное, взволнованное, поразительное письмо! Умер близкий, почитаемый человек — «Господи, какое горе!», — но известно уже и спасение от смерти, от его смерти, от своей собственной и всех близких — собирательство, коллекционерство. Так, может, оно и придает смысл жизни?

И круг интересов коллекционера уже очерчен — русские писатели. Они не живут долго, Тургенев в шестьдесят три — долгожитель. Как их удержать в памяти? И самому как жить в этом неустойчивом, убегающем из-под ног мире? Собирать «все связанное»... Зов в письме другу почти что отчаянный — «Помоги, друг». Как мог добряк Павел, сын добряка Василия Андреевича, на такой призыв не откликнуться? Конечно, он откликнулся — да еще как! Отклик его перевернул все течение жизни Александра Отто, наметил прямую, неизменную линию его жизни чуть не на полвека, до гробовой доски, да и после смерти все, что осталось нам от Отто-Онегина, что лежит в основе его памяти, — все это идет из того 1883 года, проистекает из щедрого, царственного, человечного жеста Павла Жуковского, достойного сына щедрого и человечного Василия Жуковского.

Откликнувшись на вопль души друга отроческих лет, Павел Жуковский прислал ему в подарок целое собрание хранившихся у его отца рукописей... Пушкина: 75 рукописей Пушкина, среди которых были рукописи пяти законченных, но никогда за истекшие со смерти поэта полвека не печатавшихся стихотворений, черновых вариантов великих поэм, никому не знакомых кусков пушкинской прозы и еще и еще — бумаги с пометами посмертного жандармского обыска в квартире Пушкина и без помет... Все это Жуковский завещал своему пятилетнему сыну, а добряк сын (отнюдь не самый богатый в России человек) подарил другу школьных лет Саше...

Так возник на парижской улице Мариньян Пушкинский музей, тягаться с которым мог только Пушкинский Дом, Институт русской литературы в Петербурге-Ленинграде. Через год-два Павел Жуковский вручил школьному другу еще один бесценный подарок — оставленные отцом бумаги, имевшие отношение к последним дням жизни, к дуэли и смерти Пушкина, к посмертному изданию его сочинений, к делам Опеки над детьми и имуществом Пушкина. Вряд ли какой ни то иностранец, проходивший по улице Мариньян в конце восьмидесятых годов прошлого века, смог бы оценить всю огромность клада, вот так, запросто, сложенного в частном собрании месье Онегина в доме № 25. И вряд ли кто из русских не затрепетал бы, узнав о тайных, никому еще не знакомых записях, которые сделал (для себя, на память) потрясенный Жуковский в роковые для всей России дни гибели Пушкина, записях о его последних земных делах:

«Встал весело в 8 часов, после чаю много писал — часу до 11-го. С 11 обед. — Ходил по комнате необыкновенно весело, пел песни. Потом увидел в окно Данзаса, в дверях встретил радостно.

Взошли в кабинет, запер дверь. — Через несколько минут послал за пистолетами...»

В 1879 году Павел Жуковский продал часть отцовской библиотеки только что учрежденному Томскому университету. (Мне однажды довелось провести полдня у полок этого собрания, и я даже наткнулся случайно на карандаш, заложенный в книгу Жуковским больше ста лет тому назад.)

Оставшиеся же у Павла 600 томов отцовской библиотеки — книги с автографами и прижизненные издания — тоже отдал Саше. Легко представить, чьи там были автографы и пометки, на листах этих книг (Гоголя, Дельвига, Баратынского, Языкова, самого Жуковского...). А еще были автографы и Гёте, и Байрона, и Шумана, и Мицкевича...

Незадолго до своей смерти Павел начал передавать другу Саше и личный архив отца — письма, дневники, черновики. Павел знал, что Онегин все будет беречь пуще жизни, во всем разберется...

У Онегина собрался, таким образом, настоящий музей Жуковского, а в добавленье к нему и музей Тургенева: письма, записки, книги с автографами...

Конечно, последующие чуть ли не полвека своей некороткой жизни провел Онегин в трудах собирательства, пополнения коллекции (собирал все, что касалось Пушкина, вплоть до спичечных коробков и конфетных оберток), хранения вверенного ему сокровища, в хлопотах о будущем своей коллекции, о достойном, грамотном и солидном издании неизданного.

Он жил все в той же квартире на рю Мариньян, где из-за полок, шкафов да ящиков немного оставалось места для него самого. Да много ли ему было надо? Он даже из пенсии своей ухитрялся деньги откладывать на черный день.

Русские (и даже иные из французов) в этот таинственный уголок Парижа забредали не раз. Иные замирали при виде клочка бумаги со словами, набросанными пушкинской рукой, ощущали здесь незримое присутствие самого Пушкина, что и запечатлел, скажем, в своей альбомной записи Анатоль Франс или в своих стихах поэт Вячеслав Иванов:

> *...И верь, не раз в сию обитель*
> *Он сам таинственно слетал,*
> *С кем ты, поклонник, ты, хранитель,*
> *Себя на вечность сочетал.*
>
> *И чует гость благоговейный,*
> *Как будто здесь едва затих*
> *Последний отзвук сладковейный,*
> *Последний недопетый стих...*

Серьезные ученые, вроде Сакулина или Щеголева, благодарили Онегина за бесценную консультацию. Иные, вроде Вересаева или Брюсова, жаловались на старика, что не спешит он передать все свои тайны и сокровища ему, посетителю, или «народу».

Молоденький студент-юрист, позднее ставший видным театроведом, А. Дерман посетил в Париже в 1911 году онегинский музей и потом рассказывал, как этот угрюмый Плюшкин долго разглядывал его через железную решетку прежде, чем пустить в свою неказистую квартиру:

«Когда я, войдя, представился и затем спросил у выжидательно глядевшего на меня хозяина, с какого места начинается собственно музей, он ответил, указав пальцем на простую железную койку в углу:

— Вот кровать, на которой я сплю, — это не музей, а прочее — все музей».

«Как ни был я молод тогда и неопытен, — пишет Дерман, — мне сразу стало ясно, что передо мной сидит очень, в сущности, одинокий человек. По виду он был горд, речь его дышала независимостью, в осанке его сквозило даже нечто надменное. Но сквозь все это пробивалось какое-то застарелое и едкое чувство неоплаченной обиды. С уверенностью я не знаю до сих пор, в чем она заключалась, но проявлялась она, так сказать, универсально. В частности, Онегин, по-видимому, чувствовал себя обойденным как знаток творчества Пушкина».

Русские журналисты и до и после революции немало злобствовали по поводу алчного парижского Плюшкина, которому академия обещает пенсию. Ученые, напротив, умели ценить парижского отшельника. Академик М. Алексеев писал об Онегине:

«Взамен родины, взамен семьи, которой у него не было, он создал себе в самом центре Парижа свой особый мир, мир русской литературы во главе с Пушкиным...»

В этом мире были прекрасные женщины — Машенька Протасова-Мойер, Наталья Гончарова-Пушкина-Ланская, Александра Гончарова-Фризенгоф, Александра Россет-Смирнова и Александра Арапова... Они не были для него призраками минувшего: он жил среди них до самого 1925 года, когда окончательно присоединился к их сонму восьмидесяти лет от роду. В последние полтора десятка лет его жизни до него доходили иногда вести, что он давно умер. При случае он их опровергал. В 1910-м на собрании эмигрантов в Париже академик М. М. Ковалевский упомянул как-то, что прототипом тургеневского Нежданова был некий Отто-Онегин. После доклада Онегин подошел к докладчику с толковыми поправками и дополнениями. Потом представился. Академик был изумлен:

— Батенька! А я-то думал, вы давно померли!

Конечно, и он умер в конце концов: 25 марта 1925 года, не дожив ни до почестей, ни до выставок, ему посвященных, ни до благодарных слов неторопливой на похвалы родины. Когда вскрыли его завещание, оказалось, что он завещал России и Пушкинскому Дому не только все свое имущество, но и весь свой капитал — сэкономленные им 600 000 франков. Себя он велел похоронить подешевле, по «шестому разряду», тело сжечь, а пепел не сохранять. В загробное будущее и дальнейшую свою судьбу не верил. Вот и напрасно...

ФОБУР-СЕНТ-ОНОРЕ

Как вы уже убедились во время странствия по кварталу, прилегающему с севера к Елисейским полям, — это очень богатый, элегантный район, всегда тяготевший к славе и роскоши Елисейских полей и Лувра да и нынче сохраняющий все нервные центры власти и богатства (и президентский дворец здесь, и резиденция правительства, и МВД, и полиция, и банки, и дома моды). Позвоночным хребтом квартала, как любят выражаться с прозекторской лихостью французские авторы, является длинная и весьма знаменитая улица Фобур-Сент-Оноре. Слово «фобур» (*faubourg*) значит «слобода», оно присутствует в названии многих французских улиц, точнее — той их части, которая, перешагнув за былую оборонительную стену или былую заставу, продолжалась в пригородной слободе. Улица Сент-Оноре, протянувшись от Лувра параллельно саду Тюильри, обретала за нынешней площадью Согласия свое загородное, «слободское» достоинство и становилась улицей Фобур-Сент-Оноре. Собственно, поначалу никакой улицы не было, была дорога, ее называли Рульской дорогой, или Рульским шоссе, потому что дорога эта соединяла маленький тогдашний Париж с пригородной деревушкой Руль. Нынешний западный участок улицы, от церкви Сен-Филипп-дю-Руль до нынешней площади Терн (через скрещение с нынешней авеню Ош), был просто деревенской улицей, которая по традиции называлась Большой, или Главной, улицей. Ну а в 1722 году деревня стала предместьем Парижа, слободой, и дорога эта, весьма извилистая из-за безплановой застройки, стала слободской улицей, Фобур-Сент-Оноре (это уже барон Осман включил все эти слободы в черту города, одним махом увеличив диаметр Парижа до десяти километров, как Хрущев — диаметр Москвы до сорока). На Фобур-Сент-Оноре парижская знать строила на протяжении всего XVIII века великолепные дворцы-отели, вроде отелей Шарост, Эвре, Аржансон, Дюрас, а также все эти безумной роскоши дачи, где можно было поодаль от двора и города предаваться веселью, искусству и распутству с друзьями и милыми дамами. Они так и назывались, эти загородные особняки-усадьбы, — «фоли» (*folie*), что означает также «сумасбродство», «безумие», «шалость», «дурачество», «страсть»: не сомневайтесь, что все это имело место на здешних с безумной роскошью и причудами построенных дворцах-дачах (иные, впрочем, утверждают, что первоначально название этих дач шло от слов «лист», «листва», так сказать, дом в зелени, что тоже возможно). Самой знаменитой из них была в этих местах усадьба богача Божона, на остатках которой позднее возникли парк аттракционов братьев Руджиери и «французские горки» (некое подобие того, что в Европе называли «русские горки», а в России — «американские горки»). Остаток одно-

В этом доме на улице Анжу жили три русские красавицы аристократки. Пока их мужья томились в сыром Петербурге, они исцелялись от хандры и легких недомоганий. По всеобщему наблюдению, лучше всего от этих невзгод помогала парижская любовная атмосфера. Писатель Александр Дюма-сын, пережив пылкий роман и разлуку с первой из трех, женился на второй и убедился, что в браке дамы становятся менее романтичны...

го из этих приютов безумства и роскоши купил перед самой смертью транжир и мот Оноре де Бальзак, которому так и не удалось насладиться вожделенной роскошью. Среди наиболее солидных здешних сооружений того времени были конюшни графа д'Артуа, которому и принадлежали близлежащие земли.

Первые кварталы улицы Фобур-Сент-Оноре особенно богаты старинными отелями и особенно густо населены воспоминаниями. Одна из первых перекрестных улиц, улица Анжу, уходит вправо на север — к бульварам Мальзерб и Осман. Улица эта еще в XVI веке была известна, но под именем улицы Морфондю. Здесь в доме № 8, в отеле, построенном Мазеном, обитал некогда Лафайет. Позднее в этом же доме жили три русские красавицы аристократки, разбившие немало французских сердец. Александр Дюма-сын был влюблен сперва в одну из них, потом во вторую. Первая была вынуждена вернуться в Россию, но на второй Дюма женился, о чем мы расскажем чуть дальше. Многие из дворцов, выходящих на улицу Фобур-Сент-Оноре, позднее были перестроены, частично или полностью. Так, бывший отель Марбеф, купленный японским правительством, сохранил фасад, но был перестроен внутри. Дом № 33 одно время занимало русское посольство, а позднее этот дом был куплен бароном Натаниэлем де Ротшильдом. В отеле Шарост (дом № 39) с 1903-го до 1814-го хозяйничала сестра Наполеона Полина

Боргезе, супруга Камиля Боргезе, который до 1814-го был губернатором Пьемонта. В 1814-м, как известно, власть переменилась, и Веллингтон устроил во дворце британское посольство. Оно и поныне там. Великолепный отель барона Понтальба, построенный Висконти, был после смерти хозяина продан барону Эдмону де Ротшильду, который все здание, за исключением крыла, выходящего на улицу, перестроил. В 1948 году отель этот купило правительство США, а богатейшие художественные коллекции барона переместились во французские музеи. Под номерами 55 и 57 числится на улице Фобур-Сент-Оноре знаменитый Елисейский дворец, построенный в 1718 году архитектором Молле для графа Эвре.

Строительство дворца завершил Ж.-М. Александр Ардуен-Мансар, отель был куплен мадам де Помпадур, которая передала его королю Людовику XV, позднее богач Божон выкупил его для Людовика XVI, а тот передал герцогине Бурбонской. Во время Революции тут была размещена типография, в пору Директории устраивали танцы, с 1805-го здесь жил неаполитанский король маршал Мюрат с женой, которая приходилась родною сестрой Наполеону I, живали также императрица Жозефина (еще до своей отставки, понятное дело) и сам император-корсиканец, пока не был изгнан из Парижа в 1814 году.

Вот тогда-то и поселился в Елисейском дворце русский царь-победитель Александр I: это был его звездный час. Красавец победитель дружил с Жозефиной и осыпал благодеяниями ее дочь, голландскую королеву Гортензию, которая не могла не ответить взаимностью этому великодушному рыцарю. Потом Александр отлучился, Наполеон вернулся на сто дней для нового кровопролития, королева Гортензия неблагоразумно афишировала свою поддержку Наполеона, и вернувшийся в Париж Александр больше не хотел о ней слышать. Уезжая, он забыл под подушкой дареный альбом с ее романсами. Альбом продолжал лежать под подушкой и остался, как выражаются нынче, невостребованным. Кстати, в июне 1815 года в Серебряном салоне дворца Наполеон I вынужден был подписать акт отречения от престола. В июле 1815 года русский император снова поселился в Елисейском дворце.

Надо сказать, что за год отсутствия Александра в его жизни произошли существенные перемены. «Ищи женщину», — подскажет француз, и будет не так уж не прав. Впрочем, искать следует не среди блистательных женщин, которыми увлекался император в упомянутый период отсутствия (принцесса Лихтенштейнская, вдова героя княгиня Багратион, Вильгельмина де Саган...).

Внимание наше должно привлечь знакомство с некой баронессой Юлией Крюденер, имевшее место на постоялом дворе в Хейльбронне. Эта немолодая уже вдова русского посла после всех грехов бурной молодости готова была нынче вести за собой грешников к раскаянию. Считают, что это она убедила императора склониться окончательно перед волей Христа, принять на себя роль «белого ангела», побуждающего народы к заключению священного союза и т.д. и т.п. Баронесса приехала в Париж вослед императору, поселилась в доме № 35 на той же улице Фобур-Сент-Оноре (нынче в этом дворце службы британского посольства), и Александр I пешком ходил по вечерам через сад на медитацию и проповеди к этой новой пророчице. На сеансы заглядывали и самые любопытные из французов — Шатобриан, Бенжамен Констан, мадам Рекамье, герцог де ла Тремуай и прочие. Лишь скептик Меттерних удержался от соблазна приобщиться к светской мистике и так объяснял позднее причины своего отказа:

«В то время царь Александр охвачен был мистицизмом. И поверите, когда он проводил вечер у мадам де Крюденер, то после того, как завершалась проповедь этой дамы, ставили четыре прибора — не только для царя, мадам де Крюденер и г. Бергасса, но еще и четвертый — для Христа. Меня пригласили туда однажды на ужин, но я отказался, сказав, что я слишком глубоко верующий для того, чтобы верить, что я достоин занять за столом пятое место, рядом с нашим Господом».

Не надо думать, что духовное перерождение императора было мгновенным и окончательным. Французская полиция, внимательно наблюдавшая за елисейской жизнью русского монарха, оставила для потомства донесение тех дней:

«В целях отдыха император много времени отводит удовольствиям, особенно по части женщин. Часто приходят и новенькие, которые допущены бывают в личные покои. Вчера вот снова граф Потоцкий привел ему одну, очень красивую, которая у него оставалась более полутора часов. Она вышла в состоянии некоторой растрепанности и с румянцем, каковые позволяли без труда судить о том, что происходило во время этой аудиенции. После этого император, который пришел в веселое состояние духа, повелел звать двух барабанщиков своей английской охраны и приказал им играть в саду марши...»

После отъезда императора английская охрана еще долго несла свою службу во дворце — сперва при русском госсекретаре графе Каподистрия, потом при жившем здесь Веллингтоне, под командой у которого было полтораста тысяч союзников. Новый русский император поселился в Елисейском дворце более полувека спустя — в июне 1867 года.

Французов, мало знавших о том, какое великолепное воспитание получали русские наследники престола, поразили спартанские замашки Александра II. «Когда он прибыл в Елисейский дворец, — пишет французская мемуаристка, — ему показали комнату и гигантское ложе, ему предназначенное. Александр рассмеялся, а вечером все с удивлением увидели мужика, который принес и скромненько установил близ императорского ложа железную койку, низкую, совсем простую и жесткую, и шириной, Бог ты мой, не больше восьмидесяти сантиметров». Впрочем, дожив до пятидесяти, император не мог не растерять значительную часть заветов сурового папеньки и благородного своего воспитателя-поэта. К приезду в Париж он вызвал на свидание из ее неаполитанской ссылки свою возлюбленную юную Катю Долгорукую. Со своей улицы Бассэ-дю-Рампар она приходила ко дворцу поздно вечером и проникала внутрь через калитку, что была в решетке на углу улицы Габриэль и авеню Мариньи. Елисейский дворец был свидетелем последней большой любви царя-освободителя.

Позднее в жизни Европы произошли крупные социальные сдвиги, так что в марте 1960 года в Елисейском дворце завтракал и ужинал с генералом де Голлем партийный выдвиженец Никита Хрущев. Два месяца спустя он же громил здесь в своей речи американскую агрессию.

В 1977 году здесь ужинал с президентом Жискар д'Эстеном Леонид Брежнев. В 1985-м и 1989-м в Елисейском дворце проходили пресс-конференции бесконечно знаменитого тогда, а ныне полузабытого Горбачева, который несвязно объяснял публике, что никакого кризиса коммунизма или даже его ослабления нет и в помине, а просто происходит его обновление и укрепление.

Вообще за последнее столетие стенам этого дворца (без сомнения, имеющим уши) пришлось выслушать немало всякой демагогии, ибо с 1873 года дворец стал официальной резиденцией главы Французского государства и в его стенах сменилось два десятка президентов Республики (от Мак-Магона и Греви до Ширака). С 1978 года по золоченым залам дворца стали раз в год (в День культурного наследия) водить экскурсии трудящихся. Первую экскурсию в праздничный день 14 июля 1978 года вел сам президент д'Эстен. С тех пор ежегодно перед дворцом с раннего утра выстраиваются терпеливые очереди любопытствующих, фотографии которых назавтра помещают газеты. О чем думают простые французы, гуляя с детишками среди золоченой лепнины, на фоне которой так демократично позируют весь год фотографам их избранники? Может, они просто солидаризируются с русскими экскурсантами, попадающими в сходные интерьеры («Возглас первый: "Хорошо жили, стервы!" — свидетельствует Маяковский)? А может, думают о том, что власть растлевает человека? Или о том, что добраться до вершины власти может только человек растленный? Во всяком случае, материал для опровержения этих простеньких мыслей жизнь обитателей дворца им бы вряд ли представила.

К тому времени, когда я стал подолгу жить во Франции, во дворце уже поселился (на добрых 14 лет) президент-социалист Миттеран. Французские авторы и энциклопедии сообщали о нем только самое прекрасное. И лишь когда стало ясно, что силы его слабеют и президентом ему больше не быть (примерно за год-два до его смерти), странные стали появляться в статьях и даже книгах подробности из его жизни. Выяснилось, что вообще-то он был не столько участником Сопротивления, сколько поклонником Петена

Фотографии из майского номера русского эмигрантского журнала «Иллюстрированная Россия». Вся Франция была взбудоражена тогда убийством президента. Для русской эмиграции наступили тревожные дни ожидания: убийца оказался русским эмигрантом...

и вишистом, поклонником вермахта и писателей-коллаборационистов. Что окружение его составляли подхалимы, жулики, люди нечистоплотные, иногда даже палачи и коллаборационисты. Об этом до сих пор робкая французская пресса пишет с большой осторожностью (ибо у власти все еще сотрудники Миттерана), однако невозможно было скрыть и то, что правосудие раньше или позже добиралось почти до каждого из его ближайших помощников и любимцев (которые своевременно, обычно накануне первого допроса, «кончали самоубийством», иногда прямо здесь же, под золоченой лепниной Елисейского дворца, — вот где загадка для любителей детектива), что президент был интриган, лжец, многоженец и бабник (а для охраны своей репутации он создал в Елисейском дворце мини-КГБ и группу подслушивания), воображал себя то всесильным монархом, то шекспировским злодеем. Выяснилось заодно, что демократию и свободу прессы в робкой Франции легко подмять под себя человеку ловкому...

Грустно, мальчики... И все же эта малоутешительная экскурсия по раззолоченным елисейским кулуарам не должна приводить нас в полное отчаянье. Как любят повторять французы, демократия была бы худшим из видов правления, если бы другие не были еще хуже. За 14 лет миттерановского пол-

новластия хитрому президенту не удалось все же ни ликвидировать оппозицию, ни покрыть страну сетью лагерей, ни повергнуть ее в оцепенение страха, ни разорить. И Гитлеру, и Ленину, и Сталину, и Мао, и Каддафи хватило на это и половины срока — благодаря антидемократической диктатуре (конечно же, «пролетариата»)...

Наискосок от Елисейского дворца на ту же улицу Фобур-Сент-Оноре выходит аккуратная круглая площадь Бово, а на ней стоит XVIII века дворец графа де Бово, в котором размещается Министерство внутренних дел Франции. В дворцовом дворике почета можно увидеть на стене мемориальную доску в память министра Жоржа Манделя, сотрудника Клемансо. Он был противником позорного перемирия с нацистами в 1940 году, а в 1944-м был убит французской полицией в лесу Фонтенбло.

Следуя по той же улице на запад, можно увидеть по правую руку церковь Сен-Филипп-дю-Руль, построенную в 1784 году. В интерьере церкви — несколько великолепных произведений французской религиозной живописи середины XIX века. В этой церкви отпевали Бальзака, который провел лишь последние месяцы жизни в своем новом доме, стоявшем тут же рядом, на улице, которая носит ныне его имя.

На уровне дома № 190 в сторону авеню Фридланд уходит коротенькая улица Берриер, на которой привлекает внимание по-

строенный в 1878 году и соседствующий с бывшим садом Бальзака дворец Соломона де Ротшильда (отсюда еще можно видеть сохранившуюся от бальзаковской усадьбы часовню Святого Николая). Баронесса де Ротшильд завещала дворец государству, и ныне в нем Национальный центр фотографии. Ротшильдовские коллекции разошлись по музеям (в частности, многое попало в Музей декоративного искусства). Межвоенной русской колонии Парижа, да и многим французам тоже, дворец этот памятен кровавой трагедией, которая разыгралась у его парадного крыльца 6 мая 1932 года. В тот день во дворце проводили очередной благотворительный базар в пользу писателей — участников войны, который открывал президент Франции старенький Поль Думер, потерявший на этой войне четверых сыновей. И вот в разгар церемонии какой-то человек приблизился к президенту и смертельно ранил его выстрелами из пистолета. Назавтра стало известно, что убийцей был русский эмигрант Павел Горгулов, сочинявший под псевдонимом Павел Бред какие-то и впрямь вполне бредовые и бездарные опусы. Русская колония Парижа обмерла от страха и отчаяния. Шел тяжелый кризисный год, и беспаспортным русским приходилось во Франции без работы еще трудней, чем французам, и вдруг такая беда. Что будет? Ждали худшего, ждали любых репрессий. Рассказывают, что в эти дни паники какой-то корнет Дмитриев выбросился из окна, оставив записку: «Умираю за Францию». 78 русских эмигрантских ассоциаций направили письмо президенту Совета, отрекаясь от убийцы, объявляя его чужаком. Общее мнение было, что руку Горгулова (даже если с головой у него было не все в порядке) направляли советские органы, довольно смело тогда орудовавшие в Париже. Такое предположение высказал и президент Чехословакии Масарик. Тайна эта не раскрыта по сей день. В разнообразных статьях и манифестах, которые Горгулов печатал в Париже, содержались обвинения в адрес эмигрантской среды, бездушного века машины, а главное — Франции, которая не спасла Россию от большевизма. Даже если предположить, что вся эта безграмотная горгуловская публицистика была хитрой подготовкой к будущему суду, нетрудно заметить, что похожие обвинения часто слышались в эмигрантской массе. Против этой идейной «горгуловщины» выступил тогда журнал Фондаминского, Степуна и Федотова «Новый град», в передовой статье анализировавший эту навязчивую русскую идею о том, что кто-то всегда должен спасать Россию — спасать от всех политических и экономических бедствий, спасать от войн, от голода, спасать от большевиков, которых она так решительно поддерживала, спасать от нее самой. Авторы видели в этой идее свидетельство безнадежной незрелости и выражали надежду, что, созрев, Россия сама освободится от большевиков, от нищеты, от застарелой ксенофобии, от вечных претензий к Западу, от зависти и ненависти... Авторы статьи были, как видите, оптимисты и люди верующие. Они звали к очищению, к осознанию своего человеческого долга. Когда пробил страшный час новой войны и оккупации, это из окружения Фондаминского (сам он погиб в нацистском лагере), из его «Нового града» и его «Круга» вышли такие русские герои, как мать Мария, как Борис Вильде...

После пересечения улицы Фобур-Сент-Оноре с авеню Ош по правой стороне улицы расположено здание (дом № 252) со знакомой всякому здешнему любителю музыки надписью — Плейель. Ученик Гайдна австрийский композитор Игнаций Плейель поселился в Париже в конце XVIII века, а в 1807 году он основал свое знаменитое предприятие, издававшее музыкальную литературу, а также фортепьянную фабрику, продукция которой прославилась во всем мире. Прославилась и невестка композитора французская пианистка Мари-Фелисите Плейель, подруга и вдохновительница Жерара де Нерваля. Ну а без страниц, которые вписали в жизнь Парижа залы Плейеля, история не только французской, но и русской эмигрантской культуры была бы намного беднее. Скажем, в зале Дебюсси-Плейель в конце 20-х годов проходили литературные дискуссии русской «Зеленой лампы», Георгий Адамович рассказывал о Тютчеве, Зинаида Гиппиус — о Блоке, Георгий Иванов — о Пушкине, Мережковский — о Лермонтове, Оцуп — о Некрасове. Год спустя в том же зале слушали выступления Георгия Иванова, Бунина, Тэффи, Зайцева... Бунин читал после войны по возвращении из Граца свои новые рассказы.

В зале Плейель Стравинский открыл сезон 1928 года «Весной священной». В 1933 году Рахманинов играл на большом благотворительном концерте, посвященном его 60-летию и 40-летию его музыкальной деятельности. Весной 1937-го в фойе зала открылась выставка, посвященная 100-летию со дня смерти Пушкина.

Впрочем, в том же зале иногда разыгрывали и представления по пьесам, написанным в Москве. Так, в 1949 году в зале этом проходил Конгресс защитников мира. Известный французский ученый и друг советского атомного шпионажа, как его представил недавно миру генерал Судоплатов, Фредерик Жолио-Кюри сообщил собравшимся, что буржуазия рвется по следам Деникина, Врангеля и Гитлера к советским рубежам. Выступили в те дни, конечно, и лица столь независимые и бескорыстные, как Эренбург, Фадеев и митрополит Николай. Позднее, разобравшись в происходившем, один из чешских диссидентов написал удивленно: «Истинным организатором конгресса была Москва. Вероятно, каждый десятый из присутствующих не знал все же, что его используют как агента воинственного коммунистического интернационала и вооруженных до зубов евроазиатских армий». Может, один из десяти не знал чего-либо (потому что не желал знать), но уж Эренбург-то с Фадеевым наверняка знали, кто заказывает и оплачивает это хоровое пение в зале Плейель.

Впрочем, в более мягкие времена здесь звучала и вполне беспартийная музыка. В 1980-м Святослав Рихтер давал здесь концерт

(сонаты Бетховена) в пользу Тургеневского музея в Буживале. В 1986-м Мстислав Ростропович дирижировал оркестром, исполнявшим оперу Прокофьева «Война и мир». Две недели спустя, сменив дирижерскую палочку на виолончель, Ростропович исполнял здесь прокофьевскую Концертную симфонию для виолончели и оркестра...

Напротив Плейеля, в доме № 217 (вход со двора) размещается редакция парижской газеты «Русская мысль». С начала оккупации Парижа в 1940-м в городе закрыты были все русские газеты. Сразу после войны открылись просоветские, контролируемые Москвой и разведкой (их было даже три). Поскольку других русских газет не издавалось и другой литературной работы найти было негде, многие эмигрантские литераторы пошли в них работать. К тому же иные из них считали себя тогда «советскими патриотами» и сквозь пальцы смотрели на пропагандистский надрыв этих газет и скудость информации в них. А весной 1947 года открылась антикоммунистическая «Русская мысль» (редакторами ее были Лазаревский, Водов, Шаховская, Иловайская). Конечно, она, как любая газета, тоже не была совершенно независимой, но ей было выгоднее писать правду о русской жизни, чем просоветским газетам. Одной из корреспонденток газеты была в те годы Нина Берберова, освещавшая в 1949 году знаменитый «процесс Кравченко». В газете работал Борис Зайцев...

Если, миновав Плейель, свернуть направо за угол на улицу Дарю (бывшую в старину улицей Рульского Креста), то попадешь в настоящий русский заповедник Парижа. Под номером 12 числится парижский кафедральный собор Святого Александра Невского. Сбор средств на его постройку был начат по инициативе отца Иосифа Васильева еще в 1856 году, освящение же собора состоялось осенью 1861 года. Пятиглавый собор, имеющий форму креста, построен по проекту проф. Кузьмина (строительством руководил архитектор И. Штром) в стиле, который называют и византийским, и русско-византийским, и даже византийско-московским. Золотые купола поднимают к парижскому небу свои кресты, точно пламя свечей, возженных во славу Божию (хотя иные предпочитают называть эти купола «луковицами»). Большой купол вздымается на высоту 48 метров. Фрески и стенопись выполнены Евграфом Сорокиным. Приведенный в храм Репиным в 1873 году художник Поленов восхищался религиозными картинами художника Боголюбова в абсиде («Проповедь Христа на Тивериадском озере» и «Христос, идущий по водам»). В крипте собора установлен иконостас из былой

Фобур-Сент-Оноре

русской посольской церкви на рю Берри, а стенопись выполнена Альбертом и Маргаритой Бенуа.

За свои почти полтора века существования собор успел повидать в своих стенах многое — рождения и смерти, слезы радости и горя, раскаяние и умиление...

7 июня 1867 года, чудом избежав гибели от пули террориста в Булонском лесу, император Александр II отстоял здесь благодарственный молебен в присутствии французского императора Наполеона III, императрицы Евгении и прусского короля. В порыве чувств сыновья Александра бросились тут же, в храме, в объятия отца. Император принес в дар храму икону Вознесения (она и нынче на колонне, слева от алтаря).

А четырнадцать лет спустя Александр II был убит в Петербурге террористами, и Тургенев отстоял 21 марта поминальную

Русский кафедральный собор Святого Александра Невского, что находится в сердце парижской маленькой России, пережил годы эмигрантского религиозного ренессанса и проводил за столетие в последний путь дорогих русскому сердцу прихожан...

службу в соборе, чтобы его революционным друзьям было ясно, что русскому писателю не по пути с террором. Однако два года спустя на панихиде самого Тургенева в том же соборе нигилисты во главе с Лавровым все же возложили венок на гроб своего благородного друга.

В октябре 1896 года в храме молились император Николай II и императрица Александра Федоровна. В 1908 году здесь отпевали великого князя Алексея Александровича, прежде чем поезд увез гроб в Петербург с парижского Северного вокзала.

Видел собор и счастливые лица, слышал венчальные клятвы. В 1915 году здесь венчались замечательные русские актеры Людмила и Георгий Питоевы, в 1918-м Пабло Пикассо обвенчался здесь с русской балериной Ольгой Хохловой (шаферами жениха были его прославленные ныне друзья Гийом Аполлинер, Жан Кокто и Макс Жакоб).

В 1922 году на рю Дарю надолго водворился замечательный пастырь митрополит Евлогий. Эмиграция переживала тогда истинный ренессанс православной веры, и по праздничным дням даже и во дворе собора яблоку было негде упасть. После службы многие прихожане, а иные и во время нее, надолго задерживались в окружавших собор русских кафе и ресторанах, обсуждали новости («Говорят, к весне большевиков прогонят, осталось продержаться еще одну зиму...»), жаловались на тяготы жизни... В округе и нынче еще несколько русских ресторанов и русский книжный магазин Сияльских...

Александро-Невский собор провожал в последний путь многих русских изгнанников XX века. В 1938 году в соборе отпевали Федора Шаляпина, в 1943-м — великого князя Бориса Владимировича, в 1944-м — художника Василия Кандинского, в 1953-м — Ивана Бунина, в 1955-м — великого князя Гавриила Константиновича, в 1956-м — великого князя Андрея Владимировича (мужа М. Ф. Кшесинской), в 1986-м — Сергея Лифаря, в 1987-м — писателя Виктора Некрасова и кинорежиссера Андрея Тарковского. Вдова В. Высоцкого французская актриса Марина Влади вспоминала эти последние похороны:

«Были все друзья. Мстислав Ростропович, сидя на верхней ступеньке на паперти кафедрального собора на рю Дарю, излил свое и наше всеобщее горе в рвущихся из самой души горестных звуках виолончели».

На похоронах этих говорил писатель Владимир Максимов. Несколько лет спустя и его отпели в соборе на рю Дарю... Мне довелось быть тут и на других панихидах. Отпевали юного сына моего переводчика, погибшего от «овердоза». Боже, как многолико горе даже в прекрасной, мирной стране...

В последний раз стояли мы здесь в ночь на Рождество 2000 года. Молили Господа, чтобы век XXI был не так жесток к нашей родине, как роковой XX...

ВОКРУГ МАДЛЕН

Двинувшись к северу по Королевской улице (рю Руайяль) от площади, некогда тоже Королевской, а после того, как она стала площадью цареубийства, названной площадью Согласия (плас де ла Конкорд), мы очень скоро выйдем на площадь Мадлен, то бишь площадь Магдалины. Церковь Святой Марии Магдалины, которую парижане называют попросту Ла Мадлен, является одним из самых знаменитых сооружений города. Знаменитое — это еще не значит выдающееся, да вы уже и без подсказок, наверное, заметили, что самыми знаменитыми в Париже далеко не всегда являются истинные шедевры высокого и древнего искусства. Что же до церкви Святой Марии Магдалины, то она выделяется не только своими внушительными размерами (108 метров в длину, 43 — в ширину и 30 — в высоту, вдобавок полсотни колонн коринфского ордера), не только странностью своего вида (по виду языческий, античный храм, какой-нибудь храм Посейдона, ни тебе креста, ни купола, точно и не крестили еще галлов святители), не только исключительностью своего положения (в перспективе видны рю Руайяль и площадь Согласия), но и превратностями своей судьбы, несколько сближающими ее в этом плане с несостоявшимся храмом Святой Женевьевы, нынешним Пантеоном, ее ровесником. Последнее объясняется и тем, что храм Святой Марии Магдалины еще не был достроен, когда грянули во Франции «мгновенья роковые» истории, которые так жаждал пережить наш Федор Иванович Тютчев, не знавший на своем веку ни революций, ни войн, ни коллективизации, ни «чисток», ни даже «приватизации».

Первый камень этого храма, спроектированного Пьером Контан д'Иври, на месте бывших епископских владений, заложили в 1764 году. После смерти архитектора план был изменен Гийомом Кутюром, но тут пришла революция, и зданию стали придумывать новое назначение — разместить ли в нем Народное собрание, или биржу, или библиотеку... Наполеон решил, что это будет храм славы, и повелел Бартелеми Виньону завершить постройку. В пору Реставрации решили, что странное это здание останется все-таки католическим храмом, и тогда в украшении его приняли участие такие видные мастера, как скульпторы Франсуа Рюд, Прадье, Бари, Бозио, мозаичник Ламер. В храме был установлен орган одного из величайших органных мастеров Франции Кавайе-Коля. Храм был освящен в 1845 году. В нем и ныне совершаются пышные богослужения и престижные брачные церемонии. Он поражает своим объ-

*Неоклассический храм Марии Магдалины.
Для парижан попросту Ла Мадлен.*

емом и тем величественным видом, который открывается со ступеней его воистину голливудской лестницы на площадь Согласия и на Бурбонский дворец.

Мало-помалу застроились и площадь вокруг церкви Ла Мадлен, и весь квартал — короче, застроена была вся территория бывшего епископского городка.

У восточной стены храма еще в начале 30-х годов прошлого века возник цветочный рынок, на северо-запад, к бульвару Осман, ушел бульвар Мальзерб, к северо-востоку, в сторону Оперы, — бульвар Мадлен, а между ними, к северу, — улица Тронше, носящая имя адвоката, защищавшего на судебном процессе несчастного Людовика XVI, память о котором все еще хранят в этом квартале. К западу от храма построен был один из самых известных торговых пассажей правого берега (их ведь тут множество). На углу бульвара Мальзерб знаменитым Шарпантье был построен большой дом, украшенный скульптурами Клагманна. В этом доме прошло детство Марселя Пруста. На первом этаже в помещении старинного ресторана Картона сохраняется и ныне интерьер с резьбой по дереву. В доме напротив восточной стены храма было агентство Кука и знаменитый ресторан Дюрана, а на углу бульвара Мадлен — знаменитый старый магазин «Три квартала», куда еще, бывало, бегала за покупками жившая тут же, на бульваре Мадлен, Мари-Альфонсин Дюплесси, послужившая прототипом для «Дамы с камелиями». Наискосок от ее квартиры в доме № 32 был салон самой что ни на есть мадам Рекамье.

Вокруг Мадлен

Но наиболее живописные магазины размещаются, конечно, и нынче на северной стороне площади Мадлен. Это, выражаясь по-российски, продмаги. Но, Боже милостивый, что там за продмаги, на этой площади Мадлен, если даже обитателей этого города, где продовольственная проблема давно решена, они приводят в небывалое возбуждение, особенно под праздник, скажем под Рождество! В такие дни на площади за собором терпеливо дремлют дорогие автомобили, а владельцы их локтями прокладывают себе путь к прилавку в магазине Фошона (20 000 видов продукции, все фрукты подлунного мира — и какого качества! А цены какие, кошмар!) или в гастрономе Едияра (варенье, пирожные, а также вишни и клубника — в конце декабря). Лучшие трюфели здесь можно купить в Доме трюфелей и там же — знаменитые соленья Роделя; в магазине «Маркиза де Севинье» — знаменитейшие сорта шоколада; лучшие сыры у Крепе-Брюссоля; ну и конечно, икра в магазине «Икра Каспия» (тут, слышал я, чуть дешевле, чем у Фошона, но все равно дух захватывает от этих цен). Вот тут «приличные люди» и покупают рождественский подарок для любимых — изящно упакованная корзина с яствами за 5–6 тысяч долларов или бутылочка «шато-икем» за тысячу. Но, может, это все же не слишком приличные люди, те, кто швыряется тут деньгами: ведь снаружи-то стоит как-никак очередь в благотворительный «ресторан сердца» за тарелкой бесплатного супа, а люди из Фошона... неизвестно еще, подадут ли они пятак бедному, как требуют «приличия»...

Впрочем, оторвемся от этих сказочной красоты витрин, вспомним, что мы уже обедали нынче и просто глаза жаднее брюха, так что прогуляемся по округе, для начала по улице Тронше, где жили Альфред де Мюссе и Шопен, мимо дворца Пурталес (в салоне у Мелани Пурталес бывал Проспер Мериме), специально построенного Дюбаном для знаменитого коллекционера, развесившего на этих стенах своих Гольбейнов, своего Гвидо Рени, Мурильо, Давида... Собственно, Мюссе вряд ли постоянно обитал на рю Тронше, но он снимал в доме № 9 две комнаты на антресолях, чтобы принимать там возлюбленную — Эме д'Альтон. (Ах, эти старые письма, в которых оживают былые романы: «...Моя милая нимфа, не придешь ли ты на улицу Тронше, что за Мадлен? Я нашел в доме 9 две комнаты на антресолях... Совсем новенькие... Люблю».) С улицы Тронше мы выйдем на улицу Матюрен, где еще в XIX веке любили селиться литераторы, где жила, в частности, мадам де Сталь (Шатобриан и мадам Рекамье обедали у нее в мае 1817 года, за два месяца до смерти хозяйки). Здесь расположен и театр «Матюрен», построенный знаменитым актером Люсьеном Гитри. Не менее знаменитым актером и драматургом был его сын Саша, родившийся в Санкт-Петербурге. На стене этого дома — две мемориальных доски с датами смерти Георгия и Людмилы Питоевых, замечательных актеров русского происхождения, чьим талантом восхищался Париж в двадцатые и тридцатые годы минувшего века.

С улицы Матюрен можно увидеть сонный скверик, разбитый на месте былого епископского кладбища, а на нем — часовню Искупления, построенную Фонтеном по велению короля Людовика XVIII в память о казненных Людовике XVI и Марии-Антуанетте. Здесь похоронено немало людей, казненных во время Великой революции, в том числе король и королева, мадам дю Барри, Шарлотта Корде, Камиль Демулен, Дантон, Фабр, Лавуазье, Барнав... Алтарь часовни приходится как раз на то место, где были захоронены король и королева. В январе 1815 года их тела были перенесены в собор Сен-Дени, где покоятся чуть не все французские короли, а в здешней часовне можно увидеть памятники Шарлотте Корде и герцогу Филиппу Орлеанскому. Мраморные группы в часовне (дар герцогини Ангулемской, дочери Людовика XVI) представляют короля (работа скульптора Бозио) и королеву (скульптура работы Корто). На пьедестале памятника Марии-Антуанетте — текст прекрасного письма, написанного королевой в день ее казни 16 октября 1793 года...

Гул недалекого бульвара Осман не в силах нарушить покой этого крошечного скверика, стынущего от неизбывной печали и ужаса перед жестокостью всех революций, какие бы пышные эпитеты ни прицепляли к ним беспечные и бездумные потомки...

К сведению любителей старины и искусств, самая элегантная общественная уборная Парижа (в стиле «ар нуво», растительный орнамент, керамика, узорные стекла на дверях кабин, и каждому — свой умывальник) находится на площади Мадлен (милости просим с половины десятого утра до без четверти семь, время парижское).

Надо сказать, что, оказавшись после октябрьского путча в парижском изгнании, самые предприимчивые из русских активно обживали эти места. На рю Руайяль в доме № 14 находился русский дом моды «Итеб» (как, впрочем, и в доме № 19 на соседней рю Дюфо, где разместился знаменитый юсуповский дом моды «Ирфе»). На Мадлен в ресторане «Экинокс» играл оркестр гениального русского армянина-балалаечника Карпа Тер-Абрамова. Он был из семьи бакинских нефтепромышленников, скитался по Константинополю и Берлину, пока лихой земляк Леон Манташев не вызвал его в Париж, где великий князь Дмитрий Павлович (любовник Коко Шанель), услышав, как играет этот истинно русский армянин, подарил ему свою бесценную великокняжескую балалайку, с которой раньше не разлучался. Об исполнительском мастерстве Карпа Тер-Абрамова (а играл он всюду, в том числе и в своем послевоенном «Карпуше» близ Мадлен) с восторгом отзывались дневные и ночные гости — Гречанинов и Герберт фон Караян, Хейфец, Мария Каллас, Ив Монтан, Шагал, Эдит Пиаф, Жорж Помпиду, де Голль, Брижит Бардо...

На улице Комартен, что тянется к северу параллельно улице Тронше, в «Большом Московском Эрмитаже» пели замечательные русские певцы — Надежда Плевицкая и Юрий Морфесси, а также гениальный наш, уникальный Александр Вертинский.

— Плевицкая была агентом ГПУ, из самых мерзких... — сказал я однажды в Москве моему доброму знакомому, большому знатоку истории эмиграции. — А как остальные?

— Может, все трое были агенты, — отозвался он с безнадежностью, и тут я вдруг с ужасом понял, что даже если этот непотопляемый, лукавый Вертинский окажется «тоже» (почему бы и нет, строчил же он «нужные» статейки в гэпэушную шанхайскую газетенку)... тоже окажется, как многие и многие в той злосчастной эмиграции... в общем, даже тогда моя любовь к нему останется неизменной, потому что ведь и сейчас, на закате моих дней, усталый клоун все машет картонным мечом в моих видениях и памяти, и лиловый негр подает ей манто в притонах Сан-Франциско, и чужая плещется вода, и чужая светится звезда... Потому что даже увиденный мною настоящий, реальный, уныло-промтоварный Сингапур и настоящий, без притонов, унылый Сан-Франциско не потеснили в моей душе те чудные города, что принес нам, русским мальчишкам, Вертинский в нищую Москву 1944 года...

ОТ МАДЛЕН И БУЛЬВАРОВ ПО СЛЕДАМ АЛЕКСАНДРА ДЮМА-СЫНА

Знаменитый автор «Дамы с камелиями» драматург Александр Дюма был сыном другого, еще более знаменитого романиста и драматурга — Александра Дюма, чье имя стоит на обложке «Трех мушкетеров» и «Графа Монте-Кристо». Когда младший стал писателем, он стал подписывать свои произведения «Александр Дюма-сын». Ну а старшему пришлось прибавлять к своему имени «отец», что ему очень не нравилось, ибо он до самой смерти был бодр, молод духом и волочился за хорошенькими актрисами. Карьеру свою в Париже Дюма-отец, этот жизнерадостный гигант, сын генерала и внук черной рабыни из Сан-Доминго, начинал писцом в канцелярии герцога Орлеанского, где ему положили скромный стофранковый оклад. Так что и жилье он снял себе скромное — комнатку в доме № 1 на тогдашней Итальянской площади близ тогдашнего Театра итальянской комедии в двух шагах от бульвара Итальянцев (теперь это площадь Буальдье, а театр называется «Опера-Комик»).

Близ театра и близ Больших бульваров, нашпигованных тогда театрами, будущий драматург поселился не случайно, ибо и собственная театральная слава его была не за горами, но пока — а мы с вами в начале 20-х годов XIX века — он еще переписывал своим красивым почерком бумаги в канцелярии герцога, усердно посещал театральные представления, а по свободным дням водил в Медонский лес и в кабачки Буживаля молодую соседку-белошвейку Катрин Лабе. Она была постарше его на несколько лет, но была она беленькая, пухленькая, соблазнительная, и в результате этих лесных прогулок, нередко заводивших парочку в уютные и укромные, хотя и несколько темноватые, гроты, 24 июля 1824 года у Катрин родился мальчик, которого назвали Александром, как отца. Он был беленький и в отличие от отца нисколько не походил на свою черную прабабушку. Молодой писец и генеральский сын Александр Дюма не спешил жениться на белошвейке, несмотря на рождение внебрачного сына, а в первые лет восемь не соглашался и признать ребенка своим сыном. Он снял Катрин маленький домик в Пасси, где и рос его сын.

Итак, младший Александр был незаконнорожденным сыном, мальчишки дразнили его в школе, и судьба брошенных или обманутых девушек и незаконнорожденных детей стала позднее самой близкой темой для этого писателя-моралиста. Впрочем, пока еще ему было не до морали. Он вырос большим и плечистым, как отец, которого, провоевав с ним, как и положено, все детство, он очень любил. И, несмотря на сочувствие к брошенным белошвейкам и внебрачным детям, сам он был вовсе не чужд светской жизни и не таких уж безобидных молодых удовольствий. Вдобавок он очень любил театр, мечтал стать писателем и драматургом (кто ж из писательских сыновей избежал этого соблазна?), так что жизнь его протекала теперь на том же плацдарме правобережного Парижа, что и жизнь его отца: Мадлен, Опера, Большие бульвары, кафе «Англе», «Кафе де Пари» (денег для него щедрый и беспечный отец никогда не жалел). Впрочем, и на этом общем семейном плацдарме правого берега сыну суждено было если не открыть, то сделать знаменитыми — и увековечить — свои собственные, сыновние парижские адреса.

Однажды летним вечером (ему было в ту пору двадцать лет) он встретил светского повесу приятеля, сына знаменитой актрисы, и они отправились вместе в театр «Варьете». И вот там (запомните этот адрес — бульвар Монмартр, 22) среди женщин, сидевших на авансцене (а там размещались обычно блиставшие юной красой и туалетами дамы полусвета, дорогие содержанки), — там и увидел впервые молодой Дюма

В этом доме когда-то поселился молодой Александр Дюма, в то время лишь начавший завоевание театральных бульваров. Отдыхая от литературных и прочих трудов, он водил на прогулки миловидную соседку-белошвейку. Прогулки оказались плодотворными: в 1824 году белошвейка родила красавчика сына. Сын пошел по следам отца: любил женщин и много писал. Позднее его так и звали «Дюма-сын». А еще полному сил папаше пришлось подписывать свои произведения «Дюма-отец».

знаменитую Мари Дюплесси (настоящее имя ее было Альфонсин, но оно ей отчего-то не нравилось). В то время она была на содержании у бывшего русского посла старого графа Штакельберга, который поселил ее в доме № 11 на бульваре Мадлен, подарил ей пару чистокровных лошадей и двухместную голубую карету. Ее роскошно обставленная квартирка была забита цветами, букетами цветов, корзинами цветов, всяких цветов. Правда, она боялась роз, от запаха которых у нее кружилась голова, и больше всего любила цветы без запаха — прекрасные камелии. Любила она и дорогие украшения, и шампанское, и театры: прожигая молодую жизнь и губя себя, она тратила многие десятки тысяч франков. Она привыкла к мотовству и удовольствиям, а продать ей, кроме собственной красоты и молодости, было нечего — и она продавала себя. Была она странной, взбалмошной, трагически красивой, неодолимо соблазнительной.

Молодой Дюма влюбился, конечно, и, как чувствительный молодой литератор и моралист, стал видеть в ней не только желанную женщину, но и жертву, искать в ней (и находить) прекрасную человеческую душу, был полон не только любви к ней, но и бесконечного сочувствия. Он стал ее возлюбленным, может, на какое-то время даже единственным, но спасти ее он не смог, да и не отважился бы на такой подвиг. Он уехал с отцом в Испанию, в Алжир, а вернувшись (на дворе стоял 1847 год), узнал о ее смерти от чахотки и попал на распродажу ее вещей в той самой знакомой ему квартирке в доме № 11 на бульваре Мадлен. Он купил на распродаже ее золотую цепочку, писатель Эжен Сю купил ее молитвенник, парижская публика была в восторге от этого душераздирающего зрелища, и только грубый, хотя тоже весьма чувствительный, англосакс, писатель Чарлз Диккенс, тоже попавший на эту распродажу, никак не мог понять этой «симпатии и трогательного сочувствия к судьбе девки».

Смерть Мари потрясла молодого Дюма, он прославил ее в образе «дамы с камелиями», прекрасной Маргариты Готье, прославил и дом ее, и магазин моды, где она делала роскошные покупки, и ее любимую цветочную лавку (все тут же, у дома № 11). Ну а его роман и его пьеса, героиней которых стала бедная красавица Мари, прославили Дюма-сына, сделали его знаменитым писателем. К тому времени, когда ему открылся еще один уголок Парижа, этому высокому плечистому красавцу со светло-голубыми глазами, человеку, заставившему весь Париж плакать над судьбой заблудших созданий, этих бедных богатых содержанок, было всего двадцать пять.

Именно в эту пору он попал в дом № 8 на улице Анжу, которая выходит на улицу Фобур-Сент-Оноре у самого ее начала, тоже не слишком далеко от площади Мадлен и церкви Мадлен. Здесь часто собирались три подруги, три русские аристократки. Конечно же, они были богатые, конечно же, они были красивые, изысканные, тонкие, взбалмошные, безумные, говорившие на многих языках. Хозяйка дома Мария Калергис давно разошлась со своим мужем-греком, а Лидия Закревская, бывшая замужем за сыном знаменитого русского министра графа Карла Нессельроде, старалась не слишком часто видеть мужа и лечила слабые нервы на курортах Европы. Понятно, что лучшим местом для лечения нервов считался среди одиноких дам город любви Париж. Лидия, утонченная аристократка в безумно дорогих парижских платьях с драгоценностями и со знаменитой своей семиметровой ниткой жемчуга, вскружила голову молодому писателю и первой бросилась ему на шею. Через год ее муж Дмитрий Нессельроде увез Лидию из Парижа, и молодой Дюма следовал за супругами через всю Европу, до самой русской границы, которая оказалась на замке. Любовь эта разбила ему сердце, но позволила написать «Даму с жемчугами».

В 1852 году подруга Лидии, третья славянская красавица с улицы Анжу, зеленоглазая двадцатишестилетняя княгиня Надежда Нарышкина, в девичестве Кнорринг, принесла ему весть о том, что Лидия к нему не вернется. И он, конечно, с неизбежностью влюбился в Надежду, долгое время они были любовниками и даже подарили миру полурусское дитя — все это еще до того, как умер князь Нарышкин и Дюма-сын смог наконец сочетаться браком с Надеждой. Но еще и до смерти старого мужа Дюма-сын (в своих произведениях, как легко догадаться, весьма сурово обличавший внебрачные связи) успел вырастить дочь Надежды Ольгу (ее в отличие от матери, которую он звал «Великороссия», он нежно называл «Малороссия») и успел немало натерпеться от нелегкого характера зеленоглазой княгини, ну и, конечно, много понаписать всякого об этих загадочных русских женщинах, «обладающих особой тонкостью и особой интуицией, которыми они обязаны своей двойственной природе — азиаток и европеянок, своему космополитическому любопытству и своей привычке к лени», об этих «эксцентрических существах, которые говорят на всех языках... охотятся на медведей, питаются одними конфетами, смеются в лицо мужчине, не умеющему подчинить их себе», об этих «самках с низким певучим голосом, суеверных и недоверчивых, нежных и жестоких»...

Дюма-сын жил в те годы в роскошно обставленном особняке на авеню Вильер (ныне там дом № 98), а неподалеку, по другую сторону бывшей площади Мальзерб (сейчас площадь Генерала Катру), жил его отец. Позднее памятники отцу и сыну сошлись на этой площади. Дюма-сын умер в 1895 году. В завещании своем он выражал желание быть похороненным на Пер-Лашез, но в конце концов похоронен он был на Монмартрском кладбище, и только позднее кто-то из тех, кто, подобно мне, любит бродить по кладбищам, обнаружил, что по странной прихоти судьбы похоронен он был в двух шагах от могилы Мари Дюплесси, прелестной, трагической «дамы с камелиями», которую он обессмертил под именем Маргариты Готье.

ВАНДОМСКАЯ ПЛОЩАДЬ

Е**сли, возвращаясь в сторону площади Отель-де-Виль по улице Риволи, вы свернете влево по рю Кастильоне (**rue Castiglione**), даже не заглянув в знаменитую английскую книжную лавку (а жаль!), то вы вскоре попадете на Вандомскую площадь...

Прославленную венецианскую площадь Сан-Марко прозвали когда-то «самым красивым бальным залом Европы». В Париже тоже есть такой зал — прекрасный, просторный и праздничный бальный зал. Он называется Вандомская площадь. И это не просто метафора — здесь, прямо на площади, замкнутой кольцом праздничных фасадов Жюля Ардуэна Мансара, давали некогда пышные, головокружительные балы и маскарады.

Впрочем, начнем по порядку, *ab ovo*... В 1686 году королевский надзиратель строений (всех постов и заслуг этого придворного нам не перечислить, и мы назвали лишь тот, что сейчас к месту) маркиз де Лувуа представил его величеству королю Людовику XIV проект, предусматривающий сооружение в любезном его величеству Париже особой площади, долженствующей разместить статую, изображающую его величество восседающим на коне, — другими словами, конную статую его величества. Если чуткий слушатель уловил в нашей фразе хоть малую толику горькой иронии, то виной здесь, вероятно, лишь горькая судьба этой прекрасной площади, в

Вот он, бальный хоровод дворцов с многострадальною колонной, на которую снова взобрался «маленький большой человек», но уже без рогов...

который уж раз нам напомнившая о тщете людского величия — о суете сует. На месте, выбранном для новой квадратной площади, стоял некогда дворец сына Генриха IV герцога Вандомского (отсюда и нынешнее название площади). По замыслу короля, великодушно подписавшего декрет о сооружении площади в его честь, она должна была носить название площадь Завоеваний. Работы начались споро, но вскоре были заброшены по причине отставки и последовавшей за нею смерти вдохновителя этого проекта славного маркиза де Лувуа (впавшего перед смертью в немилость, однако все же успевшего оставить по себе память не только украшением столицы, но и преследованиями протестантов и прочим). Устройство площади возобновилось через десяток лет, но уже по новому проекту Мансара, согласно которому площадь имела

На Вандомской площади, как и в других живописных уголках Парижа, часто устраивают выставки скульптуры на свежем воздухе. Манерный Сальвадор Дали как нельзя лучше вписался в «бальный» пейзаж площади...

восьмиугольные очертания, ибо две ее стороны открылись для двух новых улиц, одна из которых вела к храму аббатства капуцинов (проект Франсуа д'Орбэ), а другая — к улице Сент-Оноре и воротам монастыря фейянов (членов старинного религиозного ордена, отделившегося от бенедиктинцев и просуществовавшего лет триста, до самой Революции).

О том, как застраивалась эта прекрасная восьмиугольная площадь, этот бальный зал Парижа, я скажу чуть позже, а пока еще два слова об упомянутых выше тщетных усилиях славы и суете сует. Как нетрудно угадать, поначалу на площади (Его) Завоеваний на внушительной колонне утвердился сам король Людовик XIV в огромном парике, однако позднее пришла революция, и короля скинули. Вскоре на месте короля разместился новый монарх, на сей раз император-выскочка Наполеон Бонапарт, который велел отлить колонну из захваченных им при Аустерлице (про небо над Аустерлицем сами перечитаете в свободную минуту у Толстого) австрийских и русских пушек, а на колонне для умножения славы наиболее глубоко почитаемого им человека (этим человеком, как вы догадались, был он сам, великий и ненаглядный) установить его собственную фигуру, но в виде Цезаря. После не задержавшегося в пути падения узурпатора статую эту, понятное дело, сбили с пьедестала (правда, сам пьедестал с его девятиметровой глубины фундаментом сбить оказалось трудней).

Во времена Реставрации на колонне укрепили королевский белый флаг, а потом и огромных размеров королевскую лилию, ибо и площадь тогда сделалась площадью Людовика Великого. Ну а в конце концов, из соображений политической выгоды, на вершину колонны был снова поставлен Наполеон, однако на сей раз отчего-то в двурогом шлеме. Позднее кто-то из французских начальников усмотрел в рогатости императора намек на легкомысленное поведение Жозефины Богарне, и рога были устранены, а безрогому Бонапарту сделали приличную буржуазную прическу. Однако и это еще был не конец (конца всем глупостям, может, и не предвидится). Во время Коммуны горячие головы, говорят, подстрекаемые к этому живописцем Гюставом Курбе, сбили императора с нерушимой колонны. С Коммуной, как известно, было покончено быстро, решительно и жестоко. Художника Гюстава Курбе обвинили (иные говорят, что напрасно) в подстрекательстве к повреждению художественного памятника и заставили платить за ремонт, что он и делал, пылкий бедняга-художник, до конца своей жизни. Этого конца ему пришлось ждать в изгнании, впрочем не слишком далеко от французских пределов.

Сдается, что и эта многоактная драма, то ли смешная, то ли просто грустная, ничему не научит человечество, пропускающее мимо ушей все уроки истории. Даже тому, что дешевле все же не ломать и самые посредственные творения скульпторов с каждой переменой власти. Ведь если б стоял по сию пору на Лубянской площади монумент кровавого Феликса, то, может, и самые забывчивые из моих земляков-москвичей не забыли б так быстро впечатляющие подвиги коммунистической власти и ее высочайшего творения — органов госбезопасности...

Пора, впрочем, вернуться на площадь, которая, несмотря на пигмейскую возню вокруг колонны (в которой — и русские пушки), оставалась прекрасной. Конечно, Французская революция не прошла мимо двух прилегающих к площади монастырей — и тот и другой были разрушены, а на их месте проложены улица Кастильоне и улица Мира, но в целом площадь сохранила свой облик и по-прежнему окружена была великолепными фасадами Мансара. Участки, прилегающие к ним сзади, раскуплены были в первые два десятилетия XVIII века крупнейшими финансистами эпохи вроде Пенотье, Ло и Кроза. Архитекторы Пьер Буле, Бофран и Буле де Шамблен построили здесь для них великолепные дворцы. Недаром же шутили в Париже, что если Генрих IV вступает на Пон-Нёф в толпе своих подданных, Людовик XIII — на плас Руайяль (нынешнюю площадь Вогезов) в толпе своей знати, то Людовик XIV вступает на площадь Завоеваний (нынешнюю Вандомскую) в толпе своих финансистов. Вслед за кварталом Маре и площадью Вогезов Вандомская площадь становится обиталищем самой шикарной публики. Многие из тогдашних дворцов стоят еще и поныне.

Скажем, под номером 23 стоит, как в былые времена, отель Монбретон, в котором жил богатый банкир, убитый в 1720 году, после краха его банка. В доме № 19 жил богатейший господин Антуан Кроз, у которого в новом дворце, скрытом за старым фасадом Мансара, развешаны были его великолепные коллекции полотен (со стороны двора дома покрыты пилястрами и медальонами). Крозу, кстати, принадлежал и дом № 17. А в доме № 15 размещается ныне прославленный отель «Риц», основанный в 1898 году Сезаром Рицем. Здесь постоянно жила Коко Шанель, здесь останавливались все знаменитости, какие вам только придут в голову, у стойки отельного бара любили опохмеляться Хемингуэй и Скотт Фицджеральд... В интерьере отеля еще целы кое-какие старинные росписи, скажем, цел знаменитый салон, расписанный арабесками XVIII века. На фасаде дома № 13 (бывшего дворца Люилье) можно и ныне увидеть мраморный метр, установленный здесь в 1795 году с единственной целью — приучить парижан к новой, метрической системе мер.

Дом № 9 и дом № 11 были построены Мансаром. В доме № 26, принадлежавшем ювелиру Бушерону (ювелиры и ныне тут в немалом числе), жила итальянская аристократка-красавица Кастильоне. Это через нее действовал Кавур, склоняя Наполеона III к объединению Италии. Позднее она поссорилась с французским императором, а умерла здесь же, сорок лет спустя, старая, всеми забытая и, похоже, с помраченным рассудком.

Как мы предупреждали, перечислить имена всех знаменитостей, живших в этих дворцах, ставших позднее отелями, не представляется возможным, но все же назовем некоторых, из тех, кто к нам поближе. В отеле «Вандом» (дом № 1) останавливался в сентябре 1897-го, а потом и в мае 1898 года милый человек Антон Павлович Чехов. Позднее, добравшись до Мелихова, он напоминал об этих сентябрьских днях в письме другу своему Алексею Суворину: «Париж вспоминаю с удовольствием. Какой чудесный город!»

Герцен останавливался в отеле «Польз» (дом № 6) весной 1847 года. А двадцать лет спустя в том же отеле жила со своей своячницей итальянской маркизой Вулькано де Черчемаджоре возлюбленная императора Александра II юная Екатерина Долгорукая. Счастливо избежав пули террориста в Булонском лесу, император поспешил в отель, чтобы успокоить милую Катеньку. Она разрыдалась при сообщении о происшедшем, и, чтобы ее утешить, Александр поспешил уединиться с ней, невзирая на итальянскую маркизу.

В отеле Бодар де Сент-Джеймс (дом № 12) с 1839 по 1849 год размещалось русское посольство, где с 1841 года отозванного в Петербург графа Палена замещал поверенный в делах Николай Киселев, хорошо принятый французским обществом. Когда дипломатические отношения между Россией и Францией были разорваны (в 1848 году), Киселев продолжал жить здесь как частное лицо. Когда же русское посольство освободило престижную жилплощадь, на его место вселился Фредерик Шопен, который и умер здесь 17 октября 1849 года.

Но вернемся в просвещенный XVIII век. В 70-е годы этого столетия, которое было «безумно и мудро», в доме № 19 (отель Эвре) жил герцог Бролье, который в 1771 году выставил на продажу коллекцию картин, собранную его покойным тестем Луи-Франсуа Круаза, жившим по соседству, в доме № 17. В январе 1772-го философ Дени Дидро приобрел здесь по дешевке для своей благодетельницы Екатерины II (и на ее деньги, конечно) 400 замечательных полотен мировой живописи, обогативших коллекцию петербургского Эрмитажа (среди них «Даная» Рембрандта, «Святое семейство» Рафаэля, автопортрет Ван Дейка). Дидро скупил для государыни и другие коллекции, но, понятное дело, не все уцелело в Эрмитаже (часть была продана за границу большевиками, у которых были большие расходы на разжигание мирового пожара).

В отеле Сегюр (дом № 22) в апреле 1814-го жил граф Луи де Рошешуар, которого русский генерал Сакен назначил комендантом Парижа (граф был в эмиграции в России и вошел в Париж с войсками Александра I). С 1815 года здесь жил граф Чернышев, тот самый, что купил в 1812 году у французского шпиона знаменитую карту (шпиона казнили). Граф Чернышев был дипломат и разведчик (вероятно, это вообще смежные профессии), в 1815 году он являлся каждое утро к государю, чтоб доложить ему, о чем говорят в Париже...

Прежде, чем покинуть Вандомскую площадь, присмотримся внимательнее к знаменитой Вандомской колонне. По бронзовой ее облицовке восходят к статуе императора спирали с барельефами ученика Давида Бержере, изображающими войну и прочие события 1805 года. Колонна получилась такая толстая, что просто не могла не навеять нашему озабоченному Маяковскому неумеренные мегаломанские мечтания о женитьбе на площади Согласия. А мне так думается, зачем далеко ходить, женился бы прямо тут: ведь и Вандомская площадь чудо как хороша.

У старой королевской дороги

ДОРОГА РАДОСТЕЙ И ГОРЯ СЕН-ДЕНИ

Вы уже заметили, что к северу от Елисейских полей, от рю Риволи и от Лувра, протянулись к границам города самые разнообразные «королевские» улицы, красуются «королевские» площади, одна другой краше. Пришло нам время погулять и по самой королевской из дорог, по узкой улице Сен-Дени, что начинается близ Шатле и тянется до Больших бульваров, к которым она и выходит благополучно близ триумфальной арки Сен-Дени. В былые годы я часто по этой улице бродил в одиночестве, и всегда мне думалось, что она похожа немножко на нашу жизнь. Начинается нарядно и бурно, близ берега Сены, близ Ломбардской улицы и Шатле, близ сказочного фонтана, а потом постепенно скучнеет, тускнеет и кончается не то чтоб грустно, а даже, я бы сказал, почти постыдно... Впрочем, как все сравнения и метафоры, эта тоже не бесспорна и не универсальна, все ведь они навеяны нашим состоянием духа, возрастом, временем года, погодой... Одно очевидно: старинная эта улица — одна из самых старых, и важных, и длинных, и насыщенных воспоминаниями парижских дорог. Начать с того, что улица пролегла совсем рядом со знаменитою древнеримской дорогой Сен-Мартен (может, впрочем, она шла тогда ближе к нынешней, соседней с ней улице Сен-Мартен). Вдобавок самое название показывает, что дорога эта ведет в ближний пригород Парижа городок Сен-Дени, тот, где нынче «красный пояс» и коммунисты, но главное, и нынче, как прежде, — прославленный собор Сен-Дени, усыпальница королей Франции. По этой дороге французские короли возвращались в свой дворец из Реймса после венчания на царство, возвращались из собора Сен-Дени с праздничного богомолья — и тогда улица бывала пышно изукрашена, били фонтаны, нависали над проезжей частью

В этом доме на улице Тюрбиго (на втором этаже) размещалась с 1920 по 1940 г. редакция самой популярной газеты русской эмиграции — «Последние новости». Редактором ее был политик-кадет П.Н.Милюков, а сотрудничать в ней стремилась вся пишущая эмиграция.

триумфальные арки и гирлянды цветов, прекрасные девушки обносили собравшихся чаркой вина за счет короны, потешали народ жонглеры, акробаты, уличные комедианты...

Выпадали, впрочем, и другие печально-торжественные дни, когда увозили бездыханных королей и королев на вечное жительство в знаменитый собор...

Позднее подступало к улице слева старинное кладбище Праведников, плескался фонтан, еще позднее шумел днем и ночью знаменитый оптовый рынок «Чрево Парижа», и вот нет больше ни королей, ни кладбища, ни «чрева»: шумит толпа туристов, и кабаки становятся с каждым годом все роскошнее и дороже, и сама улица стала пешеходной, и нет на ней больше маленьких дешевых отельчиков, и вообще, ничего дешевого больше нет, а внимательный взгляд отыщет здесь еще красивые дома XVII и XVIII веков — вон дом № 51, и дом № 53, и дом № 57. А взгляните, что за витые решетки на доме № 79 (кстати, художник Макс Эрнст очень любил этот отрезок улицы, да и бывший москвич художник Оскар Рабин гуляет здесь часто с женой-художницей, потому что живет по соседству), обратите внимание на дом № 87 и на дом № 89... Конечно, магазины моды, как и везде в центре, торжествуют победу, их множество, дальше к северу, к бульварам, они становятся помельче, хотя попадаются еще старые, огромные, со стеклянной крышей, вроде знаменитого магазина «Шелк». Очень интересные попадаются по обе стороны улицы старые пассажи, тоже забитые до крыши одеждой, готовым платьем — целый континент тут можно приодеть...

На подходе к улице Реомюр улица Сен-Дени пересекает улицу Тюрбиго, памятную многим русским литераторам из «первой эмиграции», потому что в доме № 51 по улице Тюрбиго (на втором этаже этого дома) на протяжении двадцати лет (с 1920-го по июнь 1940 года) размещалась редакция самой популярной газеты русской эмиграции — газеты «Последние новости». С 1921 года главным редактором газеты был бывший кадетский лидер Павел Милюков, в ней сотрудничали лучшие писатели и журналисты русской

По временам тираж этой газеты достигал 30 тыс., что для эмиграции было огромной цифрой. Газета разоблачала большевистский террор, однако перед смертью сам Милюков стал склоняться к компромиссу с боьшевистской властью, а то и к полной капитуляции. Один из последних его помощников и фаворитов в газете (А.Ступницкий) даже возглавил после войны в Париже просоветскую (курируемую, вероятно, разведкой) газету. И то сказать, легко ли было достать на Западе журналисту, пишущему только по-русски, другую работу?

эмигрантской колонии, популярность ее была велика, и тираж достигал в тридцатые годы 35 000 экземпляров. На первом этаже дома № 51 размещалось в ту пору кафе «Дюпон», посещаемое сотрудниками газеты. Одна молодая сотрудница газеты («железная женщина» эмиграции Н. Н. Берберова) дожила за океаном до глубокой старости и оставила воспоминания и о газете, и о кафе «Дюпон», и о собственных первых фельетонах...

На улице Реомюр, пересекающей улицу Сен-Дени, есть несколько любопытных домов (№ 118, № 124, № 130) в стиле «ар нуво» и множество ювелирных магазинов. За улицей Реомюр все чаще попадаются на бывшей королевской дороге Сен-Дени лавчонки, рассчитанные на провинциальное любопытство, на дурной вкус, на слабеющую потенцию, может, просто на глупость и невежество, — так называемые секс-шопы. В витрине одной из этих порнолавчонок я видел раз объявление: «Новинка века — гульфик». Ясно было, что романа Рабле в этих парижских джунглях никто не читал. В лавчонках этих есть кабины, где можно по дешевке увидеть примитивный порнофильм или живую голую женщину (это уже «пип-шоу», то есть «подглядывание в замочную скважину», чаще всего как краткое приглашение к акту продажной любви).

Продажные женщины появляются на той же улице чуть ближе к ее концу и арке Сен-Дени. Промысел их не запрещен, но зато полиция преследует (во всяком случае, теоретически) сутенеров, торгующих чужим телом. Избежать рэкета уличным женщинам не удается, так что все они находятся под покровительством какого-нибудь кота-сутенера. Профессия у этих девиц, дам и бабушек очень не новая (считают даже, что «самая древняя»), однако новые смертельные болезни и конкуренция бабомужиков и мужикодам (травести, которые чуть было не вытеснили настоящих дам с тротуаров Сен-Дени) делают ее еще опаснее.

Есть в этой части улицы Сен-Дени еще одна странная категория посетителей. Это подростки, молодые люди, старики и подстарки (мышиные жеребчики), которые стоят напротив проституток и пожирают их глазами. Что так волнует этих странных типов, которые часами таращатся на разодетых в пух и прах или, вернее, полураздетых женщин? Может, их волнует противозаконная доступность того, что в их сознании является и запретным и тайным (заплати, и свершится, «небольшие деньги — поживи для шику», — писал один поэт, но и сам не платил и не жил, а только глазел). Легко догадаться, что бедных работниц панели эти зрители только нервируют. Больше всего дам и созерцателей бывает на узенькой рю Блондель, соединяющей Сен-Дени с Севастопольским бульваром, у самого выхода к арке.

Мой друг, профессор итальянского языка, рассказывал мне, что в молодости вскоре после женитьбы он снял квартиру в одном из домов на улице Блондель и вскоре обнаружил, что, куда бы он ни задвигал их брачное ложе, и он, и его длинноногая голландка-жена с неизменностью отражались в зеркальном потолке. Хозяин дома объяснил ему позднее, что раньше в этом доме, как, впрочем, и во всех соседних, располагался бордель. Квартал тогда кишел всяческим жульем...

Нельзя сказать, чтобы нынче он стал вполне приличным. Как и в прошлом, эта часть улицы Сен-Дени с ее секс-индустрией и индустрией готового платья сохраняет свою экзотическую специфику, как, впрочем, и весь прилегающий к ней, ограниченный с севера бульварами Бон-Нувель и Пуассоньер, с юга — улицей Реомюр, а с запада — улицей Монмартр квартал Сантье. Попав в лабиринт кривых и горбатых улиц квартала, сразу чувствуешь, что ты вступил в особую страну: машины с трудом пробиваются через толпу, которая тащит куда-то (к грузовикам или на соседние улицы) рулоны пестрых тканей, грозди пиджаков, и блузок, и кофточек, и сорочек на вешалках. Кругом слышен гортанный говор, арабский язык или иврит, по-своему или почти на французском кричат сенегальцы, малийцы, греки, сефарды, индийцы... Мало-помалу убеждаешься, что ты попал в особую страну «конфекции», готового платья, индпошива, страну ателье, складов, оптовой и розничной торговли, крупного и мелкого бизнеса, старых и новых вывесок, новых сделок и старых рыночных уловок, толстых неловких пальцев на клавиатуре компьютера, ловких исколотых пальчиков со старинной иглой, в страну радостей обогащения и драм разорения, в страну старинных улиц и старинных домов, бывших свидетелями монаршей любви и преступных выстрелов осатанелых «освободителей»...

В этом невероятном путешествии по кварталу Сантье (начать его можно от рю Реомюр) мы выйдем на улицу Мэль, проложенную еще в 1636 году (недурной возраст для городской улицы). От тех времен на улице остался отель Кольбер (нынешний дом № 5), а рядом с ним еще один (построенный для своей семьи архитектором Гобером) отель XVII века. Улица Мэль пересекает улицу Монмартр, которая уже в 1200 году носила это название, потому что уже тогда по ней проходила дорога в Монмартрское аббатство. Упиралась улица в Монмартрские ворота укреплений Филиппа-Августа.

А дальше произошло то, что с регулярностью на протяжении веков случалось в Париже: город расширил свои пределы, стена сдвинулась дальше к северу, новые Монмартрские ворота выросли на углу нынешней улицы Абукир, где прошла новая стена (уже не Филиппа-Августа, а Карла V). Еще более поздняя стена (стена Людовика XIII) стояла у нынешнего дома № 156 по улице Монмартр: так что старинная эта улица способна служить шкалой, на которой любопытный пешеход может отмечать, шаг за шагом, расширение и рост Парижа, поглощавшего луга и речки и мирные деревеньки, обращавшего всю эту красоту в тесные кварталы, в пустыри или площадки для игр.

Многие дома на славной старинной улице Монмартр могут с гордостью напомнить об именах своих постояльцев. Скажем, в доме № 112 останавливался поэт Мистраль, только что прибывший в гордую столицу, сжимая под мышкой свою новую поэму. Дом № 144 построен в конце XIX века на месте кладбища, где похоронен был Мольер (можно сказать, «построен на костях великого Мольера»): на фасаде его видна реклама издательства Жирардена и типографии, и, надо сказать, южная часть квартала вообще славилась своими печатнями, журналами, редакциями (в не меньшей степени, чем его северная часть славилась своими пошивочными ателье и складами готового платья). До Первой мировой войны в квартале размещались редакции нескольких крупных газет, а также происходили события, попадавшие на первую полосу... Скажем, в доме № 146, что тоже по соседству с печатней, было уже до войны кафе, где собиралась и галдела газетная братия. За столиком этого кафе 31 июля 1914 года был застрелен Жан Жорес; загляните в кафе, и вам охотно покажут и злополучный столик, и бюст Жореса, и вырезки из тогдашних газет (заодно напомнят, кто такой был великий Жорес).

Неподалеку от этого трагического места в доме № 33 по улице Сантье жила в свое время (точнее — в 1741 году) милая, хотя и не знатная (тут же, в квартале, на улице Клери она и родилась без особой помпы), дама по имени Жанна, точнее даже — Жанна-Антуанетта Пуассон, бывшая в ту пору замужем за месье Ле Норман д'Этиолем (вполне достойный брак, но сердцу хочется большего). Однажды на балу в Версале даме этой удалось обойти многих своих конкуренток в борьбе за рассеянное королевское внимание, и представленная Людовику XV в качестве маркизы де Помпадур дамочка из окраинного квартала ухитрилась вытеснить из королевского сердца саму герцогиню де Шатору. После чего прекрасная маркиза переселилась в новый роскошный особняк на улице Клери (близ ее отчего дома), а оставленный женой месье Ле Норман д'Этиоль переехал в другой особняк (нынешний № 22–24, все эти особняки XVII века на месте и ждут праздного туриста).

Конечно, жизнь дамы, которая вознеслась на такие вершины, заслуживает отдельной книги, на которую у меня не нашлось времени. Но таких книг вышло много, и я отсылаю вас к интересному труду господина Сулави «Личная жизнь Людовика XV», из него вы все узнаете про то, как, став фавориткой короля, дама с улицы Клери стала вмешиваться в высокую политику, даже и международную, и что из этого вышло. Что же касается самóй ее родной улицы Клери, то она возникла в результате очередного перемещения к северу городской стены (на сей раз стены Карла V). У нового крепостного рва стоял особняк Клери, от которого улица и получила свое название. С самого XVII века на улице этой селились среди прочего люда художники и писатели. В доме своего брата Тома поселился в 1665 году, перебравшись в Париж из Руана, Пьер Корнель, который прожил здесь добрых шестнадцать лет и написал множество пьес. Ансамбль домов под номерами 19 и 21 принадлежал в конце XVII века священнику и врачу Роберу Поклену, который приходился родным братом Мольеру. В XVIII веке дома эти снимал торговец картинами месье Лебрен, жена которого, сама дочь художника, держала здесь модный салон. В доме № 97 жил до самого 1793 года с родителями поэт Андре Шенье, оплаканный нашими Пушкиным и Лермонтовым, ибо Революция, как известно, отрубила ему голову. В том же роковом 1793 году близ этих мест (на углу улиц Борегар и Дегре) храбрый барон де Батц попытался спасти жизнь королю Людовику XVI, имевшему мужество протестовать против ревтеррора и жестоко поплатившегося за это.

В этой части квартала, особенно близ улицы Луны и улицы Благой Вести, и ныне заметно повышение уровня мостовой: это след былого оборонительного бастиона. В церкви Благой Вести (Нотр-Дам-де-Бон-Нувель), которая была построена в середине XVII века, разрушена в лихие времена, а столетие спустя построена заново, можно увидеть немало старых картин, в частности полотна живописцев середины XVII века Филиппа де Шампеня и Никола Миньяра. По правую руку от рю Клери лежит Каирская улица, проложенная на месте старинного монастыря, а чуть подальше — Нильская улица и Каирская площадь. Откуда взялись здесь, на севере Парижа, все эти египетские названия, а также дома с лотосами и сфинксами — об этом (равно как и о прославленном любимце Франции, умевшем стать победителем всех проигранных им сражений) следует рассказать особо. Вернемся мы особо и на Мэльскую улицу, с которой начали рассказ о квартале, ибо именно на этой улице впервые объявился в Париже будущий его музыкальный кумир блистательный Ференц Лист...

ПАРИЖСКИЙ ЕГИПЕТ

Некий египетский уклон в космополитическом, хотя и высокопатриотическом, городе Париже без труда сможет заметить даже вполне рассеянный турист. Глянь-ка, площадь Пирамид. А вот еще и улица Пирамид. А вон Каирская площадь. А рядом с ней Каирская улица и Каирский пассаж. И еще есть Каирская линия в том же пассаже. Декор в ней, понятное дело, египетский или, на худой конец, ложноегипетский. Но вот Абукирская улица, это еще что? А вот Нильская. Знаток Востока заметит и улицу Дамьет (есть такой город в дельте Нила). А вот обелиск из Луксора... В чем же дело? Откуда дровишки?

Человек, мало-мальски знакомый с французской историей или с жизнью любимца романтических русских поэтов Наполеона Бонапарта (кто ж из нас не помнит «Воздушный корабль» Лермонтова? — «По синим волнам океана...», чуть дальше: «Спят усачи-гренадеры... под знойным песком пирамид...»), — человек этот уже догадался, наверное: все от него и идет, от корсиканского злодея Буонапарте, от великого императора-узурпатора, которым так гордится Париж. Известно, что двести лет тому назад Первый консул Франции, генерал Бонапарт отправился покорять Египет. На рассвете майского дня 1798 года тулонский рейд покинуло 300 кораблей, имевших на борту 38 000 солдат и 16 000 моряков. Надо упомянуть, что на судах было вдобавок 154 мало кому в военных кругах известных персонажа, которых для простоты называли «грамотеями» и командование которыми было поручено одноногому генералу Кафарелли де Фальга, носившему неофициальное прозвище Папаша-Костыль. Это была научная экспедиция по изучению Египта, которую велел взять с собою в поход Первый консул, честь ему и слава...

Египетская кампания, как, впрочем, и все кампании великого Наполеона, кончилась провалом, который с большим трудом все же удалось выдать за удачу (как удалась Наполеону подобная операция со всеми кампаниями, кроме русской). К тому же и впрямь были в этой проигранной войне кое-какие отдельные удачи и даже временные победы. Вот в их честь и были названы в Париже многочисленные улицы, площади и мосты. Потому что о поражениях и позорном провале всей кампании можно забыть, а вот военные победы незабываемы. Это веселит душу масс, страдающих неизлечимым комплексом неполноценности. Скажем, в августе 1798 года французский флот потерпел страшное поражение у прибрежной деревушки Абукир. Британская флотилия адмирала Нельсона, по существу, уничтожила французский флот. Однако через год, впрочем уже на суше, французам удалось потрепать турецкую армию близ той же деревни, так что улица в парижском квартале Сантье, про-

«Египетские» названия улиц должны были напоминать гражданам, страдающим комплексом национальной неполноценности, о славных победах позорно проигранной кампании (умело выданной Наполеоном за победу).

битая на месте бывшей укрепленной стены времен Карла V, была по праву названа в 1807 году Абукирской улицей — в честь великой победы Наполеона. Между прочим, эта история вспомнилась мне минувшей осенью в Египте в городе Луксор на берегу Нила. Мы обедали на борту туристского судна, когда небо над Нилом вдруг расцвело фейерверками.

— В чем дело? — спросили мы у гида.

— О, сегодня великий национальный праздник, — сказал гид. — Годовщина победы над Израилем в войне Судного дня.

— Как так! — возмущенно воскликнул турист из нашей группы парижанин месье Леви. — Египет потерпел в ней страшное поражение и потерял Синай!

— Ну да, — сказал гид вполголоса, оглядываясь на официантов, которым этого знать было не положено. — Это он потом, на третий день потерпел поражение, но в первый день, когда мы на них напали, а у них был выходной день, Судный день, мы победили...

— Это как улица Абукир... — сказал я.

— Абукир? — удивился месье Леви, не кончавший лицеев. — Это где еврейские оптовые магазины? Но при чем тут Абукир?

Я согласился, что, может, и ни при чем. И вообще, раз у Наполеона осталось впечатление, что он победитель, дайте ему улицу Абукир и даже квартал Москова в честь Бородинского сражения, а также улицу Каир и площадь Пирамид, на которой националист Ле Пен возлагает ныне цветы к статуе Жанны д'Арк.

Что же до улицы Абукир, то там в дневную пору кишмя кишит народ. Работают, как и во всем квартале Сантье, пошивочные мастерские, открыты склады одежды... На улице Абукир стоят старинные дома. Один из них (№ 1) построен был еще в 1634 году банкиром Никола Рамбуйе. В 1799 году, в год окончания египетской кампании, улица, проложенная по территории женского монастыря Фий-Дье, была названа Каирской улицей. А на месте «Двора чудес», примыкавшего к крепостной стене, были проложены Нильская улица и улица Дамьет. Все три улицы выходили на Каирскую площадь, где в 1799-м был построен дом, фасад кото-

рого украшали египетские сфинксы, лотосы и иероглифы. Ныне это дом № 2, и это одна из достопримечательностей не только квартала Сантье, но и целого Парижа. В то же самое время в подражание каирскому Большому базару в квартале был построен Каирский пассаж. Одну из трех его крытых торговых галерей назвали Каирской, и легко догадаться, что ее тоже украшали в египетском стиле. Когда-то в этом пассаже царили типографы и литографы-печатники. Ныне почти всех вытеснили торговцы модной одеждой. Квартал этот — истинное царство тканей, одежды и всяческих тряпок.

Знакомство с Египтом, сфинксы, гробницы, базары, пирамиды (наполеоновская фраза: «Солдаты, сорок веков глядят на вас с этих пирамид!» — может считаться шедевром агитпропа и политпросвещения) — все это произвело большое впечатление на будущего императора. Зная это, местные власти и работники искусств старались почаще напоминать императору о великом походе. Когда Наполеон заказал новый памятник, прославляющий его победы, один из скульпторов создал проект слона — снова в напоминание о Египте. Был сооружен огромный макет монумента из дерева и гипса. Позднее отдали предпочтение Триумфальной арке, а макет слона Директория загнала на площадь Бастилии, где он был установлен на плите пьедестала. Потом слон пришел в полную ветхость, его разобрали, а на плите установили нынешнюю колонну. Впрочем, к тому времени парижане, подобно туристу месье Леви, и думать позабыли о Египте, слонах, Абукире и поражениях Первого консула. Зато все победы были уже увековечены в египетских названиях улиц.

Псевдоегипетские украшения на доме № 2 на Каирской площади должны были веселить сердца напоминанием о «национальных победах».

Вполне успешно выдав свое поражение за победу, Первый консул Наполеон Бонапарт вернулся с уцелевшими солдатами в Париж и пожал в столице плоды триумфа. Он был избран пожизненным консулом, а чуть позднее сделался императором. А между тем прихваченные им с собою в поход ученые-«грамотеи» не спешили возвращаться (кстати, наряду со множеством молодых и малоизвестных выпускников новой «Эколь нормаль», там были такие звезды науки, как химик Бертоле, натуралист Сент-Илер, математик Монж). Они обмеряли пирамиды, составляли карты Египта и описания нильских берегов, изучали местную флору и фауну, интересовались языками, фольклором и музыкой. Человек тридцать, то есть двадцать процентов из них, остались в Египте навсегда — *à la guerre comte à la guerre*, к тому же чума не разбирает, какое у кого образование. Между прочим, присутствие «грамотеев» настроило и грубых воинов на научно-исследовательский лад. Так, в судьбоносном 1799 году солдаты нашли в египетской деревне Розетта каменную плиту с надписью на двух языках — иероглифами и по-гречески, ту самую, что позднее помогла Шампольону расшифровать иероглифы. Правда, в ходе позорной французской капитуляции розеттский камень пришлось отдать за здорово живешь англичанам. Я видел его недавно в Британском музее, так в подробном пояснительном слове даже не сказано, что ценный камень нашли солдаты доблестной французской армии. Но победителей не судят. Наполеона, впрочем, тоже никто не судил.

По возвращении у «грамотеев» ушло 25 лет на печатание «Описания Египта» и издание атласа. Зато египтяне сразу получили множество сведений о родной стране и вкус к французскому языку. Нынче, правда, они намного охот-

Архитектор Риба де Шамуст превзошел прочих подхалимов, предложив проект фонтана в виде слона, который должен был тронуть сердце императора воспоминанием о его «великой египетской кампании». Слону-фонтану предстояло украсить нынешнюю площадь Звезды. Увы, судьба ему судила стоять, да и то не очень долго, на площади Бастилии, зато послужить романисту (Гюго сделал его в романе «Отверженные» обиталищем Гавроша и крыс).

нее говорят по-английски и лучше его знают, но источники, во всяком случае французские, утверждают, что именно тогда Египет повернулся лицом к Европе. Может, так оно и было.

Хотя англичане вывезли, конечно, больше шедевров египетского искусства на родину, чем французы, Парижу тоже досталось кое-что. Не только в Лувре, куда поступили и коллекция Шамполиона, и коллекция консула Дроветти, и находки Мариетта, и дар Кюртиса, и коллекция Национальной библиотеки (Боже, сколько сокровищ в 1-м и в 74-м залах Лувра!), но и в Музее человека, и в Музее Гиме, и в некоторых других из доброй сотни парижских музеев можно увидеть шедевры египетского искусства. И, надо сказать, они не лежат там мертвым грузом, как деньги в подвале Скупого Рыцаря, а идут в рост. Этот парижский Египет, или, если угодно, этот египетский Париж, он как бы соучаствует в культурной жизни человечества. На моей памяти Волошин был первым, кто посвятил стихи парижско-египетской царице Таиах, которую он впервые увидел в парижском Музее Гиме, а ведь сколько их было потом написано о ней же в Коктебеле и на скольких языках, даже затрудняюсь сказать. Я слышал одно, очень певучее, на незнакомом мне киргизском языке. Честно сказать, ваш покорный слуга тоже не утерпел, оскоромился, воспел Таиах в своем романе «Коктебель». Это случилось, впрочем, уже через 60 лет после волошинских парижских стихов, так что вернемся к Волошину:

    Тихо, грустно и безгневно
    Ты взглянула. Надо ль слов?
    Час настал. Прощай, царевна!
    Я устал от лунных снов.
    ...Много дней с тобою рядом
    Я глядел в твое стекло.
    Много грез под нашим взглядом

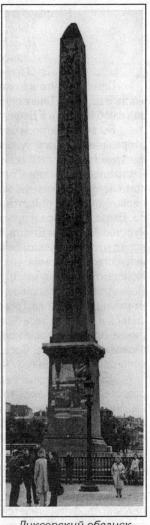

Луксорский обелиск с площади Согласия появился в Париже позже, чем «египетские улицы». Хлопот с его перевозкой и установкой было так много, что второй подаренный обелиск французы даже не стали вывозить. Он остался в Луксоре, и всякий француз, накопивший три сотни долларов, может посидеть у его подножия близ берегов Нила, кишащих туристскими судами...

> Расцвело и отцвело.
> Мы друг друга не забудем.
> И, целуя дольний прах,
> Отнесу я сказку людям
> О царевне Таиах.

Помнится, что в Коктебель всеобщая писательская влюбленность в царевну Таиах пришла намного раньше, чем общероссийская влюбленность в Нефертити...

Были, вероятно, и более значительные, и более плодотворные вторжения Египта в художественную жизнь Европы и Парижа. В десятые годы нашего века художники и поэты Парижа пережили настоящее потрясение, открыв для себя африканское искусство, в том числе и утонченное искусство Египта. Не берусь сказать, кто первым привел в египетские залы парижских музеев Пабло Пикассо, Блеза Сандрара и прочих. Влияние, которое оказало на них искусство Африки и Египта, было несомненным и очень сильным. Говорят, что тосканского сефарда Амедео Модильяни с африканским искусством знакомил его парижский друг румынский скульптор Константин Бранкузи. Другой парижский друг Модильяни — врач Поль Александр вспоминает, впрочем, что это он привел молодого итальянца в музей на Трокадеро. Так или иначе, увлечение это носилось в воздухе, весь Монпарнас болен был тогда Востоком, Африкой, примитивами, а моду тогда (и в Париже, и в мире) уже начал задавать Монпарнас. Сосед Модильяни по студии в Сите-Фальгьер вспоминает о новом безудержном увлечении неистового тосканца:

«Его преклонение перед черной расой продолжало расти, он раздобыл адреса каких-то отставных африканских царей и писал им письма, исполненные восхищения гением черной расы... Он опечален был тем, что ни разу не получил от них ответа...»

В 1910 году Модильяни знакомится на Монпарнасе с молодой русской поэтессой Анной Ахматовой-Гумилевой, прибывшей в город-светоч в свадебное путешествие. В 1911-м она убегает от мужа к нему в Париж, и он делает множество ее портретов. Он пишет ее обнаженной, в позе кариатиды. Его волнует ее восточный, египетский профиль, египетская удлиненность ее тела. Он заражает ее своим восторгом перед древнеегипетским искусством. Он и ее, наверное, называл Египтянкой. Тридцать лет спустя в Средней Азии Анна Ахматова начинает свою знаменитую «Поэму без героя», в которой появляется и Модильяни. И Ахматова вспоминает, что она была для него Египтянкой: «...он мне — своей Египтянке...»

Воистину неотступным был парижский Египет.

ПО СЛЕДАМ ФЕРЕНЦА ЛИСТА ОТ МЭЛЬСКОЙ УЛИЦЫ ДО ТРОКАДЕРО

В сырой и хмурый день парижской зимы 1823 года после Пешта, и Вены, и Мюнхена, и Аугсбурга, и Штутгарта, и Страсбурга господин Адам Лист с двенадцатилетним сыном Францем добрались наконец до Парижа и остановились в отеле «Англетер», что расположен был на улице Мэль нынешнего правобережного торгового квартала Сантье. В старину весь квартал называли по названию улицы — Мэль. Улица же носила в свою очередь название французской игры «мэль»: шары, деревянные молотки, нечто вроде крокета. Улица эта и была проложена в 1636 году на месте площадки для игры в мэль, разместившейся в свою очередь у края укрепленной стены времен Карла V. На этой старинной улице и сегодня можно обнаружить два старинных дворца XVII века (это дом № 5 и дом № 7). Но, конечно, выбор господином Листом гостиницы «Англетер» и улицы Мэль определила не благородная старина этих мест, а тот факт, что как раз напротив гостиницы стоял дом фабриканта господина Эрара, чье имя должен был прославить двенадцатилетний сын господина Листа — Франци, или Францль, как ласково звали его родные. Почему они не звали этого мальчика, ставшего со временем знаменем венгерской культуры и пылким патриотом Венгрии, простым венгерским именем Ференц, объяснялось просто: мать Францля Анна Лагер была австриячка с примесью баварской крови, да и отец Адам Лист (вероятно, поначалу семейная фамилия была Лишт) был из немцев и довольно плохо знал венгерский язык. Понятно, что все эти этнические подробности, столь существенные для нынешних националистов, не могли помешать Ференцу Листу быть пылким патриотом Венгрии, нежно обращаться к ней из своего «прекрасного далека»: «О, мое далекое дикое отечество!» — и быть в то же время истинным парижанином, связавшим с французской столицей первую четверть века своей молодой жизни. Что не мешало ему в свою очередь обожать Италию, и Рим, и Тиволи, и любить Германию, особенно знаменитый Веймар, где он провел столько лет...

И все-таки с какой же целью прибыл в Париж господин Адам Лист и отчего встал он на постой в такой близости от дома фабриканта месье Эрара? Дело в том, что старый месье Себастьян Эрар и его сын были музыкальные мастера. Это они усовершенствовали арфу и создали современную фортепьянную клавиатуру. Ну а фортепьяно было главным занятием маленького Ференца Листа, который в свои двенадцать был не просто пианистом, а уже, можно сказать, настоящим виртуозом. Он был, что называется, вундеркиндом и первый свой публичный концерт дал на родине девяти лет от роду. Так что малолетний гений мог прославить не только себя, но и бесценную продукцию месье Эрара.

В Вене Ференц брал уроки фортепьяно у ученика Бетховена знаменитого Черни и у столь же знаменитого, но, увы, право же, неповинного в смерти Моцарта господина Сальери. И заслужило мастерство маленького Листа похвалу самого Людвига ван Бетховена. В Париже господин Адам Лист хотел отдать своего сына для продолжения образования в парижскую консерваторию музыки, открытую в годы революции и уже успевшую в атмосфере бурного времени несколько раз сменить свое название. Конечно же, господин Лист заручился самыми лучшими рекомендациями, в том числе и отзывом канцлера Меттерниха (талант и мастерство «маленького Листа», как звала его пресса, успели заслужить высочайшие похвалы в нескольких столицах). И вот отец с сыном явились в знаменитое здание консерватории на улице Консерватории, близ улицы Фобур-Пуассоньер (ныне там, впрочем, находится консерватория драматического искусства, а музыка перебралась на Мадридскую улицу). Отец и сын прошли через роскошный вестибюль с колоннами, поднялись по мраморной лестнице, заглянули в «помпейский» зал, знаменитый своей акустикой, и наконец попали в кабинет самого маэстро Луиджи Керубини, славного композитора, стоявшего во главе консерватории и, по единодушным отзывам, бывшего при всем своем музыкальном даровании довольно вздорным администратором. Во всяком случае, по отношению к «маленькому Листу» он повел себя как настоящий самодур и отказал ему в приеме, даже не пожелав его выслушать. Зато рекомендации Меттерниха произвели хорошее впечатление на людей, близких ко двору Людовика XVIII, и маленький виртуоз был тут же приглашен играть у герцогини дю Берри, а потом у самого герцога Орлеанского, будущего короля Франции Луи-Филиппа. После такого дебюта его с неизбежностью пригласили выступить еще в тридцати лучших домах Парижа времен Реставрации.

Таким был маленький вундеркинд Ференц в 11 лет.

Чтобы дать хоть самый слабый намек на обстановку концертов, напомню, что кавалеры в ту пору еще носили напудренные парики и что из обслуги мадам дю Берри на концерте малолетнего гения присутствовали два капеллана, две фрейлины, одиннадцать компаньонок, паж, главный конюший, два интенданта, секретарь, два постельничих, пять кастелянш, два концертмейстера, четыре врача, ветеринар, два дантиста, два хранителя медалей и один хранитель картинной галереи, контролер свечного освещения и продснабжения, камеристки и еще и еще — всего 69 человек. Меньшим штатом герцогине было не обойтись. На концерте были также высочайшие гости, все такие, что выше некуда. И вот зал затих, зажжены свечи и раздался первый аккорд...

Как он играл, «маленький Лист»? Некий Мартинвиль сообщал назавтра в газете «Белое знамя», что, по его наблюдению, дух Моцарта вошел в тело «маленького Листа». Может, так оно и было. Ну, а после концерта в зале Лувуа Париж объявил «маленького Листа» первым пианистом Европы. За концерт ему платили сотню тогдашних франков, так что «маленький Лист» кормил семью... За Парижем последовали Лондон и двор короля Георга IV и еще и еще... Когда Ференцу было 16, умер отец, и мать поселилась с ним в Париже, на площади Монтолон близ нынешнего метро «Пуассоньер». В свои шестнадцать Ференц был высокий, красивый юноша с длинными, черными, прямыми волосами и зелеными глазами. Очень скоро женщины стали находить его неотразимым, но как раз в ту пору он переживал юношеский кризис, который принял у него форму религиозного экстаза. Он был, вообще, как и его отец, человек глубоко верующий и в то же время человек очень влюбчивый, переживший множество романов. Одни писали о нем «цыган и францисканец», другие называли его «донжуаном в сутане». Впрочем, все это стало очевидным позднее, а пока, освободившись на время от восторженных молитв и музицирования в церкви Сен-Венсан-де-Поль, молодой Лист начинает давать уроки, ибо надо было зарабатывать на жизнь. Первой его ученицей стала шестнадцатилетняя прелестная аристократка Каролина де Сен-Крик, дочь министра торговли и пэра Франции. Молодые люди разучивают дуэты и любовные романсы, говорят о литературе. Больная, почти уже умирающая мать Каролины, присутствовавшая на всех уроках, умиленно наблюдала невинный этот роман и заклинала мужа «не мешать их счастью». Графиня умерла в июне 1828 года, и уже через месяц граф сообщил, что он решил выдать Каролину за графа Артиго и что юному Листу рассчитывать не на что.

Позднее в рассказе, написанном вместе со своей новой любимой — литераторшей, Лист утверждал, что горю его не было границ. На самом-то деле он довольно скоро утешился и начал снова давать уроки. Романтический стиль эпохи требовал безудержности чувств, и не только в любви, но и в дружбе. К году революции, 1830-му, Лист с матерью переезжают на рю де Прованс в нынешний квартал Сен-Лазар. К этому времени относится знакомство Листа с Берлиозом. И, конечно, пылкая дружба. В начале декабря Лист присутствовал в зале консерватории, где исполнялась «Фантастическая симфония» Берлиоза. Присутствовавшие на прослушивании рассказывали, что во время исполнения этой «программной» симфонии его друга Лист то и дело начинал аплодировать, бурно выражал свой восторг, а по окончании утащил Берлиоза к себе домой на рю де Прованс — ужинать. Симфония эта оказала огромное влияние на Листа, начавшего после этого сочинять «Революционную симфонию», посвященную генералу Лафайету.

Другой парижской сенсацией того времени, оказавшей огромное воздействие на молодого виртуоза Листа, был приезд «дьявольского» скрипача Паганини. Лист услышал его впервые на рю Лаффит у Самюэля де Ротшильда в марте 1831 года и открыл для себя новые горизонты владения инструментом. В том же 1831-м в Париж приезжает Шопен, с которым Листа почти сразу связала восторженная дружба. Памятный первый шопеновский концерт в зале Плейель они дают вместе. Лист по-прежнему жил в ту пору уроками: из скромной материнской квартиры на рю де Прованс он отправлялся на уроки, на концерты, на званые обеды и тайные свидания в прославленные особняки и дворцы Парижа, в эти роскошные «отель партикюлье».

По свидетельству современников, блистательный пианист-виртуоз, замечательный профессор музыки и композитор, романтический красавец, пылкий «цыган» Лист пользовался огромным успехом у парижанок. Ему льстили, его баловали, его внимания домогались. В своих письмах Лист называет множество громких женских имен, почти никогда, впрочем, не раскрывая степени своей близости с названными великосветскими чаровницами. Среди упомянутых им — маркиза де Караман, маркиза де Габриак, герцогиня де Розан, баронесса Адель де Лапюнаред, виконтесса де Ла Рошфуко, княгиня Камиль Плейель, княгиня Самойлова, русская красавица Мария Калергис и многие другие. Все очень знатные дамы. Были, впрочем, среди поклонниц Листа и дамы менее знатные (хотя и не менее легкомысленные), однако тоже весьма заметные, вроде Лолы Монтес или мадемуазель Дюплесси, знаменитой «дамы с камелиями». Создается впечатление, что набожный юноша как бы не придавал особого значения мимолетным связям и в них не каялся. Во всяком случае, список его побед поражает и длиной и блеском титулов, к которым беспородный наш гений явно испытывал слабость. Если же мы попытались бы перечислить всех парижских поклонников таланта молодого Листа, то блистательный список их имен грозил бы поглотить всю нашу скромную главку, ибо там были бы и мадам Рекамье, и Тьер, и Мандзони, и Ампер, и Токвиль, и Гизо, и Шатобриан... Парижане видели в этом артисте свет пламени, освещавшего эпоху. Одни сравнивали его с орлом, другие — со львом, третьи — с Адонисом, все называли его магом, волшебником и считали идеальным рыцарем.

Современники, знавшие в 30-е годы прошлого века двух друзей-музыкантов, двух знаменитых молодых парижан — Шопена и Листа, — отмечали, что насколько первый из них, старший, Шопен, был сосредоточен на внутренних своих переживаниях, настолько младший, Лист, при всем своем глубокомыслии, своей религиозности и склонности к философствованию был открыт внешним впечатлениям, бурным событиям парижской, французской и европейской жизни, а также самым разнообразным встречам, книгам, идеям, оставлявшим неизменный след в его творчестве. Неоконченная «Революционная симфония» была откликом на парижские события 1830 года. Потрясенный восстанием лионских ткачей, Лист пишет свой «Лион». Он переживает увлечение утопией Сен-Симона, а потом и эгалитарным гуманизмом Шарля Фурье: ах, эти фаланстеры, этот социальный рай... Чуть позже Лист встречает в Париже одного из самых удивительных людей того времени, аббата Фелисите де Ламенне, мистика, гуманиста, бунтаря против папского престола, журналиста, политика. Ламенне утверждал, что церковь не смогла выполнить главный свой долг — долг любви к ближнему и защиты малых сих. Юный Ференц не мог не увлечься идеями этого человека. Он посетил обитель аббата и написал там два очень важных музыкальных произведения (общее же число его музыкальных произведений, как известно, превышает тысячу). Но Лист не высидел долго в гостях у Ламенне, потому что тосковал уже по Мари д'Агу. После их первой встречи у Шопена между ним и молодой замужней аристократкой завязалась долгая переписка. Потом Ференц стал давать Мари, которая была очень музыкальна от природы, уроки музыки. Она же помогла ему вспомнить совершенно забытый им немецкий (венгерского он не знал вовсе, а говорил в основном по-французски). Мари стала писать за Листа статьи, подписывая их его престижным именем. Создается впечатление, что во Франции к такого рода «негритянскому» творчеству всегда относились снисходительно (ведь даже классики нанимали тут литературных негров).

Мари д'Агу, которая с ранних лет больше всего любила писать и культурно общаться, устраивая приемы в своем парижском особняке на рю де Бон и в замке Круасси, мужа не любила, а детьми не занималась. Она жаждала любви и ждала явления «великого человека». Однажды отправилась она на улицу Турнон, что близ Люксембургского сада, к модной предсказательнице мадам Ленорман (той самой, что предсказала Наполеону его судьбу). Мадам Ленорман посулила графине, что жизнь ее должна скоро перемениться, что она вот-вот полюбит человека, который произведет сенсацию в целом мире. И тут — знакомство с Листом. Против судьбы не пойдешь: Ференц и Мари становятся любовниками. Она бросила мужа и детей, и они уехали в Швейцарию, где Мари подарила Ференцу первую дочь, а потом и вторую.

Они вернулись в Париж лишь осенью 1836 года и поселились в «Отель де Франс» на улице Лаффит. Вскоре к ним присоединилась Жорж Санд — именно здесь произошло ее знакомство с Шопеном. Ференц и Мари жили также у Жорж Санд в ее гостеприимном, но небезопасном (всегда можно угодить на страницы сочинений хозяйки или ее гостей) замке Ноан. Париж поначалу враждебно встретил Ференца и Мари, живущих во грехе, вне закона, но четыре концерта, которые Лист дал в зале Эрара, снова покорили сердца парижан, и особенно парижанок, среди которых в ту зиму 1837 года была странная, экзотическая итальянка княгиня Бельджиожозо. Ференц посещал ее особняк на уже знакомой вам улице Анжу, где княгиня устраивала замечательные концерты.

Потом снова была Италия, где у Ференца и Мари родился сын. Оттуда Ференц отправился в бесконечное турне по Австрии, Германии, Венгрии и только в 1840 году снова появился в Париже. Он жил теперь в доме № 21 на улице Пигаль с постаревшей матерью и тремя своими детьми от Мари д'Агу. Ему было уже 29 лет, и их роман с Мари подходил к концу, хотя она, вероятно, продолжала любить и ненавидеть его до конца своих дней.

Той же осенью у музыкального издателя Шлезингера Лист познакомился с Вагнером. Уже написавший многие из своих знаменитых произведений, Вагнер получал за них у издателей гроши. Он бедствовал и рассчитывал на помощь Листа, известного всему Парижу своей щедростью. Вагнер с недоумением глядел на этого молодого, красивого, обласканного публикой пианиста. Щедрый, как всегда, Лист спросил, чем он может помочь собрату, но растерянный Вагнер ушел, ничего не сказав...

Вскоре Лист снова отправляется в бесконечное концертное турне по Европе — Англия, Германия, Россия... В Веймаре он играет с великой герцогиней Веймарской Марией Павловной. Она была внучкой Екатерины Великой, дочерью Павла I и сестрой Николая I, при этом блестящей пианисткой и тонким знатоком музыки; через своего сына она предлагает Листу постоянный пост — руководить ее оркестром. Так с 1843 года Лист до конца своих дней обосновался в Веймаре под покровительством великой герцогини...

Впрочем, он наезжал оттуда в Париж. Реже, конечно, чем в Рим, Тиволи, Будапешт, Вену. В апреле 1844 года он дал два блестящих концерта в парижском «Театр-Итальен», о чем восторженно писал Теофиль Готье: «Лист не просто пианист, он поэт, который исполняет и свою и чужую музыку...»

Листу довелось в тот приезд ужинать во дворце Ротшильда с Бальзаком, в результате чего на долю Бальзака выпали тяжкие минуты. Когда Лист отправлялся в Петербург, Бальзак дал ему рекомендательное письмо к своей невесте Эвелине Ганьской. И вот позднее, попав наконец в Россию после долгой разлуки с Ганьской, Бальзак обнаружил в ее дневнике записи о визитах Листа, который произвел на молодую вдову неизгладимое впечатление. «Я была как грешная душа в адском огне», — записала она.

Лист по-прежнему жил в тихом Веймаре, когда во Франции вышли в свет сразу три романа, где бывшие его друзья, враги и возлюбленная сводили с ним счеты. Бальзак по подсказке Жорж Санд вывел Мари и карикатурного Листа в романе «Беатрикс». Жорж Санд в «Горации» направила острие своей сатиры против Мари. А сама Мари д'Агу свела счеты с Листом в романе «Нелида». Так что Париж не забывал гениального виртуоза, который тем временем в тихом Вей-

Молодой зеленоглазый красавец Лист покорил Париж, долго в нем жил, но прекрасно чувствовал себя и в Италии, и в Веймаре...

маре писал музыку, открывавшую новые пути в искусстве, дирижировал великокняжеским оркестром и пользовался неизменным успехом у влюбчивых аристократок, в том числе и русских.

С именем Листа связана в Париже величественная XVI–XVII веков готическая церковь Сент-Юсташ, что стоит на краю бывшего «Чрева Парижа». Здесь Лист, уже облачившийся с папского благословения в сутану католического аббата (но не дав, однако, обета безбрачия), дирижировал исполнением своей «Большой мессы». Это было торжественное, величественное событие, сопровождавшееся скандалом и жестокими спорами между сторонниками старой и поклонниками новой музыки. Лист слыл новатором, и даже бывший друг его Берлиоз, чье новаторство так пылко защищал когда-то юный Ференц, музыку его не понял и не принял. А не забывшая Листа и не простившая его Мари д'Агу подготовила к парижскому концерту аббата Листа новое издание своего мстительного романа «Нелида» и кое-какие разносные рецензии.

Последний приезд Листа в Париж на Пасху 5 мая 1886 года был триумфальным. Лист остановился в доме № 53 на авеню де Вилье в роскошном жилище модного художника-венгра Мункачи. Два знаменитых парижских дирижера объявили в те дни в своей программе «Вторую рапсодию» Листа в Театре Шатле, а также «Легенду о святой Елизавете», которая исполнена была в Трокадеро в присутствии семи тысяч человек. И старый друг Гуно повторял в тот день восхищенно: «Эта вещь сложена из священных камней».

Листа чествовали и публика, и газеты, и президент Жюль Греви, и музыкальные издатели, давшие обед в его честь, однако прощальной грустью был пропитан этот последний визит: Шопен, Бальзак и Мари д'Агу покоились уже на кладбище Пер-Лашез, Анна Лист — на Монпарнасском кладбище, Берлиоз — на Монмартрском... Прощаясь с Парижем, Лист прощался с воспоминаниями. Жить ему самому оставалось два месяца...

ТАМ, ГДЕ БЫЛО «ЧРЕВО ПАРИЖА»

Едва начав прогулку по улице Сен-Дени, мы с вами отметили по левую руку площадь с фонтаном и ушли дальше на север, к арке Сен-Дени, точно поспешая в толпе за похоронной королевской процессией, а между тем и знаменитый этот фонтан, и то, что лежало в былые времена за фонтаном, и даже то, что понастроили там нынче, — весь этот квартал заслуживает самой неторопливой прогулки. Но что может нам помешать возвратиться по той же улице Сен-Дени на прелестную площадь Праведников к фонтану Праведников?

Фонтан этот, равного которому нет, на мой взгляд, в целом Париже, стоял раньше на углу улицы Сен-Дени и улицы Берже. А на том месте, где он расположен сейчас, вероятно, еще с галло-римских времен и почти до конца XVIII века лежало городское кладбище. Знаменитое это место описано Франсуа Рабле, а знатоки считают, что именно здесь Вийон размышлял над своим «Завещанием». Кладбище упразднили в 1786 году, и то, что оставалось еще в земле от захороненных здесь парижан (полагают, что их тут было не меньше двух миллионов), перевезли в катакомбы. Вот тогда-то великолепный ренессансный фонтан Жана Гужона (год сооружения 1549-й) и передвинули на середину площади. Жизнерадостное это сооружение веками соседствовало не только с кладбищем Святых Праведников, но и с весьма солидного возраста ярмаркой, которая позднее стала парижским оптовым рынком.

В 1183 году король Филипп-Август повелел

*Летом щедро плещется прекрасный фонтан Праведников, в нем купаются парижские «гамены» и «гавроши», вокруг галдят туристы, стрекочут кинокамеры...
Но он прекрасен и в своей зимней печали, этот старинный парижский фонтан.*

построить на здешней окраине Парижа, носившей буколическое название Лужки (Ле Шампо), каких-то два весьма странных здания, названные «Лез Аль» (**Les Halles**). В эти здания король и велел перевести ярмарку, до того шумевшую под стенами лепрозория Сен-Лазар. Так как соседство старого кладбища было не слишком вдохновляющим, король повелел отгородить от него рынок высокой стеной и галереями. С годами здешний базар разросся, а при Наполеоне III к нему добавились новые помещения. Император, на которого железные конструкции парижского Восточного вокзала, сооруженного Виктором Бальтаром, произвели неизгладимое впечатление, приказал тому же Бальтару соорудить два крытых рыночных павильона наподобие вокзального здания. «Чтоб было железо, и ничего, кроме железа, — с энтузиазмом наставлял король. — Сооруди им зонтики, чтобы укрыться от дождя». Что ж, требование было законное, потому что дожди в Парижской впадине на перекрестке морских ветров — дело обычное. Бальтар был дерзостный архитектор, он не был рабом моды, он любил цвет (он и сам был живописец), он любил и модерн и старину, он реставрировал храмы и сам построил в Париже церковь Святого Августина...

Идя навстречу высочайшему пожеланию, Бальтар соорудил некое странно-прекрасное здание, которое произвело на современников сильное впечатление (его с тех пор много раз копировали и во Франции, и за границей, а в путеводителях честно указывают: «Рынок наподобие Бальтара»). Бальтар создал металлическую конструкцию, прикрывшую целые улицы лотков и прилавков: в ней были световые проемы, слуховые окна, перегородки, стеклянные эркеры, просторные погреба и подвалы — недаром с таким восторгом писал об этом сооружении Золя в романе «Чрево Парижа». В 1936-м крытый рынок «Лез Аль» был дополнен новыми помещениями, а за столетие его существования в нем сложился свой особый быт, свой образ жизни, свой клан оптовиков-торговцев, всю ночь сбывавших розничной торговле свой хрупкий, свежий товар и лишь иногда, оторвавшись от дел среди ночи, забегавших в здешние ночные харчевни, чтобы съесть тарелку лукового супа (вкус его рынок, похоже, унес с собой в прошлое). В «Лез Аль» были свои нравы, свои персонажи, вроде солдатских вдов, имевших льготную лицензию на торговлю, вроде мясников, говоривших на своем, мясницком арго, непонятном ни простым французам, ни иностранцам.

В романе Золя вы найдете сценки из жизни довоенного «Чрева Парижа», мне же чаще всего приходит на ум одна, которой нет в романе, но которая часто попадается в русских эмигрантских мемуарах. В начале тридцатых годов каждое утро, точнее даже — под утро, появлялась на оптовом рынке высокая, румяная русская монахиня в круглых очках. Завидев ее, привычные торговцы кричали: «Иди сюда, русская матушка! А ну нагружай!» И они щедро грузили на ее тележку не проданные за ночь овощи, фрукты, мясо... Все равно пропадать добру, так уж лучше отдать на доброе дело. А что на доброе, так по ее добродушному лицу, по ее добрым близоруким глазам было видно... До чего же им было никогда не дознаться (да и не нужно это им было, впрочем) — это то, что круглолицая эта русская монахиня мать Мария была ученый-богослов, поэтесса, а в прошлом — подруга Александра Блока, боевая эсерка, революционерка и деятельница, подвижница и праведница, которой предстояло вскоре отдать жизнь за ближних и, спасая честь рода людского в позорную эпоху безвременья, сгореть в печи нацистского лагерного крематория. Об этом не знали жившие бок о бок с ней французы (и нынче не знают), а все же чувствовали загрубевшие торговцы из парижского «Чрева» чистоту ее души и намерений и самоотверженность ее подвига в миру... А она увозила нагруженную тележку к себе на рю Лурмель, что в 15-м округе, в свое «Православное дело», становилась к плите, готовила сытные, грошовые обеды для голодных русских работяг-безработных. Им, бездомным и беспаспортным, приходилось особенно тяжко в ту эпоху кризиса...

Проблемы гигиены, тесноты, транспортных пробок заставили парижские власти уже в 60-е годы XX века предусмотреть переезд оптового рынка в пригородный Ранжис. (Приехав впервые в Париж в конце семидесятых, я застал одни легенды, пыль новой стройки да макет старого рынка в память о «Чреве» в соседней церкви Сент-Юсташ.) Переезд состоялся в ночь с 4 на 5 марта 1969 года. Как с удивлением обнаружили былые торговцы на новом месте, их привычные крысы из «Чрева» переселились в Ранжис заблаговременно. Печальнее было другое: из прежних павильонов Бальтара при переезде уцелел лишь один — он был перенесен в Ножан-сюр-Марн (ищи нынче тех начальников, что недодумали). Ну а что на старом месте, в сердце правого берега? Свято место пусто не бывает. К 1979 году конкурс проектов застройки выиграл проект архитекторов Васконти и Панчритча. А в 1986 году был построен супермодерный (для того, а не нашего времени, модерн старится быстрее любой старины) надземно-подземный комплекс «Карре Лез Аль», позднее названный «Форум Лез Аль», — на четырех уровнях, все как есть из стекла, с несчетным количеством магазинов (как всегда, во главе — модная одежда), кинозалов, театральных залов, с музеем, библиотекой, галереями, театральными кассами, целой подземной площадью. И все сияет отсветами «дневного света» на стеклянных витринах — то ли от старого доброго солнца, то ли от искусственных ламп дневного света, поди разбери...

Наверху вдоль улиц Рамбуто и Пьер-Леско архитектор Жан Вилерваль воздвиг здание «Леско» в форме гвоздички: среди его стеклянных плоскостей разместились Центр культурной информации, музыкальная школа (по-здешнему — уже «консерватория») для детишек из округи, Дом поэзии, Дом мастерских, павильон искусств. Сквозь окна виден прилегающий к ним сад, тоже супермодерный и, на мой взгляд, жидковатый, а все же сад — увитые зе-

Там, где было «Чрево Парижа»

ленью аркады и портики, задуманные архитектором Лаланном. В подземной части сада, спроектированной знаменитым Полем Шеметовым, есть и бассейн, и спортзал, и бильярдная, и тропическая оранжерея, и Дом музыки и танца, и фотогалерея, и видеотека, и дискотека, и радиостудия...

Как водится в мире свободного рынка, ничто здесь не стоит на месте: одни учреждения процветают и расширяются, другие — прогорают и сходят на нет, третьи — просто переезжают на новое место, более удобное, более выгодное или просто неведомое их кредиторам.

Среди победителей, отметивших десятилетие своей деятельности расширением площади, обогащением коллекций и новыми планами, оказалось интереснейшее учреждение этого подземелья — «Видеотека Парижа», получившая сейчас новое название, больше соответствующее ее широкому полю деятельности, — «Форум изображений». Уже и в качестве видеотеки учреждение это не было простым видеоклубом, где дают напрокат, продают или меняют видеокассеты. А уж теперь-то, захватив часть бывшего «Аудиториума» и расширив свое жизненное пространство и коллекцию фильмов, новый «Форум изображений» может осуществить самые дерзкие планы. Конечно, главное направление остается прежним: новый «Форум» — это звукоизобразительная память Парижа с его киноколлекцией в 6000 названий. Прежде всего здесь собраны фильмы о Париже и фильмы, снятые в Париже, но также и фильмы, где

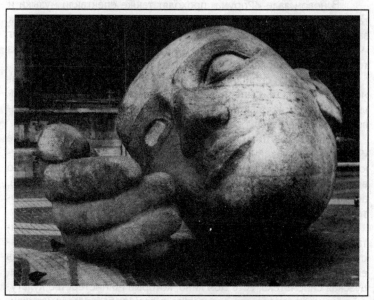

Знаменитый слухач, брошенный на мостовой близ старинного храма Сент-Юсташ, – что он слышит? Не бьют ли копыта по мостовой? Не грядет ли война?

Париж упоминается или хотя бы живет за кадром. Скажем, фильм Гремийона «Летний свет», где играет знаменитая Мадлен Рено. Действие фильма происходит в Провансе, но тоскующая по Парижу героиня (ее роль исполняет Мадлен Рено) ностальгически вдыхает воображаемый запах парижского билетика метро. Или, например, фильм «Любовные письма из Сомали», где возникает Париж будущего. Или фильм «Армагеддон», где есть кадры, в которых падающий метеорит сжигает Париж. В фондах видеотеки не только художественные фильмы, но и фильмы документальные, хроникальные и даже фильмы с конкурса любительских фильмов 1910 года, где есть кадры парижской панорамы, снятой из автомобиля. Новый «Форум» не только хранит и показывает фильмы, он занимается изучением киноязыка, изображения как элемента культуры и современной цивилизации. Он осуществляет свое педагогическое предназначение, принимая в своих кинозалах группы из лицеев и университетов, организуя встречи профессионалов. К большому залу в полтысячи мест сейчас прибавились просмотровые залы поменьше и даже зал для индивидуальных просмотров. Муниципальные субсидии центру составляют до 36 с лишним миллионов франков в год. К ним присоединяются суммы, которые «Форум» зарабатывает, участвуя в совместном производстве фильмов, а также суммы, выручаемые за прокат некоторых фильмов, ну, скажем, цветной документальной ленты об освобождении Парижа, права на которую были подарены «Форуму» американской армией.

В новом зале «Форума» проходят также спектакли музыки и танца. Молодой директор «Форума» мечтает давать приют в своих залах уличным артистам, давно обжившим пространство вокруг «Форума», — например, группам рэпа, которые были вытеснены из торговой подземной галереи с приходом киногородка.

Меценаты и спонсоры из компьютерной фирмы «Компак» помогли оборудовать существующий «Киберпорт», дополнить его новыми пунктами компьютерной консультации, удвоить число справочных компьютеров, оборудовать небольшое кафе...

На новом чуть ли не полуторатысячеметровом пространстве «Форума изображений» мало-помалу обретает место и давно кочующая по Парижу библиотека кинолитературы. В ней 30 000 книг по вопросам кино, большое собрание киножурналов, каталогов, афиш, справочных досье. Это единственная парижская кинобиблиотека, из которой можно брать книги на дом.

Тут надо добавить, что новый «Форум» в подземных лабиринтах, выросших на месте былого «Чрева Парижа», далеко не единственный киновидеоцентр в этом городе кино — Париже. Есть ведь еще Бифи, Библиотека фильма, близ площади Бастилии, есть Французская синематека, есть Дом кино, который Министерство культуры теперь намеревается разместить в здании бывшего Американского центра на улице Берси, есть исследовательские центры кино.

Кроме туристов и брызжущих энергией провинциалов, осле-

Там, где было «Чрево Парижа»

пительный этот «Форум дез Аль» влечет к себе, конечно, столичных бомжей, которые исхитряются остаться здесь на ночь, чтобы выспаться в тепле, допить свою бутылку красного, посудачить с друзьями о свободе и «незанятости», пожевать батон или выловить другую закусь из полиэтиленового пакета. Так что в мире дорогих магазинов и хвастливого супермодерна сложилась уже и своя бродяжье-нищенская («клошарская») инфраструктура, которая так же современна, как магазины информатики, Джорджио Армани, «Наф-Наф» или Мадонна...

Есть вокруг «Форума» и другие ассоциации завсегдатаев, например сообщество уличных комедиантов, у которых сложилось четкое распределение околофорумного пространства: скажем, у фонтана Праведников промышляют мастера рэпа, у входа на улицу Леско — жонглеры, за углом — игроки и пацаны на роликах... Иные грамотные журналисты сравнивают промышляющее здесь уличное сборище с существовавшим в Средние века в тех же местах «Двором чудес», описанным у Гюго...

Это новое «Чрево» одним парижанам по вкусу, другим — не слишком, что же до коренных обитателей квартала, то они, словно бы стараясь не замечать тоскливого супермодерна, создали здесь по образцу былых сельских коммун «Свободную коммуну квартала Лез Аль» и даже выпускают свою газетку «Капуста Парижского Чрева». В коммуну входят разнообразные ассоциации любителей старины вроде «Поросячьей ножки» (кафе «Пье де кошон», что на улице Монторгей, уцелело со времен старого «Чрева»). У коммуны есть даже своя гвардия и фанфары, есть свои праздники вроде «Фор дез Аль» или «Сент-Оппортен», когда начинают с чтения стихов на латыни, а кончают джазовой музыкой и грандиозным банкетом. У коммуны «Лез Аль» есть друзья и единомышленники за океаном, в штате Луизиана, в населенном некогда французами квартале Нового Орлеана («Карре франсе»)...

Ну а что сам старинный квартал, теснившийся у бывшего «Чрева»? Я люблю разглядывать его с крыши Центра Помпиду, а еще больше люблю бродить по его чудным улочкам, уводящим в предания старины. Вот улица Феронери, пронесшая свое название через семь веков. 14 мая 1610 года на ней, как всегда, теснилась, бурлила толпа, через которую не могла пробиться королевская карета. Воспользовавшись остановкой кареты у дома под знаком Саламандры, Равайяк приблизился к ней и нанес смертельный удар «доброму королю» Генриху IV. Надпись на нынешнем доме № 11 напоминает об этом роковом дне. Одна из самых старых церквей в квартале ныне — церковь Сен-ле-Сен-Жиль. Она была построена в XII веке, правда, ее перестраивали и в XIII, и в XVI, и даже в XIX веках (в последний раз — при участии Бальтара). На улице Кокийер есть фасады XVII века работы Франсуа Мансара (ныне Банк де Франс). Несколько красивых домов сохранилось на улице Пьера Леско, а на площади Двух Экю стоит любопытное круглое строение парижской

Биржи, сохранившее колонны былого Суассонского дворца Карла Бурбонского. Некогда на этой площади стоял Нельский дворец, в котором в 1252 году умерла королева Бланш Кастильская. Позднее здесь жил герцог Орлеанский, будущий Людовик XII. Нынешним русским, может, понятнее будет лихорадка продажи и покупки акций на Бирже, показавшаяся мне десятилетие назад не столько экзотической, сколько отвратительной суетой.

С XIII века особой популярностью пользовалась в квартале улица Сент-Оноре, где родился Мольер и где стояла старинная аптека, снабжавшая лекарственными снадобьями саму Марию-Антуанетту.

На улице Этьена Марселя можно видеть средневековую башню, уцелевшую от Бургундского дворца герцога Иоанна Бесстрашного (**Jean-sans-Peur**), все же испытывавшего страх перед вдовой Людовика Орлеанского (и не без оснований). Эта башня 1408 года и ныне там. Из любопытных музеев квартала — Адвокатский музей, где те, кому не надоела сегодняшняя криминальная хроника, могут погрузиться в мир былых преступлений.

На старых улицах квартала бережно хранят старые интерьеры и старые вывески вроде огромной золоченой улитки над кабаком, где сиживали Пабло Пикассо и президент д'Эстен. Иные из кабатчиков в квартале пытаются даже сохранять распорядок времен «Чрева Парижа», когда ночь превращалась в день. Именно так содержит свое кафе «Тур де Флери» старый Жак, возглавляющий «Свободную коммуну Лез Аль».

Надо сказать хоть несколько слов и о самом заметном строении квартала — о готической архитектуры храме Сент-Юсташ (Святого Евстафия). Он чуть не вплотную примыкает к саду нового «Форума». В XII веке здесь стояла часовня, на месте которой за сто лет усилий (с середины XVI до середины XVII века) воздвигли замечательный храм, над украшением которого работали такие мастера, как Миньяр, Мансар де Жюи, Шарль Давид, Франсуа Пети. Храм славится и своим хором, и интерьером, и великолепным (с 8000 труб) органом. В церкви этой погребен композитор Рамо, здесь есть доска, увековечившая имя матушки великого Моцарта, есть гудоновский бюст Ференца Листа. Похоронено здесь множество знаменитостей (в том числе и Кольбер), так что и надгробия тут великолепные. В храме этом крестили Мольера и будущую любовницу короля мадам де Помпадур, отпевали Мольера, Лафонтена, Мирабо и еще многих других. Берлиоз впервые исполнял в этом храме свой «Те Деум», а Лист — свою «Большую мессу». Храм почтил и почившего соседа — славное «Чрево Парижа» — забавным макетом... «Чрева» больше нет, остались только роман Золя и макет в храме. Понятно, что городскому центру мешали эти теснота, пробки, шум, запахи, грязь, отходы... «А все-таки жаль...», как пел мой любимый поэт...

На восток по бульварам

ПОПУЛЯРНЕЕ, ЧЕМ ЭЙФЕЛЕВА БАШНЯ

Бульвар, которому присвоено было имя великого преобразователя Парижа барона Османа, славен не только домами, в которых жили многие французские знаменитости вроде Марселя Пруста, или таинственным Банком Северной Европы, о тайных прокоммунистических операциях которого написаны уже сотни страниц, но прежде всего своими «большими магазинами» — универмагами, порождением османовского века.

Хотя скрытные французы и не признают в отличие от американцев, что хождение по магазинам и приобретение в них разнообразных предметов — «шопинг» — давно стало самым распространенным национальным спортом, даже мимохожий гость французской столицы без труда отметит, что и во Франции это одно из любимейших развлечений. Так что, магазины, особенно так называемые «большие магазины», «гран магазен», являются не только заведениями, отражающими специфику французского образа жизни, но и самым привлекательным туристическим объектом французской столицы, которая, как вам известно, одна из популярнейших приманок для туристов всего мира (шестьдесят миллионов туристов в год — не шутка). Это мое заявление может быть подтверждено точными цифрами. Если одно из наиболее популярных сооружений Парижа, Эйфелева башня, завлекает пятнадцать тысяч посетителей в день, то «большой магазин» «Галери Лафайет», который почти ровесник башне, заманивает их в день до восьмидесяти тысяч.

«Галери Лафайет» недавно отпраздновала свое столетие. «Большие магазины» появились в Париже на рубеже XIX и XX веков. Они знаменовали собой истинную революцию нравов, приход эры потребительства и нового подхода к потребителю, нового динамизма торговли, нового размаха, новой эстетики торговой архитектуры — понятное дело, носящей следы тогдашнего вкуса моды, стилей «ар нуво», «ар деко», модерна.

Первым из «больших магазинов» в Париже был «Бо марше» (что значит по-французски — «по сходной цене», «недорого» или даже «по дешевке»). Именно этот магазин навеял Эмилю Золя тему его романа «Дамское счастье», хотя работники других знаменитых парижских универмагов утверждают, и, вероятно, не без оснований, что это и про них тоже. Заведовавший отделом в небольшом магазине Аристид Бусико купил в эпоху Второй империи собственный магазин и после 1870 года начал его расширять. К 1876 году архитектор Буало построил главный корпус нового магазина, причем металлический каркас для здания спроектировал тот самый Гюстав Эйфель, что строил башню для Всемирной выставки. В сегодняшнем помещении магазина еще можно отыскать остатки старого здания — красивые витражи или, скажем, барьеры из фигурного железа на балюстраде второго этажа. В 1923 году магазин перестроил Буало-сын, тот самый, что строил и стоящий неподалеку отсюда отель «Лютеция». Все эти сооружения не могут не тешить глаз поклонника модерна и Бель Эпок.

В 1865 году был основан магазин «Прентан» (то есть «Весна») на бульваре Осман (имя барона Османа тут нелишне вспомнить еще раз, ибо все эти «большие магазины» возникли на проложенных бароном широких магистралях-бульварах). От этой эпохи в магазине уцелело многое. Уцелел и великолепный фасад «большого магазина» «Самаритен» на улице Пон-Неф, один из лучших образцов стиля «ар деко» в Париже. Этот магазин был построен на рубеже нового века торговцем по имени Эрнест Коньяк, к тому времени ус-

В «Галери Лафайет» представлены все королевства моды и дороговизны.

певшим простоять на той же улице за прилавком около тридцати лет. На сегодняшний день это, пожалуй, самый большой из парижских «больших магазинов». Он великолепно отреставрирован, в нем уцелели и металлический каркас, и стекло, и фигурное железо, а с его террас в теплую погоду открывается великолепный вид на набережные Сены и центр Парижа.

Осталось в сохранности и главное здание «Галери Лафайет», его фасад с ромашками и великолепный 33-метровой высоты стеклянный купол с шестью лучами, оправленными железом. Недавно магазин был достроен знаменитым архитектором Таралоном, причем архитектору удалось сохранить все великолепные детали стиля «ар нуво».

Историки Парижа знают, что магазин «Галери Лафайет» имел сто лет назад фасад шириною всего в три метра. Сегодня этот магазин занимает площадь в 120 000 квадратных метров. С 1900-го до 1905 года магазин прикупил для своих нужд еще три дома на престижном бульваре Осман. Площадь торговых отделов на бульваре Осман лишь в три раза уступает знаменитой столичной площади Согласия. Можно добавить, что у группы «Галери Лафайет» ныне 270 магазинов во Франции, что ее магазины открыты в Токио, в Москве, в Китае, на берлинской Фридрихштрассе, что здесь самый большой в мире парфюмерный отдел, что это самый большой во Франции магазин моды, что в нем отоваривались Эдит Пиаф и Хиллари Клинтон, мадам де Голль и Гарри Каспаров, Никита Хрущев и принц Чарлз, Клаудиа Шиффер и Катрин Денев. За неделю тут проходит полмиллиона посетителей-покупателей, то есть за четыре дня здесь может промельтешить население всего Старого Парижа. С опаской покосившись на мужественных феминисток, отметим все же, что, как и во времена Золя, «большой магазин» — это по-прежнему «дамское счастье»: дамы составляют 73 процента его посетителей (да и мужчины чаще всего забегают ради их прекрасных глаз, за подарками).

Магазин «Галери Лафайет» счастливо пережил многочисленные кризисы спада потребления, и ныне в нем торгуют все самые знаменитые фирмы Франции. С ним сотрудничают чуть не все гении современной высокой моды вроде Лакруа, Диора, Готье, Кензо, Кальвина Клайна, Лагерфельда, Мюглера... Магазин вывел когда-то на орбиту Соню Рикель и многих других, а сейчас туда же выводит немку Жиль Зандер...

Известно, что простое скопление торговцев и товаров еще не создает «большого магазина». «Галери Лафайет» сохраняет единство стиля, и небезынтересно взглянуть, как же уцелел такой магазин, что нового он внес и вносит ежедневно в торговлю. Ведь, как гласит знаменитая реклама, «В "Галери Лафайет" каждое мгновение происходит что-нибудь новое». А профессионалы торговли подтверждают: «Большой магазин» — это форум новейшего времени».

Знатоки утверждают, что кроме неизбежного элемента удачи и случайности в истории этого лучезарного парижского успеха лежали закономерности, смелость, труд и талант, которые ныне, как признают, во французской торговле и в индустрии встречаются все реже.

Итак, в начале девяностых годов прошлого столетия два кузена-эльзасца, два молодых торговца Теофиль Бадер и Альфонс Кан открыли на бульваре Осман крошечную галантерейную лавочку. Уже три года спустя, осенью 1896 года, они сумели значительно ее расширить. Так возникла «Галери Лафайет». Молодым галантерейщикам удалось реализовать свои планы и во многом изменить способы торговли. Они радели о том, чтобы у них был большой выбор товаров наилучшего качества. Оптовые закупки по сниженным ценам позволяли им придерживаться не слишком высоких продажных цен, соблюдая честное соотношение цены и качества. Более того, продавец у них не должен был мысленно пересчитывать деньги в кошельке перспективного покупателя и с ним торговаться. Твердая и единая цена была обозначена на ярлыке заранее. Доступ к товарам был свободный. Прилавки были красивы и привлекательны. Все это предвосхищало нынешние принципы торговли и вовсе еще не было типичным для тех времен. Теофиль Бадер, знакомый с пошивочными ателье улицы Сантье, решил, что особые ателье будут работать на их магазин, который будет не только придерживаться моды, но и формировать моду... Дело пошло. Конечно, и место и время для открытия нового магазина были подходящими, но можно отметить, что и молодые эльзасцы пришли в бизнес не с пустыми руками: у них были идеи, которые позднее развивали их наследники. К 1912 году с постройкой нового здания площадь пяти торговых этажей «Галери Лафайет» уже превышала 18 000 квадратных метров.

Многое здесь было предусмотрено хозяевами — и атмосфера внутри магазина, и его рестораны, и благоприятные условия работы и жизни, созданные для персонала (скажем, ясли для малышей и медицинское обслуживание). Хотя реклама, возвещавшая, что в «Галери Лафайет» каждую секунду происходит что-нибудь новое, тогда еще не была придумана, у кузенов уже было ощущение, что о магазине должны говорить постоянно, и они изобретали события и сенсации. В 1919-м они предложили кругленькую сумму в 25 000 франков отчаянному пилоту, который ухитрится посадить свой самолет на тридцатиметровую крышу магазина, изрешеченную вдобавок вентиляционными отверстиями. Такой смельчак нашелся. Это был известный летчик Жюль Ведрин. Он получил свои немалые деньги, но зато и шуму было много, так что магазин не остался в убытке.

После войны магазин изобрел выставки-продажи, посвященные зарубежным странам. В 1953-м, а потом и в 1967 году с успехом прошли выставки итальянских товаров, в 1988-м — открытая самим Жаком Шираком выставка сокровищ Киото, в 1989-м — американская ретроспектива, в 1994-м — выставка ацтекских сокровищ из мексиканского музея, наконец, в 1995-м — первая во Франции южноафриканская выставка. Магазин неплохо трудился и за французский МИД и за Министерство культуры.

В 1959 году магазин изобрел свою формулу «Три дня». Три дня в году магазин распродавал по неслыханно низким ценам модные товары конца серии. В каждый из этих трех дней в магазине бывало по 200 000 покупателей. Завлечь их пытались всеми способами. В 1997 году в эти дни посадили за столик Горбачева — надписывать его изданные по-французски нудные 900-страничные мемуары. Три сотни французов пришли пожать руку герою совсем еще недавнего прошлого, самому популярному русскому конца 80-х годов. Помнится, даже в начале девяностых, желая придать завлекательности своим диванам, мебельная фирма «Левитан» помещала на гигантской рекламе рядом с лежаком какую-нибудь книжечку с отчетливо различимой надписью — «Горбачев». Успех был обеспечен. Может, эти воспоминания хранили еще и в конце девяностых хозяева «Галери Лафайет». Так или иначе, разрекламировать свои «Три дня» с бывшим русским президентом магазину удалось — набежали пресса, телевидение...

Еще со времен основателя фирмы Теофиля Бадера универмаг «Галери Лафайет» создавал свою моду. Он сделал шаг навстречу массовому покупателю, который мог покупать здесь модные вещи по цене готового платья.

Обитатели близлежащего квартала — мелкие служащие, девушки-работницы, продавщицы — завели привычку закусывать в обеденный перерыв в магазине и попутно кое-что покупать. Конечно, это был не настоящий обед — не «дине», а легкая закуска — «динет». И вот отнюдь не молодой и не бедный французский язык обогатился новым словечком — «мидинет» или «мидинетка», «мидинеточка» — молодая и романтическая горожанка, из тех, что сама зарабатывает себе на хлеб, а в полдень («миди») довольствуется не обедом, а обедиком («динет»).

Как свой главный праздник универмаг и поныне обставляет Рождество. Оно и понятно: для торговцев Рождество — трижды праздник. Иные западные остряки, вроде Бернарда Шоу, утверждали, что праздник этот и выдумали торговцы, так лихо они его эксплуатируют.

Универмаг «Галери Лафайет» с годами все больше утверждался в задуманном еще Бадером качестве лаборатории моды. С 1980-го в магазине стали проходить общедоступные фестивали моды. Семнадцатый по счету, совпавший со столетием магазина, был поставлен известным американским режиссером Робертом Уилсоном, тем самым, что ставил «Пелеаса и Мелисанду» в «Опера-Гарнье». Демонстрировались магазинные лауреаты Оскара, модели, демократизировавшие цены высокой моды. Фестивали «Галери Лафайет» показали коллекции молодых, талантливых и мало кому знакомых

Жана-Поля Готье (в 1979-м), японца Ямамото (в 1981-м), Азеддина Алайя (в 1982-м). Теперь эти мастера знакомы всем.

Выросли поколения модельеров, для которых «Галери Лафайет» был с детства мечтой и праздником. «Я помню в Арле 50-х годов, — вспоминает прославленный модельер Кристиан Лакруа, — эпопею «Галери Лафайет», куда мы ходили получать свои заказы на вещи, выбранные нами в огромных каталогах, из которых я вырезал картинки, составляя инвентарь в стиле Превера. Потом, уже в Париже, для меня магазин «Галери Лафайет» символизировала эта огромная лестница. Я был в ярости, когда ее разломали. Сегодня магазин напоминает мне огромный ежедневный журнал, который листаешь, отогнув, как обложку, гигантский фасад».

«Ах, рождественские витрины, — вспоминает модельер Лолита Лемпицка, — и отдел игрушек! Прекрасные воспоминания детства. Подростком я открыла отдел «Мне 20 лет», марку Сони Рикель и Доротеи Бис. Я и сегодня не прихожу туда без списка — колготки и косметика на первом этаже, вазы, безделушки, украшения... Как трогательны эти старые лифты, этот купол... Так интересно взглянуть на клиентов... Не такие, как всюду, женщины, женщины с характером, знающие, что им нужно...»

Итак, женщины с характером. Они составляют чуть не три четверти клиентов. 70 процентов из них приходят сюда раз в месяц, 30 процентов — раз в неделю. Почти треть из них молодые, моложе 30 лет.

Иностранцев среди покупателей пока только четверть, и здесь «Галери» уступает и магазинам с авеню Монтень, и лондонскому «Хэрродзу», где иностранцев уже половина. Ну а кто здешние иностранцы? Вернее, кто здесь лучшие покупатели? Японцы, конечно. Недаром магазин держит 25 переводчиков и советников для японской клиентуры. Недаром вдобавок к знаменитой старой чайной магазин открыл недавно на пятом этаже ресторан «суши». Японцы предпочитают признанные марки — «Шанель», «Диор», «Сен-Лоран», знаменитых итальянцев. Они покупают духи, кожаную галантерею. Все больше становится гостей из других районов Азии — китайцев из Гонконга, из самого Китая и с Тайваня, а также корейцев. Для них тут тоже есть переводчики-эксперты. Много молодых американцев, покупают они по мелочи, но обожают здешний винный бар, где дегустируют вина. Клиенты из Южной Америки покупают все подряд. А недавно появились и русские покупатели. Они еще не царят здесь, как в Ницце, куда влечет их старая русская легенда о Лазурном Береге, но они уже здесь, и магазин завел для них переводчика-эксперта. Он говорит, что запросы их непредсказуемы, что им все нужно немедленно и в страшной спешке. Может, они не надеются, что процветание их продлится долго. Во всяком случае, здешние торговцы уже настроились на серьезное изучение «загадочной славянской души» этих «новых русских».

БОЛЬШИЕ БУЛЬВАРЫ

В середине пятидесятых годов ушедшего века первой ласточкой (а может, и первым соловьем) послесталинской оттепели явился в Москве французский певец Ив Монтан. Он был тогда коммунистом и человеком «прогрессивным» (потом очухался), так что ему разрешено было инстанциями сообщить темной советской публике после десятилетий заточения в пределах «одной отдельно взятой», что кроме Москвы, Минска, Донецка, Жданова и Свердловска есть и еще красивые города на свете, например Париж, а в нем есть какие-то там «Гран-бульвар», Большие бульвары (**Grands Boulevards**), верно уж, восьмое чудо света, раз он так задорно картавит, этот парижанин-певец, повторяя без конца: ах, «Гран-бульвар», ах, «Гран-бульвар», да еще и приплясывает при этом. На самом-то деле к тому времени пик славы знаменитых Больших бульваров уже минул (после полувекового блеска), и модные магазины с них ушли, и писатели-модники, и праздные гуляки — бульвардье (и самое понятие о фрондерах-бульвардье, да и слово, пожалуй, тоже), а все же они и нынче еще хороши, эти бульвары, хотя машин многовато, да куда ж от них деться, от проклятых? Ну, и потом они — хочешь не хочешь — уже вписались в историю города, в историю Европы и всей мировой культуры, эти бульвары (ведь и «бульварная литература», и «театр бульвара» идут отсюда, здесь гремели Дюма, и Гюго, и Сара Бернар, и Оффенбах, и «Перикола» с ее песенкой дамского опьянения, и Скриб, и Золя).

А откуда же он взялся на правом берегу Сены, этот полукруг бульваров, кто наметил ему трассу? Да все та же оборонительная стена Карла V, что тянулась от Карусели до Арсенала (самое слово «бульвар» идет от немецкого оборонительного «бульверка» или голландского «больверка» — променада поверх стены). Строили стену в середине XIV века, а к концу XVII уже разбирали ее бастионы как давно устаревшие: и войны пошли по-иному, да и город расползся дальше на север (в эпоху короля-Солнца как раз и стали застраивать полукруг виллами). Впрочем, даже и по сю пору ощущаются эти бульвары как некая граница парижского центра — за бульварами уже былые слободы, и улицы за бульварами честно прибавляют перед своим прежним названием эпитет «фобур» — стало быть, «слободская»: Фобур-Сен-Дени вместо Сен-Дени, Фобур-Монмартр вместо Монмартр, Фобур-Пуасоньер вместо Пуасоньер. Большие бульвары стали границей между несколькими парижскими округами, и, как ни странно, даже нынче, когда стираются в Европе границы между странами, переход за бульвар или за черту округа ощущается на бульварах. Но, конечно, не обязательно какая-то там «слободская» публика жила в «фобуре». Здесь зачастую строили лучшие архитекторы (вроде Леду) — для самых богатых, которые тут селились в погоне за чистым воздухом и простором. Недаром писал в свое время Бальзак, что «сердце Парижа нынче бьется между улицами Шоссе д'Антен и Фобур-Монмартр».

Начинаются Большие бульвары на западе с бульвара Мадлен, проходившего уже в XVII веке под стеной да так и называвшегося тогда — Подстенным. В пору расцвета бульваров (в 30-е годы XIX века) здесь был салон мадам Рекамье, рядом жила «дама с камелиями» — и к той и к другой захаживали славные люди столицы.

За бульваром Мадлен следует бульвар Капуцинок, который в эпоху Второй империи был разрезан надвое площадью Оперы. В доме № 43 в начале бульвара у его пересечения с улицей Капуцинок размещалось Министерство иностранных дел, у входа в которое 22 марта 1842 года упал по пути на службу сраженный апоплексическим ударом замечательный французский писатель Стендаль (Анри Бейль). Кузен писателя, случайно оказавшийся рядом, отвез писателя домой, где он и скончался в тот же вечер, не приходя в сознание. На том же углу вечером 23 февраля 1848 года раздался револьверный выстрел, с которого началась очередная революция... В доме № 35 по бульвару Капуцинок находилось в 60-е годы ателье фотографа Надара, который был не только замечательным портретистом и открывателем новых путей в фотографии, но и писателем, журналистом, рисовальщиком. Он оставил прекрасные фотопортреты Гюго, Бодлера, Делакруа, Ламартина. Он был воздухоплавателем и проводил аэрофотосъемку. Он первый предоставил свое ателье под выставку художников, которых со времени этой выставки стали называть импрессионистами. Отверженные академией импрессионисты свили гнездо на Больших бульварах. Здесь было несколько галерей, где их выставляли охотно (в одной из них трудился брат Винсента Ван Гога). На Больших бульварах в 1863 году впервые выставлялся Мане. В доме № 28 на бульваре Капуцинок, где был некогда аттракцион «Русские горки», позднее открылся концертный зал «Олимпия», на сцене которого пели все самые знаменитые эстрадные певцы и певицы Франции — и Жильбер Беко, и Шарль Трене, и Монтан, и Азнавур, и Жюльет Греко, и Жак Брель (равно как и «битлы», и «Роллинг Стоунз», и Эва Демарчик). Одна из примадонн «Олимпии», блистательная Мистангет и жила здесь рядом (в доме № 24). Дом № 27 привлекает внимание фасадом магазина «Самаритен» (работа Журдена, 1914–1917 гг.). Доска на доме № 14 сообщает, что здесь, в индийском салоне «Гран-кафе», 28 декабря 1895 года братья Люмьер впервые демонстрировали фильм.

Миновав грандиозный «Интеротель» (там внутри потрясающие салоны Бель Эпок) и столь популярное среди иностранцев, особенно среди англичан, знаменитое «Кафе де ла Пэ», мы с вами окажемся на площади перед Оперой (или Национальной академией музыки и танца) — великолепным, веселым, похожим на праздничный торт дворцом Гарнье. «А что это за стиль? — кокетливо спросила архи-

Дом № 43 на бульваре Капуцинок – свидетель многих событий, в том числе и грустных. Около дома (где размещалось некогда Министерство иностранных дел) раздался выстрел, возвестивший начало очередной (1948 года) революции.
22 марта 1842 года у этого подъезда упал и вскоре умер от кровоизлияния спешивший на службу чиновник министерства — замечательный французский писатель Стендаль (Анри Бейль).

тектора Шарля Гарнье императрица Евгения. — Ведь это не греческий стиль и не стиль Людовика XVI?» «Нет, — сказал архитектор. — То были стили того времени. А это стиль Наполеона III. Какие могут быть нарекания?» «Не ломайте себе голову, — буркнул император. — Она ровным счетом ничего в этом не понимает». Но театр этот и на самом деле стал символом стиля Наполеона III — эклектично-барочного, перегруженного деталями... Но и вы «не ломайте себе голову». Прелестное здание дворец Гарнье! И кто в нем только не танцевал (и Лифарь, и Нижинский, и Нуреев), чья музыка в нем только не звучала (и Чайковского, и Мусоргского, и Стравинского, и Мейербера, и Дебюсси...)!

Близ Оперы, на авеню Оперы (в доме № 32), размещался в 20-е годы русский дом моды ТАО, основанный княгиней М. С. Трубецкой, где модельерами была М. М. Анненкова и княгиня Л. П. Оболенская, а моделью (как тогда выражались — «манаканом»), прелестная графиня Мария Белевская-Жуковская. На площадь выходит знаменитый «Гранд-Отель», тот самый, в котором в 1916-м голландская танцовщица и немецкая шпионка Мата Хари ласкала капитана русского экспедиционного корпуса Вадима Маслова. Счастливец вырвался на несколько дней с фронта в Париж, в увольнение. Позднее она навещала его в прифронтовой полосе, в результате чего молодому герою, в то время уже раненному, пришлось объясняться перед Военным советом во время процесса Мата Хари. 15 октября 1917 года обольстительница была расстреляна на военном

Остановись, кинолюб! В этом доме (№ 14 по бульвару Капуцинок) братья Люмьер впервые показали фокус-покус, который уже больше века скрашивает наши дни и ночи.

полигоне в Венсеннском лесу. Бедный Вадим по окончании войны постригся в монахи. А всему виной — овышенная требовательность... С. Дягилева, который в свое время отказался зачислить голландскую чаровницу в свою труппу: стояла бы где-нибудь в кордебалете у задника, дрыгала ножкой и, может, была бы целей...

В доме № 8 по бульвару Капуцинок (уже после площади Оперы) в 1880 году скончался один из прославленных кумиров Больших бульваров — композитор Жак Оффенбах. Впрочем, от тогдашнего великолепного дома в новом уцелел только вестибюль с колоннами. Ну а в доме № 2 был раньше театр «Водевиль»... Театры, театры — дальше уж целый бульвар назван по имени итальянской оперы и опера-комик (*l'opéra comique*), которая пародировала трагическую оперу (*l'opéra tragique*) и являлась, по выражению одной театральной знаменитости, порождением «французской веселости» (это, наверное, и есть французская веселость — водевиль, Скриб, Перикола). Это бульвар Итальянцев. Кстати, от бульвара Мадлен до бульвара Сен-Мартен тут все были театры, театры, и притом не театры трагедии, не классика, а веселый «театр бульвара», или просто «бульвар». И картины тоже тут писали и продавали не «академики», а диссиденты-импрессионисты, любители тогдашнего модерна (а модерном был сам бульвар, позднее и квартал Сен-Лазар — удивительно, но это все модерн). И вполне естественно, что со временем в помещении театра «Водевиль» (бульвар Капуцинок, № 2) разместился кинотеатр «Парамаунт»: пришла новая муза, и ее храм был где? На Бульварах (и наш Эйзенштейн первое свое кино увидел на Больших бульварах).

Бульвар Итальянцев, где размещался Театр Итальянцев (позднее «Опера-Комик»), уже с XVIII века (до самого 1914 года) был центром элегантности, искусств и моды. Это здесь (в доме № 22) находилось кафе-мороженое «Тортони», а в угловом доме № 1 (по улице Тэтбу) — «Парижское кафе» (**Café de Paris**), а чуть дальше — кафе «Риш», украшенное мозаиками Форэна (дом № 16 по бульвару Итальянцев). Ну а список тех, кто тут лакомился, похож будет на словарь Ларусс, сплошные знаменитости! И, конечно, по обе стороны бульвара поднимались дворцы. Скажем, на углу улиц Мишодьер и Луи-ле-Гранд был дворец Ановр, построенный для маршала Ришелье в 1758 году (ныне перенесен в парк Со, за город). На улице Лаффит (о ней не грех будет поговорить особо) на месте знаменитого кафе «Арди» выстроен был в 1839 году «Золоченый дом» (**la Maison Dorée**), где проходила последняя выставка импрессионистов и где бывали и Давид Анжерский, и Дюма-отец.

Что же до главного здешнего заведения — «Опера-Комик», то после пожаров 1838 и 1887 годов театр был снова отстроен в 1898-м архитектором Бернье. Ну а поблизости от театра, как известно, родился Дюма-сын (площадь Буальдье, № 1, дом еще стоит). Не доходя до перекрестка Ришелье-Дрюо (дом № 5-бис), можно увидеть пассаж Принцев, но пассажи Парижа, и в частности пассажи Больших бульваров, — это особая тема, мы не пройдем мимо, да и вы не обойдите их на своей прогулке.

Бульвар Монмартр, который следует за бульваром Итальянцев, с самой своей застройки в 1676 году и на протяжении чуть не двух веков оставался одним из средоточий парижской моды, так что чуть ли не каждый из стоящих здесь старинных домов был свидетелем и былой суеты, и былой славы. Скажем, вот в этом доме на улице Ришелье, той самой, что приютила, в частности, и Национальную библиотеку Франции, размещалось знаменитое кафе «Фраскати». На антресолях дома жил портной Бюиссон, прославленный Бальзаком. В доме, что напротив, на улице Дрюо (отель де Лааж), размещался с 1836 года знаменитейший Жокей-клуб. В доме № 12 — пассаж Жофруа, где под сенью часов, с которых символом торгового процветания свисают тяжкие гроздья винограда, до сих пор продают игрушки, книги о кино и театре, восточные товары. Здесь же находится Музей Гревена: не только знаменитый музей восковых фигур, но и сохранившийся образчик архитектуры 1900 года — Театр Жоли с барельефом Бурделя, зеркальными стенами, занавесом, расписанным Шере. И если восковые покойники оставят вас равнодушными (мне они показались примитивными и довольно мерзкими, но на людей чувствительных, вроде Сергея Эйзенштейна, они производили огромное впечатление), то световой спектакль с зеркалами времен Всемирной выставки удивительно красив, прямо-таки фантастичен. Музей Гревена имеет теперь филиалы по всей Франции, его посещает до полумиллиона человек в год, и это нехитрое нововведение карикатуриста Альфреда Гревена (музей был открыт в 1882 году) приносит три миллиона франков чистого дохода ежегодно, несмотря на то что Диснейленд отбил у музея часть отечественной и иностранной публики.

В доме № 17 по бульвару Монмартр и ныне еще открыт театр «Варьете», хотя он уже не столь популярен, как, скажем, в 1816 году, когда бывший в Париже с визитом граф Федор Ростопчин (тот самый, что оказался московским градоначальником в год вступления Наполеона в Москву, а позднее подарил Франции популярнейшую детскую писательницу Сегюр) каждый вечер наслаждался исключительно спектаклями этого театра. «Артистический вход» в театр позднее стал выходить прямо в пассаж Панорам, о котором мы еще расскажем особо. Пассаж, как и театр, размещался напротив Музея Гревена...

С бульвара Монмартр самые выносливые из моих спутников перейдут за мной на бульвар Пуасоньер, где сохранилось еще немало старинных домов с коваными железными решетками и прочими украшениями. В доме № 32 размещалось в былые годы кафе «Бребант», где братья Гонкур устраивали знаменитые литературные Спартанские обеды, а глава «натуральной школы» Эмиль Золя

собирал своих сторонников на Обеды с натуральной говядиной. В доме № 27 жил в 1831–1832 гг. прославленный Шопен. Он был, может быть, самой крупной звездой «романтического века» Парижа, и о его парижской жизни нам не грех будет рассказать (а вам прочитать) особо. В доме № 23 (отель де Монтолон) разместила некогда свой знаменитый салон мадам Адам, основательница журнала «Нувель ревю». В доме № 20 и ныне находится «Театр новинок», открытый в 1920 году.

Уходившие на север от бульвара «слободские» улицы были полны магазинов. По улице Фобур-Пуасоньер, к примеру, идет и нынче целая вереница меховых лавок, где я однажды купил по случаю меховой полушубок, о котором (наподобие Савельича из «Капитанской дочки») все время напоминаю любимой младшей сестричке.

В доме № 1 и поныне размещается еще старинный кинотеатр «Рекс», истинный храм новой музы. Их было несколько, таких храмов на Больших бульварах, но в 1972-м разломали великолепный «Гомон-Палас», а «Рекс» еще цел, спешите его увидеть. Кинотеатр открыт был на Рождество 1932 года. Поначалу полиция запретила неоновую рекламу над входом (чтобы не рассеивалось внимание у шоферов — нынче-то их внимание сосредоточено на телефонных переговорах с любимыми, к рекламе они привыкли к любой). Конечно, не все великолепие испано-античных интерьеров роскошного храма кино дошло до наших дней (закрыли ясли и парикмахерские при кино), однако на Рождество в зале еще резвятся фонтаны, загляните...

В этом доме 27 июля 1824 года родился драматург Александр Дюма-сын.

От следующего бульвара, от Бон-Нувель (то бишь Благовещенского бульвара), самые бойкие торговые улицы лежат не к северу, а к югу (там расположен уже знакомый нам квартал Сантье). В доме № 38 по бульвару Бон-Нувель полтораста лет тому назад был открыт на месте старинного кладбища театр «Жимназ», в котором царили три знаменитых драматурга — рожденный неподалеку от этих мест Александр Дюма-сын, Викториен Сарду и Эжен Скриб. Последний сыграл очень заметную роль в театральной истории бульваров. Он написал 350 пьес (на всех хватило), и чего там только среди них не было — и мелодрамы, и фарсы, и балетные либретто, и оперы... Скриб предвосхитил на французском драматургическом поприще (но отнюдь не романном, где уже вовсю шуровали тогда литературные «негры») голливудскую постановку дела. Среди его наемников введено было строгое разделение труда: один подельщик выуживал там-сям старо-новый сюжет, другой писал диалог, третий придумывал хохму (очень продуктивно, помню, даже в былом московском «Крокодиле» нанимали «темачей»)... Мэтр Скриб сам все сплавлял и лудил воедино. В центре его пьес стояло денежное преуспеяние, которым так неохотно занималась русская драматургия до Островского. 350 пьес! Самому Радзинскому такое было бы не под силу. Понятно, что папаша Скриб подорвал здоровье. Он умер от апоплексического удара в самый разгар творческих работ над либретто для Мейербера. Франция чтит память этого героя труда...

Нехитрая выдумка Гревена завоевала мир и пришлась по душе самой разной публике.

Когда король-Солнце великий Людовик XIV приказал разобрать былые укрепления на линии нынешнего бульвара Сен-Дени, ему пришла в голову свежая мысль соорудить на этой границе города целых две триумфальные арки, которые прославляли бы его великие военные подвиги. Придворные восхищенными возгласами встретили это предложение, и арки были построены: в устье улицы Сен-Дени, на одноименном бульваре, — арка Сен-Дени, на бульваре Сен-Мартен, рядышком, — арка Сен-Мартен. Арки и ныне там, несколько неуместные и нелепые в толще бульваров, а все же арки. Скульпторы старательно размазали в вечных барельефах немногочисленные подвиги суверена. Скажем, на северном фасаде арки Сен-Дени (обращенном к центру, в более близкой перспективе — к секс-шопам и к девушкам нескромного поведения) изображено взятие французскими войсками голландского города Маастрихта, который с тех пор успел стать символом европейского единства и родиной моей внучатой племянницы Ривы. Сооружал эту арку архитектор Франсуа Блондель, подаривший свое гордое имя близлежащей улице. Не вина архитектора, что улица эта была сперва застроена борделями, а позднее облюбована рядовыми работницами панели.

Что касается самого бульвара Сен-Дени, то на нем в доме № 14 открыт был в 1887 году Свободный театр господина Андре Антуана, бывшего служащего Газовой компании и горячего приверженца принципов «натурализма» в искусстве, провозглашенных славным Эмилем Золя (чтобы все было как в натуре и по натуре). Создав свой театр натурализма, бывший газовщик (он не имел отношения к Газпрому, но и не был совсем уж беден) Андре Антуан произвел настоящую революцию в театральном искусстве. Актеры вели себя на сцене его театра так, словно они находились в четырех стенах своей комнаты и жили обычной, натуральной жизнью. Мало того что актер здесь не обращался с декламацией к публике, он вообще мог по ходу действия вдруг повернуться спиной к зрителям, помолчать и как бы даже задуматься (понарошку, конечно, но все равно революция, неслыханное новшество и хамство). Актеры должны были как бы жить на сцене (ну про это вы уже наслышаны из более поздних источников). Более того, на сцене стояла самая настоящая мебель, театр изыскивал для спектакля настоящие костюмы эпохи, на сцене мог бить самый настоящий фонтан и функционировать настоящая мясная лавка. Вас-то этим не удивишь (я недавно видел в Питере спектакль по Андрею Платонову, так там наиболее физически развитые актеры и вовсе все время плавали в какой-то канаве), а в конце XIX века зрители просто балдели от всех этих открытий. Более того, в театре Антуана появилась новая должность — режиссер (впоследствии она затмила собой все прочие должности). Фанатик точности, Антуан колесил по стране в поисках костюмов и декораций, рылся в старых документах — в общем, этот газовщик оказался настоящим фанатиком натурализма. Почти сорок лет (до 1984 года) директрисой и постановщицей в этом театре была мадам Берио, которая среди прочих своих открытий особо гордилась открытием драматурга Жан-Поля Сартра, который в свою очередь открыл, как приятно бывает жить на партийной советской госдаче (скажем, в Пицунде, рядом с Хрущевым и любимой переводчицей, и притом совершенно бесплатно, надо только все время говорить слово «уи», выражающее всестороннюю поддержку).

От триумфальной арки Сен-Мартен, где надписи на чистейшем латинском языке воспевают беспримерные боевые подвиги короля Людовика XIV, тянется в направлении площади Республики бульвар Сен-Мартен, еще более насыщенный театральным искусством, чем предыдущий. Когда в 1781 году сгорела размещавшаяся в Пале-Руайяль парижская Опера (театры горели часто, хитрое ли дело упасть свече на кружевную накидку?), императрица Мария-Антуанетта приказала архитектору Ленуару в срочном порядке соорудить новое здание на нынешнем бульваре Сен-Мартен (дом № 16), и здание соорудили всего за 75 дней. Пик своей славы этот театр пережил уже после гибели королевы, в 1830 году. На сцене его блистали Фредерик Леметр, Мари Дорваль, мадемуазель Жорж. Здесь ставили такие шедевры романтического театра, как «Нельская башня» Дюма, «Марион Делорм» Гюго, «Сирано де Бержерак» Ростана. Сара Бернар играла здесь «даму с камелиями», Тоску, Жанну д'Арк.

А в 1873 году на руинах знаменитого кафе «Дюфьо» архитектором Лаландом был построен «Ренессансный театр», который с 1893 по 1899 год возглавляла сама Сара Бернар. Здесь ставили пьесы Гюго, Сарду, Мюссе, Дюма-сына.

На углу бульвара и нынешней улицы Рене Буланже с 1828 года сиял огнями театр «Амбигю», построенный Хитторфом и Лекуантром. Здесь с большим размахом ставили мелодрамы. Среди самых знаменитых спектаклей были «Три мушкетера» Дюма и спектакли по пьесам Золя. Маленькая площадь близ театра украшена ныне бюстом композитора Иоганна Штрауса, сотворившего среди всего прочего оперетту «Летучая мышь». Очень в стиле Бульваров...

Скромный некогда перекресток бульвара Сен-Мартен, рю дю Тампль и улицы Фобур-дю-Тампль с годами был расширен до такой степени, что превратился в великолепную площадь с фонтаном, который был в конце концов заменен тяжелой бронзовой статуей Республики, давшей нынешнее название всей площади. Раньше здесь было просто продолжение обсаженного деревьями бульвара дю Тампль (Храмового бульвара). Ближняя часть бульвара дю Тампль называлась бульваром Преступлений (**Boulevard du Crime**). Оживленное и веселое было место. Люди побогаче тут «гуляли» в колясках, люд попроще — пешком (оно и лучше для здоровья). В конце XVIII века парижский прево приказал всем городским «увеселителям» и «затейникам» переезжать в эту часть бульвара дю Тампль. Один за другим стали здесь открываться театры, балаганы, цирки. Особый декрет 1791 года предоставил им полную свободу строиться и «представлять». Открылись здесь театр «Варьете Амюзант», Театр мадам Саки, театр «Ле Фюнамбуль» с мимом Лебуро (это его изображал позднее Жан-Луи Барро в знаменитом фильме «Дети райка»), театр «Ле Фоли драматик», «Исторический театр» Дюма, а также «Олимпийский цирк» с дрессированными лошадьми. В 1830 году в местных театрах беспрекословно царила мелодрама, и бульвар обливался слезами. Конец слезам и веселью положил османский запретительный декрет 1862 года (французы считают, что русское слово «указ» намного ужаснее, чем французское «декрет», но по-русски и «декрет» звучит достаточно противно). Театры и «увеселители» были изгнаны с бульвара и по большей части разорены. Кое-кто уцелел, но все без исключения ностальгически вспоминали ту эпоху, когда здесь царило веселье и слон из зимнего цирка забрел однажды ненароком в кафе на бульваре Бомарше, получившее с того дня новое название — «Слон»...

Среди немногих театров, уцелевших от той поры на бульваре Преступлений, держался еще долгое время Театр Дежазе, где изящная Виржини Дежазе играла в легких пьесах проказливых мальчишек. Легкий отзвук ее изящества сохранил доныне французский язык, в котором для обозначения подобных ролей появилось слово «дежазе»... А говорят, что прошлое Больших бульваров растаяло в воздухе без следа.

УЛИЦА ЛАФФИТ

Улица эта, которая, начавшись от бульвара Итальянцев, выходит к улице Шатоден и церкви Нотр-Дам де Лорет, не слишком длинна и не слишком ныне известна в Париже, тем более среди приезжих и туристов. А между тем эта улица IX округа Парижа видела много славных лиц и событий. Начинать рассказ следует, конечно, с прекрасной дамы, тем более что дама эта имела королевское достоинство. Ее называли королевой Гортензией, а в девичестве она была Гортензия де Богарне, хотя никем не доказано, что отцом ее был именно бедняга генерал Александр де Богарне, кончивший свои дни под ножом гильотины. Сам генерал именно внеурочное рождение Гортензии привел в качестве самого убедительного доказательства неверности своей жены Жозефины, объявив последней о намерении расторгнуть с ней брак. В зрелые годы Гортензия была весьма обольстительной дамой, к которой нежно относились и удочеривший ее император Наполеон Бонапарт, и с победой вошедший в Париж русский император Александр I. И того и другого имела счастье лицезреть скромно прилепившаяся к бульвару Итальянцев улица Лаффит, тогдашняя рю Серути. Именно на этой улице в доме № 17, во дворце Сен-Жюльен, прошли самые блистательные годы салона тридцатилетней голландской королевы Гортензии, в котором бывал «весь Париж». Ее матерью, как вы уже, наверное, догадались, была пылкая креолка с острова Мартиники Жозефина де Богарне, урожденная Жозефина Ташер де ла Пажери, во втором браке — предпоследняя супруга Первого консула Франции, вместе с ним взошедшая на трон Первой империи. Жозефина умерла в майские дни 1814 года, в самый разгар пылкого романа своей любвеобильной дочери и русского императора. Она сгорела за несколько дней, простудившись на прогулке с русским императором в замковом парке дочери в Сен-Лье. Не помог даже медик, присланный Александром I, — медицина была в те дни еще так слаба, так слаба. Ведь и у самой королевы Гортензии из троих детей выжил только один, маленький Шарль-Луи. Зато, когда этот их сынок Шарль-Луи (во всяком случае, ее сын, ибо в причастности ее мужа к зачатию знаменитого младенца есть основания сомневаться) вырос, он стал французским императором Наполеоном III, усердно радевшим об украшении города Парижа. Супруг Гортензии король Голландии был из небогатых корсиканских дворян, но зато приходился родным братом (младшим) известному выдвиженцу Наполеону Бонапарту, который и посадил его на голландский трон. Да ведь и сама Гортензия, как вы помните, не являлась дочерью генерала де Богарне. Впрочем, что нам думать об этом: слава дающим жизнь и спасающим жизнь! Вот королева Гортензия сумела в 1831 году спасти сына от австрийского эшафота и подарить Франции отнюдь не худшего из ее императоров. А что до ее креольского темперамента и тогдашних нравов — что с ними поделать, с ушедшими поколениями? За нынешними углядеть бы красавицами. Историки сообщают, что, усевшись на мужнином троне в Стране тюльпанов, молодая Гортензия дала шороху, ну а в пору процветания ее салона на рю Лаффит (это было в 1810—1815 годах, обратите внимание на даты — великая война, лихолетье, победы, поражения, перемены власти!) она переживала бурный роман с внебрачным сыном Талейрана графом Флао, от какового романа у нее в 1811 году родился премилый мальчик, который позднее прославился как герцог де Морни. Да и как было ему не прославиться, когда у него был такой дедушка, а вдобавок единоутробный брат его стал во Франции императором! Так что этот внебрачный сын Гортензии с молодых лет занимал всякие очень высокие должности, вплоть до министра внутренних дел и президента за-

В этом доме жила любимая падчерица Наполеона и дочь Жозефины (еще бы узнать, кто был ее отцом, ибо генерал Богарне от отцовства отрекся). Кого только не принимала она в этом дворце (среди гостей был и русский «царь-победитель» Александр I). Среди прижитых ею в браке с братом Наполеона (точнее даже, вне брака) детей были и будущий император Наполеон III, и руководитель путча 1851 года герцог де Морни, позднее женившийся на княжне Софье Трубецкой (она, подобно ему самому, также была внебрачным ребенком).

конодательного корпуса, строил козни, устраивал путчи, совмещал депутатство с бизнесом и разнообразными махинациями (одной из которых он, кстати, втянул Францию в военную мексиканскую экспедицию). Ему довелось быть французским послом в Петербурге, где он и женился на дочери князя Трубецкого, так что первая герцогиня де Морни слыла в Париже не французской, а русской красавицей, это уже классом выше. Я рассказываю об этом развитии линий судьбы, ибо, как выразился очень любивший француженок поэт Некрасов, «всему начало здесь», то бишь на рю Лаффит, мимо которой вы, попав в Париж, можете пройти ненароком, а будет жаль.

Но вернемся к хозяйке салона на рю Лаффит королеве Гортензии. Несмотря на отказ императора Наполеона разрешить брату Луи и его супруге Гортензии развод (Наполеон и сам в ту пору затеял развод с Жозефиной, а второй в семье развод, как он намекнул, ему будет некстати), супруги жили раздельно. Новая попытка Гортензии вернуться в мрачный амстердамский дворец мужа, где она целыми днями читала черные романы Анны Рэдклиф, не увенчалась успехом. Вот она и возвращается на улицу Лаффит, которая носит еще в ту пору имя Серути, держит салон и крутит роман с молодым графом Флао, а на Пасху 1814 года в Париж входят союзные армии, ведомые красавцем императором Александром I. С трудом дотянув до окончания поста, русский император, движимый любопытством и пасхальным всепрощающим настроем, едет в Мальмезон к бывшей императрице Жозефине. Там-то он и знакомится с Гортензией. Это был бурный весенний роман (как уже было сказано, случайно стоивший жизни бывшей императрице). В те-то славные времена улица Серути (будущая рю Лаффит) и видела победоносного русского императора. Преодолев сопротивление упрямого Людовика XVIII, русский император истребовал для Гортензии герцогский титул и замок Сен-Лье... Ну а потом Александр уехал, проведя, впрочем, перед отъездом две ночи в замке Гортензии, после чего Наполеон бежал с Эльбы и при криках парижского ликования (не менее пылких, чем при недавнем вступлении в Париж Александра) вернулся в столицу. Гортензия приехала с ним повидаться и даже вышла с ним на балкон перед толпой. Она написала потом длинное оправдательное письмо Александру, где пыталась отвести обвинения в сговоре с Наполеоном, но русский император, вероятно, даже не стал читать это письмо, а русский посол лишь осведомился у нового короля, «какие меры приняты против семьи Бонапарта». Для прекрасной королевы с улицы Серути (некогда голландской королевы), попавшей в жернова интриг и политики, наступили годы изгнания...

Ну а на улицу Серути пришли новые времена. Самым видным обитателем этого квартала до Великой революции был богатый откупщик Лаборд. В славном 1794-м ему, как человеку состоятельному, отрубили голову во имя свободы, равенства и братства, а нынешнюю улицу Лаффит и нынешний бульвар Итальянцев в самый разгар революции переименовали в улицу и бульвар Серути, ибо умер в то время такой депутат ассамблеи, член первой Парижской коммуны (продлившейся шесть лет, с 1789-го по 1795-й, и тоже наломавшей немало дров) Антуан Серути. Конечно, сам гражданин Серути, проживи он чуть дольше, тоже не избежал бы гильотины, но он благополучно скончался в 1792-м, и посмертно его осыпали почестями. До революции он служил священником, но был низложен, издавал «Деревенский листок» и занимался политикой. После революции он был так прочно забыт, что никто не возражал против переименования улицы Серути в улицу Лаффит и возвращения бульвару Итальянцев его исконного названия. Серути же, имени которого не найдешь ныне ни в одном французском справочнике, обитал во дворце, который числился под № 1 и 3. Полвека спустя в одной из комнат дома № 1 жил Александр Дюма-отец. Этот буйный денди небрежно сообщал знакомым шикарный адрес: «Золоченый дом. Дюма». На самом деле это в доме напротив размещался знаменитый ресторан «Золоченый дом», а Дюма устроился на четвертом этаже дома № 1, что был напротив ресторана, и открыл в тесном помещении редакцию своей новой газеты — «Мушкетер». Мысль о новом предприятии возникла у Дюма вследствие бешеного успеха написанного им в соавторстве со скромным учителем Маке (скорей всего, Дюма лишь слегка подправил текст старательного «негра» Маке) романа «Три мушкетера». Цель начинания была самая благородная и вполне понятная — заработать как можно больше денег. Как и его менее удачливый собрат Бальзак, Дюма всегда мечтал о «золоченом доме» или о замке (отсюда и пошлый ресторанный адрес), и в конце концов он построил замок, названный «Монте-Кристо», когда новый роман пролил на него золотой дождь... Пока же, сидя за дубовым столом у себя в тесной редакции, он размашисто строчил «Мемуары», а для деловых разговоров у него всегда ресторан был напротив...

Когда все забыли о Серути, переименование улицы стало почти неизбежным, однако, к сожалению, она была переименована не в честь Дюма, а в честь взбудоражившего покой улицы политика, банкира и сочинителя месье Жака Лаффита. Это был человек неукротимой дерзости и энергии. Он купил здесь дом и участок у откупщика Лаборда и обставил его с подобающей роскошью, но начинал он не с этого. В начале Великой французской революции 32-летний Жак Лаффит был все еще скромным служащим в банке Перего, а до того и вовсе корпел в качестве писца в конторе нотариуса. Однако к 1804 году Лаффит уже встал во главе банка Перего, а еще через пять лет сделался регентом Банка Франции, президентом которого его назначило временное французское правительство в 1814-м. Во время наполеоновских Ста дней он являлся членом палаты представителей, а в 1816-м и в 1827-м заседал в парламенте как депутат от либералов, и был, надо сказать, не из последних деятелей в этом шумном гнезде политиков. С 1830 года Лаффит давал деньги на газету «Ле Насьональ», основанную им вместе с Тьером. Газета была в эпоху Реставрации органом конституционной либеральной оппозиции и среди прочего выступала за восстановление на троне Орлеанской ветви монархии. В том же 1830 году во Франции, как известно, разразилась очередная революция, и при описании ее событий во французских курсах истории имя Жака Лаффита соседствует с именем самого Лафайета. Либералы создали Временную муниципальную комиссию, в которой и верховодили банкиры вроде Лаффита и Казимира Перье. Именно в эти дни особняк на нынешней рю Лаффит стал центром этих знакомых всякому французу событий (дотошно изучаемых в их кратком курсе революций). Романтическое описание лаффитовского особняка тех революционных времен неизменно приводится в солидных книгах по истории. Вот оно:

«Отель Лаффит стал местом сборища патриотов, местом, откуда исходили указания и куда поступали все новости о том, что происходит в разных частях Парижа, известия и смутные и противоречивые. Особняк являл собой невиданное зрелище — по роскошным апартаментам, набитым дорогой мебелью и драгоценностями, стоящими миллионы, бродила толпа каких-то незнакомых людей — рабочих, солдат, богатые и бедные равно толпились тут денно и нощно в эти смутные дни распада общества, здесь были люди без гроша в кармане, и притом ни одна чайная ложечка, которая могла бы стать для них состоянием, не пропала... Народ, истинный народ, тот, который на баррикадах, так себя не ведет...»

Король Луи-Филипп, усевшись на троне, дает Жаку Лаффиту сперва пост министра без портфеля, а потом министра финансов и президента Совета. Французские историки считают, что внутренняя политика Лаффита была отмечена избытком демагогии, а внешняя — избытком авантюризма. Он был истинным либералом и всегда ратовал за свободу в чужих странах — скажем, в Италии или Польше. В 1831 году он подал в отставку, а в последующие годы и финансовые его дела пришли в упадок. Деньги таяли, как редкий парижский снег, и так же быстро росли долги. Разорившись, он был вынужден покинуть свой особняк. Вся Франция собирала ему деньги по подписке, чтобы он смог раздать долги и кончить свой век в особняке на нынешней улице Лаффит, с которой связаны были самые бурные дни его жизни. Здесь он и отдал Богу душу в 1844 году, на 78-м году своей бурной жизни.

ПАРИЖСКИЕ ПАССАЖИ

В конце XVIII — первой половине XIX века в правобережном Париже по преимуществу в I и II его округах появились многочисленные пассажи. Поначалу это были просто удобные, сокращавшие расстояние узкие пешеходные проходы, соединявшие бульвары и улицы. Их мало-помалу обживали торговцы, ремесленники, поставщики сомнительных городских удовольствий, разнообразные мастера, граверы, ювелиры, художники, люди редких профессий. Иные из этих пассажей становились крытыми торговыми галереями, истинными храмами изящной торговли и парижской моды, где толпилась так называемая чистая публика. Понятно, что богатые торговцы, обосновавшись в каком-нибудь пассаже, наперебой старались придать ему привлекательный и элегантный вид. А в конце XVIII века появились крытые пассажи, которые в 20—30-е годы XIX века стали называться галереями. Некоторые из них проектировались знаменитыми архитекторами и украшались с отменным вкусом. Сеть галерей и пассажей стала особым миром правобережного Парижа, городом в городе. Иные утверждали даже, что без пассажей Париж не был бы Парижем. Революционер урбанизма барон Осман был, вероятно, другого мнения, а скорей всего, вообще не успел составить себе мнение по поводу столь ничтожного предмета, как пассажи. Не исключено, что, как все революционеры, он считал, что лес рубят — щепки летят (упаси, Боже, нас, хрупких, от революционных лесоповалов!). Так или иначе, из ста сорока парижских пассажей, процветавших в первой половине XIX века, после османовского преобразования Парижа уцелело едва ли три десятка. Однако они, как и прежде, представляют особый мир, дают приют неожиданным промыслам, погружают нас в некую ностальгическую атмосферу и уже потому заслуживают нашего внимания, тем более что торопливые гиды и могучие туравтобусы спешат мимо, мимо — к Эйфелевой башне, к Центру Помпиду... Ну а мы с вами, как люди неторопливые, отправимся на прогулку по открытым и крытым пассажам Парижа и начнем с воспоминаний об их расцвете.

Знаменитый журналист и знаток Парижа Кермель писал в 1831 году: «Не предоставит ли нам пассаж обозрение и квинтэссенцию целого города?.. Изучая реальный облик пассажей, мы получим подробный обзор его нравов. Возьмите галерею Оперы и пассаж «Бради», две полярные его точки, и вы методом дедукции придете к познанию всего города». (Любопытно, что, как и полтора с лишним столетия назад, пассаж «Бради» и ныне являет собой признаки «иного Парижа», иного мира, одного из многих миров французской столицы.)

Понятно, что эта экзотическая — то парниковая, то салонная, то иноземная — атмосфера пассажей, их подмеченные старинным журналистом «квинтэссенция» и «обзорность» не могли не привлекать французских писателей. У Бальзака в его «Утраченных иллюзиях» вы найдете подробное описание двух первых (и по возрасту, и по значению) парижских галерей — «Галери де Буа» и «Галери дю Пале-Руайяль». Зато именно по пассажу Панорам (что на Больших бульварах) нервно расхаживает в ожидании главной героини романа «Нана» (Э. Золя) поклонник этой дамы граф Мюфа. Героиня другого романа Золя, Тереза Ракен, держит лавчонку в тускло освещенном пассаже Понт-Неф. В пассаже «Сомон» размещаются, прибыв из провинции, герои романа Альфонса Доде «Нума Руместан». Пассажу Оперы посвятил одно из первых своих произведений («Парижский крестьянин») молодой сюрреалист Луи Арагон, будущий коммунист. А будущий фашист Луи Селин посвятил пассажу «Шуазель», где прошло его детство, незабываемые страницы в книгах «Путешествие на край ночи» и «Смерть в кредит».

Попытаемся представить себе, что являл собой пассаж для парижанина первой половины XIX века... На улице льет дождь (что, увы, не редкость в «сером» Париже), улицы утопают в грязи и во мраке (не было ведь еще ни асфальта, ни тротуаров, ни нормального уличного освещения). И вот, стряхивая влагу со шляпы, тогдашний щеголь входит в пассаж. Навстречу ему веет духами из парикмахерской, где приведут его в порядок, а заодно и вычистят плащ и ботинки, выгладят брюки. Здесь же открыты роскошные бани, что отнюдь не лишнее, ибо ду́ша и ванных в домах еще не было. Открыт туалет, ой, наконец-то! Да и вообще все в пассаже открыто — магазины открыты допоздна, а хозяева кафе и вовсе непонятно когда спят. Приободрившись, почистив перышки, месье может пойти в кафе, в книжный магазин и «кабинет чтения», некое подобие уютного читального зала, может пойти на бал (бальные залы размещались тут же), может пойти в оперетку, а может, наконец, уединиться в шикарном кабинете с дамой, приятной во всех отношениях (таких дам в любом пассаже было хоть пруд пруди). В 1828 году на парижской сцене шла даже одноактная пьеска тогдашних мастеров водевильного жанра господ Дюмерсана, Бразье и Габриэля, посвященная состязанию пассажей и улиц. В ней победоносные пассажи распевали следующие, вполне в духе жанра стишата:

Пусть на дворе хоть ветер, дождь и град,
Дадим вам место для прогулки мы,
У нас месье красотку встретить рад,
Ах, как прекрасно здесь среди зимы...

Так вот, этих галерей, былых приютов роскоши и удовольствий, еще уцелело на сегодняшний день в Париже несколько десятков, а иные из них и ныне великолепны. Впрочем, есть еще и другие,

Парижские пассажи

В тепле пассажей и нынче приятнее, чем под дождем.

похуже сохранившиеся, менее шикарные, но не менее интересные и экзотические. Так что в дорогу, мой спутник!

Знаменитая галерея «Кольбер» размещается близ Национальной библиотеки Франции и принадлежит библиотеке с начала 80-х годов XX века. Библиотека, получив от города галерею, начала с того, что за свой счет великолепно ее отреставрировала и разместила в ней некоторые свои службы. Как раз в это время я стал подолгу жить в Париже и познакомился с внучкой знаменитого философа Николая Лосского, заведующей славянским отделом Национальной библиотеки. Я часто в ту пору приходил в библиотеку и звонил снизу Марии Борисовне, чтобы она провела меня мимо бдительной охраны в свой отдел. Мария Борисовна спускалась вниз, одна или с совсем еще бодрым в ту пору своим отцом Борисом Николаевичем Лосским, сыном философа, приезжавшим в свои восемьдесят с лишним повидаться со мной и с дочкой из Мелена. Дожидаясь их появления, я гулял по этой поразительной галерее «Кольбер» и восхищался ее благородными пропорциями, ее круглой ротондой, росписями «под Помпею», ее полихромной отделкой. И я рад был, обнаружив однажды в книжке, изданной 160 лет назад в Штутгарте, созвучные моим чувствам восторги старинного автора: «У меня слабость к пассажу «Кольбер», — писал Амедей Кельмер, — я обожаю пассаж «Кольбер». Меня приводят в экстаз элегантные пропорции его архитектуры, сочетающей ионический и дорический ордер, величественность его. Меня восхищают эти линии хрустальных шаров, излучающих живой и мягкий свет и похожих на кометы, которые построились в ряд, чтобы, дождавшись боевого сигнала, сняться с места и уплыть в космос».

Конечно же, старинный автор пишет о ротонде галереи и о знаменитом здешнем светильнике... Несмотря на пылкое свое пристрастие к пассажу «Кольбер», не забыл он сказать и о замечательном пассаже «Вивьен», этом примыкающем к пассажу «Кольбер» вечном его (с самого 1826 года) конкуренте. Пассаж «Вивьен» был всегда оживленнее пассажа «Кольбер», здесь текла толпа, здесь бойко торговали предметами моды. Ныне все вернулось на круги своя. В пассаже «Кольбер» выставлены эстампы, здесь продают открытки и книги, здесь разместились музей Национальной фонотеки и выдержанное в стиле 1900 года «Гран кафе». А в пассаже Вивьен уже с 60-х годов нашего века утвердился стилист моды Кензо, здесь же торгует потрясатель основ и законодатель моды Жан-Поль Готье, торгуют Йоки Тори, Кабалерос и другие. Два этих пассажа перетекают один в другой, оба они великолепны, и, пожалуйста, не забудьте посетить их, когда попадете в Париж.

Чуть западнее пассажа «Кольбер» на той же самой стороне рю де Пети-Шан, на уровне дома № 40, можно и ныне без труда отыскать почтенный пассаж «Шуазель», построенный в конце 20-х годов XIX века, примерно в то же время, что и пассажи «Кольбер» и «Вивьен». Постройка его была приурочена к открытию «Опера́-Комик», с вестибюлем которой он был связан подземным переходом, так что в антракте зрители прогуливались по этому пассажу, как по вестибюлю, обсуждали спектакль и лакомились экзотическими фруктами, которые были тогда в моде в Париже, а в пассаже «Шуазель» продавались в большом количестве (впрочем, чего там только не продавали, в этом пассаже!). Запах апельсинов, по свидетельству современников, заполнял пассаж (нетрудно предположить, что фрукты были тогда ароматнее, чем в нашу эпоху супермаркетов и химии). Одним из этих современников был поэт Поль Верлен, вспоминавший:

А в пассаже «Шуазель» по-тогдашнему пахло
Апельсинами, и пергаментом, и бельем...

Для Верлена, как и для всех поэтов-парнасцев, обживавших эти места, пассаж «Шуазель» был хорошо знакомым местом. В пассаже находилась лавчонка Альфреда Лемерра, опубликовавшего поэтов-парнасцев и ставшего первым издателем стихов Верлена. В пассаже находились и книжная лавка Персепье, и излюбленное кафе молодых поэтов, за стеклом которого можно было часто видеть Теофиля Готье, Леконта де Лиля, Эредиа... Позднее в своих тюремных воспоминаниях Верлен ностальгически писал о зиме 1866 года, когда он и де Лиль были республиканцами, сидели в пассажах, а до тюремной подстилки ему было еще далеко.

Этим литературные связи пассажа «Шуазель» не исчерпываются. За год до начала нашего века в пассажном доме № 64 поселились супруги Дестуш с единственным своим сыном Луи-Фердинандом. Маргарита Дестуш открыла здесь антикварную лавочку. Сын лавочницы позднее стал писателем и прославился под псевдонимом Луи Селин.

Как и другие пассажи, пассаж «Шуазель» имел свой, так сказать, придворный театр (а может, напротив, это театр «Опера-Комик» использовал пассаж в качестве удобного дополнительного вестибюля). Это был некогда очень популярный театр (впрочем, ведь все театры при пассажах пользовались популярностью). Расцвет популярности этого театра относится к временам Второй империи, когда директором его был знаменитый композитор Жак Оффенбах, чьи оперетты и ставил подведомственный ему театр.

Надо признать, что не только книжные лавки, читальни, театры или магазины моды привлекали в парижские пассажи такую тьму посетителей — парижан, провинциалов и иностранцев. Пассажи сулили и менее возвышенное времяпрепровождение. Начнем, впрочем, с самого невинного — с прогулок «фланера». «Фланер» — это не просто прохожий или бродяга, не просто уличный зевака, это настоящий адепт прогулок и созерцатель уличной толпы. Описанию парижского «фланера» посвятили немало страниц Бальзак,

Жерар де Нерваль, Бодлер и другие литераторы. Конечно, многие из них должны были честно признать, что этот поэт городской толпы выискивает в ее толще прежде всего хорошенькие женские лица и блестящие глазки. Но все отмечали, что нигде так хорошо не чувствует себя «фланер», как в тихом и теплом, освещенном и безопасном пространстве парижских пассажей, в которых, как всем было известно, на ловца и зверь бежит. Прелестные парижанки всех рангов, охотно, хотя и не бесплатно, уступавшие свою благосклонность пылким кавалерам, тоже предпочитали пассажи неуютной, то пыльной, то грязной и топкой, то слишком холодной, то слишком жаркой улице. Описание декольтированных красоток, нарочито медленным шагом дефилирующих перед толпой заинтересованных мужчин в пестром интерьере деревянной галереи «Пале-Руайяль», вы найдете в романе Бальзака «Утраченные иллюзии». Менее художественное, но более проницательное описание уловок промысла содержится в труде «Старинные дома Парижа», вышедшем в свет в 1875 году:

«В номере 26 галереи «Кольбер» под видом продавщицы перчаток обретается блистающая красой и доступностью девица, хорошо умеющая считать свои деньги, но, может, по причине молодых лет, совсем не экономящая чужих...»

Еще более профессиональное описание промысла, который процветал в пассажах и который люди грубые называют попросту проституцией, попалось нам в относящемся к 30-м годам XIX века циркуляре префекта полиции Беро, озаботившегося усилением полицейского контроля над представительницами древнейшей профессии. «Я запрещаю, — объявляет в своем циркуляре префект Беро, — работу магазинов и лавок, в которых публичные девки водворяются в качестве модисток, галантерейщиц, продавщиц парфюмерии и тому подобное. Женщины, утвердившиеся в этих магазинах и лавках, оставляют приоткрытыми двери и окна, дабы подавать знаки прохожим... Есть и другие, еще более хитроумные, которые держат двери и окна закрытыми, но подают знаки в щель между шторами или в квадрат окошка... Иные стучат по стеклу, когда проходит мужчина, а когда он обернется, подают ему знак самым скандальным образом...

Эти магазины моды предоставляют любителю и другие возможности. Вы выбираете розовую, зеленую, желтую, лиловую шляпку или шляпку из шотландки, вы сговариваетесь о цене и даете свой адрес, а назавтра в условленный час к вам прибывает та самая девица, что, примеряя эту шляпку в магазине, поглаживала нежным пальчиком и ткань, и вуальку, и ленточку, и все эти помпончики, что так нравятся дамам».

Не правда ли, чтение этого циркуляра наводит на мысль, что агенты господина префекта не зря ели хлеб и что сам господин префект, излагая свои служебные соображения, не злоупотреблял дубовым казенным стилем?

Впрочем, не одни неравнодушные к дамскому полу парижане (ах, куда они все делись, что с ними стало ныне?) стекались в элегантные пассажи. Как утверждают многие авторы, пассажи и галереи служили вместилищем всех человеческих слабостей и пороков. В эпоху Империи Деревянная галерея, например, превратилась в настоящий игорный дом. Сперва там проигрывало свое жалованье доблестное наполеоновское воинство, потом играли напропалую солдаты союзных войск. Злые языки утверждали, что суммы, оставленные союзниками в парижских игорных домах и притонах, намного превышают суммы военной контрибуции, наложенной на побежденную Францию. Современники описывают мрачные игорные притоны всех видов, разместившиеся в галереях «Монтескье» и в «Кафе слепых», которое процветало в северо-восточной части «Пале-Руайяль». Мрачным этим названием кафе обязано самым настоящим слепцам-музыкантам из богадельни «Пятнадцать двадцаток», с шести вечера до часу ночи наполнявшим это кафе оглушительной музыкой. Анонимный автор середины прошлого века называл это кафе мрачным базаром удовольствий, который был со временем позабыт, как знаменитые лупанарии Геркуланума...

Пассажи служили также ареной биржевой игры. Даже когда построена была нынешняя биржа, возбужденные биржевики долго еще продолжали свои операции в привычных кафе пассажей, а иные и вовсе не покидали их ради биржи...

Известны, конечно, более шикарные, более пристойные кафе пассажей. И, конечно, памятны были незабываемые пассажные балы, игравшие такую важную роль в парижской жизни XIX века. На весь Париж славился бал Идали в пассаже Оперы, бал Сомон в пассаже «Сомон» и бал Варьете в театре «Варьете», в пассаже Панорам. На одних балах бедный чиновник или художник мог познакомиться с юной гризеткой, на других — буржуа мог выбрать себе лоретку по вкусу. Ну а сколько любовных связей, воспетых поэтами, возникало здесь под звуки бала! И как было позднее забыть стареющему парижанину той эпохи свою молодость, и балы, и галереи, и пассажи!..

Гуляя по уцелевшим (и поныне еще целым) пассажам «Каир», «Пети-Пэр», «Божоле», «Фейдо», «Сент-Авуа», «Прадо», «Кольбер», «Вивьен», «Жуфруа», «Путо», «Сент-Анн», «Гравийе», «Вердо» и еще и еще, как было не вспомнить веселый доосмановский Париж!

В не меньшей степени, чем с Пале-Руайяль, жизнь важных тогдашних пассажей и галерей связана была с Большими бульварами. Конечно, многих из тех пассажей и галерей, что были некогда украшением Парижа, нет больше близ Больших бульваров. Сравнительно недавно исчезли, например, галереи Оперы, связанные с историей сюрреалистов и театра «Модерн». Однако до сих пор цел еще на бульваре Монмартр (на нечетной его стороне) выходящий также на рю Сен-Марк пассаж Панорам. Он был очень знаменит, и в 20-е годы XIX века уступал по своей популярности разве только пассажу «Пале-Руайяль», зато в 30-е, а потом и в 60-е годы обрел еще большую славу. Пассаж этот — один из старейших в Париже. Построен он был на рубеже XVIII и XIX вв. архитектором Гризаром на месте дворцового двора маршала Монморанси, герцога Люксембургского. По двум сторонам пассажа стояли в ту пору круглые башни, где и представлены были панорамы, принесшие пассажу особую популярность в 20-е годы. В этих башнях в центре круглой ротонды, окруженной балюстрадой, помещались зрители, созерцавшие «панорамную живопись», шедшую по кругу. Используя уловки перспективы и особой подсветки, панорамы создавали у зрителя ощущение объемности изображения и, как выражаются иногда, «жизненности». Глядя на эту живопись, зритель без труда воображал, что он смотрит вниз на Париж с воздушного шара или, скажем, видит бегство англичан из Тулона в 1793 году, созерцает панораму Афин, Рима, Неаполя, Иерусалима. Зрители были в восторге, и притом не детишки или простолюдины какие, а взрослые, искушенные зрители. «Иллюзия была полной, — восхищался Шатобриан. — С первого взгляда опознал я все памятники, все места, вплоть до дворика, куда выходили окна моей комнаты в монастыре Спасителя...»

Журналисты наперебой восхищались панорамой Парижа, утверждали, что не надо больше лазить на башни Нотр-Дам, чтобы сверху полюбоваться городом, не уставали восхвалять Фултона, который обогатил Париж этой английской выдумкой. Толпа текла из одного конца пассажа в другой, от панорамы к панораме, и, вдохновленная успехом соседки, галерея «Вивьен» немедленно открыла у себя «Жеораму», галерея «Кольбер» — «Космораму», а пассаж Оперы — «Еврораму». Но и пассаж Панорам не остановился на достигнутом, и, когда панорамы поднадоели, знаменитый фотограф Дагер, отец дагерротипа, создал в том же пассаже «Диораму», о которой Бальзак писал восхищенно: «Это одно из чудес света, истинная победа человечества». Надо сказать, искусник Дагер и впрямь придумал немало занимательных фокусов, скажем смену дня и ночи на глазах у изумленной публики или сочетание фотографии с реальными предметами, с потоками воды и даже с живыми тварями. В романе Бальзака «Отец Горио» в разговоре обитателей пансиона Вокье все эти новомодные «рамы» (а корень этот и нынче обыгрывают так и этак французские торговцы — «брикорама», «конфорама» и т.п.) дают пищу для диалога, отмеченного типично французским упоением каламбурами и вполне маяковскими неологизмами, оставляющими, надо сказать, русского читателя, как правило, вполне равнодушным.

В 1806 году к пассажу Панорам прилепился театр «Варьете». А в 1834-м, когда появились в округе новые галереи и конкуренция стала ощутимей, пассаж Панорам был расширен и продолжен галереями «Сен-Марк», «Монмартр», «Варьете» и «Фейдо». Тогда же театр «Варьете» вывел на галерею «Варьете» «артистический вход». Ну а в

60-е годы прошлого века театр «Варьете» (а с ним, понятное дело, и пассаж Панорам) пережил годы своей самой громкой славы. Здесь тогда ставили Оффенбаха — «Периколу», «Прекрасную Елену», «Герцогиню Герольштейнскую», — а в главных ролях блистала любимица Оффенбаха мадемуазель Гортензия Шнайдер. Слава о ней распространилась далеко за пределы Франции, и многие царственные особы, имевшие доступ к настоящим герцогиням, все же пылали желанием увидеть переодетую в герцогиню мадемуазель Шнайдер — увидеть ее, услышать и даже по возможности (а у великих людей великие возможности) потрогать. Как это ни обидно нашему монархическому и патриотическому чувству, невольно вспоминается, что и русский «царь-освободитель», нежный воспитанник романтического Жуковского император Александр II, отправляясь в 1867 году в Париж в обществе сыновей, чтобы увидеть Всемирную выставку (и свою возлюбленную юную Катю Долгорукую), из всех парижских чудес прежде всего пожелал увидеть мадемуазель Шнайдер и заранее телеграммой заказал себе ложу на представление «Герцогини Герольштейнской», куда и явился инкогнито 1 июня упомянутого выше года. Как сообщает в первом томе своих мемуаров Петр Дмитриевич Боборыкин, после спектакля государь, осуществив свою мечту, поужинал с мадемуазель Шнайдер тет-а-тет (в связи с подобными свиданиями и «саму актрису, — как пишет П. Боборыкин, — довольно жестоко называли «пассажем Принцев» по имени одноименного пассажа, выходящего на бульвар Итальянцев»), и известно даже, что мадемуазель Шнайдер потом выражала неудовольствие тем, что государь забыли ей сделать подарочек, как водилось у них в закулисной, а также у них в пассажной жизни. Отзвуки этих обычаев вы найдете и в романе Золя «Нана», в котором граф Мюфа, подстерегая неверную возлюбленную у «артистического входа» из театра «Варьете», успевает полюбоваться всеми витринами пассажа, а потом пытается оторвать искомую девицу от притягательных витрин ювелиров.

Пассаж Панорам, как и те, что были оборудованы в середине двадцатых годов (галереи «Вивьен» и «Кольбер»), почитались всегда за образцы столичного шика, тогда как, скажем, с оборудованной поблизости галереей «Бради» ни тогда, сто семьдесят лет назад, ни, тем более, нынче, когда она так явно нуждается в ремонте, никто никаких представлений о роскоши не связывал. Что до меня, то я, впервые попав в эту галерею «Бради» лет десять тому назад, влюбился в нее бесповоротно. Может, оттого, что она не была похожа на утомительные парижские базары роскоши, которые я переношу с трудом, а может, оттого, что дохнуло вдруг на меня в этом пассаже «Бради» таким ароматом дальнего и труднодоступного ныне странствия за Анзобский или Шахристанский перевал, что и уходить оттуда не хотелось. Я, собственно, и попал в пассаж «Бради» на предмет странствия, но не слишком дальнего и по возможности недорогого. Я собирался в Марсель и изыскивал способ добраться туда подешевле, а в пассаже «Бради» размещалась единственная в

Париже контора автостопа или, точнее сказать, совместного, удешевленного странствия, контора под названием «Алло-стоп». В каком-нибудь большом немецком городе таких контор много, а в Париже такая одна. Контора эта подыскивала вам частника, который едет в вашем направлении, вы давали ему вполне скромную сумму на бензин и мчались в его машине, мирно беседуя — вдвое дешевле и гораздо интересней, чем на поезде. Вот по этим делам я и пришел впервые в пассаж «Бради», но, нырнув в ворота на уровне дома № 46 по имеющий ныне некий североафриканский колорит улице Фобур-Сен-Дени, я оторопел. В пассаже пахло Индией. Лавчонки торговали неведомыми овощами, фруктами, одуряюще пахнущими специями и курениями, жареными бананами, имбирем и жевательным табаком. Индийские рестораны и индийские парикмахерские тянулись по сторонам, и темнолицые люди с блестящими черными глазами и блестящими белыми зубами говорили о чем-то своем, непонятном — индийском, цейлонском, пакистанском... Я съел тогда очень вкусную и недорогую самосу, в которой сразу признал среднеазиатскую самбусу, закусил лепешкой чапати, запил все это ласси, похожим на айран, и вступил в неторопливую и по-восточному дружелюбную беседу с женщиной, закутанной в фиолетовое сари. Она рассказала мне, что нынешний, индийский период старинного пассажа «Бради» начался каких-нибудь четверть века назад, когда отец этой дамы Антуан Понусами открыл здесь первый индийский ресторан. Он был родом из Пондишери, служил поваром у французского посла, уехал вслед за ним во Францию сорок лет назад, сперва готовил пищу в частной клинике, потом торговал в кулинарии, а потом открыл тут ресторан. За ним в пассаж потянулись иммигранты из Пондишери, из Дели, с Цейлона, из Пакистана...

 Когда я вернулся позже, чтобы съесть еще две-три самосы, мне удалось потолковать заодно с хозяином забегаловки «Пужа», которого звали Умеш. Он работал когда-то в гостинице «Шератон» в Нью-Дели, потом в шикарном парижском ресторане «Аннапурна» на рю де Берри близ Елисейских полей, а теперь вот открыл свое дело. Он пожаловался, что в отличие от англичан французы мало что смыслят в индийской кухне, и я обещал ему, что буду непременно ездить с друзьями в этот северный уголок Парижа, как только найдется время. Однако я заметил, что среди посетителей этой забегаловки были не одни индийцы, заходили туда и молодые французы. Может, их, как и меня, волновала тут не только вкусная и дешевая пища, но и ошеломляющая экзотика Индии, которая вдруг обрушивалась на тебя всеми цветами и запахами, едва ты свернешь с улицы в пассаж. Но это ведь и вообще признак пассажа, любого пассажа, — резкий переход в другой, непохожий на окружавший нас только что мир...

ПО ПАРИЖСКИМ СЛЕДАМ ШОПЕНА

Когда Фредерик Шопен приехал в Париж из Польши, бывшей в то время частью Российской империи, ему было двадцать лет. Остаток жизни он прожил в основном во Франции и в Париже. Век его был, увы, недолгим, и все же можно насчитать восемнадцать лет парижской жизни Шопена, а за ними — уже больше полутора веков шопеновского Парижа...

Отец композитора Никола Шопен был француз, родом из Лотарингии, но сам Фредерик родился, вырос, учился, стал блестящим музыкантом и композитором в Польше и считал себя настоящим поляком. Но, конечно, ни родина отца Франция, ни французский язык никогда не были для великого музыканта совсем уж чужими.

...Итак, 1831 год, Большие бульвары, бульвар Пуасоньер, № 27. Здесь и поселился элегантный юноша, варшавский пианист-виртуоз и композитор, добравшись наконец через Вену, Дрезден и другие города Европы в Париж. Уже вскоре он сообщал своим, в Варшаву:

«Что за любопытный город!.. Я доволен, что я здесь — лучшие музыканты здесь и лучшая Опера в мире. Без сомнения, я пробуду здесь больше, чем рассчитывал...»

Он думал пробыть здесь год, два, три, а пробыл до конца своих дней. В первых его письмах — озадаченное любопытство, изумление: какое смешение блеска и нищеты, роскоши и крайней скромности и как он интересен, этот огромный, неисчерпаемый мир Парижа. При том, что и нынешний-то Париж весьма невелик по сравнению с Москвой или с Лондоном, ну а тогдашний был ведь намного меньше нынешнего. Достаточно сказать, что на западе Париж кончался тогда на площади Конкорд — не многие (вроде молодого Гюго или Бальзака) решались селиться западнее этой площади. Но ведь и простое путешествие по Большим бульварам, на которых поселился Шопен, было тогда целым приключением. Выйди из дому и взгляни на тротуар напротив — там знаменитое кафе «Фромантен», а также кафе «Вашет», где по субботам Гаварни и Сент-Бёв собирают артистов на свои «Обеды Маньи», и прославленное «Кафе де Жарден Тюрк» («Турецкий сад»), и музей восковых фигур, и китайские тени, и театр канатоходцев, и Театр Пети-Ладзари, и Театр Гэте, и театр «Амбигю» — и еще театры, театры, театры, вдобавок кафе «Тортони», кафе «Англе» и, конечно, знаменитое «Кафе де Пари», еще хранящее декор былых демидовских апартаментов, где бывают и директор Оперы, и господин Александр Дюма, и знатные

Прославленный Делакруа оставил нам портрет прославленного Шопена, так рано покинувшего наш мир...

аристократы. Шопен без конца ходит в Оперу, он в восторге от певицы Малибран, у него появляются первые знакомства — и Россини, и Лист, который всего на год его моложе, и Паганини, и множество поляков: Валентин Радзивилл, мадам Потоцкая — какие всё звучные имена!

В феврале 1832 года Шопен дает первый концерт в зале Плейель, в том, что на улице Фобур-Сент-Оноре. Первый концерт Шопена проходит с большим успехом, в зале композитору аплодируют Лист и Мендельсон, восторженную статью о нем пишет Шуман, и, хотя концерт не сделал больших сборов, Шопен получил после него много новых приглашений. К тому же у него теперь много славных учеников, которые берут у него недешевые фортепьянные уроки, и еще больше славных учениц, вроде княгини Шимэ, графини Потоцкой, графини Эстерхази, мадемуазель де Ноай, баронессы де Ротшильд, княгини Марселины Чарторыйской. Он становится завсегдатаем великосветских салонов, и особенно покровительствуют ему Чарторыйские, Дельфина Потоцкая, барон Джеймс де Ротшильд. Переселившись в Париж после Польского восстания 1831 года, князь Адам Чарторыйский покупает на острове Сен-Луи дворец Ламбер, который становится центром польской эмиграции в Париже. Шопен часто бывает у Чарторыйских, и романтический остров Сен-Луи по сию пору хранит память о парижской эмигрантской Полонии, о национальных торжествах, о музыке, о Шопене. В старинном доме № 6 на Орлеанской набережной, где ныне Музей Мицкевича и польская библиотека, есть салон памяти Шопена. Для иных из парижан и туристов Сен-Луи — это вообще шопеновский остров...

Польская революция застала Шопена уже на пути в Париж, и, конечно же, он разделял боль польской интеллигенции и ее свободолюбивые устремления. Поэтому, когда русский посол в Париже, корсиканец и давний враг Бонапарта граф Поццо ди Борго, предложил

Шопену титул пианиста русского императорского двора, Шопен отклонил эту честь, сказав:

«Если я и не принимал участия в революции 1830 года, сердцем я был с теми, кто ее поднял. Поэтому я считаю себя здесь на положении ссыльного изгнанника и в этом звании не могу позволить себе никакого другого...»

Квартира самого Шопена находилась в то время уже в доме № 38 на престижной улице Шоссе д'Антен, и молодой Лист оставил восторженные описания этой квартиры, где в прихожей «фонтан Людовика XV», в салоне и спальной — великолепные рояли, бесплатно предоставленные Шопену фирмой «Плейель», на стенах — прекрасные картины и гравюры. Шопен устраивал здесь иногда приемы и концерты для друзей. Так, 13 декабря 1836 года у него собрались Мицкевич, Генрих Гейне, Эжен Сю, Мейербер, Делакруа, Жорж Санд, маркиз де Кюстин, Потоцкие и еще несколько польских друзей. Лист и Шопен играли в четыре руки сонату. Жорж Санд, которая оделась в тот вечер в цвета национального польского флага, оставила растроганное описание этого концерта. Сердце знаменитой писательницы уже склонилось в то время к великому музыканту, и это значило, что она непременно завоюет этого странного, хрупкого, не слишком опытного мужчину. У нее были большой жизненный и любовный опыт, энергия, напор и чисто мужская решительность. Вскоре все произошло так, как она хотела, и она увезла Шопена на Майорку. Ныне в маленькую прелестную Вальдемозу в монастырь, где жили тогда любовники, стекаются паломники со всего света. (Когда я спрашиваю дочку, что она помнит о нашей с ней сказочной зимней Майорке, она говорит: «Шопен... Монастырь...», и глаза ее туманятся...)

Роман Жорж Санд и Шопена длился добрых восемь лет. Шопен (как некогда Тургенев от сестры великой Малибран Полины Виардо) получил от лихой писательницы взамен свободы семью (и даже среднего возраста детей), быт, уход, уют. Он помогал этой даме

Аврора взяла мужской псевдоним (Жорж Санд), и это не прошло для нее безнаказанным (а может, псевдоним лишь подтвердил мужские черты ее характера)... Портрет худ. Шарпантье.

Если пройти через арку дома № 80 по улице Тэтбу, взгляду откроется уютный мир маленькой, очень «бритиш» (как любят говорить французы) Орлеанской площади, где нынче по большей части корпят чиновники, а когда-то жили Шопен, Жорж Санд, Виардо и бывал весь «романтический Париж».

Мемориальные доски на стенах соседних домов Орлеанской площади напоминают о счастливых годах любви и романтически-великосветской «тусовки».

(которую предпочитал все же не звать Жоржем, а звать ее настоящим именем — Аврора или даже по-польски — Ютшенка) растить ее детей. Почти полгода он проводил теперь в Черной Долине, в ее замке Ноан, где собиралось всегда немало звезд французского романтизма. В Париже Шопен и Жорж Санд снимали одно время вместе квартиру на улице Пигаль на севере Парижа. Позднее, в 1842 году, они нашли неподалеку, чуть южнее, два соседних особняка на тихой, еще тенистой в ту пору Орлеанской площади. Это тоже шопеновский уголок Парижа. Место своеобразное. Свернув с улицы Тэтбу у дома № 80, попадаешь на маленькую площадь, которую английский архитектор Крези, вдохновленный лондонскими строениями Нэша, превратил в некий почти британский островок Парижа. В ту пору жил на этой площади писатель Поль Виардо, женившийся на сестре прославленной певицы Малибран Полине Гарсии-Виардо (чье имя, может, даже больше знакомо любителям русской литературы, чем знатокам музыкальной истории). Поль Виардо вспоминал о тех временах:

«Орлеанская площадь стала чем-то вроде фаланстера, коммуны... Мы собирались по вечерам, чтобы музицировать, читать, Жорж Санд и Шопен приглашали своих друзей. Друзьями Жорж Санд были... Делакруа, Бальзак, Генрих Гейне, Мари Дорваль, Гортензия Аллар... друзьями Шопена — музыканты, дамы высокого света, поляки...»

Разрыв с Жорж Санд подкосил Шопена. Десятки страниц написаны о том, как она была не права и насколько он оказался в их споре и в их ссоре проницательнее, сдержаннее и даже по-житейски дальновиднее. Что это меняет? Он остался один. Ему было неуютно. Болезни одолевали его. Он сменил квартиру дважды, жил даже на помпезной Вандомской площади, очень недолго, и умер там в 1849 году совсем еще молодым...

БОЛЬШИЕ БУЛЬВАРЫ НУРЕЕВА

В апреле 1961 года советский самолет приземлился в парижском аэропорту Ле Бурже, и по трапу его сошла балетная труппа Ленинградского театра имени Кирова, бывшей Мариинки. В этой шумной толпе находился невысокий, худенький двадцатитрехлетний солист балета Рудольф Нуреев. Как и все гастролеры в тот день, он был взволнован предстоящей ему первой встречей с Парижем. Для него, как для любого русского, все эти названия — Франция, Париж, Бурже — звучали магически. Однако даже он, отнюдь не лишенный амбиций молодой артист балета, мечтавший о зарубежной славе, вряд ли мог в тот день предположить, какую роль сыграет в его жизни Париж, и в частности этот вот самый, уже ставший к тому времени тесным для Парижа, уже выходивший в тираж аэропорт Ле Бурже. При всех своих амбициях вряд ли он смог бы предположить, какую славную страницу суждено вписать ему, татарскому мальчику из Уфы, в художественную историю Парижа. И какую драматическую страницу впишет случай с пассажиром ленинградского рейса Нуреевым в последние главы истории аэропорта Ле Бурже...

Впрочем, все это случится позже, а пока — парижский аэропорт, толпа встречающих, автобус, отель «Модерн» на правом берегу Парижа близ площади Республики. Кого ж из русских туристов и командированных средней руки не селили в 60-е, 70-е и даже 80-е годы в отелях близ плас де ла Репюблик? Считалось, что там дешевле. Там и было дешевле. А чтобы было еще дешевле и еще надежнее с точки зрения взаимной слежки, ленинградских артистов селили по двое в номере. Но что там отель! Что там слежка! Рядом с отелем ведь тянулись знаменитые Большие бульвары, самые что ни на есть театральные и притом «бульварные», а по ним дорога вела прямо ко дворцу Гарнье, знаменитому Театру оперы и балета...

С этим зданием связан был первый западный успех Нуреева и его последний, предсмертный успех, с ним связаны были чуть ли не все главные выпавшие на его долю почести, его последние земные усилия, его прощание с друзьями, с Парижем, с жизнью. Но и это все было позже, а мы ведь с вами еще только в мае 1961 года, когда Рудольф Нуреев впервые с волнением вошел во дворец славы, тот самый, где пел Шаляпин, где танцевали Нижинский, Карсавина, Лифарь...

Начались репетиции. Нуреева удивило, что большинство репетировавших в соседнем зале французов не выказали интереса к русским репетициям. Потом в их зале все же появились трое французских артистов — Пьер Лакот, Жан-Пьер Бонфу и балерина Клэр Мотт. Коллегам хотелось общаться, но оказалось, что почти никто из ленинградцев не только не говорит по-французски, но и вообще не говорит «по-иностранному». О французах и говорить нечего. Переводить пришлось Нурееву, который перед поездкой упорно занимался английским. Знал он не слишком много, но все же кое-как объяснялся. В первый же парижский вечер для ленинградцев был устроен прием на улице старинных дворцов, на рю де Гренель, — в роскошном, начала XVIII века дворце Эстре, где еще с конца прошлого века размещалось русское посольство. Министр культуры Екатерина Фурцева сказала там что-то ободряющее молодому Нурееву, обещала, что отныне он будет часто ездить за границу — есть ли выше награда? На следующий вечер Нуреев был свободен, и он отправился на концерт в зал Плейель, что на улице Фобур-Сент-Оноре, в знаменитый зал, где некогда играли Шопен и Рахманинов, где дирижировал Стравинский. В тот вечер Иегуди Менухин исполнял здесь музыку Баха, которого обожал молодой Нуреев. А назавтра на репетицию к ним снова пришли французские собратья и пригласили Нуреева погулять по Парижу. Он согласился, нарушив все правила. Он рисковал. Гулять ему полагалось в связке с русскими, а не наедине с французами. Но это была чудесная прогулка. Клэр Мотт представила Нурееву своего мужа Марио Буа, издателя и друга Шостаковича. Потом им повстречался Пьер Берже, знаменитый законодатель моды, правая рука Ива Сен-Лорана. Все вместе повезли Нуреева на Монмартр, на Монпарнас, назавтра повели в Лувр. А Пьер Берже ввел Нуреева в мир «высокой моды» и парфюмерии, в мир балетоманов, богачей, эстетов (и, конечно же, по большей части гомосексуалистов). Позднее Нуреев так вспоминал эти первые прогулки:

«Улицы заливала атмосфера непроходящего праздника. Я чувствовал почти физическое влечение к городу — и в то же время что-то вроде ностальгии. Ибо, хотя Париж казался веселым, а люди на улице интересными и такими непохожими на людей из мрачной русской толпы, было в них и нечто упадочное, так, словно им не хватало серьезной цели».

Первый спектакль Кировского балета показался Парижу бледным. Никому пока не известный Нуреев занят был во втором спектакле: вместе с Ольгой Моисеевой он танцевал в сцене «Царство теней» из балета «Баядерка». И в тот вечер зал был в восторге. Обозреватель «Монд» Оливье Мерлен написал о Нурееве, что это был настоящий «Нижинский из "Жар-птицы"». Восторженные рецензии появились в «Фигаро», потом в лондонских газетах. Это был первый настоящий успех Нуреева вообще, и успех этот пришел к нему в Париже в «Пале-Гарнье». В тот вечер его успеха Клэр Мотт привела к нему за кулисы своих друзей. Среди них была Клара Сент, красивая рыжеволосая молодая женщина, невеста недавно погибшего в автомобильной катастрофе Венсана Мальро, сына французского министра культуры и писателя Андре Мальро. Сама она была дочерью художника, родилась в Чили, но с детства жила в

Париже и была страстной поклонницей балета. Она и Нуреев почувствовали друг к другу симпатию, и, когда ленинградская труппа в автобусе отправилась после спектакля в отель, Нуреев с Кларой и новыми его друзьями отправились в кафе. Это было знаменитое кафе «Де Де Маго» на Сен-Жермен-де-Пре, приют писателей, художников, артистов и всех, у кого много не только времени, но и денег, потому что дешевым это кафе не назовешь. В кафе его представляли то одной, то другой знаменитости, а ему хотелось еще поговорить с Кларой, и он пригласил ее на один из своих любимых мариинских спектаклей.

У Клары была своя ложа, и на Нуреева, сидевшего с ней рядом, члены труппы смотрели с испугом, а какой-то начальник зашел к нему в ложу и, не стесняясь Клары, предупредил его, что он ведет себя неосмотрительно. В чем состояло его тогдашнее преступление, сегодняшнему русскому и понять, наверное, трудно. Я-то помню, что еще и пятнадцать лет спустя, в 1976-м, когда я собрался на первую в жизни туристическую экскурсию в Париж от Союза писателей, нас собрали на инструктаж и суровая дама из «Интуриста» зачитала нам инструкцию, строго-настрого запрещавшую общение с иностранцами. А Нуреев ведь общался, еще и в 1961 году общался, и гулял в обществе иностранцев по Парижу, и наживал неприятности. После кафе Клара повела его ужинать в студенческий ресторанчик на бульваре Сен-Мишель. С ней он открывал для себя самые прелестные уголки Парижа. Они встречались еще раз или два, хотя директор театра предупредил Нуреева, что, если он будет водить дружбу с «чилийской беженкой», дирекция вынуждена будет принять самые суровые меры. Непослушный Нуреев назавтра отправился с Кларой в магазин игрушек на улице Сент-Оноре, где хотел купить электрические локомотивчики, которые обожал, потом в книжный магазин «Галиньяни» на рю Риволи, где он купил огромный альбом «Импрессионисты».

А между тем русский танцовщик Нуреев стал за эти дни знаменитостью, о нем взахлеб писала французская и даже английская пресса: Найджел Гозлинг из лондонской «Обсервер» специально приезжал на его спектакли. Нурееву казалось, что слава делает его неуязвимым и свободным. Правда, в отеле «Модерн» он чувствовал, что тучи собираются над его головой, он замечал испуганные взгляды друзей, странный тяжелый взгляд людей в штатском и тех, кто, вроде машиниста Тарасова, были совместители, и все же он продолжал встречаться с Кларой и другими французами. Клара представила его многим своим друзьям, в том числе Раймонду де Ларену, зятю недавно умершего балетного антрепренера маркиза де Куэваса. После смерти тестя Раймонд руководил его балетной труппой, и Нуреев по его приглашению побывал у него в костюмерной.

И вот последний парижский спектакль, снова «Баядера», последняя восторженная статья Мерлена в «Монд» с похвалами Нурееву. Нуреев сбежал с отвальной вечеринки труппы и всю ночь гулял с Кларой по Парижу. Они посидели в кафе «Де Де Маго», прошлись по бульвару Сен-Жермен, потом по улице Бонапарта, той самой, где за полвека до них прощалась с Модильяни юная Анна Ахматова, потом прошли по набережной Конти, по набережной Больших Августинцев и перешли через мост на Кэ дез Орфевр, где жила Клара. Нуреев сказал, что ему грустно расставаться с новыми друзьями, что ему грустно покидать Париж. Впрочем, утешали его предстоящие гастроли в Лондоне. Нуреев много слышал об уровне лондонского балета, он знал по имени всех знаменитых английских солистов, а теперь и о нем знали в Лондоне. Предстоящая встреча с Лондоном смягчала горечь разлуки с Парижем. Проводив Клару, Нуреев отправился по предутреннему Парижу к площади Республики. Он шагал по пустынному Севастопольскому бульвару, по улице Тюрбиго. Было уже утро... Вот и площадь Республики. Знакомый синий автобус стоял у входа в гостиницу «Модерн», у автобуса на тротуаре — рядком чемоданы: прощай, Париж! До десятичасового рейса на Лондон еще оставалось время, но надо было позавтракать и собрать вещи. Он вошел в номер. Чемодан его стоял открытым на койке. «Прости, — сказал сосед по комнате. — Гэбэшники просили посмотреть, нет ли чего подозрительного». «Ничего, — сказал Нуреев. — У тебя они тоже шарили, когда тебя не было». В автобусе у них зачем-то отобрали билеты, и Нуреев обеспокоился. В аэропорту Ле Бурже было много провожающих, поклонников балета. Нуреев увидел их парижского импресарио Жоржа Сориа, увидел Мерлена из «Монд», который сидел у бара в кожаном костюме мотоциклиста, увидел Пьера Лакота, который пришел попрощаться с Нуреевым. Что-то показалось Нурееву странным в то утро: этот демонстративный обыск, эта история с билетами. Подошел режиссер, сказал вполголоса:

— Рудик, ты не полетишь в Лондон. Ты полетишь в Москву, там заночуешь... Надо выступить в Кремле. Потом полетишь в Уфу. Твоя мать заболела... Вот твой билет. Ты улетишь после нас.

Свидетели рассказывают, что лицо у Нуреева стало серым. Что он крикнул:

— Хватит врать!

Он подошел к своим. Коллеги окружили его. Он рассказал, в чем дело. Конечно, никто не поверил в историю с Кремлем, с болезнью матери. Он — меньше всех. Это был конец. Конец его карьеры... Он провинился. Его не пустят больше за границу, его выгонят из театра, он больше не будет танцевать. А так все славно началось. И он наконец познал успех...

Он сказал вполголоса Пьеру Лакоту:

— Все кончено. Меня отсылают в Москву. Я никогда не буду танцевать. Меня загонят в Сибирь... Сделай же что-нибудь, ради Бога.

Лакот смотрел на него с испугом.

— Твой подарок, — сказал Нуреев, вынимая из кармана подаренный Пьером накануне нож. — Осталось убить себя. Помоги же...

Наивный человек, Лакот пошел спросить у русского режиссера, в чем дело.

«Не беспокойтесь, — сказал режиссер. — Просто мать у него заболела».

Лакот в полной растерянности обратился к Мерлену. Лихой журналист из «Монд» предложил умыкнуть Нуреева на своем мотоцикле. Но тут они увидели людей в штатском. Их было двое. Они были начеку. Они встали у двери. Мерлен предложил позвонить министру Андре Мальро. Оба подумали, что уйдет полдня-день-два, пока они свяжутся с министром, а Нуреева через час-полтора уведут на посадку. И тут они вспомнили про невестку министра, про Клару. Пьер нацарапал номер ее телефона на клочке бумаги и незаметно передал его молодому Жан-Пьеру Бонфу. Жан-Пьер убежал звонить Кларе... Звонок в то утро разбудил Клару...

Началась посадка на лондонский рейс. Нуреев попытался замешаться в толпу ленинградцев, но у него не было билета. Два огромных лба в штатском встали у него на пути... Он вернулся в зал, укрылся за колонной. Клара приехала через двадцать минут.

— Я приехала проститься! — громко сказала она.
— Я не хочу уезжать. Я хочу остаться, — прошептал Нуреев.
— Ты в этом уверен?
— Да, да, да.

Она оглянулась в растерянности. И увидела синюю стрелку: «Полиция аэропорта». Она поднялась по ступенькам. Двое мужчин в штатском сидели за столом. Она сказала, что русский танцовщик хочет попросить политического убежища во Франции. Они спросили, правда ли, что он танцовщик, правда ли, что он хочет, ручается ли она...

«Он звезда, о нем говорит весь Париж...» — горячо убеждала Клара.

— Что ж, пусть придет сюда, — сказали они, глядя на нее с любопытством.

Клара объяснила, что он под надзором.

— Хорошо, — согласились полицейские. — Сядьте в кафе. Мы к вам сейчас подойдем. А ему вы все объясните.

Клара села за столик. Они все не шли и не шли. Сейчас Нуреева уведут на посадку. Все кончено... Ах, нет, они все же пришли. Клара встала и подошла к Нурееву.

— Руди, простимся еще раз, — громко сказала она. И зашептала лихорадочно: — Вон те двое в баре, что курят... К ним. Это полицейские. Они не могут к тебе подойти. Ты должен подойти... Сам. Будь счастлив! — крикнула она громко. — Счастливого пути!

Она вернулась в бар. Краем глаза она видела Нуреева, видела двух полицейских в баре, видела его плечистых «ангелов-хранителей» у него за спиной. Но ничего не происходило, и Клара представила себе, как трудно сейчас Нурееву. Хотя вряд ли она, выросшая в Париже, могла представить себе, как ему страшно... 1961 год...

Я помню комнату, полную молодых редакторов на Московском радио, веселый гомон. Вдруг вошел Женя и сказал: «Нуреев остался в Париже. Он сбежал!» Я помню, как мы все замолчали. Мы были ни в чем не виноваты, но нам всем стало страшно. Чтобы понять этот страх, надо было вырасти в России. Клара не знала этого, она понимала только, что полицейские вот-вот встанут и уйдут... И вдруг что-то случилось. Его отделяло от бара всего пять-шесть метров. Одни свидетели говорят, что Нуреев пробежал их. Другие — что он их пролетел. Что это был нуреевский фантастический прыжок. Прыжок через миры, через границы...

— Хочу остаться! — задыхаясь, сказал он по-английски.

Две пары безжалостных рук уже тянулись к нему сзади.

— Господа, — сказал полицейский сухо, — господа, мы с вами во Франции.

Нуреева повели в полицию, где он сделал свое заявление. Потом его оставили, согласно правилам, в комнате с двумя дверьми на сорок пять минут, чтобы он мог обдумать в одиночестве свое решение. Он вышел в ту дверь, которая вела во Францию. Потом приехал секретарь посольства и попросил оставить его наедине с Нуреевым. Прижимая ухо к дверям, Клара слышала отчаянный нуреевский крик: «Нет! Нет! Нет!»

Конечно, в поздней книге Нуреева, который боялся скомпрометировать друзей и повредить родным, есть умолчания по поводу этого дня. Ну а в досье КГБ, с которым знакомился в московском архиве английский биограф Нуреева, наверняка есть кое-какие благородные придумки, имеющие целью оправдать охрану, проморгавшую ненадежного беглеца. Есть там, конечно, и мифические агенты ЦРУ, передававшие тайно (но от наших не спрячешься) баснословную сумму то ли в двести, то ли в целых триста долларов невестке Мальро Кларе Сент (которая, конечно, тоже была агентом ЦРУ)...

Так или иначе, московский самолет улетел в тот день с задержкой. Нуреева не было на его борту. Оливье Мерлен увез Нуреева в пустовавшую квартиру своего друга, где беглец смог оправиться от шока и выспаться. На третий день легко отличимые от прохожих люди в штатском уже стояли у него под окнами. Но и французы охраняли его тоже. Все же ему пришлось срочно переезжать. От слежки ему было теперь не уйти. От ночных звонков и угроз тоже. На родине его судили заочно. Прокурор потребовал четырнадцатилетнего тюремного заключения за недозволенный переезд из Ленинграда в Париж. Времена были уже помягче, раньше давали за это четверть века каторги. А суд 60-х годов ограничился всего шестью годами лагеря и намекнул, что можно надеяться на дальнейшее смягчение приговора, пусть только вернется. Он не вернулся. Без него умер его отец, отставной замполит Хамет Нуреев. Без него в стране произошло много перемен. Только через 26 лет ему разрешили приехать в Уфу, увидеть умирающую мать, которая его не узнала...

Он по-прежнему жил на Западе. За тридцать лет напряженной работы — в Лондоне, Нью-Йорке, Париже — он станцевал множество ролей, он ставил балеты, он снимался в кино, он учил, он дирижировал оркестром. На протяжении многих лет он возглавлял национальную балетную труппу в парижском дворце Гарнье и получил за свои заслуги чуть ли не все высшие французские награды. Он успел реализовать себя как артист. И когда по ступенькам дворца Гарнье, заваленным букетами цветов, возложенными его поклонниками, медленно выносили из театра гроб с телом 55-летнего Нуреева, пришла в потоке других слов соболезнования телеграмма от Олега Виноградова из Кировского театра. В ней были такие слова: «То, что Нуреев сделал на Западе, ему никогда не осуществить было бы здесь».

Он прожил на Западе бурные тридцать лет. Он любил женщин, мужчин, чаще все же мужчин. Его тоже любили многие. И у него были десятки преданных друзей-женщин, от блистательной Марго Фонтейн до знаменитой Джеки Кеннеди-Онассис. Он ни в чем не знал удержу, и вдруг явившийся на пиру радости СПИД, от

Среди строгих и скромных крестов православного кладбища Сент-Женевьев-де-Буа пестрый мозаичный восточный ковер, покрывший последнее пристанище многогрешного гения, виден издалека...

которого он легкомысленно отмахнулся, омрачил последние годы его жизни страданием и до срока свел в могилу.

Перед самой смертью, превозмогая недуг, измученный, обессиленный, едва живой, он еще поставил во дворце Гарнье «Баядерку», ту самую, с которой начинались для него Париж и Запад. Ему было трудно сидеть. Он лежал в ложе в шезлонге, и к нему подходили для поздравлений, для последнего прощания. Подошел французский министр культуры, вручил ему еще один орден. Нуреев улыбался счастливою и жалкою улыбкой умирающего...

Он подолгу жил в США, любил Лондон, Италию, но последние годы провел в Париже. У него было здесь две квартиры на набережной Вольтера. Еще у него были квартиры в разных городах, был дом на итальянском острове, а путешествуя, он любил покупать бесчисленное количество одежды, халатов, шалей, безделушек, украшений, драгоценностей, произведений искусства — он был богат и любил красивые вещи, любил живопись. Особенно любил картины великого Жерико, воспевшего красоту мужского тела. Его полные вещей квартиры на Кэ Вольтер в Париже журналисты называли «пещерой Али-Бабы». Он завещал учредить на его деньги стипендию для молодых танцовщиков, отдать часть денег на исследования в области СПИДа и еще и еще на что-то, на что уже не хватило денег...

Его хоронили под белоствольными березами и темными елями русского кладбища Сент-Женевьев-де-Буа под Парижем. Был прохладный январский день. Музыканты играли мелодию из «Жизели». С тех пор каждый год в годовщину его смерти над могилой его звучит музыка. Я знаю об этом, потому что каждый год «Общество друзей Нуреева» извещает меня письмом. Вскрывая конверт, я думаю, что вот — Париж его помнит. Что его помнят сияющие огнями Большие бульвары...

БУЛЬВАР РИШАР-ЛЕНУАР.
КОЕ-ЧТО О МАДАМ МЕГРЭ,
НО ГЛАВНОЕ — О БАРОНЕ ОСМАНЕ

Прежде чем устремиться от Больших бульваров к северным заставам города, совершим все же еще несколько прогулок в пределах бульвара, тем более что автор (зовите меня просто гидом) должен сделать несколько запоздалых признаний...

Итак, свернем к югу по одному не слишком широко известному бульвару, носящему название Ришар-Ленуар. Он начинается от площади Бастилии и уходит от нее к северу, к бульвару Вольтера и авеню Республики (**avenue de la République**). Русским поклонникам романов Сименона название это, без сомнения, покажется знакомым, а самые верные из поклонников, вероятно, сразу вспомнят, что именно на этом бульваре и жил достойный инспектор (позднее даже комиссар) полиции месье Жорж Мегрэ, что именно на этих скамеечках бульвара отдыхала его достойнейшая супруга мадам Мегрэ, что именно здесь разворачивались события некоторых из четырех сотен романов Сименона (скажем, романа «Знакомый мадам Мегрэ»).

Ну а знатоки парижской истории вспомнят, вероятно, и то, что бульвар в старину назывался по-другому (назывался он бульваром Королевы Гортензии), да и выглядел он по-другому, ибо раньше посреди бульвара проходил канал Сен-Мартен, так что боковые тротуары шли по берегу канала. Ныне посреди бульвара проходит широкая полоса зелени — чуть не 18 000 квадратных метров сада. Канал Сен-Мартен убрали под землю тщанием знаменитого османовского инженера Бельгранда в 1860 году, а в нынешнем названии бульвара в соответствии с республиканским и буржуазным духом имя королевы вытеснено именами двух инженеров, Ришара и Ленуара, открывших здесь на заре прошлого века первую хлопчатобумажную мануфактуру. Конечно, знаток Парижа может припомнить и еще более почтенные страницы из истории этого бульвара, ну, скажем, вспомнить про «ярмарку железок». Она открыта была особой хартией короля Филиппа-Августа еще в 1222 году и проводилась сперва в центре крошечного старого Парижа на паперти собора Нотр-Дам. Потом она перекочевала сюда, на бульвар, и царила тут многие века. Конечно, бесполезный антиквариат и всякие старинные безделушки вытесняли и тут мало-помалу (как происходит на всех почти «блошиных рынках») все эти некогда жизненно важные железные изделия, а позднее вытеснили и саму ярмарку, мешавшую уличному движению (и что только не мешает этому уличному движению, которое само всем мешает?): ярмарку перевели в Ножан-сюр-Марн и на остров Шату.

Кстати, бульвар славился не только своей «ярмаркой железок», но и двумя (осенней и пасхальной) ярмарками ветчины. Но понятно, что все это преданья старины, более или менее глубокой, а нынешний бульвар, его, так сказать, зеленые насаждения, его широкие тротуары и солидные жилые дома — все это приводит на память более позднюю эпоху, начало второй половины прошлого века, то, что называют «османовским Парижем». И эпоху эту, и давшего ей имя благодетеля французской столицы барона Жоржа Эжена Османа, рожденного в Париже в 1809 году и скончавшегося в том же любезном его сердцу городе 82 года спустя, мы упоминали уже не раз, да все не находилось времени поговорить о нем подробнее. А нужда в этом есть, ибо в истории нового Парижа барон Осман — это немалая глава. Ибо барон Осман был великий преобразователь Парижа, благодетель его, устроитель, суперурбанист, по мнению одних. Но также и палач его, по мнению других, и надо сказать, что спорить о нем не перестают и ныне. Вот только что вышли из печати два номера солидного журнала «Комментарий» с двумя большими и весьма пылкими полемическими статьями о бароне Османе: одна против него, другая — за. Так что же он натворил такого, этот знаменитый барон Осман, что и столетие с лишним спустя не стихают споры о нем?

Начнем с головы, с императора. Будущий французский император Наполеон III, племянник того самого знаменитого Наполеона и сын той самой голландской королевы-изгнанницы Гортензии, родился в Англии и первые сорок лет жизни провел вдалеке от Парижа (то в Швейцарии, то в Италии, то в США, то в Бразилии, то снова в Лондоне). И вот, когда он обосновался наконец, я бы даже сказал — воцарился, в Париже, город этот произвел на него ужасное впечатление.

Новый император был сторонником научного и технического прогресса, и знаменитый Париж показался ему в сравнении с другими столицами мира, особенно с тогдашним Лондоном, просто средневековым городом — лабиринты узких улочек, грязь, антисанитарное состояние жилищ, отсутствие надежной системы водопровода и канализации, благоустроенных мостовых, тротуаров, скверов, недостаток школ и больниц. И как можно проехать по такому городу? И как навести в нем порядок в дни, когда бунтует чернь (а она только в 1848 году кончила в очередной раз бунтовать)? В общем, император был полон решимости преобразовать и даже преобразить город, притом как можно быстрее. Для начала он нашел главное — достойного исполнителя своей воли в лице барона Османа.

За каких-нибудь 16 лет эти два преобразователя перевернули здесь с ног на голову все, что складывалось на протяжении многих веков. «Революция!» — в восторге восклицают одни. «Катастрофа!» — мрачно говорят другие. И те и другие согласны, что благоустройство было Парижу необходимо, однако по поводу того, насколько революционными должны быть преобразования старинных городов, мнения чаще всего расходятся. Но императоры редко прислушиваются к чужим мнениям (вспомните хотя бы Миттерана). Император Наполеон III и его верный барон прочертили для начала красным карандашом на карте Парижа «главные магистрали». И все, что стояло на пути этих магистралей, пошло на слом. На слом пошел магический средневековый Париж, каждый метр которого был насыщен историей, напитан медом культуры. На слом пошли улочки, дворцы, дворики, пассажи, церкви, памятники, шедевры архитектуры... Ровные (и, на мой взгляд, скучные) магистрали, вроде бульваров Сен-Жермен и Сен-Мишель, улицы Ренн, авеню Фош и множества других широченных бульваров с их рядами деревьев, дали простор для экипажей (автомобилям все равно тесно). По сторонам их выросли солидные каменные многоэтажные дома с просторными квартирами. В этих домах и кварталах не жили больше вперемежку богатые и бедные — бедные отступали на окраины, туда, где жилье все еще было дешевле. Правда, и внутри домов достаток определял пока высоту, этаж проживания, но с 1867 года неторопливые старинные лифты сделали разницу несущественной (дорого стало везде).

Иностранцы восхищались простором и роскошью нового Парижа. Восхищались его архитекторами — творцом Оперы Гарнье, хитроумным творцом Северного вокзала и еще многих зданий, любимцем императора Хитторфом, творцом павильонов «Чрева Парижа» Бальтаром... Самого императора часто называли «садовником», ибо это он ввел здесь в обиход — ради гигиены, и красоты, и прогулок, и здоровья подданных — публичные сады и скверы. С помощью инженера Альфанда император разбил в Париже десятки садов, и парков, и скверов, вроде прекрасных парков Монсури и Бют-Шомон, вроде Булонского и Венсеннского леса на границе города. Зная о пристрастии императора, выросшего в Англии, к английскому пейзажному парку, его инженеры-пейзажисты не выстригали по французской привычке всю зелень, так что город зазеленел. Зазеленел, как этот вот бульвар Ришар-Ленуар или несравненная авеню Фош...

Но не подумайте, что, сидя на удобной скамеечке среди зелени бульвара Ришар-Ленуар, я собираюсь пропеть еще один панегирик тысячу раз прославленному барону и славному правобережному «османовскому Парижу». Я скорее из числа их противников, чем из числа поклонников. Хотя бы потому, что я не поклонник революций и революционного преобразования прекрасной старины, а скорее сторонник ее сбережения и мирной эволюции во всех областях, даже в области городской канализации. Поэтому, гуляя по скучным османовским бульварам с их километрами «солидных» домов, я чаще всего оплакиваю бестолковое многообразие и экзотическую красоту старого Парижа, павшие под киркой преобразователя. Ведь, даже объявив священную колыбель Парижа остров Сите заповедником, бодрые преобразователи тогда же и разломали три четверти его уникальных средневековых строений. А там ведь каждый дом был свидетелем стольких событий... Впрочем, вы, наверное, и сами успели заметить, что ваш покорный слуга и ваш гид не поклонник «османовского Парижа». Мне часто думалось, что преобразователи, контролируемые общественным мнением и движениями протеста в каждом квартале, наломали бы меньше дров. Впрочем, практика последнего здешнего президента-социалиста, наделенного высокомерными монархическими замашками, несколько подорвала эти мои надежды...

УЛИЦА ФОБУР-СЕНТ-АНТУАН
В СЛОБОДЕ КРАСНОДЕРЕВЦЕВ

Бульвар Ришар-Ленуар привел нас к знаменитой площади Бастилии. Обозревая ее славное прошлое, отметим, что площадь эта была изгажена по меньшей мере дважды. Два века назад вдохновенная революционная толпа разрушила старинный памятник архитектуры — крепость Бастилию. А недавно народный избранник Миттеран повелел здесь отгрохать довольно уродливый бункер «оперы для народа», которая, как можно догадаться, этому самому народу обошлась в копеечку, да и билеты в нее оказались доступными отнюдь не простому народу (а плитки уже падают с театральных стен на тротуар, как со стен московских «высоток» на Котельнической набережной и площади Восстания). Зато с площади Бастилии мы можем с вами совершить путешествие в какую-нибудь из былых экзотических слобод («фобуров»). Например, отправиться на восток по улице Фобур-Сент-Антуан...

Строения Фобур-Сент-Антуан, то есть слободы Святого Антония, выросли некогда вокруг королевского аббатства Сент-Антуан-де-Шан (Святого Антония-во-Поле). Король Людовик XI освободил поселившихся здесь ремесленников от опеки городской корпорации и тем дал простор бурному развитию в слободе деревообрабатывающей и мебельной промышленности, искусству столяров-краснодеревцев. Расцвета своего здешнее мастерство (одна из улочек тут и поныне зовется улицей Золотых Рук) достигло в XVII–XVIII веках, когда слава французских искусников-мебельщиков, таких, как Буль, Ризнер, Крисан, Леле или Жакоб, перешагнула пределы Французского королевства. Но вот недавно, года четыре назад, парижская мэрия спохватилась, что здесь начали застраивать новыми коробками все как есть характерные уголки квартала Фобур-Сент-Антуан — все его дворы, фабричные навесы, пассажи, проходы, тупички, закоулочки... Тут-то мэрия и приняла мудрое решение сберечь, сохранить то, что еще осталось, не дать залить бетоном. Кто-то объяснил начальству, что в квартале — половина всех оставшихся в столице дворов, что здешние 46 пассажей да здешние тупички составляют чуть ли не пятую часть всех уютных старинных парижских тупиков...

Квартал, как я уже упоминал, получил свое название от королевского аббатства Сент-Антуан, основанного почтенным кюре из пригородного Нейи в 1198 году. Аббатство было женское, и аббатисами в нем являлись, как правило, принцессы королевской крови. Старинные здания аббатства позднее перестраивались, а точнее — с начала 1770 года. В те годы как раз и жила в аббатстве знаменитая мадам Жофрен (та самая, что некогда держала прославленный салон и давала деньги на издание Французской энциклопедии). Художник Юбер Робер запечатлел ее на своих полотнах именно на здешнем фоне.

Ныне в здании аббатства как раз напротив фонтана де Монтрей находится больница Сент-Антуан, и двухэтажный фасад одного из корпусов, увенчанный треугольным фронтоном (творение архитектора Ленуара по прозвищу Римский), выходит на улицу Фобур-Сент-Антуан. В середине 60-х годов XX века, когда больница стала первой в Париже факультетской базой и приняла больше восьми сотен студентов-медиков, новому архитектору, сотруднику прославленного Корбюзье, Андре Воженскому пришлось сочетать всю эту старинную красоту с суровым бетоном, сталью и стеклом. Новые мастера, чьи имена вы уже можете нынче найти в учебниках архитектуры, украсили здание стенной росписью, витражами и мобилем. Поклонники современной архитектуры, углубившись в боковую улицу де Сито, смогут там увидеть супермодерное здание больничных кухонь, построенное в середине 80-х годов архитектором Сириани...

Напомню, что напротив бывшего аббатства, неподалеку от воздвигнутого в XVIII веке фонтана де Монтрей, был в 1783 году братьями Монгольфьер построен их воздушный шар, а деньги на его постройку братьям дал фабрикант обоев Ревейон. Через шесть лет именно на фабрике Ревейона вспыхнул кровавый бунт, подавленный гвардией. От этих событий оставалось уже недалеко до разрушения Бастилии. Надо сказать, что в мастерских квартала насчитывалось немало мятежных подмастерьев, которые участвовали и позже во всех бунтах и революциях: этим тоже славилась слобода! Возле нынешнего старинного дома № 151 на баррикаде был убит депутат Боден, и, как любили позже рассказывать, «убит за 25 франков депутатского жалованья».

Если отклониться чуть-чуть по улице Алигр, то можно дойти до площади Алигр и получить возможность (конечно, в первой половине дня) потолкаться на одной из самых забавных парижских барахолок. А свернув на площадь Руссель, на которой сохранилась еще типичная музыкальная раковина, или, по-здешнему, музыкальный киоск, можно полюбоваться и выходящими на площадь образцами тогдашнего, так сказать, «социального жилья», кирпичными и каменными домами, построенными Фондом Ротшильда в 1905 году для (как была сформулирована цель построек) «улучшения материальных условий существования тружеников».

Поблизости от площади Бастилии улица Фобур-Сент-Антуан сохраняет свой былой облик — элегантные дома с балконными решетками и окнами, увитыми узорами из железа. Здесь жили ремесленники-аристократы, целые династии мастеров. Позади домов шли дворы и пассажи, где трудились краснодеревцы. Вот эти-то дворы и намерена нынче спасать парижская мэрия. Мебельный промысел пришел по вполне понятным причинам в упадок (мебель в домах стала попроще), но на самой улице Фобур-Сент-Антуан в домах № 25 и № 46 сохранились еще старинные магазины мебели. Из пассажей, уходящих к Шарантонской улице, сохраняют пока былую атмосферу пассажи «Этуаль д'Ор», «Буль Бланш», двор Бель-Эр за домом № 56. Цела там и так называемая Лестница Черных Мушкетеров. Дело в том, что пассажи эти выходят на Шарантонскую улицу у самой Больницы Пятнадцати Двадцаток (**L'hôpital des Quinze-Vingts**), занимающей с 1780 года здание былой казармы Черных Мушкетеров (черными их называли за масть их лошадей, а не за цвет кожи — были они румяны, как Арамис или юный д'Артаньян). Больницу эту основал для слепцов в 1260 году король Людовик Святой: заботиться о больных и убогих от века считалось королевской обязанностью. Больница сперва помещалась на нынешней площади Пале-Руайяль и название свое — Пятнадцать Двадцаток — получила по числу пациентов: их было триста.

Направляясь в сторону рю де Шаррон, следует остановиться на маленькой площади Рауля Нордлинга, уроженца Парижа и шведского дипломата, который много сделал для французской столицы. Во время немецкой оккупации он исполнял в Париже обязанности шведского консула. Вот он-то и был в то время самым настоящим борцом Сопротивления — помогал политическим беженцам и еще немало совершал благородных и смелых поступков. А в дни освобождения это он уговаривал немецкого коменданта Отто Абетца не выполнять приказ о разрушении Парижа.

За площадью Нордлинга — церковь Сент-Маргерит, то есть Святой Маргариты. Здесь находилась некогда очень старая часовня, расширенная и достроенная сперва в 1669 году, а потом еще раз, столетие спустя, на сей раз знаменитым архитектором Виктором Луи. В церкви этой можно увидеть барельефы начала XVIII века, множество картин и скульптур. Маленькое кладбище, окружающее храм, славится таинственной могилкой, о которой велось и ведется во Франции немало споров. Дело в том, что с 1637-го по 1804 год на этом кладбище хоронили обитателей квартала дю Тампль, что в Маре. И вот 10 июня недоброй памяти 1795 года здесь был похоронен ребенок, о котором говорят, что это и был содержавшийся под стражей в башне в квартале дю Тампль маленький сын казненного Людовика XVI, то есть Людовик XVII. Таинственная могилка его — слева, у стены часовни Душ Чистилища. На небольшом каменном надгробии в форме креста надпись: «Л... XVII, 1785–1795», — а чуть ниже на латыни: *Attendite i videte si est dolor sicut dolor meus* («Грядите и узрите, есть ли боль моей равная»). Русский человек, набредя на эту далеко не всем парижанам известную могилку, вспомнит, быть может, другого невинного мальчика, убитого с семьей в Екатеринбурге, а может, еще и задумается о том, что все революции, названные позднее Великими и празднуемые беспечно, отмечены были прежде всего бессмысленной жестокостью и неожиданным всплеском садизма. Что касается ребенка, похороненного здесь в 1795-м, то останки его не удалось найти полностью и не удалось установить, кому они принадлежат, так что не затухает легенда, что тот умерший мальчик из Тампля и не был наследником и что настоящий Людовик XVII остался жив, его спасли, его видели там и сям в глухих уголках Франции... Сами можете выбрать себе легенду по вкусу и тайну тоже, ибо скучно жить без тайны...

На почти примыкающей к церкви улице де Шаррон можно увидеть несколько интересных домов в стиле «ар нуво», вроде углового дома на авеню Ледрю Роллен или же дома № 22, а также отеля «Монтень», построенного в 1660 году Делиль-Мансаром и укрытого ныне за домом № 53. Но самое интересное место на этой улице находится там, где теперь стоит дом № 98. Здесь располагался монастырь Дев Креста, в котором нашел приют поэт Сирано де Бержерак и где он был похоронен. Могилу талантливого поэта (который, как известно, был и не слишком похож на героя Ростана) искали здесь, но не нашли.

Одной из интереснейших улиц квартала является также рю де ла-Рокет, где стоял некогда деревенский дом семьи Валуа (Ла-Петит-Рош, Малая Скала, он же Рошет, он же Рокет). В 1639 году здесь обосновался монастырь госпитальеров, потом было построено две тюрьмы — Ла-Гранд-Рокет и Ла-Петит-Рокет, так что на углу улицы Круа-Фобен и ныне можно видеть пять площадок, на которых долгие годы стояли гильотины. Это близ Гранд-Рокет на рассвете 6 апреля 1857-го видел омерзительную казнь, надолго лишившую его сна, Лев Николаевич Толстой. И. С. Тургенев тоже наблюдал здесь казнь — страшной январской ночью 1870 года, и он не успокоился, пока не написал памфлет «Казнь Тропмана», требовавший отмены смертной казни.

...Нынче тут в округе залы игровых автоматов, и музыка, и шум, и толпа, но площадки еще видны и свидетельствуют о недавней истории. Из истории же, как известно, слова не выкинешь.

Запад есть Запад, Восток есть Восток

НЕУЮТНАЯ ПЛОЩАДЬ НАСЬОН НА ВОСТОЧНОЙ ОКРАИНЕ

Тем, кто вместе со мной дошагал до самого конца улицы Фобур-Сент-Антуан, предлагаю все же заглянуть на площадь Нации (**place de la Nation**), раз уж мы оказались рядом.

Не могу сказать, чтобы я лично любил эту большую, неуютную, заставленную какими-то памятниками, а все же словно бы необустроенную площадь, имеющую четверть километра в диаметре. Иногда мне приходится проезжать здесь в нервном стаде автомобилей, еще чаще — делать под землей пересадку со своей симпатичной надземной шестой линии метро (Насьон-Шарль-де-Голль-Этуаль) на другие, менее симпатичные, но уж совсем редко — и без особой радости — доводится проходить здесь пешком. А все же, думаю, прогулка такая будет небесполезна. Особенно для поклонников Великой французской революции и ее родной дочери Великой Октябрьской, которых немало развелось в нынешнем, сравнительно свободном мире.

В старину площадь эта называлась Тронной. Названием этим она обязана была счастливому событию, имевшему место в 1660 году, — женитьбе короля Людовика XIV на испанской инфанте Марии-Терезии. Дорога от Венсеннского замка к Лувру пролегала тогда через ворота, стоявшие у нынешней площади Насьон, и вот к прибытию молодоженов на площади был установлен трон с покрывалом, украшенным королевскими лилиями. В те шумные праздничные дни площадь и получила свое тронное название. Собственно, она тогда еще даже не была похожа на площадь, да и дороги подходили к ней по большей части немощеные, деревенские. Но великое матримониальное событие на королевском уровне должно было сделать площадь прекрасной, так что решено было украсить эту

Неуютная площадь Насьон на восточной окраине

восточную заставу триумфальной аркой. Как и многие благие решения, принимаемые в жениховском угаре, это свадебное намерение короля было позже предано им забвению, а от задуманных сгоряча сооружений остались потомству лишь цоколи колонн.

Через столетие с небольшим площадь эту было приказано все же украсить. Обустройство ее поручили Никола Леду, тому самому, что украсил и другие окраинные барьеры для сбора пошлины на заставах города Парижа. Элегантные павильончики Леду должны были то ли подчеркнуть важность и неизбежность поборов, то ли, напротив, позолотить пилюлю, смягчив горечь непредвиденных трат. Повинуясь высочайшему указанию, Никола Леду воздвиг в восточной части Тронной площади два элегантных павильончика и две высокие колонны. Позднее король Луи-Филипп приказал водрузить на эти колонны статую Святого Людовика и свою собственную статую — там они и ныне стоят, оборотясь лицом к Венсеннской заставе и оберегая покой города-светоча.

Дальнейшие акции украшения площади не оставили никаких материальных следов. Карл IX, приехав сюда после коронации из Реймса, предпочел просто проехать между павильончиками Леду, не затевая по этому поводу ничего специального, а Наполеон III ограничился пристройкой к колоннам Леду временного (матерчатого на деревянном каркасе) подобия триумфальной арки. Это произошло, впрочем, уже в мирном 1862 году. А в 1899 году площадь украсилась скульптурной группой Далу, носящей пышное имя «Триумф Республики». Собственно, Далу предназначал свое творение для площади Республики, но комиссия экспертов решила спасти эту симпатичную площадь от нескладного шедевра, и шедевр отправили в ссылку на восточную окраину. В этой триумфальной скульптурной группе есть все, что необходимо республике для ее триумфа, — и олицетворение Духа Свободы, потрясающее факелом, и какие-то энергичные Труженики, и Правосудие со своими весами, и безвестная нагая дама с пышными формами, и милое дитя, и рог изобилия, и Марианна в колеснице, влекомой львами...

Самое удивительное, что и ныне у подножия этого скопления неживых персонажей вполне еще живые парижане ухитряются среди бензиновой вони и автомобильного грохота сражаться в «петанк»... В общем, малоинтересная площадь Нации не часто была отмечена в истории событиями поистине великими. Впрочем, однажды такие события все же выпали на ее долю. Как вы, наверное, заметили, великими чаще всего принято именовать людей и события, отличившиеся особой, незаурядной жестокостью и выходящим из ряда вон кровопролитием. Такие события выпали на долю унылой Тронной площади в эпоху Великой французской революции. В начале революции пришедшее ей на помощь рационализаторское приспособление доктора Гильотена для быстрейшего отсечения голов (по имени гуманиста-доктора названное гильотиной) было установлено на нынешней площади Согласия (в ту пору площади Революции), но работало оно тогда еще не вполне регулярно. По мере достижения всенародного счастья машина стала работать в полную силу, и посыпались жалобы обитателей слободы Сент-Оноре (а позднее, после перемещения машины, и слободы Сент-Антуан) на то, что в соседних домах у граждан нестерпимо пахнет кровью, а вдобавок эти красные, обитые жестью фургоны со свежими трупами по ночам поливают кровью улицы. Вот тогда-то, 14 июня (а выражаясь революционно — 25 прериаля), головорезную гильотину и выдворили на окраину, на Тронную площадь, которая была к тому времени переименована в площадь Опрокинутого Трона. И закипела работа! С 14 июня 1794 года по 27 июля (по-революционному говоря, до 9 термидора) труженики террора успели отрезать больше тринадцати сотен голов. Конечно, для товарища Дзержинского и его друга Ленина (а уж тем более для Сталина, Ягоды, Ежова и Берия) эта цифра показалась бы мизерной, но тогда ведь и масштабы были другие, и население в сотни раз меньше. Как утверждают здешние поклонники революции, убивали тогда только аристократов, ученых, поэтов и прочий цвет нации. Но на самом-то деле более половины граждан, укороченных на голову, были простые французские труженики, работяги, священники и монашки...

Страдные выпали деньки для тружеников гильотины. Знаменитый королевский палач Сансон, мобилизованный и призванный революцией, чтобы послужить родному народу, показал здесь рекордное, или, как говорили позднее, стахановское, время, отрезав за 24 минуты 54 головы своим соотечественникам. Народ ему под нож попадался разный, в возрасте от 18 до 80 лет, все, понятное дело, несознательный и не созревший еще для свободы народ. Привезли к нему, например, 16 монахов-кармелитов из Компьеня, так несознательность их дошла до того, что они легли под нож с пением молитвы, а не «Марсельезы»...

Зато рабочее место оказалось идеальным. Красный фургон, крытый жестью, стоял тут же, неподалеку, и, когда он заполнялся телами казненных и их отделенными от туловища головами, лошади тащили его на старую сельскую дорогу, пролегавшую от аббатства Сен-Дени к аббатству Сен-Мор. В деревушке Пикпюс на нынешней улице Пикпюс у дома № 35, на территории реквизированного революцией монастыря августинцев, находилась новая тюрьма, устроенная тут в добавление к прежним тюрьмам той же улицы. Тюрьма называлась красиво, по-революционному — «Дом заключения и здоровья». Как насчет здоровья, неизвестно, но тем, кто регулярно платил взятки директору тюрьмы месье Куаньяру, удавалось худо-бедно отсидеться в этой тюрьме и таким образом избежать гильотины. Хуже было тем, у кого кончались деньги. В июне 1794 года по приказу сверху монастырский сад был у тюрьмы отобран и в нем стали зарывать в общих ямах трупы, привозимые с ближней площадной головорезки. Сперва в пещерах по краям сада трупы, конечно, обирали и раздевали, а потом швыряли их в ямы в полном соответствии с революционной инструкцией, которая предписывала хоронить «без гроба и без савана, да так, чтобы не оставалось никаких знаков, которые бы позволили семьям опознать своих мертвецов и подыскать им иное захоронение».

Среди казненных и брошенных в эти ямы, как все же удалось выяснить, несмотря на революционную конспирацию, были представители семей Лафайет, Монталамбер, Шатобриан, Ноай, Ларошфуко, Монморанси. Из рода Монморанси была, в частности, казненная на здешней площади старушка настоятельница Монмартрского аббатства. Она была уже совсем дряхлая, полуслепая и совсем глухая, так что ей трудно было понять, чего от нее допытываются идейные судьи из Комитета общественного спасения. Убедившись в ее убожестве, комитет славного Сен-Жюста объявил, что старушка «слепо и глухо» злоумышляет против общества, и отправил ее на смерть. В последнюю здешнюю яму вместе с шестнадцатью ни в чем не повинными монахами-кармелитами сброшен был воспетый Пушкиным поэт Андре Шенье. Ну он-то хоть вначале, до казней, приветствовал революцию, а монахов вот за что угробили, объяснить трудно. Монахов, впрочем, и после Великого Октября убивали почем зря без объяснений. Наверное, тоже за отсталость и политическую незрелость.

Успели уже на рю Пикпюс вырыть новую, третью яму, но тут вдруг все застопорилось. Выяснилось, что казнили самого Робеспьера, а с ним и непреклонного блюстителя бедности и чистоты, супершефа Комитета общественного спасения Сен-Жюста, требовавшего казнить всех, кто не успел дорасти до его уровня сознательности. Тут можно упомянуть, что славный этот Сен-Жюст известен был на улице Пикпюс еще и до начала революционных событий. В доме № 4 по улице Пикпюс издавна размещалась тюрьма, в которой почти три года (до марта 1789 года) и томился будущий бестрепетный комиссар Сен-Жюст. Не следует думать, что он досрочно занялся политикой. Просто, испытывая острую нужду в деньгах (разоблачать которые он научился лишь чуть позже), он ограбил дом собственной матушки и, не найдя вожделенного золота, украл все ее серебро. Матушка пожаловалась королю, что вот так-то сынок-подлец отблагодарил ее «за все ее добро и нежность», а король упек будущего комиссара в тюрьму. Зато революция сразу нашла Сен-Жюсту высокий пост, где он развернулся вовсю. Так что выдвижение уголовников на высокие государственные посты вовсе не было изобретением русской революции.

Нынче и кладбище Пикпюс (его называют также кладбищем Революции), и бывший тюремный дом вернулись в ведение монашек. Снова зеленеют в саду вязы, цветут фруктовые деревья, пестреют на клумбах цветы. А перед кладбищем на доске написаны имена тех, кому отрубили голову на нынешней площади Насьон. В списке этом 1298 имен, но список, как считают специалисты, неполный...

«БЛОШИНЫЙ РЫНОК»

Неподалеку от площади Нации (**place de la Nation**), сразу за окружным бульваром, у заставы Монтрей лежит «блошиный рынок» Монтрей. Это в Париже не единственный «блошиный рынок» (**marché au puce**), и они все у окружной дороги. В том, что «блошиные рынки» граничат с окружной дорогой, нет никакой случайности. В 1841 году знаменитый Адольф Тьер (будущий «палач Коммуны») огородил Париж стеной укреплений, а вдоль этой стены (ныне здесь окружная дорога и кольцо бульваров) прошла в этих бедняцких районах свободная полоса, куда стали перебираться из центра города гонимые властями тряпичники и барахольщики. Мало-помалу тут и расцвела их торговля.

Со временем самые старые барахолки обрастают красивыми павильонами и палатками, служат усладе туристов и не так уж дешевы, как можно было бы ожидать. Но этот вот рынок у восточной заставы Монтрей еще долгое время сохранял, отчасти и теперь сохраняет, свой вполне «барахольный» характер, и еще на моей памяти над кучами не слишком гигиеничных сокровищ маячили плакаты со вполне божеской ценой — один франк. Открыта барахолка три дня в неделю — в субботу, воскресенье и понедельник, и даже в те времена, когда мне уже ничего больше там не было нужно — ни для себя, ни для Москвы (где все тоже давно появилось и где, напротив, любят все новенькое и модное), ни для деревенского дома, я все еще ездил иногда на «пюс» — просто поглазеть... Вон арабская женщина выбирает детскую ношеную одежонку для своих многочисленных детей — рожает часто, одежи не напасешься (глянь, как просияло лицо, что-то нашла). А вон две смелые девушки из хорошей семьи ищут оригинальную шляпку, что-нибудь ретро, что-нибудь забавное, по своему вкусу — такие сами создают моду, а не гонятся за модой. Вон какой-то книгочей листает брошюру Троцкого — странно, сроду не видел здесь троцкиста, который прочел бы Троцкого, достаточно им модной легенды и «левого» конформизма. А эти вот деловые — это хозяева антикварных лавок, ищут что-нибудь стоящее на перепродажу. А вон компания полячек перебирает кофтенки, причитая на своей нежной мове, полной ласкательных суффиксов: «Попатш, щлична хустечка...» А вот лихие парни из предместья меряют кожаные куртки... Иногда я различал какую-нибудь стыдливую пару, которая, оглядевшись, о чем-то переговаривалась чуть ли не шепотом, — это наши люди, может, из посольства, где не поощрялось прибарахление в малопрестижных местах вроде «Тати» или «пюса». Обнаружив их рядом, я запевал «Катюшу», и, если догадка была правильной, они исчезали мгновенно, а я неизменно испытывал угрызения совести: дурак ты, Михалыч, и шутки твои ду-

«Блошиный рынок»

рацкие... Позднее стало попадаться все больше вольных туристов. Переводя в уме франки на деревянные рубли, они, кажется, приходили к выводу, что слухи о здешней дешевизне сильно преувеличены, да и вещи-то незавидные. Если б они еще знали, на какой свалке подобрал все это старательный марокканец...

По мне, «блошиный рынок» не покупками был интересен, а странностью предметов и странностью здешних персонажей. Вон красивая арабская девушка, нарядившись в форму американской морской пехоты, продает в Бог знает какой китайской мастерской пошитую униформу. А вон старушка в перьях, точно только что со сцены, из старого парижского канкана, продает какие-то странные щипцы, похожие на орудие пытки. А вон на расстеленном брезенте — восточный кич из Гонконга, коробки из-под печенья, африканская кожа, французские старинные орудия сельскохозяйственного труда (серпы, похожие на таджикские «досты»), китайские сласти, бумажные цветы, разнообразные подделки под все самое моднющее. А бывают и совсем новые вещи, только очень старой моды — где уж они валялись последние полвека?

Когда-то самым модным был «блошиный рынок» у заставы Сент-Оуэн (его называют по станции метро — «Клиньянкур»). Здесь до войны бывали поэты-сюрреалисты. Часто бывал здесь их вождь Андре Бретон, который объяснял в своем романе «Наджа», что приходит сюда «в поисках предметов, которых больше нигде не сыщешь, вышедших из моды, применимых, почти непостижимых и даже извращенных...».

На старом Клиньянкуре различают несколько возникших в разное время рынков — одни специализируются на продаже старой мебели, другие — на ювелирке, третьи — на всяких странностях. И все же тут больше антикваров, чем простых тряпичников...

По понедельникам, когда замирают «пюсы», уборщики вывозят тонны мусора. Ну а зачем эта морока городу, в котором несметное множество магазинов? Да вот подсчитали, что выгодно. За три дня здесь

Иногда на «блошином рынке» такое увидишь, что никакой «Галери Лафайет» не приснится...

бывает до трети миллиона покупателей, а то и больше, так что оборот неплохой. Да еще иностранцы несут валюту. В общем, стоит похлопотать об уборке...

В докомпьютерные времена я покупал здесь пишущие машинки. Иногда находил любопытные книги. Здесь я купил свой лучший энциклопедический словарь (еле доволок). Купил удивительной красоты старый молитвенник. Однажды наткнулся на целую корзину книг Пикуля на русском, но не придумал, кому ее можно подарить. Ну и конечно, все мои каминные щипцы, и серпы, и топоры — все оттуда, с «пюса». Как-то я даже купил там любимую пластинку — «Модерн джаз куортет» Джона Льюиса. В другой раз — ковбойскую шляпу и крепкие английские ботинки, которые, конечно же, переживут меня. Создавать свою моду в одежде я, само собой, уже не сумею — надо иметь молодой вкус. Однако еще ловлю непонятный кайф, когда спросят: «Где отыскал такую симпатичную куртку, старик?» Отвечаю с глупым торжеством: «А что, нравится? На «пюсе». Всего за десять франков...»

ПОСЛЕОБЕДЕННАЯ ПРОГУЛКА В КВАРТАЛЕ ШАРРОН СЕВЕРНЕЕ ЗАСТАВЫ МОНТРЕЙ

Получив квартирку в дешевом доме на окраине Парижа, в XX округе, где-то близ Баньоле, один мой приятель долго зазывал меня в гости, обещая показать симпатичный уголок Парижа. Зная пристрастие парижан к своим собственным «уголкам Парижа», которые, когда к ним привыкнешь, начинают казаться вполне симпатичными, я отбивался как мог.

А все же я выбрался однажды к нему в гости, туда, к заставе Баньоле, — и, право, не пожалел. Сразу после домашнего обеда (полуденного обеда, который тут во Франции называют «завтраком» в отличие от утреннего, настоящего или «малого завтрака», «пети дежене», а также от их вечернего, настоящего обеда-ужина, «дине») мы пошли гулять — мимо улицы Прерий дошли до улицы Сен-Блэз и повернули сперва влево — к улице Витрувия, а потом пошли направо, к церкви Сен-Жермен-де-Шаррон. Вот тут я и понял, что друг мой ничуть не преувеличивал. Это была одна из немногих, чудом сохранившихся, милых парижских деревушек. И на улице Сен-Блэз, и на пересекавшей ее улице Витрувия попадались прошлого века низкие деревенские дома с садиками и двориками, было не по-столичному тихо и мирно.

— Тут, собственно, и была деревня... — сказал мой приятель. — Только в 1859 году Шаррон включили в городскую черту. Вот ты сейчас увидишь...

С этими словами он подвел меня к церкви Сен-Жермен-де-Шаррон...

Церковь стояла на склоне холма, и к порталу ее вели три десятка ступенек: типичная деревенская церковь, притом, оказалось, очень старая. Согласно легенде, именно здесь повстречал в 430 году оксерский епископ святой Жермен совсем еще юную Женевьеву, будущую святую Женевьеву. Внутри церкви есть картина конца XVIII века, которую приписывают кисти Сюве: на ней святой Жермен благословляет святую Женевьеву. Полагают, что церковь эта была построена в XI веке, но, конечно, с тех пор перестраивалась — и в XIII, и в первой половине XV века.

В XVII и XVIII веках церковь эта славилась концертами — для деревенской церкви это было в ту пору редкостью. Теперь-то по субботам и воскресеньям не меньше дюжины парижских церквей предлагают концерты (в том числе и бесплатные) — непременно побывайте...

В мае 1871 года в Шарроне тоже шли жестокие бои между коммунарами и версальцами. Четверть века спустя, когда здесь шли работы, под землей нашли множество скелетов. Это были расстрелянные «федераты»-коммунары. Теперь они захоронены у приходской стены. Вокруг церкви почти по-деревенски дремлет старое кладбище (точь-в-точь как кладбище вокруг церкви Сен-Пьер-де-Монмартр). Наряду со старыми могилами на кладбище есть и сравнительно недавние, а иные из них наводят на особо грустные мысли. Вот, скажем, могила известного романиста, поэта и литературного критика Робера Бразийяка, сгоряча расстрелянного тридцати шести лет от роду 6 февраля 1945 года в форте Монруж по редкостному обвинению — за сотрудничество с немцами-нацистами. Не то чтоб сотрудничество с немцами было тогда редким, но редким было такое наказание. В конце концов, при немцах в Париже не только широко издавались газеты, журналы, книги, но и поставлены были очень знаменитые фильмы, шедевры французского кино, ставились знаменитые пьесы (в том числе пьесы Сартра). Культурная жизнь била ключом, на радость оккупантам: для них пели Эдит Пиаф и Морис Шевалье, танцевал Лифарь, а вот отвечать за всех пришлось Бразийяку. Конечно, он был фашист и расист и, прочитав в 1941 году роман Сименона (который тоже был расистом и тоже печатался при немцах, как никогда), написал восторженно, что автору удалось прекрасно воспроизвести мир этих отвратительных, на все готовых польских эмигрантов... А потом вдруг ушли любезные оккупанты, бедный Бразийяк не успел уехать, как Луи Селин, как брат Сименона, как сам Сименон и другие, не покончил с собой, как Дрие Ларошель, не обзавелся справками о помощи Сопротивлению, как убийца Буске или Папон, не стал, как Буске, другом Миттерана, не сделал послевоенной карьеры, как Папон, да и сам Мит-

В почти деревенском квартале Шаррон стоит старинная церковь Сен-Жермен-де-Шаррон с прелестным «садиком кюре».

теран, а был впопыхах расстрелян... Царствие ему небесное, Господь, прости нам всем...

Здесь же неподалеку похоронен петеновский министр Поль Марион, умерший через десять лет после войны, а также супруга Андре Мальро Жозет Мальро-Клоти и два его сына — восемнадцатилетний Венсан и двадцатилетний Готье, погибшие в дорожной катастрофе.

Если внимательно читать надписи на плитах этого тихого, почти деревенского кладбища, пройдут перед нами чужие, забытые драмы. Вот умер в 1843 году сын супругов Папье, а следом за ним ушли отец и мать. Надгробие сына находится посередке, между отцовским и материнским, и надпись под тремя соединенными руками гласит: «Сердечно держу я руку отца моего и моей матери». Ушел в лучший мир маршал и кавалер Империи барон Дюшастель де ла Мартиньер, а еще через год после него — кондитер герцогини дю Берри господин Франсуа Померель... А вот покоится семейство Бауэр — господин Анри Бауэр, который был сыном Александра Дюма, а также романист Жерар Бауэр, который великому Дюма приходился внуком.

Надо сказать, что маленькое Шарронское кладбище не чета знаменитому кладбищу Пер-Лашез, что неподалеку отсюда.

Надгробия здесь вполне скромные, а с гигантскими сооружениями Пер-Лашез может тягаться разве что могила того, кого здесь зовут «папаша Малуар». Был он развеселый маляр и выпивоха и помер в Шарроне в мае 1837 года восьмидесяти трех лет от роду. Говорят, что и хоронили его с бутылкой в руке, но перед грядущими поколениями он желал предстать в самом почтенном виде, так что его домохозяин слесарь господин Хербомон соорудил ему огромнейшее, восьмиметровое, кирпичное надгробие, на которое достойным образом уложил купленную на железной барахолке лежачую статую: почтенный господин в костюме времен Первой империи держит в одной руке трость, а в другой — букет цветов. И надпись господин Хербомон сделал пристойную, как того желал его друг и собутыльник папаша Малуар: написал, что почтенный господин Бег (так Малуар был записан в приходской книге) был секретарем самого Робеспьера и время свое проводил вполне изящно за разведением роз, чем сделал себе громкое имя. И то сказать, не писать же было про папашу Малуара, что он ходил всю жизнь перемазанный краской, а пьяным засыпал в канаве, как поросенок. Если вы серьезно думаете о будущем, то заранее поразмыслите, что написать на вашем камне или дощечке, а уж друзья ваши постараются все в лучшем виде исполнить. Если, конечно, у вас есть такие верные друзья, как слесарь и домовладелец месье Хербомон.

В общем, как вы уже поняли, Шарронское кладбище мне очень понравилось, и можно было только сожалеть, что на нем не осталось свободных мест... Еще больше, чем кладбище, мне понравился приходский дом, где живет священник, точнее — его сад, который спускается вниз по крутому склону. Там вперемежку с помидорами и фасолью цвели гортензии, ирисы, львиный зев, лилии, азалии, камелии и еще Бог знает какие цветы, охраняемые шеренгой самшитовых кустов. Я поинтересовался, кто ж это тут развел такую деревенскую красу, и выяснил, что все это достигнуто тщанием кухарки приходского дома мадам Эмилии Мартинес, высокой и красивой блондинки: бывают же вот заботливые женщины, и наверняка ведь правоверная католичка.

Приятель мой сказал, что садик этот как раз то, что называют во Франции «садиком кюре», и что, по его сведениям, таких райских уголков осталось в Париже четыре — есть один при церкви Сен-Филипп-де-Руль, один в Бельвиле при церкви Сен-Жан-Батист и один на бульваре Инвалидов за церковью Сен-Франсуа-Ксавье. Четвертый здесь. Приятель предложил мне в следующее воскресенье обойти все эти садики вместе с ним, и я, конечно, согласился, потому что этот его квартал Шаррон, что в XX-м округе, превзошел все мои ожидания. Но, поскольку мы оказались в двух шагах от знаменитого кладбища Пер-Лашез, я предложил посетить и это замечательное место Парижа.

КЛАДБИЩЕ ПЕР-ЛАШЕЗ

Есть люди, которые обходят кладбища стороной, а есть люди, которые любят бродить по кладбищам («умереть сегодня — страшно, а когда-нибудь — ничего»). Я отношусь к последним, оттого с охотой веду вас на прогулку по знаменитейшему из парижских некрополей.

На любом кладбище столько сходится вместе знакомых и незнакомых людей, столько завершается драм, столько развязывается сюжетов, в какой бы путаный узел их ни завязала судьба... Именно это отметила однажды Анна Ахматова, вспоминая в далекой (куда дальше от Питера лежащей, чем Париж) Средней Азии старое петербургское кладбище:

> *Вот здесь кончалось все: обеды у Донона,*
> *Интриги и чины, балет, текущий счет...*
> *На ветхом цоколе — дворянская корона*
> *И ржавый ангелок сухие слезы льет.*

Прогулка по кладбищу и встречи с именами, в той или иной степени знакомыми, вызывают у нас чаще всего не мысли о смерти, а воспоминания о жизни, о чужих жизнях и о своей жизни. В предисловии к книге «Кладбища Парижа» один из французских любителей кладбищенских прогулок, журналист Мишель Дансель, неоднократно заявлявший, что предпочитает кладбища паркам, ипподромам и показам моды, высказывает ту же мысль:

«Кладбище — это прежде всего перепутье для размышлений, наилучший уголок для прогулок, во время которых можно мысленно плести над чужими могилами узорное кружево собственной жизни».

Вот я и гуляю по кладбищу, прокручивая в памяти жизни ушедших, мертвых. Я бы даже сказал — не мертвых, просто тех, кто был до нас с вами (я с удовлетворением отыскал недавно в парижском кладбищенском путеводителе Жака Барози вполне точную формулировку: «Кладбище заполняют бывшие живые, явившиеся на свидание с будущими покойниками») и кто все наши радости и горести изведал чуть раньше, чем мы. Ну а потом, изведав, ушел: «Не на живот рождаемся, а на смерть».

Путешествующему по Франции не побывать на Пер-Лашез грешно, ибо этот огромный парк-некрополь, простершийся на площади в 44 гектара, с тысячами деревьев и редких кустарников, с великим множеством птиц, — это замечательный историко-культурный и культовый, архитектурно-художественный, социологический и демографический, мистический и философский памятник французской столицы. К тому же нигде, даже в Париже, не сталкивается на каждом десятке квадратных метров столько французских и мировых знаменитостей, как здесь.

Расскажу кратенько об истории этого кладбища. В Средние века здесь было владение одного королевского менестреля, потом стоял тут загородный дом богатого бакалейщика, а в XV веке имение было подарено отцам-иезуитам. Имя одного из них и сохранилось в названии кладбища, ибо он был духовником Людовика XIV, — его звали отец Франсуа д'Экс де ла Шез, или преподобный отец Ла Шез, по-французски — Пер Ла Шез, Пер Лашез. При нем имение на холме, названном в честь короля Холмом Людовика — Мон-Луи, — становится укромным маленьким Версалем на северной окраине города, свидетелем веселых и вполне фривольных развлечений, которых и преподобный отец Лашез, водивший дружбу со многими красавицами той эпохи, отнюдь не гнушался. А уж сам-то король-Солнце, как известно серьезным историкам, себе ни в чем не отказывал. Недаром один из французских авторов отмечает, что над знаменитым кладбищем витает неистребимый дух былой эротики.

После смерти веселого духовника имение пришло в упадок, в 1803 году его купил для города префект Фрошо, а в мае 1804 года имение Мон-Луи стало Восточным городским кладбищем. Поначалу граждане Парижа не спешили везти в такую даль своих незабвенных (по-английски, как вы помните, *the loved ones*, по-французски — *chers disparus*), и тут префект Фрошо (или тот, кто у него ведал захоронениями) предпринял акцию на уровне лучших образцов современного пиара: в 1817 году на кладбище были перенесены из аббатства Паракле «останки» средневековых возлюбленных Абеляра и Элоизы, захороненных в XII веке, якобы отысканных и соединенных в смерти через полтысячи лет по просьбе герцогини Ларошфуко в 1701 году и найденных еще сто лет спустя археологом Ленуаром. Если учесть, что кладбище аббатства было за полтысячи лет разорено и изуродовано, то остается несомненным лишь символико-романтический смысл всех упомянутых мероприятий.

Так или иначе, беломраморные надгробия бедных влюбленных становятся на Пер-Лашез местом паломничества влюбленных парижских парочек, а перенесение на Пер-Лашез в том же 1817 году сомнительных останков Мольера (умер в 1673-м) и Лафонтена (умер в 1695-м) успешно увенчало остроумную операцию. То, что людям хочется обрести последнее прибежище близ славных могил, вполне объяснимо. Лично я наблюдал следы этой тяги на маленьком туркменском кладбище близ Куня-Ургенча (правда, мусульмане ценят не просто знаменитые, но святые могилы), в подмосковном Переделкине (близ Б. Л. Пастернака), в Комарове под Питером (близ А. А. Ахматовой). Так что мало-помалу и на Пер-Лашез упокоились останки Бальзака и Бомарше, Марселя Пруста, Огюста Конта, Альфонса Доде, Поля Элюара, Жоржа Бизе, Фредерика Шопена, Оскара Уайльда... Весь энциклопедический словарь имен за два века мне не переписать.

Есть на Пер-Лашез целое кладбище возлюбленных Наполеона — и мадемуазель Дюшенуа, и мадам Саки (она перед его величеством «по проволоке ходила, махала белою рукой»), и мадемуазель Марс, и Тереза Бургуан, и Полина Белиль, и Мария Валевска, и мадемуазель Жорж (позднее она переключилась на нашего графа Бенкендорфа, сперва адъютанта, потом шефа жандармов, и правильно сделала, но все равно померла в конечном итоге). Тем, кто станет упрекать императора-узурпатора Наполеона I в том, что он часто отвлекался для глупостей от своих великих дел, можно будет возразить, что в наше время слуги народа и народные избранники отвлекаются еще более, а народом любимы. Скажем, из дам президента Миттерана можно было бы устроить целый погост, правда, они еще, слава Богу, в подавляющем большинстве живы и благодаря покойнику неплохо пристроены.

Из наиболее популярных здешних могил кроме Мольера, Лафонтена и Абеляра с Элоизой следует назвать поражающий своими размерами мавзолей Демидовых. В нем погребены княгиня Елизавета Демидова, а также ее сын князь Анатолий Демидов, герцог Сан-Донато. В 1840 году он женился на Матильде, дочери короля Жерома Бонапарта, двоюродной сестре императора Наполеона III, но потом с ней разошелся. Посетителей интересуют, конечно, и могилы актрисы Симоны Синьоре, писателя Оноре де Бальзака, великой актрисы Сары Бернар, английского писателя Оскара Уайльда, поэтов Жерара де Нерваля и Альфреда де Мюссе, художника Жерико. Но, понятное дело, всех знаменитых людей, заполнивших 97 секторов кладбища, нам перечислить не удастся. Кстати, некоторые из этих секторов были сперва отдельными кладбищами, где хоронили иноверцев. Скажем, 7-й сектор был когда-то иудейским кладбищем, а нынешний 85-й — мусульманским кладбищем, которое велел устроить император Наполеон III, чтобы потрафить туркам. Император даже велел там соорудить мечеть, но мусульмане большого интереса к этому кладбищу не проявили, так что мечеть со временем разобрали, а на мусульманскую пустующую территорию вторгся колумбарий. А вот в демократически одинаковых квадратиках колумбария немало людей неординарных — скажем, Айседора Дункан, Нестор Махно, его комиссар Волин-Эйхенбаум, пушкинист Александр Онегин.

В 97-м секторе кладбища покоится много членов ЦК Французской компартии во главе с Морисом Торезом. Помнится, во времена первой моей (и единственной) писательской турпоездки программа «Интуриста» еще предусматривала возложение цветов на могилу послушного исполнителя всех заданий Москвы товарища Жака Дюкло. И я помню, как трудно было нашему прелестному гиду Наташе вытянуть из товарищей писателей их трудовой франк (отложенный на буржуазную жвачку детям) для покупки какого ни на есть букета для камарада Дюкло. Теперь уж никто из русских и не помнит, кто был товарищ Дюкло, а вот законопослушным французам напоминают об этом надписи в метро. Левые партии возлагают ежегодно цветы у Стены коммунаров на Пер-Лашез. В 1871 году последние бои Коммуны шли среди могил кладбища Пер-Лашез, так же как в 1814 году оборонялись от русских среди тех же могил парижские курсанты.

Страсти эти еще не окончательно забыты, ибо террористами была однажды заложена бомба на могиле врага Коммуны Тьера, которого одни французы считают палачом, а другие, с не меньшим основанием, спасителем от угрозы вполне кровожадной Коммуны. Впрочем, бомбы закладывают не только пылкие революционеры, но и пылкие расисты. Скажем, взорвалась бомба и на могиле корифея современной литературы Марселя Пруста. Однако, по мнению кладбищенских служителей, ни одна бомба не может принести кладбищу столько хлопот, сколько приносит массовое паломничество поклонников на могилу певца группы «Доорз» Джима Моррисона, который умер в Париже от лишней дозы наркотика (от «овердоза»). Могила бедного Джима привлекает из всех стран мира и трезвую и обкуренную толпу фанатиков, которые пьют здесь, курят, колются, разрисовывают непонятными словами все памятники в округе, сморкаются в бумажные салфетки и оставляют их на память покойнику в большом количестве.

Чуть меньшей популярностью, чем могила Моррисона, пользуется могила великого медиума, одного из отцов спиритизма Алана Кардека. Лионский учитель Ипполит Ривай, взявший новое имя — Кардек, написал книгу, которую, по его признанию, надиктовали ему святой Иоанн, Наполеон Бонапарт, Сократ и прочие видные персонажи. У могилы Кардека адепты спиритизма молятся поодиночке и группами, молчат, порой впадают в транс... Многие памятники кладбища Пер-Лашез созданы такими видными скульпторами и архитекторами, как Давид Анжерский, Гарнье, Гимар, Висконти. Что до флоры и фауны этого суперпарка столицы, то они могли бы составить тему особой прогулки, и притом продолжительной.

Но мы ведь еще не посетили тех русских, кто погребен здесь в иноязычном окружении, или тех французов, которым Россия была хорошо знакома. Как, скажем, корсиканец, враг Бонапарта, граф Шарль Поццо ди Борго, который перешел на службу к русскому императору и был русским послом в Париже (добрых девятнадцать лет), а потом еще и в Лондоне. Или как русская певица Фелия Литвин, которая умерла в эмиграции в Париже в 1936 году. Или, скажем, рожденный на Украине спекулянт-бизнесмен Александр Ставиский, который столько давал французским политикам взяток, что после своей скандальной гибели свалил целое правительство. Или как друг Жуковского декабрист Николай Тургенев, после восстания 1825 года больше сорока лет проживший в изгнании. Или, скажем, княжна Софья Трубецкая, в первом браке ставшая герцогиней де Морни, а во втором — герцогиней де Сесто. Или друг Пушкина камергер Иван Яковлев, переживший поэта чуть не на полвека. Или русский консул в Париже, ученый-этнограф Николай Ханыков...

Впрочем, даже если и не знаешь здесь никого и не читаешь надписей на камнях, все равно этот огромный экзотический парк среди птичьего щебета и цветов и редких кустарников не может наскучить...

БЕЛЬВИЛЬ И МЕНИЛЬМОНТАН

Конечно, Бельвиль и Менильмонтан не из тех кварталов французской столицы, куда сразу по приезде в Париж устремляется иностранный турист. Чаще всего иностранец и не знает об их существовании. Однако парижане знают их, и многие — я в том числе — любят. Лично я даже был однажды наказан за эту любовь. Повел в Бельвиль на прогулку моего московского редактора, прожившего к тому времени в Париже лишь две-три недели. Был чудный октябрьский день, на бульваре Бельвиль пахло мятой, которую продают здесь на каждом шагу, из тунисских харчевен тянуло запахами умопомрачительной еды, живописные фрукты на лотках стояли тут в четыре раза дешевле, чем у нас, в XIII округе, люди были веселы и общительны, как в каком-нибудь Душанбе, а в овощном ряду базара отчего-то продавалась за три доллара сорочка в целлофановой упаковке, которую я и купил на память о нашей прогулке. Молодой продавец продуктовой лавки пытался нам всучить молоко вечного хранения, доказывая, что молоко действительно кошерное и что его может пить даже самый правоверный еврей, что и подтверждено было печатью о проверке молока на кошерность, выданной неким «Бет-Дином Парижа». Я не знал, кто или что такое Бет-Дин, не был при этом правоверным евреем, да и вообще не собирался жить вечно, так что молоко я не купил, но зато мы досыта наговорились с молодым торговцем, который был «тюн», то есть тунисец, и вдобавок еще «сеф», то бишь сефард, еврей из Северной Африки. Он объяснил нам, что он и многие другие здешние торговцы являются по большей части магрибинцами, по большей части тунисцами, по большей части мусульманами или сефардами.

Потом мы набрели на магазин, где продавали всякую еврейскую религиозную утварь — календарь за год 5753, семисвечник и мезузу, то есть свиток Торы, который верующие евреи вешают над входной дверью... Еще там у них было множество объявлений, соблазнявших неким полезнейшим «постом молчания», который реклама приравнивала к 65 000 постов воздержания от еды и который должен был спасти нас от злословия. Мы, помнится, отказались и от поста и от молчания, так как хотелось наговориться вдоволь, что мы и делали в тот день в местных кафе за стаканом сладкого зеленого чая с мятой. Но, конечно, мы напрасно не поберегись от злословия, ибо, вернувшись вскоре в Москву, редактор мой всем стал рассказывать, что я повел его в этот жуткий, грязный квартал, а не на Елисейские поля нарочно, чтобы испугать его ужасами капитализма. На самом деле, как вы догадываетесь, никаких ужасов в этом космополитическом, шумном Бельвиле не было, хотя он, конечно, не был похож на пышные Елисейские поля, Тюильри, Пале-Руайяль, авеню Фош и прочие «королевские променады» правого берега.

В не слишком далеком прошлом Бельвиль был пригородной деревушкой, лежащей на холмах, а с 1860 года вошел в черту города и поделен был между XIX и XX округами Парижа. Это была бунтарская рабочая окраина, и она сильно пострадала во время последней Кровавой недели Парижской Коммуны. Парижане напоминают, что здесь были последние баррикады Коммуны перед ее падением и сдачей. Позднее в Бельвиль нахлынули эмигранты. Ко времени моего приезда в Париж, в начале 80-х, здесь еще царили магрибинцы, но уже и эта волна почти схлынула. Тунисцы переселялись постепенно в пригороды, сохраняя здесь, впрочем, свои рестораны и свою торговлю, но и в этой сфере их нещадно теснили трудолюбивые кулинары-китайцы со своей затейливой и дешевой кухней.

С другой стороны, городские власти, стремясь к чистоте и мало-мальскому порядку в этом восточном лабиринте домишек, населенных легальными или беспаспортными пришельцами, ломали живописные и грязные старые дома, строя на их месте новые, недорогие и современные (это было по большей части дешевое жилье для бедных или — что ни для кого не секрет — для «блатных»). Это так называемое социальное жилье: дома с удобствами, чистенькие, аккуратные, но такие скучные, такие одинаковые, что хоть вешайся. «Одинаковые дома, одинаковые, как тома в одинаковых переплетах», — писал некогда мой знакомый поэт. Так что, свернув сегодня с экзотического шумно-обжорного бульвара Бельвиль, можно сразу попасть в коридор бетонных коробок какой-нибудь улицы Рампоно, или Пельпор, или Амандье. Но все же и сегодня еще Бельвиль полон воспоминаний, запахов, звуков, милых городских пейзажей, так что, приглашая вас прогуляться по Бельвилю, я не боюсь, что нам будут попадаться одни только крупнопанельные «ужасы социализма».

По узкой, извилистой и нынче еще гористой улице Бельвиль полтора столетия назад каждую масленицу скатывалась вниз к бульвару пестрая праздничная процессия. Эта нижняя часть улицы близ бульвара полна была бальных залов, кабаре, всяческих обжорок, «ла гаргот», и простонародных танцулек, «ле генгет». Говорят, что самое это слово «генгет» пошло от названия дешевого вина «ле генгет», которым тут поили в XVIII веке.

По правую руку от улицы Бельвиль лежит улица Жюльена Лакруа, на которой жил знаменитый шансонье, воспевший эти места, — Морис Шевалье. Его именем названа площадь, которую улица Лакруа пересекает чуть дальше, на подходе к улице Менильмонтан. Менильмонтан увековечен в фильмах, песенках и балладах. К сведению поклонников Жана Маре, именно на улице Жюльена Лакруа изловили в 1721-м неуловимого бандита Картуша, героя Маре.

От улицы Менильмонтан отходит к югу знаменитая рю де ла-Рокет, на которой стояла тюрьма того же названия. Перед ней уже и в цивилизованном XIX веке, да еще и позднее, в менее цивилизованном XX веке, гильотина отрубала головы преступникам, осужденным на казнь.

Тенистая, деревенского вида площадь Морис а Шевалье с прошлого века стала соседствовать с церковью Нотр-Дам-де-ла-Круа, уступающей по длине лишь двум храмам Парижа — собору Нотр-Дам-де-Пари и церкви Сен-Сюльпис. В дни Коммуны в этой церкви был открыт женский клуб. Лично мне неизвестно, слушали ли тут коммунарки органную музыку, но если нет, то напрасно они упустили такой случай, потому что здешний орган сооружен был самим Кавайе-Колем, одним из лучших органных мастеров Франции, а может, даже и Европы. По дороге к площади Мориса Шевалье, лежащей ныне в самом сердце Нового Бельвиля, мы проходим мимо нового парка, и если, не поленившись, взобраться в нем на горку, то откроется отсюда великолепный вид на Париж, такой, какому и сам Монмартр позавидует. С северного конца парк ограничен улицей Эдит Пиаф. Знаменитая Пиаф, «ла Пиаф», то есть «та самая Пиаф», тоже ведь из этих мест. На улице Креспен-дю-Крас ныне открыт ее музей.

Поднимаясь к вершине холма по улице Бельвиль, можно увидеть неоготическую XIX века церковь Сен-Жан-Батист-де-Бельвиль. И скульптуры в ней, и росписи, и витражи выполнены видными художниками второй половины прошлого века.

В верхней части улицы Бельвиль от нее отходит рю де Фет, то есть Праздничная, выходящая на Праздничную площадь. Вот тут-то раньше и сосредоточена была бóльшая часть всех бальных залов и танцулек-«генгет». Еще дальше, за Бельвильским кладбищем, улицу Бельвиль с севера на юг пересекает прямая улица Аксо, связанная со страшными воспоминаниями все той же Парижской Коммуны. Это во дворе дома № 85 по улице Аксо 26 мая 1871-го коммунары ни за что ни про что расстреляли 50 заложников, среди которых были священники, монахи, четверо штатских и тридцать пять гвардейцев. К чести депутата Эжена Варлена, он был против расправы над так называемыми заложниками, но шла Кровавая неделя, версальцы убивали коммунаров, а коммунары убивали кого ни попадя. Сам депутат Варлен был тоже после этого убит версальцами, а в конце тридцатых годов рядом с этим домом была построена церковь Богоматери-у-Заложников. На Бельвильском же кладбище в память этих невинных жертв воздвигнута пирамида.

Спускаясь вниз по склону холма, улица Аксо пересекает оживленную площадь Сен-Фаржо. В XVIII веке тут было тихо, но для несчастного случая не нужно, как выясняется, даже сумасшедших автомобилей. В осенний день 1776 года, возвращаясь после идиллической прогулки по здешним рощам и виноградникам, Жан-Жак Руссо был тут сбит с ног и покалечен сторожевым псом маркиза Ле Пелетье де Сен-Фаржо.

От площади Сен-Фаржо параллельно улице Аксо спускается улица Группы Манушяна. Манук Манушян, или Мишель Манушян, был молодым парижским армянином, поэтом, другом Миши Азнавуряна. Это он когда-то научил Мишиного сына, маленького Шарля Азнавура, играть в шахматы. А в войну Мишель Манушян и его друзья создали первую боевую (то есть террористическую) группу сопротивления (ни до них, ни после их ареста до самых последних дней оккупации никакого вооруженного сопротивления в Париже не было). В группе этой были испанцы, армяне, евреи, румыны, итальянцы. Немцы схватили их и расстреляли на холме Монт-Валерьен, а для устрашения парижан выпустили знаменитую «Красную афишу» с именами расстрелянных. Афиша должна была показать французам, что в группе этой были одни иностранцы, что в оккупированном Париже настоящие французы ведут нормальную жизнь и что сопротивление вообще не французское дело. Любопытно, что именно по причине иностранного состава Группы Манушяна пытались позднее замолчать ее подвиг и гибель французские коммунисты, еще и в восьмидесятые годы протестовавшие против показа по телевидению фильма о героях «Красной афиши». Впрочем, подлинная история минувшей войны, сопротивления и коллаборационизма только сейчас, через полвека, и то не без труда, начинает освобождаться во Франции от наслоения мифов и лжи...

Чтобы забыть об этой печальной истории, отправимся дальше по знаменитой улице Менильмонтан и живописной улице Водопадов, рю де Каскад, напоминающей о том, что Менильмонтан звенел когда-то ручьями. Легче всего вспоминается об этом близ элегантного неоклассического павильончика сиротского приюта, откуда открывается живописный вид на бегущую вниз по склону улицу Менильмонтан. При виде этой знаменитой улицы с неизбежностью вспоминается популярная песня про парней с Менильмонтана, которые вечно карабкаются все выше, и выше и выше, даже тогда, когда они спускаются вниз...

ЛЫСАЯ ГОРА И ДВЕ УЛИЦЫ НА СЕВЕРО-ВОСТОЧНОЙ ОКРАИНЕ

На северо-востоке Парижа чуть севернее Бельвиля на площади в двадцать с лишним гектаров разместился один из самых очаровательных парков Парижа — парк Бют-Шомон, точно сошедший с романтического полотна Юбера Робера. Устанете шататься по городу, надоедят шум, машины и вонь — махните на метро до станции «Бозарис»: отдохнете на берегу озера в парке Бют-Шомон. Я так иногда поступаю...

Гора эта раньше была лысой, пыльной, драной и вдобавок пользовалась дурной репутацией. Ободрали ее строители. Тут были каменоломни, добывали гипс, одно время карьеры называли даже Американскими или Миссисипскими, потому что гипс из них отправляли в Америку. В пещерах и лабиринтах, вырытых заготовителями, прятался всякий подозрительный люд — грабители, бандиты, нищие. Будущие герои «Баллады о повешенных» и ее автор, прославленный французский поэт, уголовник и расстрига Франсуа Вийон, были здесь нередкие ночные гости (русской-то публике забулдыга-поэт стал скорее известен благодаря прекрасной «Молитве» Окуджавы, чем благодаря переводам)...

Прошли столетия, и крутой холм на севере Парижа стал свидетелем блистательной русской победы. Это было 30 марта 1814 года. Не выдержав натиска казаков, французская Национальная гвардия отступила... В харчевне «При садочке», что на северной окраине Парижа, у нынешней заставы (а тогдашней деревни) Ла Вилет между представителями союзных войск и защитниками Парижа было подписано перемирие. Со стороны русских его подписали полковник Михаил Орлов и граф Нессельроде. Был уже пятый час пополудни. Выйдя из харчевни, полковник послал флигель-адъютанта скакать к императору с известием. Кое-где еще слышались выстрелы. Бились за каналом Урк и на Монмартре, куда известие о перемирии еще не дошло.

А на холме Шомон стояла группа русских военных... Предоставлю, впрочем, слово Николаю Бестужеву, которому посчастливилось находиться там в этот исторический день:

«На обрывистой горе Шомон... подле самого обрыва, обращенного к городу, стояли четыре человека... Один из четырех был высокого роста, плечист и чрезвычайно строен, несмотря на небольшую сутуловатость, которую скорее можно было приписать привычке держать вперед голову, нежели природному недостатку. Прекрасное белокурое лицо его было осенено шляпою с белым пером: на конногвардейском вицмундире была одна только звезда... Это был душа союза и герой этого дня император Александр...»

Бестужев рассказывает, что государь обратил «довольственный взор на Париж, как на приобретенную награду, как на залог спокойствия народов. Солнце садилось: город развертывался, как на скатерти под его ногами. Малочисленные остатки французских войск поспешно отступали отовсюду...»

Адъютант императора французский эмигрант граф Луи де Рошешуар (через несколько дней ему предстояло сделаться комендантом Парижа) пишет в своих мемуарах, что здесь, на холме, император стал спрашивать у него, знает ли он, что это виднеется вон там, а что там... «Я ему объяснял все, о чем он спрашивал, — пишет граф, — а потом я замолчал, когда заметил, что это красивое и благородное лицо его вдруг стало задумчиво и он погрузился в размышления... Он отдался своим раздумьям... Этот огромный город у его ног, глухой шум, точно жужжание улья...»

В планировке парка Бют-Шомон были воплощены тогдашние представления о «картинном» и «живописном». Изменились ли они за столетие?

Николаю Бестужеву, тоже глядевшему на город с высоты, показалось, что Париж стал мрачен, как осенняя туча: «...один только золотой купол Дома инвалидов горел на закате ярким лучом — и тот, потухая, утонул во мраке вечера, как звезда Наполеонова, померкшая над Парижем в кровавой заре этого незабвенного дня.

Взоры Александра упивались этим зрелищем, этим торжеством, столь справедливо им заслуженным, — и в это время от селения Ла-Вильет, где уполномоченные договаривались о сдаче Парижа, в долине показалось несколько верховых.

Флигель-адъютант доложил императору о том, что перемирие заключено и французские войска будут выведены из Парижа до девяти часов завтрашнего утра.

— Объявите моей гвардии, — сказал император, проходя мимо Барклая, — что завтра мы вступаем парадом в Париж. Не забудьте подтвердить войскам, что разница между нами и французами, входившими в Москву, та, что мы вносим мир, а не войну.

Барклай отвечал почтительным наклонением головы, и засим вся свита государя и генералов удалилась».

Преображение неопрятной Лысой горы в один из прелестнейших парков Парижа произошло при Наполеоне III. Император проявлял трогательную заботу о досуге простого люда, населявшего кварталы округи, и о чистоте воздуха. Социально озабоченные французские авторы хитро намекают в связи со всеми наполеоновскими преобразованиями, что просто император опасался восстания плебса. Ну да, может, и опасался (а вы не опасаетесь? И Пушкин опасался: «Не приведи Бог увидеть русский бунт...»), умаляет ли это его заслуги? Впрочем, спор тут бесполезен, никакие заслуги не могли ему снискать столь широкого народного признания, какое снискала Наполеону I его кровопролитная (за чужой счет) борьба за величие и славу...

Как и на левом берегу Сены (где был создан пленительный «пейзажный парк» Монсури), превращение изуродованной Лысой горы в «Тюильри для простолюдинов» император поручил верному Альфанду. Альфанду помогали инженер Дарсель и пейзажист Барийе-Дешан, все трое горячо взялись за дело. Для выполнения задачи им понадобилось семь долгих лет, помощь тысячи работяг и ста лошадей. Надо было взорвать уродливые выступы породы, разровнять склоны, приволочь сюда 200 000 кубов земли для посадок, проложить пять километров тропинок — так, чтобы, гуляя, горожанин забывал о городе и видел одну только природу (и это было возможно до самой середины минувшего века, когда город разбух и дешевые дома-башни стали застить горизонт).

Вот так вырос среди обитаемого убожества окраинных кварталов чарующий парк, где посреди озера причудливая скала была увенчана ротондой наподобие Сибиллиного храма, который потомкам в назиданье судьба сберегла в волшебном Тиволи близ Рима (такой же стоит на островке Рейи в Венсеннском лесу и еще в десятках мест на планете), и был здесь, конечно, грот, и был водопад, а с материка к островку перекинуты были два моста, из которых один, кирпичный, стал по причуде обстоятельств мостом Самоубийц. Среди поэтов, воспевавших этот парк, был молодой Луи Арагон. Он еще не был тогда знаком ни с Эльзой Триоле-Каган, ни с ее близким к ГПУ московским семейством, не был членом ФКП, не прятал ни своего сюрреализма, ни своей бисексуальности, и чудный парк показался ему женщиной, достойной обладания, да и в прочих парках он отмечал тогда явное женское начало (отсылаем вас к «Парижскому крестьянину» Арагона).

Такие парки, как Бют-Шомон, относили в те времена к разряду «живописных», «картинных», ибо они копировали «натуру», природу. Иные умники говорили, впрочем, что парк этот сошел с картин Пиранези и был приправлен соусом «а-ля Наполеон III», другие грамотно вспоминали Юбера Робера. И те и другие, вздохнув полной грудью, заключали: «Ах!»

Что до вашего покорного слуги, то ему всегда жаль было возвращаться из этого парка в свой помпидушно-башенный XIII округ и так приятно было встретить однажды умницу-горожанина, который почти и не уходил отсюда в последние три четверти века. Думаю, он заслуживает нескольких слов...

Помню, однажды, нагулявшись по парку, я присел на скамейку у озерного берега, где какой-то старик продавал вафли с кремом, и вдруг услышал за спиной американскую речь:

— А вот тут, Фредди, продавали самые вкусные вафли в Париже... Я всегда просил тетю купить мне вафлю, когда мы приходили в парк... Гляди, правда здесь красиво?

Средних лет американец с мальчиком подошли к старику и заказали две вафли.

— Скажите, — обратился к старику американец. — А вот тридцать лет назад кто тут продавал вафли?

— Я и продавал, — ответил старик. — И тридцать лет назад, и сорок, и пятьдесят...

— А шестьдесят? — спросил мальчик с сильным американским акцентом.

— И шестьдесят, и семьдесят, — сказал старик. — Мне было четырнадцать, когда я начал продавать вафли, а теперь мне девяносто один, вот и считай...

Мальчик вытащил из кармана счетную машинку.

— Правда, вкусные вафли? — заискивающе спросил американец у сына.

— Ничего, — сказал мальчик. — Сойдет... Семьдесят четыре года. Не слабо...

Когда они ушли, я подошел к симпатичному старику знакомиться. Его звали Рене Тоньини, и в этом парке прошла чуть не целая его жизнь. К тому времени, как он родился, его отец-итальянец уже торговал тут вафлями лет двадцать.

— Многое тут изменилось? — спросил я.

— Да чему тут меняться? — отозвался старик. — Деревья кое-какие поменялись. Да мальчишки выросли — приводят уже своих детишек, а то и внуков... Вон слышали — аж из Америки привез, хотел его порадовать. Ну, в городе, конечно, больше меняется, а тут не город, тут у меня как на даче. Я тут больше всего и провожу времени, вроде как деревенский житель.

— Вы «парижский крестьянин», — сказал я.

— Это точно, — кивнул старый Рене. — Это вы хорошо придумали.

Я скромно промолчал и не стал ему объяснять, что это не я придумал.

— Кое-что все же изменилось, конечно, — произнес старик Рене. — Народу у нас меньше стало. Раньше народ гулял здесь по воскресеньям. А теперь у всех машины. Хоп — в машину, и поехали в лес Фонтенбло...

— Нет, народ, я гляжу, еще есть...

Детишки толкались у парома, который перетягивали на остров при помощи ручной лебедки: где еще увидишь такое? На острове высилась скала, а на ней храм Амура...

— Ах, Тиволи! — воскликнул я. — Ах, Италия!

— Отец туда еще ездил, в Италию, — отозвался Рене. — А я уж не езжу. По мне, лучше нет Парижа.

— Нормально, — согласился я. — Где родился, там и пригодился.

Какая-то нехлипкая дама высунулась из палатки у паромного причала и окликнула старика:

— Папаша, кофе пить будете?

— Кристиана, — сказал старик. — Невестка моя. Напитками торгует.

— Тут у вас все свои, — сказал я. — Все схвачено.

— Конечно,— сказал старый парижанин Рене. — В деревне всегда так. А тут ведь моя деревня...

Послышался дальний звук колокола, и я стал гадать, где звонят — у Иоанна Крестителя (Сен-Жан-Батист-де-Бельвиль), в церкви Богоматери Креста, у украинцев на Палестинской или у нас, на Свято-Сергиевском подворье, что на Крымской улице. А еще я подумал, что я тоже становлюсь «парижским крестьянином»...

О церквях на двух ближних к парку Бют-Шомон улицах — на Палестинской и Крымской — нужно рассказать непременно подробнее. Они множеством нитей связаны с русской эмигрантской и парижской историей...

Начнем с коротенькой Палестинской улицы, что лежит к югу от парка Бют-Шомон. В доме № 6 по Палестинской разместились украинские организации, а на первом этаже — православная церковь Святого Симона. На втором этаже библиотека-музей Симона Петлюры, украинского национального лидера, которого неизвестный террорист застрелил средь бела дня в Латинском квартале 25 мая 1926 года. Террорист был арестован и предстал перед французским судом. Он сказал, что он мстил антисемиту Петлюре за еврейские погромы, что он мститель за свой народ и что зовут его Самуил Шварцбарт. Я назвал его неизвестным террористом, потому что никому не известно, был ли он мстителем, был ли он Шварцбартом, был ли Самуилом и был ли он евреем вообще. Зато известно, что Петлюра не был антисемитом, что он не затевал погромов, а, напротив, с ними боролся и что в Украинскую Раду он выбран был голосами еврейских партий. Что касается антисемитизма Петлюры и Украинской Рады, то достаточно развернуть газету за 1918 год и увидеть там следующее свидетельство на эту тему:

«...Украинская Рада, украинская революционная демократия и ее органы — они чисты от греха, они двойной игры в этом вопросе не вели».

Так писала еврейская газета «Найе цайт», орган «Объединен-

Высокопреосвященнейший владыко Евлогий, глава западноевропейской церкви. Это был незаурядный пастырь эпохи эмигрантского религиозного ренессанса.

ных еврейских социалистов". Ну а кто же вел двойную и даже тройную игру на поразительном парижском процессе, который оправдал и выпустил на свободу убийцу Петлюры? Вопрос непраздный, он имеет прямое отношение к французской жизни, и к положению русских эмигрантов, и к ситуации в Европе. В эти межвоенные годы московское ГПУ, чувствовавшее себя в Париже как дома, одного за другим ликвидировало за рубежом, и прежде всего во Франции, неугодных ей эмигрантских лидеров, своих перебежчиков и вообще всех, кто «слишком много знал» (Рейс, Кутепов, Миллер, сын Троцкого Седов, вероятно, также и Врангель, и Раскольников, и Кривицкий, и Навашин...). Петлюра был слишком заметной фигурой, чтобы его не убрать. Но самым поразительным достижением разведки было даже не самое убийство Петлюры безвестным агентом ГПУ — Коминтерна, а победа на процессе, оправдавшем убийцу. Один из отстраненных от дел лидеров Французской компартии Б. Суварин признался своему биографу, что его «удивило», что оправдание террориста на процессе считало своим делом ЦК компартии, заказавшее ему, Суварину, «антипетлюровское» досье о погромах. Скорее всего, Суварин все же лукавит. Он не мог не знать, что компартия тогда и называлась лишь «французской секцией Коминтерна» и, как весь Коминтерн, находилась в ведении ГПУ (отсюда ГПУ черпало кадры для саботажа и разведки).

Гораздо более откровенным, чем Суварин, оказался биограф писателя Жозефа Кесселя Ив Курьер. В обширной биографии Кесселя он подробно рассказывает о том, как близкий к ЦК компартии, с одной стороны, и к парижской уголовной мафии — с другой, адвокат Анри Торрес подкупал (на деньги мафии и, вероятно, ГПУ) клаку для зала суда и оплачивал антипетлюровские демонстрации в Париже и Варшаве, как он вербовал прессу, как изобретательный писатель Кессель (друг и собутыльник Торреса) сочи-

Лысая гора и две улицы на северо-восточной окраине

нял «легенду» для показаний убийцы. Французским властям оставалось лишь смотреть сквозь пальцы на эти игры, да они и не желали (ни при каких условиях) портить отношения с опасными органами опасной страны. Все процессы этого рода прошли во Франции «благополучно» (если не считать провала певицы Плевицкой) для советских агентов, которые мирно вернулись в Москву (где, вероятно, были мирно расстреляны по возвращении — они тоже «слишком много знали»). Можете себе представить атмосферу, в какой жили русские эмигранты, чьи самые активные политические организации были инфильтрованы агентами Москвы.

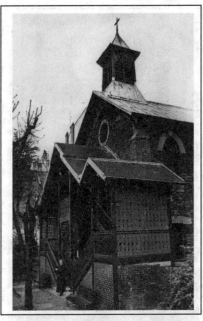

Храм Свято-Сергиевского подворья на Крымской улице близ парка Бют-Шомон, на территории бывшего протестантского храма в немецком рабочем приходе. Истинный символ экуменизма...

Что же касается русской церкви на Крымской улице (рю Криме, дом № 93), то это история совсем другого рода, куда более оптимистическая. Давным-давно, в середине XIX века, забрел на эту окраину вдохновенный протестантский пастор Фридрих фон Бодельшвинг, который услышал здесь глас Божий, приказавший ему построить на здешнем уютном холме церковь для его паствы. Небогатую паству Бодельшвинга составляли мирные немецкие рабочие, трудившиеся на здешнем кирпичном заводике (другими словами, строители французской столицы). После поражения Германии в первой мировой войне земля и церковь были отобраны Парижем у немцев как вражеское имущество, и были назначены торги на 18 июля 1924 года. Напомню, что это, между прочим, день преподобного Сергия. Конечно, к христианам-протестантам преподобный Сергий не имел прямого отношения, но зато он был почитаем православными русскими, которых стало в то время прибывать в Париж изрядно (не так много, конечно, как итальянцев, испанцев или других иностранцев, а все же изрядно — бежал народец от разгула новой беспощадной власти у них на родине, в России). И не в том только было дело, что прибыли десятки тысяч крещеных и некогда веро-

Святой евангелист Лука. Фрагмент росписи царских врат в храме Свято-Сергиевского подворья. Художник Д. Стеллецкий.

вавших, а в том даже, что испытания страшных лет с новой горячностью обратили их к религии отцов, обратили к Господу. Тесно стало в кафедральном соборе на рю Дарю: молились теперь в бараках, сараюшках, по квартирам — где придется.

Перед новым главой Западноевропейской православной церкви митрополитом Евлогием встала неотложная задача: надо было открывать новые церкви и новые приходы. И еще нужно было готовить пастырей... И вот однажды показали митрополиту эту заброшенную усадьбу на рю Криме, и он стал мечтать приобрести ее для новой церкви и духовной академии. На торгах русские закрепили усадьбу за собой, но до ноября надо было собрать четверть миллиона, а где их взять? Потекли пожертвования, «бедные рабочие и шоферы несли свои трогательные лепты» (вспоминает митрополит), петербургский богач Нобель пожертвовал добрых 40 000 франков, а все же много еще не хватало, и мит-

Митрополит Евлогий на Свято-Сергиевском подворье в окружении паствы, монахинь, священников, членов Совета...

рополит даже заболел от этих хлопот. А потом помощь пришла вдруг с самой неожиданной стороны. И вот как об этом рассказал в своих воспоминаниях митрополит:

«В эти тревожные дни пришёл ко мне один приятель и говорит: «Вот вы, владыко, так мучаетесь, а я видел на днях еврея-благотворителя Моисея Акимовича Гинзбурга, он прослышал, что вам деньги нужны. Что же, говорит, митрополит не обращается ко мне? Я бы ему помог. Или он еврейскими деньгами брезгует?» Не долго думая, я надел клобук и поехал к М. А. Гинзбургу. Я знал, что он человек широкого, доброго сердца и искренне любит Россию. На мою просьбу он дал нам ссуду... без процентов и бессрочно... «Я верю вам на слово. Когда сможете, тогда и выплатите», — сказал он. Благодаря этой денежной поддержке купчая была подписана».

Святой евангелист Марк. Фрагмент росписи царских врат в храме Свято-Сергиевского подворья. Росписи на подворье считают вершиной зарубежного творчества Дмитрия Стеллецкого.

Подворье, купленное в день преподобного Сергия, было названо Свято-Сергиевским. Церковь расписывал сам Стеллецкий (многие считают эту роспись лучшим его творением). Работяги с «Рено», таксисты, великие княгини несли в церковь уцелевшие на путях бегства иконы. В первый же год открылся на подворье и Свято-Сергиевский богословский институт, единственное в своем роде учебное заведение — может, не только в эмиграции, но и в целой русской истории. Советское правительство выслало в 1922 году за границу мощную когорту русских философов и богословов. Многие из них стали преподавать на подворье постоянно, иные только читали там лекции время от времени. Среди них были бывший доцент Петербургской Духовной академии Антон Карташев, блистательный отец Сергий Булгаков, Георгий Федотов, отец Василий Зеньковский, а также Вышеславцев, Ильин, Ковалевский, Вейдле, Мочульский, Лосский, Зандер, Франк, Чесноков, отец Кассиан... Перу этих ученых принадлежали богословские, философские и исторические труды, они внесли большой вклад в русскую науку. Это было время большой творческой свободы. Богословский институт был высокого уровня исследовательским центром, но никогда не забывал о главной своей цели — подготовке православных пастырей. Он воспитывал их в атмосфере высокой духовности, идеализма, монашеской строгости и человечности. Вспоминая о своих питомцах, старенький митрополит писал позднее в своих мемуарах:

«Некоторые из воспитанников еще студентами приняли монашество и стали прекрасными монахами-миссионерами, монахами-пастырями, подвизающимися в миру, попадая иногда прямо из Института в какой-нибудь приход в отдаленном захолустном углу нашего эмигрантского рассеяния. Трудная миссия... Куда труднее, чем наша когда-то... Монахи нашего Института нередко вынуждены начинать свое служение среди прихожан, на которых беды и скорби эмигрантского существования оставили тяжкий след: распущенность, пьянство, внебрачное сожительство и другие виды морального разложения нередко характеризуют быт и нравы эмигрантской среды. Одиноко несут свой подвиг наши монахи. Спасает их возраст... и глубокая преданность родной Церкви. Они лучшие представители духовенства в моей епархии. Мое утешение...»

В межвоенные годы эмиграция на Сергиевском подворье серьезно занималась старой духовной музыкой. Там и нынче замечательный хор. Может, вам посчастливится попасть туда на воскресную службу...

Мне довелось слышать в журналистском пересказе историю времен последней войны — она тоже в духе экуменической терпимости Сергиевского подворья. Рассказывают, что в пору немецкой оккупации Парижа на подворье пришел однажды немецкий офицер. Это был сын покойного пастора Бодельшвинга. По тем временам он мог потребовать возвращения изъятой собственности, но он увидел православный храм, духовный институт, семинаристов, портрет отца на прежнем месте, на стене канцелярии, и... ничего не потребовал. На Сергиевском подворье бывает и такое. Может, просто это островок добра в обезумевшем море — этот невысокий холм на Крымской улице в северо-восточном углу Парижа...

ПАРК ЛА ВИЛЕТ

Севернее старинного парка Бют-Шомон и Сергиевского подворья раскинулись новый парк Ла Вилет и Городок науки и техники. Каких-нибудь четверть века назад никакому парижанину не пришло бы в голову на весь выходной день отправляться на прогулку к заставе Ла Вилет (**Porte de la Villette**). Да еще, скажем, везти с собой детишек. И уж тем более не могло бы занести на эту унылую окраину ни одного иностранца. Нынче туда валом валят и парижане и иностранцы. И мало кому приходит при этом на память, что, как ни парадоксально, на этой северо-восточной окраине Парижа осуществился, пусть и невеликий, а все же замысел Наполеона Бонапарта (которого многим здесь приятно считать великим): это он хотел превратить деревушку Ла Вилет в увеселительный центр, в место отдыха.

Но сколь причудлив был путь деревушки к этой судьбе! Начать с того, что лишь при Второй империи этот уголок парижского пригорода был включен в черту Парижа. А ведь уже 2 декабря 1808 года сам Наполеон Бонапарт торжественно открыл в Ла Вилет довольно обширный водоем, берега которого должны были сделаться «Елисейскими полями восточного пригорода Парижа», «маленькой парижской Венецией». Так что, если сейчас вдруг наметились какие-то шаги именно в этом «венецианском» направлении, то в прошедшие два столетия, казалось, ничто не отстоит так далеко от Елисейских полей и Венеции, как унылый скотобойный Ла Вилет. Ибо в эпоху Второй империи деятельный барон Осман решил объединить разбросанные по городу скотобойни и загнать их в Ла-Вилет. 1 января 1867 года в Ла Вилет были заложены Главные скотобойни города с отделениями для убийства самых разнообразных животных, в том числе и свиней. В те времена мясо старались не хранить долго, так что скотобойни, хоть и были изгнаны из центра Парижа, все же не должны были находиться слишком уж далеко от прожорливых потребителей. Был создан гигантский, вполне на уровне времени убойный комплекс, но и он устарел, так что с 1958 года в Ла Вилет велись работы по постройке современных боен. С 1969 года на окраине росли железобетонные сооружения, они все время усовершенствовались, так как с трудом поспевали за прогрессом, и вдруг в 1974 году грянула беда: все работы разом прекратились. Родилась в мире новая индустрия холода и замораживания, а замораживать мясо можно и на месте, за тысячу верст от потребителя. В Ла Вилет стало тихо. Стояли опустевшие памятники индустриальных усилий — новейшие и старые: середины XIX века биржа шкур и кожи, синий Фонтан нубийских львов, здание «Январь», еще в XIX веке возникшее на канале Урк, гигантские пакгаузы, хранилища, подвал...

Но вот сравнительно недавно на месте всех этих опустевших боен и пакгаузов стало возникать одно из крупнейших парижских сооружений конца века — городок Ла Вилет (**La Cité de la Villette**). Городок науки и техники, внушительное сооружение на 55 гектарах окраинной площади, из которых 35 гектаров занимает парк. История эта стала типичной для новой парижской традиции. Похоже, что наследники «Интернационала» вовсе не собираются все «разрушить до основанья, а затем». Напротив, они обнаружили, что все оставленное веками можно приспособить и усовершенствовать — не только старый вокзал д'Орсэ, где возник один из лучших музеев города, но и скотобойные павильоны и старые рынки. В Ла Вилет эта новая тенденция проявилась особенно заметно. Виднейшие архитекторы Запада, вроде Адриена Файнзильбера, Кристиана де Порзампарка, Бернара Чуми, а также Робера, Райхена, Шэ, Морелли, старались все здесь оставить в сохранности и приспособить к своим целям. В первую очередь, конечно, ротонду Ла Вилет, построенную знаменитым Клодом-Никола Леду в 1784 году. Как и прочие ротонды Леду у городских застав (Орлеанских ворот, у Данфер-Рошро, на бульваре Курсель), она должна была, по идее генерального контролера Франции, обозначать въезд в город и давать приют чиновникам по сбору пошлин.

Архитекторы сумели сохранить и Ветеринарную ротонду 1867 года, и поздние постройки, вроде гигантского павильона скототорговли при новой бойне, построенного в начале 70-х годов XX века. Превращение этого последнего в Музей науки было проведено по проекту Файнзильбера при научной консультации известного физика Мориса Леви. Пресса писала тогда о Файнзильбере, что ему предстоит превратить в городок науки былой «городок крови». И вот рождено было музейное здание, площадь которого в три с

Здание бывшей скотобойни стало главным павильоном великолепного музея науки и техники (слава архитектору Файнзильберу!).

Парк Ла Вилет

Школяры отправляются в веселое путешествие на «Аргонавте»: глядишь, и что-нибудь из школьной программы зацепится в их головах.

половиной раза превышает площадь прославленного Центра Помпиду. Оно имеет чуть не триста метров в длину и почти 50 в высоту, увенчано двумя семнадцатиметровыми куполами, в которых электронный мозг обеспечивает особое — по погоде — расположение зеркал, посылающих на здание солнечные лучи. Оно снабжено эскалаторами, ползущими в стеклянных трубах, свет льется через 32-метровой высоты прозрачный фасад, здесь множество хитроумных устройств, позволяющих и пятилетним детям, и их скептикам-родителям, школьникам и инженерам знакомиться с временными и постоянными экспозициями. О чем рассказывают все эти приборы, игры, все ухищрения электроники и педагогики? О Земле, ее месте во Вселенной, о ее истории, а главное — о ее будущем. О том, как нам эту Землю сберечь, как нам ее холить и лелеять.

Чтобы понять направление работы Городка науки и техники, достаточно познакомиться с программами года (они каждый год совершенствуются, ибо наука не стоит на месте). В программах — маршруты: окружающая среда, зеленый мост, молоко и трава, экологический островок (экосистемы, влажные леса, пустыни Туниса, озеро Констанц, озоновая дыра, таяние льдов)... Все дано с играми, шарадами, головоломками, особенно на детских маршрутах, которые ведут через муравейник на ферму бабочек, на скотный двор. В кинотеке — объемный фильм «Сафари». Есть и видеотека с фильмами на темы природы и науки. Есть маршруты через океан, через звездные галактики, есть островок «Космос», где экспонируются космические скутеры и модели в натуральную величину. Есть спектакли о Солнце и планетах. Есть движущиеся макеты... Возникают местные драмы: проголодавшиеся родители не могут оттащить потомство за уши от всей этой занимательной науки и техники.

Для детишек поменьше здесь есть «Зеркало невесомости»,

«Пузырек звука», «Парабола звука», «Тайна молока и йогурта»... На «экскурсии сюрпризов» — «Путь зерна», игра «Ручки в воде», недостроенный дом (сами достроим), «Островок пяти чувств», путешествие на «Наутилусе», аквариум, вулканы... Для школьников тут есть свои трехдневные курсы науки и техники. И это только в музее, а есть ведь еще «культурно-поливалентное пространство», есть шар кинотеатра «Жеод» из двух залов-полушариев, составленных из 2500 стальных трубок и 6500 треугольников. Есть еще Дом садоводства, есть водоем, есть парк... Есть здесь и особый Городок музыки, в котором года три назад открылся новый Музей музыки. Конечно, это не первый в Париже музыкальный музей: существовал уже Музей Шарля Кро (Национальная фонотека), Музей Оперы, Музей Эдит Пиаф, ИРКАМ (Центр современной музыки Центра Помпиду), салон музыки в Музее человека, а первый просто Музей музыки был открыт еще в 1864 году, да и то, строго говоря, он не был первым.

Еще один шедевр разорительного «миттерановского» модерна – Городок музыки в Ла Вилет (архитектор – знаменитый Кристиан де Порзампарк).

Начало нынешнему Музею музыки в Городке музыки, точнее — начало этому собранию музыкальных инструментов, положило решение, принятое революционным Конвентом в достопамятном 1793 году. Два года спустя, 3 августа 1795 года (по тогдашнему летосчислению 16 термидора 3-го года Республики), при парижской консерватории был открыт «кабинет инструментов, как старинных, так и ныне пользуемых, которые могли бы по причине своего совершенства послужить моделью». Основу тогдашнего собрания составили реквизированные у эмигрантов три сотни инструментов, до наших дней не дошедшие. Музей был открыт для публики только в 1864 году, и выставлены там были новые три сотни инструментов, купленные государством у композитора Клаписона. Во второй половине прошлого века количество инструментов в коллекции уже

Парк Ла Вилет

превышало полторы тысячи. С 1961 года на протяжении четырнадцати лет над приданием этому собранию научного характера работала знаменитый музыковед Женевьев Тибо, графиня де Шамбюр. Ее собственная коллекция была куплена государством после ее смерти. К тому времени над научной систематизацией и оценкой, а также реставрацией инструментов работала уже специальная лаборатория Национального центра исследований. Ко времени открытия музея в Ла Вилет, где выставлены

Из коллекции музея.

Гигантский октобас, изготовленный французским мастером в 1850 году. Утверждают, что таких в мире осталось только два.

900 инструментов из 4500 единиц фонда, была проделана огромная работа по реставрации инструментов, представлявшая немалые трудности. Взять хотя бы коллекцию старинных саксофонов. В 1842 году в Париж приехал молодой бельгийский музыкант, сын мастера духовых инструментов Адольф Сакс. Вместе с отцом он изобрел знаменитый саксофон и зарегистрировал еще добрую сотню изобретений. Когда отец с сыном разорились, государство купило у них больше полусотни инструментов. Бо́льшая часть этой коллекции хранилась в музее при парижской консерватории на Мадридской улице. За годы хранения тонкая серебряная пленка, покрывавшая медную повер-

хность, была разъедена частичками серы. За дело взялись химики-меценаты из лабораторий и мастерских государственной электрокомпании ЭДФ. Одновременно они разработали систему дальнейшего хранения инструментов.

Это длинная история, и притом это лишь одна из длинных историй. Столь же хрупки оказались скрипки, лютни, клавесины: каждый из инструментов требует особых условий хранения, все они боятся яркого освещения, пыли, химического и температурного воздействия. Сложные эти условия хранения пришлось учитывать при постройке, а потом и при перестройке и оборудовании нового музея. Неудивительно, что средства на строительство были перерасходованы и что стоил музей прорву денег. Впрочем, все фараоновские «великие стройки» Миттерана стоили непомерно дорого (убытки исчисляются многими миллионами франков), но кто ж когда считался с деньгами налогоплательщика, с так называемыми казенными средствами?

Впрочем, отложим воспоминания о трудностях и катастрофах этого строительства, а также о творцах с мировым именем, которые поставили под этим созданием свое имя, и совершим небольшую прогулку по музею. Залы, где выставлены инструменты, макеты и картины, а также кое-какие элементы старинного декора, ставили целью познакомить широкую публику с несколькими важными этапами развития европейской музыки. Начинается эта экскурсия в салоне герцогского дворца в Мантуе, где Монтеверди в 1607 году представил своего «Орфея», первое крупное лирическое произведение классического репертуара. В каске с какими-то супермодерными наушниками на голове посетителя проигрываются фрагменты из произведения и даются краткие объяснения. В следующем зале — мраморный двор Версаля, иллюминация и музыка Жан-Батиста Люлли, потом «Парижская симфония» Моцарта, дальше в декоре Байрета музыка Вагнера, потом «Пятый концерт» Бетховена в декоре зала Плейель и, наконец, авангардная музыка. Есть еще кое-какие объяснительные надписи и картины, но в общем-то здесь экспонированы по большей части музыкальные инструменты. Они очень красиво развешаны, с очень тусклой (щадящей их сохранность) подсветкой. Инструменты самые разнообразные, по большей части европейские. Есть даже настоящая скрипка Страдивари, есть огромная виола XVII века, есть расписной клавесин из Антверпена, есть гигантский контрабас «октобас». Видный французский архитектор Франк Аммутен, искусно вписавший этот музей в комплекс Городка музыки, творение знаменитого Кристиана де Порзампарка, помня, что архитектура — это застывшая музыка, порадел о чередовании ритмов бетонных покрытий и металла в интерьере, так чтобы 3000 квадратных метров музея, все его три этажа читались как единое музыкальное произведение. И все же... музей получился скучноватым. Зато вот концертный зал и программы в Городке музыки — замечательные.

ЛИОНСКИЙ ВОКЗАЛ

Вернувшись в Париж и прибыв на Лионский вокзал откуда-нибудь с Лазурного Берега, из Прованса или из недалекого бургундского Санса, близ которого я провожу в последние годы большую часть времени, я часто отправляюсь до дому пешком — по улице Берси до нового стадиона, потом направо к Сене, вдоль Министерства финансов и там уже через мост на свой левый берег Сены. И даже в вечернем полумраке, призвав себе на помощь все воображение, трудно бывает представить, какой она была некогда, эта восточная окраина парижского правого берега, хотя бы и в недалекие, домиттерановские времена: все тут теперь перестроено, с императорским размахом, хотя и без особого, надо сказать, уюта. Если же говорить о временах совсем далеких, то был здесь весьма своеобразный парижский пригород, и упоминание об «Инсула Берсилис» содержится еще и в документах XII века. В XIV веке здешнее имение принадлежало семье Монморанси, в XVII — первый председатель французского парламента построил себе тут замок Берси, а парк ему разбил сам прославленный Ле Нотр. Во время революции замок был разрушен, имение разорено, а в 1790-м тут образовалась пригородная коммуна Берси, приобретшая с годами весьма веселый характер. Бургундские виноделы, доставлявшие в столицу по Сене свою прославленную продукцию, предпочитали с некоторых пор в самую столицу не въезжать, чтобы не платить пошлину, а останавливаться в Берси. Тут они и продавали вино, конечно, дешевле, чем в городе, так что по всему этому берегу люди предприимчивые пооткрывали ресторанчики и танцульки-«генгет», и парижане охотно приезжали сюда погулять.

Потом коммуна Берси вошла в черту города, мелкая торговля заглохла, зато на этом месте возникли знаменитые винные склады, виноторговля в них шла оптом. Но и складов этих уже нет ныне, они исчезли совсем недавно. Остались лишь немногие следы, да шелестят ностальгически оставленные в память о былых временах полтысячи с лишним вековых платанов за новым многоотраслевым стадионом — Дворцом спорта Берси (Пале-Омниспорт Пари-Берси). Это одна из первых построек миттерановского президентства, завершенная в 1983 году, на восьми гектарах площади, которую занимали раньше винные склады и пакгаузы Большого Берси. Под крышу этого дворца собираются на концерты и спортивные зрелища до 17 000 зрителей, главная его арена площадью в полгектара может быть превращена, если надо, в искусственный каток, вокруг нее идут велосипедные треки из экзотических пород дерева, да и внешний вид у дворца необычный — покатые его стены покрыты вечнозеленой растительностью. Ночью, когда разъезжается публика, мертвая в свете огней зелень не веселит глаз, люди тут не живут,

На фоне новых миллиардерских небоскребов и бункеров Минфина старый добрый Лионский вокзал кажется царственным.

ресторанчиков и танцулек нет — стоит мертвая тишина, потому что на всем пространстве от набережной до улицы Берси и за ней, и вглубь, до самого вокзала, параллельно железнодорожным путям, скрытым от глаз, выросло тут, тоже во времена Миттерана, совершенно фараоновское по размаху новое Министерство финансов, наводящее прохожего на грустную мысль о том, что при таких размерах учреждения налоги могут только расти и расти. Каждый год какая-нибудь новая парламентская комиссия обнаруживает, что вот, на вознаграждение чиновников ушло нынче 640 миллиардов франков, больше 35 процентов бюджета, что финансовые чиновники бесконтрольны, что налоговая инспекция всесильна и бесконтрольна. А новая комиссия обнаруживает, что обещали сократить число чиновников, а их стало больше еще на 70 тысяч, и так без конца. Франция — страна бюрократии...

Возвращаясь к здешнему министерству, можно вспомнить, что в принципе идея освободить все здания Лувра от учреждений, и в первую очередь от финансистов, была благой, и президент Миттеран до самой смерти гордился тем, что это ему выпало открыть Большой Лувр. И вот в 1981 году было принято решение о постройке нового министерства на трех с половиной гектарах, с канцелярской площадью больше четверти миллиона квадратных метров для размещения шести с половиной тысяч чиновников. Среди архитекторов — победителей конкурса был и знаменитый Поль Шеметов. Длинное здание министерства похоже на виадук и покоится на бесчисленных столбах. Многие парижане догадываются, что расширение учреждений и министерств — процесс бесконечный, однако лишь те, кто, как я, живет здесь рядышком, знают, что уже и дальше, на левом берегу Сены, близ метро «Шевальре», выросли новые здания министерства и заняли уже целую улицу и, видать, займут еще не одну.

Иногда, шагая ночью с вокзала, я вспоминаю и грустную историю знаменитого министра финансов, при котором произошло это переселение чиновников. Был он сын русского офицера-эмигранта по фамилии Береговой, вырос в нужде, жил у тетки, окончил какое-то ПТУ и стал рабочим на железной дороге. Увлекся профсоюзной работой, завел левых друзей, особенно сблизился с ними в войну, в Сопротивлении, стал мало-помалу делать политическую карьеру под лозунгом борьбы с капиталом. Из лагеря разборчивого Мендес-Франса он перешел со временем в лагерь целеустремленного Миттерана и стал в конце концов министром финансов в правительстве социалистов. Во время предвыборных кампаний богатые друзья-социалисты прославляли его скромность и пролетарское происхождение. А он по-прежнему и почти всерьез ненавидел капитал, боролся с капитализмом и коррупцией, но теперь уж по долгу службы был окружен знатоками капитала и разного рода спекулянтами. Впрочем, вполне симпатичными, обходительными, хитроумными, знающими и услужливыми. Они его всячески обхаживали и извлекали из их тесной дружбы вполне материальную пользу.

Поздние разоблачения позволяют представить сцены этой былой дружеской идиллии. Вот стареющий министр празднует сорокалетие своей женитьбы. Любезные друзья организуют вечер в ресторане магрибинца по имени Эдгар, угощают друга-министра североафриканскими блюдами, а может, и дарят ему и его супруге какие-нибудь приятные подарки. А назавтра после веселого застолья сотрапезники вдруг бросаются по дешевке скупать акции захудалой, опустившейся на дно американской упаковочной компании «Треугольник». Еще через несколько дней правительство Франции покупает эту компанию, стоимость ее акций мгновенно возрастает, и веселые собутыльники министра кладут в карман миллионы. Кто-то их, стало быть, известил в тот праздничный вечер о предстоящей операции, не иначе как в узком кругу. На их беду, нью-йоркская биржевая полиция заметила этот странный заморский ажиотаж, однако до суда дело дошло много позднее, уже за пределами нашей истории. А в ее рамках случилось так, что лучший друг президента Миттерана, запросто, без доклада входивший в Елисейский дворец и в кабинет старого друга (которому он и деньги давал по дружбе), предложил скромному работяге министру финансов миллион на покупку квартиры в некогда русском, модном нынче XVI округе: бери, бери, Пьерушко, будут деньги — отдашь, что там какой-то миллион, когда через руки проходят туда-сюда такие деньжищи, а то что ж у тебя, министр, и квартиры своей нет, на, купи, порадуй жену. Друг этот (звали его Патрис Пела) был отчаянный спекулянт, он запутался в конце концов в своих комбинациях, так что даже в кабинет к другу-президенту стало ему ходить невозможно, и умер, покрытый позором.

А министр финансов стал тем временем премьер-министром Франции, и все так же боролся с коррупцией, и экономил народные деньги, и делал свое дело (как позднее выяснилось, не слишком, впрочем, успешно), но вот тут, разбирая бумаги покойного спекулянта, следователи наткнулись и на тот злосчастный миллион, что нужен был скромному работяге-министру на покупку квартиры. Стали тягать премьера на допросы, а тут еще подошли парламентские выборы, социалисты потерпели позорное поражение, премьер-министр лишился поста, а судебное дело все висело над ним, и, как знать, может, уже и не одно. Может, много на нем висело и многое мог бы он рассказать в кабинете следователя. О лучшем друге президента тоже...

И вот, по официальной версии, в день первомайского пролетарско-профсоюзного праздника попросил Береговой-Береговуа казенного шофера остановить персональную машину у берега канала, вышел подышать, якобы прихватив из бардачка украдкой пистолет своего охранника, и там, на берегу, пустил себе пулю в лоб в самый разгар боевых профсоюзных шествий... Здешние журналисты умилялись, узнав, что фамилия бывшего премьера — Береговуа — по-русски означает Береговой и что счеты с жизнью он свел на берегу, приплыл, стало быть, к этому берегу. Разве не трогательно?.. Что до меня, то умилению моему мешает неуместная мысль, что столько

Лионский вокзал

близких к президенту Миттерану людей погибали накануне следствия — один, второй, третий... Все, кто слишком много знал. И следствия не было, и все шито-крыто, кто не нужно — не был упомянут...

На такие вот грустные воспоминания наводит меня это фараоновское министерство. Иногда я даже медлю еще на вокзале, прежде чем шагнуть на темную и пустынную улицу Берси, — гуляю по веселому Лионскому вокзалу, откуда мчатся поезда на Юг и можно добраться в скоростном ТЖВ за два часа до Лиона, за три — до Женевы, а если чуток потерпеть — и до синего Средиземного моря... Вокзал, как и столичный мост Александра III, был построен к открытию Всемирной выставки 1900 года — счастливо и красиво начинался век, и новый вокзальный фасад, украшенный высокой башней с часами, кокетливо маячил над привокзальной площадью. Ни казна, ни компания скорых экспрессов ПЛМ (Париж — Лион — Средиземное море) не жалели средств на пышную вокзальную роскошь в стиле «бель эпок». В билетном зале над кассами и сегодня можно любоваться «галереей фресок», где самые дорогие тогдашние художники представили публике соблазнительные пейзажи прекрасной Франции, которыми они смогут любоваться на пути к синему морю: купи билет — и кати! Но еще роскошней, чем билетный зал, обставлен был и расписан вокзальный ресторан «Голубой экспресс», что на втором этаже. Там есть кроме главного зала Золоченый салон, Алжирский салон, Тунисский салон. Сам президент Франции открывал некогда этот ресторан. Атмосфера роскоши «бель эпок» должна была соблазнить пассажира еще на вокзале, заверить его, что это будет сказочное путешествие. Из тех, что не забываются...

И верно ведь, они не забывались. Полвека спустя стареющий русско-американский писатель, сидя в утилитарно-уютном университетском городке США, растроганно описывал (сперва по-английски, потом в собственном переводе на родной русский) упоительную роскошь спальных вагонов тогдашней Международной компании спальных вагонов. Речь, как вы догадались, идет о Владимире Набокове. Откройте седьмую главу его мемуарного романа «Другие берега» — и вы все поймете... «За длинной чередой качких, узких голубых коридоров, уклоняющихся от ног, нарядные столики в ширококоонном вагоне-ресторане, с белыми конусами сложенных салфеток и аквамариновыми бутылками минеральной воды, сначала представлялись прохладным и стойким убежищем, где все прельщало — и пропеллер вентилятора на потолке, и деревянные болванки швейцарского шоколада в лиловых обертках у приборов, даже запах и зыбь глазчатого бульона в толстогубых чашках...»

Внезапно разбогатев, писатель этот поселился в старинном, того же самого стиля «бель эпок», роскошном швейцарском отеле и доживал там оставшуюся ему четверть жизни, переносясь мыслями в начало века...

Вряд ли у кого из нас достанет денег на ночлег в подобном отеле, но окажетесь в Париже — можете побывать на Лионском вокзале. Хотя бы и без билета, совершенно бесплатно. Вокзал открыт для всех...

В ВЕНСЕННСКОМ ЛЕСУ

На юго-восточной окраине Парижа раскинулся огромный, чуть не в тысячу гектаров Венсеннский лес, а в лесу (формально — уже за чертой Парижа) — могучий, старинный Венсеннский замок королей. До Венсеннского леса легко добраться на метро — выйти у станции «Порт-Доре», что значит «Золоченые ворота», но предупреждаю, что если вы с детьми, то вы далеко не уйдете, тут и останетесь, ибо близ станции метро у ворот парка расположен самый большой в Париже зоопарк. Его устроил в 1931 году знаменитый мастер зверинцев из Гамбурга, и тут все было как положено: огромные искусственные скалы со специальными укрытиями для обезьян, и рвы, и заросли, где гуляли на свободе, рычали и ссорились два десятка львов, паслись зебры и страусы, гуляли слоны и жирафы, мельтешили сто двадцать павианов, привезенных из Абиссинии, а внутри самой большой скалы ходил лифт, позволявший подняться на вершину и оглядеть живописные окрестности. В первое же воскресенье после открытия зоопарк посетило 50 000 человек, парижане балдели от львиного рыка, и администрации стоило больших трудов уговорить их не швырять павианам конфеты, а жирафам табак.

Зоопарк открылся во время памятной для Венсеннского леса колониальной выставки, однако для истории этих мест истекшие с тех пор семьдесят лет не представляются сколько-нибудь существенным отрезком времени, ибо уже в IX веке лес этот был одним из любимых охотничьих угодий французских королей. В XII веке Людовик VII приказал построить здесь замок, его сын Филипп-Август окружил лес стеной, а Людовик Святой, любивший эти места и творивший тут, сидя под развесистым дубом, суд и расправу, приказал построить Святую часовню. Старинные замковые стены видели торжества, и свадьбы, и тризны: здесь сыграли свадьбу Филиппа III, а позднее и Филиппа IV — с тринадцатилетней Жанной Наваррской. Здесь отдали Богу душу и Людовик X, и Филипп V, и последний король из династии Капетингов Карл IV. Нынешний, настоящий, могучий замок, похожий на Виндзорский замок английских королей, начал здесь строить лишь Филипп IV. Война опустошила его казну, так что достроить донжон замка удалось лишь королю Карлу V, который и сам был рожден в Венсенне. Карл V обставил замок великолепной мебелью, перевез сюда часть своих сокровищ и библиотеку. Вообще, в XVI веке замок весьма тесно был связан с жизнью королей. В 1574 году здесь умер Карл IX, терзаемый угрызениями совести при воспоминании о Варфоломеевской ночи.

Но потом короли мало-помалу перебираются в Версаль, а грозный донжон Венсеннского замка становится тюрьмой. Короли и королевы еще живут здесь время от времени, но уже не в замке, а во дворце, который был построен знаменитым Ле Во при кардинале Мазарини. Кардинал являлся среди прочего губернатором Венсенна. В павильоне короля живали молодой Людовик XIV и Мария-Терезия, а также сам Мазарини и королева Анна Австрийская. Для приема короля и королевы во дворце был создан художником Филиппом де Шампенем богатый интерьер. И все же со временем короли стали бывать здесь все реже, а узники все чаще — Барбес и Бланки, Дидро, Мирабо, Фуке, принц Конде... В 1804 году здесь был расстрелян герцог Энгиенский, в 1871 году — девять федералистов, в 1944 году фашисты расстреляли тут 26 заложников. По размаху, конечно, не Лефортово, но все равно страшно — очертания донжона словно склоняли к здешней жестокости.

Наполеон Бонапарт превращает Венсенн в артиллерийский полигон, устраивает там казармы и склады, стрельбища, да и самый лес этот артиллеристы окрестил Канонвилем (*canon* — пушка). Осквернение гарнизоном исторических мест Венсеннского леса остановил только Наполеон III, передавший лес городу Парижу на условии, что там будет устроен публичный парк наподобие Булонского леса и будет восстановлен лесной массив. Кстати, проект восстановления леса существовал еще и в 1731 году, тогда же была воздвигнута Пирамида как памятник экологическим усилиям короля Людовика XV, да и вообще, лес — до самой Революции и солдафона Бонапарта — был еще великолепен. С 1860 года делаются попытки вернуть ему былую красоту. Знаменитый Альфанд разбивает тут пейзажный парк в стиле эпохи — с экзотическими деревьями, водопадами, озерами, питаемыми самым крупным здешним озером — озером Гравель.

Восстановительные работы продолжались и в XX веке. Колониальная выставка (а тогда еще не стеснялись слова «колониальный») не повредила парку. От марсельской колониальной выставки 1906 года Венсенн разжился экзотическими павильонами, напоминающими о колониальном прошлом Франции, надо сказать, отмеченном большой национально-религиозной терпимостью. На южном берегу озера Доменил стоит еще со времен выставки строение, в котором разместились ныне буддийский храм и международный буддийский институт. К сожалению, настоящая пагода с марсельской выставки, где молились, бывало, вьетнамские рабочие и солдаты, сгорела, но зато стоит в лесу памятник камбоджийцам и лаосцам, погибшим в боях за Францию, памятник мальгашским рабочим и даже стыдливо спрятанный в лесу памятник во славу колониализма. Впрочем, может, со временем, когда схлынут страсти и выдохнется конформистско-левацкая мода, — может, вспомнят и какие-то положительные сдвиги эпохи колоний или даже каких-нибудь бескорыстных колонизаторов: вспоминают же в кишлаках Памира бескорыстных русских офицеров, защищавших местных бедняков от безжалостного бухарского эмира...

Венсеннский лес обретает помаленьку свою былую красу. Восстановлена, к примеру, двухкилометровая, обсаженная знаменитыми венсеннскими дубами и платанами Королевская аллея, на которой начиналась королевская охота. Восстановили и старую дорогу от эспланады замка к озеру. Рядом — площадки и стадионы Национального института физкультуры, а на былых полигонах и стрельбищах, снова засаженных деревьями, проложено чуть не тридцать километров дорожек для пешеходов, бегунов и велосипедистов: такая вот мирная конверсия Венсеннского леса.

В здание патронного завода вселилась (русского происхождения) режиссер Ариадна Мнушкина со своей труппой, и возник театральный центр. Ну а на месте колониального сада, разбитого ко Всемирной выставке 1899 года при павильонах Марокко, Туниса, Индокитая и Конго, перевезенных с марсельской выставки, выросли нынче Институт сельскохозяйственных исследований и Центр тропического лесоводства. На берегу озера Домениль ныне Музей искусства стран Африки и Океании. Лет тридцать тому назад в Венсенне был разбит новый парк цветов с долиной гиацинтов, долиной далий, долиной времен года...

Знатоки французского искусства помнят, что производство знаменитого фарфора с золотыми и небесно-синими (позднее их назвали севрскими) росписями было начато именно здесь, в Дьявольской башне Венсеннского замка, в 1753 году Жилем и Робером Дюбуа. Мануфактура переселилась в Севр четверть века спустя, так что у начала севрского фарфора тоже был Венсенн, в котором сегодня оживает многое...

Что до меня, то я предпочитаю тихие уголки этого леса, которые дышат преданьями старины. Скажем, озеро Минимов, живописнейшее из четырех венсеннских озер. На одном из трех островов этого озера сохранились остатки монастыря минимов, основанного Людовиком VII... Здесь шелестит листва, плещет в берег озерная волна, и долетающий сюда глухой рокот окружной дороги не заглушает звуков старинного хорала во славу святого Франческо-Паоло, основавшего этот орден нищенствующих монахов в калабрийской Козенце...

На барже, и пешочком, и рысью, и мимо

ВДОЛЬ ИДИЛЛИЧЕСКОГО КАНАЛА К ВИСЕЛИЦАМ И ДОМУ С ПРИВИДЕНИЯМИ

Почти к самому парку Ла Вилет выходит старый канал Сен-Мартен. И если с бульвара Ришар-Ленуар его убрали под землю, в трубу, то значительная его часть проходит по правобережному Парижу, и, более того, по нему еще ходят суда. Об этом стоит рассказать подробнее.

Небольшой в общем-то по размеру Старый Париж, или, как еще говорят, «собственно Париж», являет неленивому пешеходу увлекательное зрелище резких перемен городского пейзажа и при этом как бы даже перемены эпох. Ежели, скажем, отклониться на каких-нибудь метров двести от шумной площади, запруженной автомобилями, пешеходами, магазинами, деревьями и статуями (а зачастую также трудящимися, протестующими против всего, что им кажется несправедливым или просто неудобным, или, наоборот, приветствующими то, что им кажется большой удачей — скажем, получение больным, уже почти отстранившимся от дел, но по-прежнему лживым социалистом Миттераном его второго президентского мандата), — в общем, ежели отклониться немного от площади Республики, торжественно открытой некогда Наполеоном под именем площади Водонапорной Башни, то попадешь вдруг в совершенно иной мир, нечто вроде питерской Новой Голландии. Вот тебе, батенька, и Париж...

И правда ведь, совсем иной, незнакомый Париж... Поблескивают воды канала Сен-Мартен, горбатятся железные мостики, а вместо нетерпеливой своры автомобилей какая-то баржа, которая с ангельским терпением ждет, пока служитель откроет ворота маленького шлюза, закроет ворота, наполнит по старинке шлюз водой, снова откроет ворота, о Боже... А тут их девять, таких шлюзов, на каких-нибудь два с лишним километра пути. Да это, пожалуй, даже шикарней, чем кататься на унылой лошади, запряженной в шарабан, в потоке нетерпеливых дорогих машин. Так что люди со вкусом непременно предпринимают это неторопливое, словно бы бросающее вызов городской спешке путешествие — от бассейна де ла Вилет до Музея д'Орсэ, что на берегу Сены.

Канал этот был введен в строй в 1825 году, чтобы вкупе с каналом Сен-Дени сократить путешествие по Сене на добрых 12 километров. Часть канала проходила под открытым небом (и тут он достигал 27-метровой ширины), а часть была позднее уведена под крышу там и сям — то для того, чтобы дать свободный проход кавалерии из казарм принца Евгения, то чтобы не прерывать чинности гуляния по семнадцати скверам променада королевы Гортензии (названного в честь той самой падчерицы Наполеона, к которой, если помните, в славную победоносную весну 1814 года столь неравнодушен был царь-победитель Александр I).

Окрестности канала и впрямь были в прошлом веке иным Парижем: фабрички, ателье, мастерские, работяги, ремесленники, невзрачные, но по-своему живописные жилые дома и предприятия. Последние, устарев, закрывались одно за другим, а в начале 60-х годов XX века возникла даже опасность, что исчезнет и сам канал: собирались проложить тут дорогу с севера на юг, связав аэропорты Орли и Ле Бурже, — так чтобы за час проходило тут 12 тысяч автомобилей. Однако проект удалось остановить, а потом и вовсе похерить: к тому времени парижане уже начали понимать, что за преобразователями города надо следить в оба.

И все же берега старинного канала застраивали мало-помалу современными домами. Однако, когда дошли строители до шлюзов № 5 и № 6 (до шлюзов Реколет), вышла у них заминка. В полуразвалившемся доме № 102 по набережной Жемап размещался старенький отель — «Отель дю Нор», известный не только всем парижанам, но и всем французам по знаменитому довоенному фильму Марселя Карне «Отель дю Нор», в котором главную роль играла Арлетти. Всем французам был памятен изящный силуэт Арлетти над барьером шлюза, и когда бодрая бригада собралась ломать настоящий «Отель дю Нор», парижане сказали: «Нет!» Не нужно думать, что где бы то ни было легко бывает справиться с преобразователями городов. Земля в городе дорога, а когда речь идет о деньгах, торгаши становятся не только беспощадными, но и хитрыми. На сей раз они сумели доказать, что декорацию, воспроизводящую в знаменитом фильме старенький «Отель дю Нор», построили на студии в Булони, а сам этот отель вовсе не снимали. Фильм был снят по одноименному роману Эжена Даби, отец которого и был владельцем старого отеля в начале века, так что писатель провел здесь свою юность. «Этот Даби и сам описал в конце романа, как ломают старый отель», — доказывали грамотные предприниматели. «Нет, пусть отель стоит», — упрямо повторяли парижане. Не нужно думать, что с ними считаются боль-

Вдоль идиллического канала к виселицам и дому с привидениями

ше, чем с москвичами или ярославцами, но бывают периоды в жизни демократий, когда приходится считаться. Например, накануне выборов. Надо только, чтобы избиратель твердо стоял на своем. В общем, был достигнут компромисс с жителями квартала, кстати, в наши дни обычный, хотя и не идеальный: оставили нетронутым фасад старого отеля, а внутри дома все обновили. Зато на первом этаже открыта была галерея, посвященная фильму Карне.

Удалось сохранить на набережной и два других стареньких дома, в которых были старинные кафе — «Якорь моряка» (в странном, узком доме № 96) и кафе «Подвижный мост», так что этот уголок набережной Жемап сохраняет атмосферу былых времен. Если же свернуть за ближний угол — на рю де ла Гранж-о-Бель (улица Амбара Красоток), на ней можно еще дальше углубиться в прошлое, ибо на ней стоит построенная в самом начале XVII века, а еще точней — между 1607-м и 1610-м годами, больница Святого Людовика. О строительстве больницы распорядился король Генрих IV, но он был убит незадолго до окончания строительства, так что на церемонии открытия больницы заодно отпели и короля. А строил больницу тот самый Клод Вельфо, что сооружал здания великолепной площади Вогезов в квартале Маре. Нетрудно, кстати, заметить сходство этих двух сооружений — тот же ранний классицизм, то же сочетание камня и кирпича, который был тогда еще очень дорог.

Сохранились все четыре старинных здания старой больницы. В одном из них размещались сестры-монахини, в другом — врачи, в третьем была бельевая, в четвертом размещали больных. В старину больницу окружали высокая стена и даже ров, стерегла ее швейцарская гвардия, часто со сторожевыми собаками, — так что ни врачи, ни персонал, ни больные не могли выйти за стены и разнести по городу заразу. С заразой бороться было трудно. Эпидемии чумы боялись как огня, не знали, с какой стороны она может прийти. Король Людовик IX (чьим именем названа больница) распустил слух, что чуму нарочно завезли евреи, и приказал им носить

Кто ж из французов не знает «Отеля дю Нор», прославленного довоенным фильмом Марселя Карне? Обитатели квартала героически спасали этот дом от бульдозера парижской мэрии...

опознавательный знак. Сам-то он, вероятно, знал, что чума пришла через Марсель из Дамаска, но простым людям про это знать было не обязательно. Кончилось все весьма печально: как ни берегся король, сам он тоже заразился и помер...

Больница была в то время большой роскошью, так что одну койку больным приходилось делить на четверых-пятерых. Только гвардейцам охраны полагалась отдельная койка.

На территории больницы и ныне еще цел старый павильон Габриэль, в котором, по преданию, король Генрих IV устраивал свои любовные свидания. Может, легенда была навеяна тем, что стены павильона оказались украшены (или, если угодно, изгажены) порнографическими граффити. Но король тут был ни при чем. Этот вид изобразительного искусства обожали студенты-медики. У него даже было особое название, у этого стиля, — «карабинный стиль». Поскольку все больницы охраняли гвардейцы с карабинами, название «карабины» пристало и к медикам...

Впрочем, больница была отнюдь не самым печальным учреждением на улице Амбара Красоток. Чуть повыше больницы, у нынешнего дома № 50, чуть не с начала XIII века стояли городские виселицы. Сюда привозили из тюрьмы Шатле осужденных на смерть. Только в 1627 году больничные власти потребовали, чтобы место казни из соображений гигиенических перевели куда-нибудь подальше. Однако и за четыре столетия здесь успели повесить многих осужденных, в том числе придворных и видных аристократов, так что места эти хранят немало дворцовых тайн.

И все же больше всего тайн хранит в этом уголке столицы вполне современное стеклянное здание, что стоит недалеко от набережной Жемап, на площади Колонель-Фабьен. В этом самом большом, вероятно, партийном здании Парижа и Франции размещается штаб Французской компартии. Поскольку партия была создана как отделение таинственного Коминтерна и подчинялась Коминтерну и ГПУ, конспирация была всегда одним из главных ее правил. Так что даже самые активные члены партии даже в нашу эпоху максимальной гласности до сих пор не знают ни того, кем была создана, ни того, кем управлялась эта партия, ни того, на какие средства она существовала. В этом полупрозрачном стеклянном доме все самое важное по-прежнему остается тайной. Как выражался один из основоположников, «призрак бродит по Европе». Так, может, именно их он и имел в виду: призраки и привидения, населяющие дом на площади Колонель-Фабьен. Недавно новый секретарь компартии маленький бородатый ветеринар камарад Робер Ю объявил, что и во Францию скоро придет время гласности и тогда можно будет хоть отчасти рассекретить тайны ФКП. Ну хотя бы протоколы партийных заседаний. Хотя бы новые — после 1956 года. Оказалось, что и это сделать невозможно, так глухо все засекречено. Но что же там за тайны такие, что их нельзя никому знать? Любопытно все же...

Вдоль идиллического канала к виселицам и дому с привидениями

Неторопливое путешествие от шлюза до шлюза способно успокоить нервы горожанина, а туриста погрузить в атмосферу старого Парижа.

Русские экскурсанты, мои спутники, окажутся на сей раз в более выгодном положении, чем все группы французских экскурсантов, которые приближаются к этому огромному стеклянному зданию (архитектор Оскар Нимейер) на площади Колонель-Фабьен. Вашему гиду удалось по счастливой случайности познакомиться с открытыми одно время в Москве архивами Коминтерна, где есть немало интересных документов на этот счет (подробнее история моего с ними знакомства в книге «Русские тайны Парижа»). Начать с того, что эта партия, которая до сих пор объявляет себя исконно «национальной» партией французских трудящихся, была создана без учета французских интересов несколькими агентами ГПУ — Коминтерна. Они были присланы Москвой, и имен их не знают здешние члены партии. Конечно, как члены всякой подпольной партии, они пользовались именами и кличками, но в архивах есть их имена, и даже известны их незавидные судьбы. Фамилии первых двух организаторов здешней «секции Коминтерна» — Абрамович и Деготь, а позже ею через подставных местных товарищей руководили коминтерновцы Фрид, Соколовская, Пурман, Гере, Паукер-Рабинович, Тольятти. Москва давала им указания через Пятницкого и Трилиссера из Коминтерна и ГПУ. Кроме узкого круга историков, побывавших в московском архиве, этих имен во Франции почти никто не слыхал. Как, впрочем, никто не слыхал и о цели, ради которой была создана «секция», о задачах, которые перед ней ставили, или о способах, к которым прибегали ее создатели.

Начнем по порядку. О целях. Дело в том, что ни в 1917-м, ни в 1918-м, ни в 1919-м, ни в 1920-м В. Ленин не верил, что большевикам удастся удержаться у власти в России без немедленного развязывания мировой революции, начало которой Ленин предсказывал со дня на день. Для помощи ей еще в 1918-м были созданы при РКП «бюро по заграничной работе», а потом и Коминтерн. Уже на втором его конгрессе о наступлении мировой революции говорили как о реальности, и Ленин послал тогда в Харьков бодрую шифрограмму своему лучшему ученику и другу (Сталину): «Положение в Коминтерне превосходное. Зиновьев, Бухарин, а также и я думаем, что следовало поощрить революцию тотчас в Италии. Мое личное мнение, что для этого надо советизировать Венгрию, а может, также Чехию и Румынию». У Ленина были четко разработанные методы «советизации», к которым он и прибегал чаще всего: военное вмешательство и подкуп (в человеческое бескорыстие вождь не верил). Сперва была начата операция по «прощупыванию штыком буржуазно-шляхетской Польши», как выразился Ленин (операция военного вмешательства «вплоть до разжигания гражданской войны», поддакивал Троцкий). Операция потерпела поражение, товарища Тухачевского прогнали, и России это обошлось очень дорого.

Саботаж и подкуп были поручены ЧК и иностранным «секциям»-группам, созданным Коминтерном. Переписка, бережно хранимая в бывшем партархиве (ЦПА), дает представление о требованиях, предъявляемых к этим группам их организаторами, агентами ЧК—Коминтерна (это были по существу смежные организации, иногда у них и начальник был один, скажем Трилиссер). В группах должна была царить конспирация, железная дисциплина, диктатура («означает... неограниченную, опирающуюся на силу, а не закон, власть», — объяснял Ленин), подкуп при вербовке («умоляю Вас, не экономьте. Тратьте миллионы, много миллионов», — писал Ленин секретарю Коминтерна Балабановой). Переписка с французскими агентами Москвы Абрамовичем и Деготем содержит много подробностей на этот счет.

Революцию обещали первыми сделать немецкие товарищи, они и получали больше всего денег (многие удрали с ними сразу). Революции не состоялись. Но секции Коминтерна–ЧК не были распущены. ЧК (позднее НКВД, КГБ) нашла им должное применение — саботаж, пропаганда, шпионаж, выполнение первоочередных задач московской борьбы за власть (теперь уже не ленинской, а сталинской, в частности борьбы с троцкизмом, титоизмом, создание для этого «полиции партии» в парижских ячейках). ЧК сохранила за собой право вербовать членов «секции»-«партии» для конспиративной работы и выполняла свои задачи вполне профессионально. Конечно, Москва по-прежнему регулярно, до 90-х годов XX века, оплачивала бесперебойную работу «секций» (средства теперь привозили не в изъятых драгоценностях, а в долларах, чемоданами, через агентов и диппочту). «Секции» стали называться «партиями», но конспирация (на которой настаивали и Ленин и Троцкий) оставалась главным их законом (шифровки, агенты). В России об этом нынче и говорят и пишут открыто. «Коминтерн был придатком спецслужб НКВД», — пишет историк Дм. Волкогонов в книге «Ленин». Во Франции об этом писать не то чтоб запрещено было, но все еще страшновато, а главное — невыгодно. Жаль. Вполне детективный жанр. Вот образчик шифрограммы, посланной из Москвы в мирный Париж, в здешний ЦК коммунистов:

«Назначается явка на 19-ое и запасная на 21-ое декабря около кинотеатра «Агора», у главного входа с площади в 16 часов... Явившийся на свидание ваш человек должен держать в руках такой же журнал и трубку...»

Шифрограммы разъясняли местным марионеткам вроде Тореза и Дюкло, как им вести себя и что делать (по линии оккупации, Народного фронта и т. д.) — сегодня, завтра, послезавтра. Шифровальщики, кадровики и агенты ГПУ растолковывали им смысл шифрограмм. И местные товарищи все аккуратно выполняли, только вот власть в прекрасной Франции передать тов. Сталину не смогли, и тов. Торез в этом каялся, когда был принят тов. Сталиным в Кремле (а ведь был принят, два раза за долгие годы жизни в Москве и потом в Париже). Понимая, какой это важный момент в его жизни, тов. Торез все законспектировал (и свои жалкие оправдания — отчего не добыл власть для хозяина, — и мудрые суждения вождя на этот предмет). Товарищ Сталин объяснил тов. Торезу, почему он, тов. Торез, не смог захватить власть в Париже. Потому что союзная армия, а не советская освободила Париж. «Вот если бы Красная Армия стояла во Франции, тогда картина была бы другая (человек с богатым воображением или нашим опытом без труда представит себе, какая была бы картина! — *Б. Н.*)... Вот если б Черчилль еще немного замешкался с открытием второго фронта на севере Франции, — сказал тов. Сталин, — Красная Армия пришла бы и во Францию» (и, сами понимаете, не ушла бы, как не ушла из других стран). «Тов. Сталин сказал, что у нас есть идея дойти до Парижа», — восторженно сообщает запись тов. Тореза (преданная гласности в 1996 году французским журналом «Коммунизм»). В ответ тов. Торез заявил от лица трудящегося и даже нетрудящегося народа, что «он может заверить тов. Сталина, что французский народ примет Красную Армию с энтузиазмом. Тов. Сталин сказал, что при таких условиях картина была бы другая. И Торез сказал, что тогда де Голля не было бы в помине». Поскольку беседа была интимная, тов. Сталин коснулся вопросов взаимодействия компартии, которой пока не удается захватить власть, с демократическим (хотя и идейно незрелым) правительством Франции: «Компартия недостаточно сильна, чтоб стукнуть правительство по голове. Надо накапливать силы... Если ситуация переменится к лучшему, тогда силы, сплоченные вокруг партии, послужат силам нападения».

Компартия сплачивала силы и даже предпринимала отчаянные акции саботажа, но власть не удалось захватить даже и три года спустя, несмотря на всю братскую помощь с Востока. Товарищ Торез во время второй беседы с хозяином оправдывался еще более отчаянно, говорил о советской душе, рвал на груди рубашку, напомнил товарищ Сталину, что, «хотя он француз, у него душа советского человека». Товарищ Сталин сдержанно сказал: «Мы все коммунисты, и этим все сказано». Это к вопросу о «национальном характере» Французской компартии, о котором так много разглагольствуют ее вожди.

Призраки никому не известного в этой стране (где зато множество площадей и улиц имени Дюкло-Торезов) тов. Абрамовича (кличка Альбрехт Залевский и др.), а также сгинувшего позднее в ГУЛАГе агента Коминтерна Владимира Дегтя (ученика ленинской школы в Лонжюмо, оплаченной первым мужем мало кому известной товарищ Арманд), ненавязчивого Владимира Петровича, который привез в чемодане доллары товарищу Плисонье на постройку этого стеклянного, но, увы, непрозрачного здания, а также бедного женолюба и наставника товарища Тореза товарища Эугена Фрида, застреленного в Брюсселе, кадровика товарища Треана и его шифровальщиков, любвеобильной и идейной Анны Паукер-Рабинович и доносчика Тольятти — все они бродят ночами по многоэтажному творению архитектора О. Нимейера и вопиют к признанию их роли (и ролей) в кровавой драме ушедшего века.

СЕВЕРНЫЙ ВОКЗАЛ

Западнее канала Сен-Мартен лежат два парижских вокзала — Восточный и Северный. На протяжении доброго десятилетия, в течение которого я делил жизнь чуть не поровну между Францией и Россией (куда входили, конечно, и Кавказ с Таджикистаном и Крымом), в Париж я возвращался на поезде (42 часа неторопливой езды мимо Кельнского собора и бельгийских садово-огородных кибиток) и первые шаги после возвращения делал под сводами Северного вокзала (**Gare du Nord**) под ставшим уже привычным стеклянным небом Хитторфа. Ну, вот и Париж, вот и родная жена, в ужасе сообщающая, что не нашла места для парковки. Вон черные ребята-таможенники — хоть бы раз подошли, только один раз крикнули с улыбкой через платформу: «Икры много везешь?» «Килограммов 60!» — крикнул я, кивнув на клетчатую сумку с черным хлебом. Вот и красноносый клошар. А вон французы, встречающие кого-то из Москвы, встревоженно бормочут невнятное: «Чернобиль! Чернобиль!» — я и слова такого не слышал, что это еще за черная быль? Что, взрыв?.. А мы-то ехали все воскресенье через Польшу, поляки купались в речке, и радио помалкивало, чтобы начальство успело без хлопот сбежать из Киева — тоже мне, гласность!..

Потом московский поезд вдруг стал в одночасье и дороже и опаснее самолета, а потом его отменили вовсе, старый добрый поезд Москва—Париж, жертва шоковой терапии и родовспоможения...

Только когда перестал ездить на поезде в Москву (иногда все же еще отправляюсь отсюда в Маастрихт или в Лондон, где у дочки любимый молодежный базар — Кэмден-таун), почитал я кое-что об истории огромного этого вокзала, который почти безболезненно перешел из XIX в XXI век и все еще тянет, бедняга, все служит (насколько ему позволяет социализм при министре транспорта — коммунисте). Почитал и о творце вокзала знаменитом Жаке-Игнации Хитторфе, что, как и многие парижане, родился не в Париже, а в соседней Германии (а многие ли из нынешних москвичей рождены были, как я, парижанин, в Москве?). Завершив образование и совершив почти неизбежное в ту пору для художника и архитектора путешествие в страну искусства Италию, молодой Жак-Игнаций вернулся в Париж, обогащенный впечатлениями и отягощенный своими собственными искусствоведческими теориями — скажем, теорией о полихромном характере античной архитектуры. С начала сороковых годов молодой Хитторф уже много строил в Париже, так что на нашей прогулке мы не раз поминали его имя. Это он завершил постройку интереснейшей церкви Сен-Венсенн-де-Поль здесь

Сколько раз уезжал я отсюда в Москву! Сколько раз меня здесь встречали! Неужели старый добрый поезд «Москва—Париж» никогда больше не встанет у перрона?

же, близ вокзала. Это он обустроил знаменитую площадь Согласия (вторая, после Т. Яковлевой, парижская красавица невеста бедного Маяковского), обогатив ее фонтанами. Это он придал новые очертания Елисейским полям, построив павильоны, он застраивал площадь Звезды низкорослыми особняками (причем сумел убедить императора в своей правоте — бывали ж такие императоры!). И Зимний цирк в Париже строил он (в соответствии со своими теориями)... А все же главным творением Хитторфа считают этот вот Северный вокзал с его многофигурным монументальным фасадом, навеянным римскими термами (кто ж им не дивился, этим банно-просветительским строениям древности?), с его необычайной легкости стеклянной крышей, поражавшей современников и, может, отчасти оправдывающей легкомыслие моей тогдашней попытки жить на два города...

Вокзал был торжественно открыт 19 апреля 1854 года (в самый разгар османовской «перестройки» и «ускорения»), и поезда со всей доступной в ту пору скоростью помчались в города, чьи символы красовались на фасаде, — в Лилль, в Брюссель (нынче элегантный «Талис» добегает отсюда до Брюсселя за два часа, а туда ведь как от Питера до Москвы), в Амстердам, а потом и на таинственный северо-восток — в Варшаву, в златоглавую Москву... С годами линии ветвились и удлинялись, количество пассажиров, проходящих через вокзал, выросло до полумиллиона (большинство из них, правда, не едут дальше пригорода, за год проходит их туда-сюда 90 миллионов), так что в конце тысячелетия пришлось французскому правительству всерьез заняться этим вокзалом (имевшим, как выяснилось, огромный запас прочности, не в пример какому-нибудь Центру Помпиду). Пришлось вложить в него миллиард (впрочем, не долларов, а франков). Реконструкция в первую очередь коснулась поездов дальнего следования: тут Франции есть чем гордиться. Скоростные французские поезда высокой скорости, ТЖВ (TGV—*Train à Grande Vitesse*) мчатся со скоростью 250—300 километров в час — чисто, удобно, надежно, сиди читай, пей чай (правда, дорогой и хуже, чем наш, из титанчика), звони домой (если денег не жалко), а за окном — такая красотища! До Лондона три часа (по вине архаичных английских дорог так долго), до Марселя или Женевы чуть больше (когда, помнится, писал биографию Набокова, сел поутру в поезд, полдня просидел в гостях у симпатичной сестры гения Елены Владимировны в Женеве, а к ужину в Париж вернулся без опоздания). А на вокзалах — тележки для багажа, справочные, харчевни, душевые и все, что угодно для души и тела...

Конечно, перестройка не прошла на Северном вокзале совсем гладко. Купленная за бешеные деньги компьютерная система для продажи билетов оказалась никудышной — она не предусматривала ни малых станций, ни пересадок, предлагала идиотские объезды. Измучившись и стукнув тупой компьютер по железной башке, кассирша-парижанка говорила: «Ладно, в вагоне купите! Перышком напишут...» Ты мчался в вагон без билета, и, если попадался злорадный контролер-догматик, плати штраф. Помню, раз по дороге в Лилль оштрафовали одного пассажира. А он был адвокат из Лилля. Так он засудил эту дорогу, выиграл процесс. После его судебной победы ездить стало спокойнее. Правосудие — великая вещь, особливо если ты сам адвокат. Но в общем-то за год-два разобрались они с системой продажи. Так что очередей за билетами здесь почти не бывает, тем более что до тошноты беспокойные западные люди все покупают загодя, за много месяцев вперед. Вот с чем тут, видно, никогда не справиться, так это с демагогией «солидарности». Здешним машинистам, проводникам и контролерам всегда кажется, что платят им мало. И вот чуть не каждый месяц кто-нибудь да бастует. А за эти лишние контролерские полсотни франков миллионы французов не могут добраться на работу, в детсад с ребенком, в школу, в больницу, на самолет... Их, эти потерпевшие миллионы тружеников, левые партии и газеты призывают к «солидарности». Но несытые контролеры не спешат проявить солидарность с миллионами, стынущими часами на вокзалах, равно как и с теми миллионами, которые вообще давно не работают, потому что безработица в Европе оказалась неодолимой, да и страх перед нею неистребим (не то что где-нибудь в блаженном штате Массачусетс)...

Что же касается достижений Северного вокзала, то он принял в последние годы поезда из туманного Лондона «Евростар» — часа полтора бегом по Франции, потом ныряем под Ла-Манш, и дальше — зеленая Англия, бредем, спотыкаясь, до вокзала Ватерлоо в туманном Лондоне, а там держи карман у́же. Впрочем, на привокзальной площади и в Париже уши не развешивай, привокзальное, оно и есть привокзальное, там мелкие жулики, проводники, грустные провожающие, смех и слезы. К северу от вокзала — гостиницы и магазины чуток подешевле, чем всюду, а близ империи дешевых товаров «Тати» — и вовсе уже не то население, туда не преминем прогуляться. Ну а народ привокзальный всегда спешит, так что он не решается побродить даже по прилегающей к вокзалу улице Паради (то бишь Райской улице), в этом царстве хрусталя и фарфора. Самые крупные фирмы Лиможа и Лотарингии держат здесь свои фарфорово-хрустальные лавки, проводят выставки-продажи, а в доме № 30 и вовсе разместился музей баккара: хрустальное производство Баккара было в свое время главным поставщиком хрусталя к столу королей и принцев, президентов и других важных особ, слуг народа, чей быт мы изучаем по музеям, хотя сами только что усадили их в золоченые кресла...

Но Бог с ним, с хрусталем, тут ведь замечательная церковь неподалеку, Сен-Венсенн де Поль (обратите внимание на росписи Ипполита Фландрена). В квартале этом еще в Средние века монахами ордена госпитальеров святого Лазаря основаны были больницы. С XVII века тут цели недуги ближних монахи миссии, основанной святым Сен-Венсенн-де-Полем. Конечно, Великая революция эти гуманные здания сразу превратила в тюрьму, здесь среди прочих томился поэт Андре Шенье. Именно здесь одна из невинных узниц (Эме де Куаньи) вдохновила его на знаменитые стихи «Юная узница». Томился здесь и художник Юбер Робер (палачи Революции первыми реализовали принцип равенства). От былых тюремных строений дошли до наших дней лишь часовня и поздний двор Бальтара, но и они влились в обширный больничный комплекс. Здесь, в больнице Ларибуазьер, умер среди прочих любимый простыми людьми в старой русской эмиграции казацкий поэт Николай Туроверов. Кто ж не знал его стихов про печальный исход из Крыма?

> *Уходили мы из Крыма*
> *Среди дыма и огня.*
> *Я с кормы все время мимо*
> *В своего стрелял коня.*
>
> *А он плыл, изнемогая,*
> *За высокою кормой.*
> *Все не веря, все не зная,*
> *Что прощается со мной.*
>
> *Сколько раз одной могилы*
> *Ожидали мы в бою.*
> *Конь все плыл, теряя силы,*
> *Веря в преданность мою.*
>
> *Мой денщик стрелял не мимо —*
> *Покраснела чуть вода...*
> *Уходящий берег Крыма*
> *Я запомнил навсегда.*

Недавно установленная на Северном вокзале копия скульптуры, созданной несколько лет тому назад знаменитой художницей и скульптором Людмилой Чериной. Черина – сценический псевдоним русской красавицы-княжны Моники Чемерзиной, которая родилась в эмигрантской семье в XV округе Парижа, училась у Преображенской и Клюстина, стала прославленной французской балериной, потом (еще выступая на сцене) стала известной художницей и скульптором, а чуть позднее – известной писательницей. Оригинал (в бронзе) этой скульптуры, символизирующей дух создания туннеля под Ла-Маншем и вообще европейского созидания, установлен на последнем французском участке дороги Париж—Лондон (в Кале-Кокель) и имеет в высоту 4 метра.

Поэт сохранял бодрость аж до послевоенных лет и мечтал избежать больничной койки:

> *Только жить, как верится и снится,*
> *Только не считать года*
> *И в Париже, где чудесные больницы,*
> *Не лечиться никогда.*

Однако ни от сумы, ни от тюрьмы, ни от больницы, ни от смерти не зарекайся. Умер Николай Туроверов семидесяти двух лет от роду в больнице Ларибуазьер, в двух шагах от перрона, от которого московские поезда уходили в покинутую Россию...

Лично я люблю бродить по всяким забытым туристами кварталам «полосы отчуждения» за вокзалом, непременно набредешь на что-нибудь необычайное. Как-то раз за железнодорожными путями между улицей Кюриаль и улицей Обервилер я набрел на поразительные ангары из стекла и железной арматуры, наподобие крытых рынков Бальтара. Это были сооруженные в конце XIX века архитектором Дельбарром похоронные гаражи, где стояли во множестве черные похоронные экипажи мрачной, торжественной красоты. Десять лет назад компания похоронных экипажей потеряла в Париже монополию, и гаражи стали ей не нужны, равно как и великолепные в тысячу квадратных метров их подземные помещения. Город Париж решил здания эти снести, а бесценные городские участки продать домостроителям за скромную сумму в 40 миллионов долларов — под новые жилые кварталы. Но тут подошли выборы, в XIX округе сменился мэр, и новый мэр заявил, что, хотя он социалист, его вся эта жилищная новь и строек... «громадье», как выражался русский певец прогресса, никак не греют. Население тут и так плотное, сказал мэр Роже Мадек, а культуры вот никакой. Подали в органы защиты зданий, и уже вскоре (благодаря горячей поддержке вице-президента «Комиссии Старого Парижа» Мишеля Флери) 15 000 квадратных метров былой похоронной площади были объявлены историческим памятником.

Что же будет теперь в павильонах бывших гаражей? В мэрии говорят, что там и будет культура. Скажем, с давних пор валяются в запасниках квартала Маре сокровища, которые собрал в начале XX века гонконгский коллекционер Квок-Он. Это несказанной красоты уникальная коллекция китайского театрального искусства — там маски, костюмы, марионетки, декорации. Говорят, что теперь будет наконец в Париже музей Квок-Она. Да и вообще, свободная площадь в Париже на вес золота. Знаменитая глухонемая актриса-лауреатка, молодая Эммануэль Лабори до сих пор не может найти места для своего Театра образа и жеста. Бездомным остался Дом мировых культур Шерифа Хазандара. А тут, в гаражах, все разместятся без труда. И есть ведь еще здесь гигантские подвальные хранилища. Бесчисленным парижским театрам приходится уничтожать использованные декорации и костюмы за неимением места. А потом приходится готовить новые. Так вот оно место, есть оно... Что до меня, то я устроил бы и похоронный музей в одном из зданий гаражей — не все же нам только веселиться и петь...

Кстати сказать, это была не первая победа парижских защитников исторических памятников. Все чаще берут здесь под охрану старые вокзалы, старинные фабрики, мельницы, склады, скотобойни. В одних (вроде вокзала д'Орсэ) открывают мирового класса музеи искусств, в других (вроде бойни Ла Вилет) — музеи науки, в третьих — ателье молодых художников. Но Париж и его окрестности таят десятки, а может, и сотни не раскрытых еще сокровищ. В судьбу их часто вмешиваются те, кто умеет ценить старину, архитектуру, город. Специалист по интерьеру парижанин Эрик Данель набрел не так давно в южном пригороде Иври на здание заброшенной фабрики обувной фурнитуры. Здание поразительное. Часть его была построена в начале века поклонниками фабричной цивилизации — просторные, светлые залы с металлической арматурой — море света, простор.

В 1912-м фабрику купила американская компания из штата Массачусетс. Американцы расширили помещение, достроив его по своим планам, тоже очень интересным. Эрик Данель понял, что фантастическое это здание обречено на слом, и стал искать спасателей. В это время его друг был назначен директором Национальной школы прикладного искусства, что на улице Ульм. Школе срочно нужны были помещения, и старая фабрика на бульваре Распай в Иври пришлась как нельзя более кстати. Ныне студенты, оторвавшись от картонов, зачарованно глядят на эти странные лестницы, на просторные окна «американской» пристройки. А в старинных французских залах фабрики слышны переливы колоратуры — там идут репетиции Театра Шатле. С осени еще в одном крыле здания начнутся съемки. Известный кинорежиссер Патрис Шере считает, что он нашел здесь идеальный интерьер... Когда я услышал об этом, я вспомнил знаменитый парижский вокзал д'Орсэ. Когда там еще не было музея, но уже не было и вокзала, Орсон Уэллс снимал там свой знаменитый «Процесс» по Кафке. Какое счастье, что еще не было тогда в Париже экспертов из какого-нибудь Ярославского обкома КПСС, никогда не изучавших искусство, но энергично ломавших церкви XVI века и точно знавших, чтó именно «не представляет художественной ценности», а что представляет! Вокзал д'Орсэ остался целехоньким...

В КВАРТАЛЕ ЗОЛОТОЙ КАПЛИ

Протопав минут десять к северу от привычного вокзала, попадаешь не то чтоб за границу, но в совершенно иной Париж, в квартал Гут д'Ор. Романтическое название улочки Гут д'Ор (Золотая капля или Капля золота) и всего этого северного парижского квартала, где обитают представители пятидесяти шести национальностей, восходит к деревушке того же названия, к ее виноградникам и к изысканному вину, которое здешние виноделы поставляли ко двору короля. Помнится, что именно в этих местах жила героиня Золя Жервеза. А новые обитатели появились в квартале, когда поблизости вырос Северный вокзал. Первыми по этой дороге прибыли и поселились в квартале поляки и бельгийцы. Потом появились итальянцы. Позднее и тех, и других, и третьих стали вытеснять обитатели Северной Африки — магрибинцы. Еще позднее, уже на моей памяти, возросло число выходцев из Центральной Африки и из самых разнообразных стран Азии. Но вообще-то можно тут встретить также уроженцев Индии, Гавайских островов, Болгарии, даже Швеции и Финляндии. На здешних улицах шумно, но, как во многих самых шумных кварталах Парижа, здесь можно вдруг наткнуться на очаровательную улочку, на домики с садиками, на витые ограды и особнячки времен короля Луи-Филиппа. Да и жители тут попадаются разные. Как-то я встретил тут случайно московского художника и певца-барда Лешу Хвостенко: оказалось, живет на Гут д'Ор. На ближней улице Суец — ателье карикатуриста и скульптора Патрика Пинтера, который родился в Венесуэле, жил на западе Парижа, а теперь вот живет здесь и даже руководит ассоциацией, которая намерена возродить художественную жизнь квартала.

Воротами квартала считают построенную в 1903 году станцию метро «Барбес-Рошешуар», хорошо знакомую и парижанам и приезжим, ибо к этой вечно многолюдной станции примыкает целый квартал магазинов «Тати». «Самые низкие цены в Париже» — написано на клетчатых пакетах «Тати», которые нынче встретишь и в Москве и в Касабланке. Цены тут зачастую действительно низкие, хотя качество товара не гарантируется: он поступает из Гонконга, Макао, Индии, Италии, Португалии, с Тайваня. Иные из купленных здесь предметов разваливаются с ходу, иные служат долго, но в качестве дешевого парижского сувенира все сгодится, так что и французы, и даже американцы здесь «отовариваются». В магазинах толпа, в толпе бывают и жулики, здесь вечные очереди, да и продавщицы не слишком любезные, однако популярность этих магазинов растет, и французские социологи пишут, что это не магазины, а новый социальный феномен. Может быть. Однако те, кто помнит ЦУМ и ГУМ, не найдут тут ничего принципиально нового.

В квартале Золотой капли

Напротив магазина близ метро сохранилось здание новоегипетского стиля с мозаиками знаменитого Тибери — это построенный в 1921 году роскошный кинотеатр «Луксор-Пате». С востока к кварталу примыкает бульвар Ла Шапель, возникший на месте деревушки Ла Шапель (что значит — Часовня). Нынешняя улица Маркс-Дормуа, что тянется на север, и была главной улицей деревушки, в которой перед штурмом Парижа остановилась на несколько дней Жанна д'Арк со своими спутниками-герцогами — д'Алансоном, де Бурбоном, Дюнуа и Лаиром. Стоит здесь еще с меровингских времен церковь Сен-Дени-де-ла-Шапель, где молилась Жанна в ночь с 7 на 8 сентября 1429 года. В конце XIX века перед церковью была установлена статуя Орлеанской девственницы (одна из многих ее статуй). Фасад церкви был перестроен в XVIII веке, однако древние балки ее интерьера, ее капители и карнизы еще могли видеть святую Жанну...

В начале первой мировой войны было решено рядом с этой древней церковью построить базилику Святой Жанны, но только в 1932 году архиепископ Парижский заложил первый камень в основание нового храма. Полагают, что образцом для базилики послужила средневековая оборонительная архитектура. Первая часть нефа была построена в 1935 году, но вся базилика была освящена в 1964-м. Это аскетического вида бетонное сооружение с весьма гармонично организованным и обширным (в тысячу квадратных метров) пространством.

Поклонникам архитектуры конца XIX века бывает интересно увидеть и металлическую конструкцию рынка де ла Шапель. Таких рынков, к сожалению, уже немного осталось в Париже: местные власти и торговцы недвижимостью все время порываются их добить, но парижане из соседних кварталов проявляют большую мудрость, чем их избранники и торгаши (может, кстати, торгаши и не безразличны избранникам), вступают в борьбу за сохранность своего города и иногда даже одерживают победу.

В заброшенном доме № 37-бис на бульваре Ла Шапель доживал свой век знаменитый некогда театр «Буф дю Нор», который в 80-е годы XX века вдруг снова стал одним из очагов театрального авангарда.

Нет сомнения, что в округе есть старина, заслуживающая внимания, но самыми экзотическими приманками квартал обязан новой эмиграции. Здесь ведь теперь внедрилась парижская Африка. Помню, как мы стояли однажды с русским приятелем-парижанином в квартале Гут д'Ор, и он, глядя вслед черной как ночь африканке в пестром платье и с выводком негритят, в который раз стал мне рассказывать о своих давних планах посетить наконец Африку. Причем не Северную Африку, всем здесь неплохо знакомую, все эти близкие французам страны Магриба — Алжир, Тунис и Марокко, а самую что ни на есть глубинную — Сенегал, Мали, Камерун, Гвинею, на худой конец, Мавританию. Беседуя так, мы вспомнили, что пора закусить, зашли в какое-то первое попавшееся неказистое кафе и взяли дежурное блюдо, попробуй упомни название — кажется, что-то вроде «мафе». Два белых клиента уже уписывали его за соседним столиком с огромным аппетитом, так что мы попросили дать нам то же самое. Хозяин принес какое-то рагу в арахисовом соусе с овощами. Капусту мы опознали без труда, другие овощи вызывали у нас сомнение, и хозяин, он же и повар, охотно объяснил нам, что кроме капусты он дал нам сладкий африканский картофель и иньям.

— Попробуйте, — сказал хозяин. — Блюдо замечательное. Это и в Сенегале едят, и в Мали, и в Нигере, и в Верхней Вольте, то есть в Буркина-Фасо, а также на севере Гвинеи и Берега Слоновой Кости.

Я попробовал, и у меня челюсть отвисла. Небо мое было охвачено пожаром... запил водой, потом оранжадом, снова запил и только тогда с трудом отдышался.

— Вкусно? — вежливо спросил хозяин.

— Да, очень вкусно, — сказал я вполне искренне. — Но как выжить после этого? Перец...

Хозяин покачал головой сочувственно, однако не вполне одобрительно и объяснил нам, что это все наши европейские предрассудки, потому что перец очень полезен для жизни и здоровья. От него пробуждается аппетит, лучше работает желудок, кровь бодрее течет по жилам, и, что бы там ни говорили, от геморроя он помогает тоже. К тому же перец еще и для сердца полезен, он регулирует давление и даже как снотворное очень неплох. Вдобавок он помогает от ревматических болей, от невралгии и, наконец, восстанавливает мужскую силу, что тоже, признайтесь, нелишнее...

Хозяин посетовал на парижских рестораторов, которые, чтобы угодить европейским клиентам, делают африканскую пищу пресной... «С водой выбрасывают ребенка», — поддакнул мой приятель, еще не забывший московских лекций по основам марксизма.

— А их много тут, африканских ресторанов? — спросил я.

— Теперь стало много, — с горечью отозвался хозяин. — Да вон рядом, почти напротив, — кафе «У Аиды». Чуть подальше, у метро «Симплон», — «Конголезка», туда заирцы ходят и конголезцы... Есть еще «Фута Торо» и «Ниомре», тоже рядом. Но у меня-то «мафе» настоящий, вы заметили? Я двадцать лет жил в Сенегале.

Мы доели свой «мафе», запили его минеральной водой, расплатились и вышли на улицу. Счет был весьма умеренным, и все же я выразил сомнение в том, что низкооплачиваемый малийский работяга станет часто ходить по таким кабакам. Они как-то, наверное, иначе устраиваются, эти люди, решили мы с приятелем. Гуляя потом по кварталу, мы обнаружили, что снабжение парижан самыми экзотическими африканскими овощами и специями налажено здесь неплохо. На улице Мира мы увидели сразу две лавки, где продавали и сладкий картофель, и маниок, и иньям, и множество сортов перца, и маис, и просо, и еще какие-то незнакомые нам крупы, и особые бананы для жарки, и шпинаты, и кускус...

— Продовольственная проблема решена, — сформулировал мой приятель. — Но кто им готовит? Ведь приезжают-то чаще всего холостяки на заработки и тайные эмигранты и легальные...

А потом так случилось, что мы познакомились однажды в кафе с симпатичным конголезцем, который повел нас с собой в одну из множества здешних семейных столовок. Без всякой вывески. Тут я понял, что у каждого одинокого африканца есть своя хата. Если считать меня недостаточно смуглым, то белых нас там было с приятелем только двое, но к нам отнеслись вполне доброжелательно, и заплатили мы как все, то есть в пять раз меньше, чем в кафе. А пища была самая настоящая африканская, как на песчаных холмах Африки, где-нибудь на краю Сахары. Конечно, жаль было, что мы не знаем ни языка волоф, ни сараколе, ни бамбара, но многие за столом знали французский, а наш новый друг-конголезец сообщал нам время от времени что-нибудь познавательно ценное за нашим низким столом, куда хозяйка-«мамаша» из Заира уже поставила блюдо риса «фуфу» — одно блюдо на всех. Телевизор базарил в углу, но мы все же кое-что расслышали и поняли, что эти вот три симпатичные девушки — это проститутки из Ганы, они спешат на панель, а вон тот важный дядечка во главе стола — настоящий колдун-марабу из джунглей, он разрешает для населения все жизненно важные проблемы и тем зарабатывает свой хлеб насущный. Рекламные карточки колдунов раздают в этих кварталах при выходе из метро, и в первые годы моей парижской жизни я собрал целую их коллекцию: все хотел обнаружить, какие же из проблем не могут разрешить марабу. Но никогда еще до визита в домашнюю столовую мне не доводилось сидеть за одним столом с настоящим, потомственным колдуном из джунглей, который попросил, чтобы я звал его попросту — «профессор». Он внушал доверие, и я даже стал подумывать, не обратиться ли мне к марабу со своими проблемами — у меня в то время зашла в тупик моя повесть о московском детстве...

Дома я похвастал жене своим новым знакомством. Она не удивилась и рассказала мне, что ее подруга по лаборатории в Национальном центре исследований (CHPC) молодая черная аспирантка объявила им недавно, что ей придется раньше уйти с собрания, потому что у нее свидание с марабу. Она забеременела, но не знает, оставлять ли ей ребенка. В подобных обстоятельствах совет ей может дать только марабу...

Рассказ жены поверг меня в долгие и бесполезные раздумья. Я уже раньше слышал об этой сенегальской аспирантке, которая лучше всех управлялась с компьютером, обожала интернетские услуги и лихо говорила по-английски. И все же, как выяснилось, без советов марабу ей пришлось бы трудно в диком Париже. А может, и без сенегальской пищи, без сенегальской музыки, без африканской парикмахерши тоже... Времена, когда в Париже с такой гордостью говорили о французском плавильном тигле интеграции, ушли в прошлое. Все тут уживаются (даже с тайными эмигрантами), но никто особенно бурно не интегрируется. Так что при желании на окраинах Парижа можно углубиться в истинные африканские заросли и даже пустыни.

Приобретя вкус к африканской пище, мы стали иногда обедать с приятелем в бесчисленных африканских кафе и забегаловках, а еще чаще — в семейных столовках и общагах, где притерпелись в конце концов к перцу и оценили вкус «тиепа», «ета», «ветчины М'бао» и «супокандии». Иногда мы неспешно попивали за столиком какой-нибудь безалкогольный настой вроде горьковатого «биссапа», вроде гранатового напитка, вроде «лемуруджи», приготовленного из зеленого лимона и имбиря с зернышком перца, вроде желтоватого горького гвинейского настоя «кинкелиба», который, по утверждению кабатчицы и всех окружающих, помогает от кашля и от лихорадки. Один нигериец уверял нас зачем-то, что «кинкелиба» ко всему прочему замечательное средство от рака. Любой разговор о целительных свойствах питья немедленно переходил из сферы народной медицины в сферу магии, в которую свято верили наши собеседники. Их проживание в столице Просвещения домашнюю эту веру никак не пошатнуло. Мы наслушались рассказов о сглазе, о заколдованных пакетах, присылаемых врагами по почте, о целителях-«дагара» из нищей Буркина-Фасо...

Мой приятель, в отличие от меня умеющий оценить спиртное, отведал за столиками наших кафе и просяного пива, и пальмового вина, и какого-то самогона «куту-куту». Я отдавал ему и горькие орехи колы, которыми нас иногда угощали. Едва начнешь жевать этот орех, в голове тут же мутится, чего лично я до крайности не люблю. Так что, должен признать, приятель мой глубже, чем я, проникся африканскими чувствами. Сидя в угловом кафе, мы с ним наблюдали мужские и женские моды, прически, замашки. А гуляя по какой-нибудь улице Гегено или Полонсо, что на севере Парижа в XVIII округе, мы убеждались, что здесь можно купить то самое, что сейчас последний крик моды в Дакаре или в Бомако, — яркие ткани «вакс», изготовленные в Англии и Голландии с самым модным сейчас в Африке узором или рисунком. Одно время таким рисунком был «Самолет Конкорд», потом «Телевизор», потом «Алмаз», «Арахис» и «Ча-ча-ча»... То, что здешние дамы состязаются не с парижскими, а дакарскими модницами, показалось мне естественным, они вообще живут в своем мире. И даже если они не собираются возвращаться на родину, они с нее не сводят глаз. А есть группы иммигрантов, например малийцев, из некоторых районов страны, для которых предметом гордости является то, что их здешние заработки помогают выжить бесчисленным родичам из их деревни, помогают всей деревне сделать что-нибудь важное — например, вырыть колодец или купить трактор. Эти-то и вообще чувствуют, что они «в послании», что они не зря себе отказывают то в одном, то в другом...

Мы с приятелем довольно внимательно разглядывали татуировки и украшения женщин квартала, украшения, как правило, новые и дешевые. Впрочем, иногда попадались и украшения подороже, те, что были выкованы по заказу живущими в Париже кузнецами. Что же до произведений знаменитого африканского искусства, то мы их здесь не рассчитывали найти. Они ныне попадаются лишь в дорогих магазинах близ бульвара Сен-Жермен, на улицах Гегено или Боз-Ар, близ Академии художеств и на набережной Малаке. Ну и, конечно, в музеях. Они там уже были, кстати, перед началом первой мировой войны, когда в Париже вспыхнула эта мода на «негритянское» и вообще на «примитивное» искусство, которой переболели все тогдашние художники, весь Монпарнас и Монмартр.

Постоянным предметом нашего с приятелем изумления были женские прически. Мы уже убедились, что в Париже открыты десятки африканских парикмахерских, где профессионалы из пустынь и зарослей создают настоящие скульптуры из женских волос и косичек. Но нас удручало, что мы не можем прочесть в особом, всякий раз новом расположении косичек и прядей их символики, их смысла. Ибо расположение это и все сочетания прядей и косичек не случайны. Знатоку они все расскажут о женщине — о ее принадлежности к той или иной этнической группе, о ее социальном и гражданском положении, о ее материальной обеспеченности, о положении ее мужа (ибо есть узор, который говорит: «Я богата», — и другой, который извещает о мужских достоинствах мужа).

Не зная традиционных узоров, мы не могли, конечно, угадать и выдумок новейшей моды, а в ту пору уже имели хождение прически «Олимпийские игры», «Мое будущее», «Надежда»... Мы не сразу умели угадать на женских лицах следы косметики, осветляющей кожу, знаменитого крема «Венера Милосская», против которого даже специально выступил однажды сенегальский президент Сенгор...

Со временем мы с приятелем стали посещать концерты, присматриваясь к африканским танцам, — это найдешь в Париже в изобилии. Мы познакомились и с несколькими «новыми африканцами». Нас как-то даже свели с африканскими книгопродавцами, и тут уж мы остановились в отчаянии перед этим черным Вавилоном, где существовали многие десятки, скорее, многие сотни живых языков, да что там — тысячи две, не меньше...

Мы обошли однажды магазины африканских цветов, оранжереи, постояли перед клетками с африканскими птицами на набережной Сены, благоразумно отказавшись от предложения купить какое-то ввезенное контрабандой африканское животное.

В общем, Африка приближалась к нам, но ехать еще было рано: ну как ехать, ничего не зная? Мы бродили по бесчисленным тропам африканского Парижа, мысленно углубляясь в пустыни и джунгли. Мы ведь не хотели быть похожими на здешних туристов, которые просят скорее сводить их к Эйфелевой башне, чтобы сфотографироваться и сказать друзьям — я там был... Я не раз бывал за эти годы в Африке, в нескольких африканских странах, однако понимаю, что африканский Париж не раскрыл мне пока и сотой доли своих тайн.

И горести и музы...

ВОКЗАЛ СЕН-ЛАЗАР

Привокзальный квартал Сен-Лазар, забитый в дневное время людьми и транспортом, агентствами и конторами, к ночи вдруг сразу пустеет, становится необитаемым, наводит на воспоминания. На воспоминания, впрочем, с неизбежностью наводят все вокзалы вообще, и рельсы, и перроны. А на этом вокзале с его застекленным залом и густой парниковой зеленью воспоминания и нежданное чувство одиночества бывают особенно сильны. А между тем это ведь один из самых оживленных парижских вокзалов. Поезда ходят отсюда в Нормандию и к морю, а главное — вокзал обслуживает северо-западные пригороды Парижа: на работу, с работы, за покупками, за развлечениями — за год набегает 130 миллионов пассажиров.

Здешняя дорога (в старину она называлась Сен-Жерменской) существует с 1832 года. Тогда и начал застраиваться парижский квартал Европа, где стояла новая станция. Вокзал же нынешний строился в 1886—1889 годах по проекту архитектора Лиша, был самый расцвет стиля «бозар» *(beaux art)*. И так получилось, что новый вокзал оказался в сфере притяжения всяческого модерна. Искусствоведам это давно известно, а широкой публике неожиданно напомнила об этом недавняя парижская выставка, которая называлась «Мане, Моне. Вокзал Сен-Лазар», — напомнила о том, что этот не слишком нынче избалованный вниманием туристов вокзал имел в пору его постройки славу культурного средоточия французской столицы. На прилегающей к вокзалу Римской улице собирались в то время поэтические «вторники» у поэта Малларме, в квартале Европа жил Эдуар Мане, а что до Клода Моне, то он, похоже, со своим мольбертом прочно обосновался тогда на вокзале — во всяком случае, на упомянутой выставке было одиннадцать полотен Моне из серии

Вокзал Сен-Лазар

«Прибытие поезда» – лишь одна из многих картин Клода Моне, написанных на его любимом вокзале.

«Вокзал Сен-Лазар». Вокзалом увлекались и другие художники, о нем писал Бодлер...

Дело в том, что для художников того времени вокзал этот являл как бы образ современности, некий символ преобразования Парижа, превращения его в современный город. При этом «модернизм» упомянутых художников был не только в выборе темы, натуры, сюжета современности, но и в новом их, модернистском видении. Они обращали внимание на ту иллюзию, которую являет глазу именно традиционная подача натуры (иллюзию рельефности, иллюзию движения, иллюзию третьего измерения), так что новые художники разнообразными новыми способами пытались пробиться за эту иллюзию, пойти дальше.

Ощущение современности, модерна давали также взаимоотношения между живописью и натурой. Натурой являлся Париж, обновленный бароном-урбанистом, и искусствоведы, представившие на выставке живопись и вокзал нынешним парижанам, так сообщали об этом:

«Воплощение современности и вновь обретенной свободы, вокзал Сен-Лазар и его окрестности, этот новый квартал Европа, преобразованный трудами барона Османа, составляет излюбленный сюжет импрессионистов».

Таким образом, преобразователь Парижа барон Осман нашел в импрессионистах неожиданных сторонников своего урбанизма.

Это связано было с импрессионистской культурой радости, с их концепцией искусства как пространства индивидуального наслаждения. Впрочем, некоторые из левых искусствоведов у Эдгара Мане находят также и «всплески революционности».

Меня на этой «вокзальной» выставке затронуло полотно, на котором художник Прюнер воспроизвел один из сюжетов Эдгара Мане: у прутьев ограды, за которой тянутся рельсы и клубится паровозный дым, молодая, мечтательная, одетая по-дорожному дама сидит с раскрытой книгой на коленях. Дама не смотрит в раскрытую книгу, она смотрит на нас, точнее — сквозь нас, и думает о чем-то своем, вероятно важном, ибо она встревожена... Девочка в летнем платьице, вероятно дочь этой дамы, стоит спиной к нам и смотрит на рельсы, на паровозный дым...

Когда я глядел на эту картину, меня посетило воспоминание, которое вообще часто приходит ко мне на вокзале Сен-Лазар. Воспоминание не о виденном, а о читанном, воспоминание о письме, о последнем эмигрантском письме Марины Цветаевой. Это письмо Марина Ивановна Цветаева отправила в Прагу своей чешской подруге Анне Тесковой, и писать она его начала еще в поезде, стоявшем у перрона вокзала Сен-Лазар 12 июня 1939 года, дописала, видимо, уже в дороге, а в ящик бросила в Гавре, откуда она должна была уплыть на родину. Это был трагический день ее жизни. Может, здесь, на этом вокзале, начинался последний отрезок жизненного пути поэтессы, который вел к самоубийству в татарском городке Елабуга. Еще очевиднее это станет позже, когда пароход придет в Ленинград и встретившие ее родные мужа даже побоятся впустить ее в дом. Или когда поезд придет в Москву и на вокзале она узнает, что сестра уже в тюрьме. Но и здесь, на экзотическом зеленом вокзале, предчувствие не могло не мучить Цветаеву, хотя страх и последние остатки надежды еще мешались в ее душе. Она приехала на вокзал загодя, вдвоем с подростком-сыном, Георгием, или Муром, и они не знали, чем себя занять до отхода поезда. Потому что жуть уже началась — их никто не провожал. И вот она начинает лихорадочно строчить письмо Тесковой, вдогонку другому, только что отправленному:

«12 июня 1939 года в еще стоящем поезде.

Дорогая Анна Антоновна! (Пишу на ладони, потому такой детский почерк). Громадный вокзал с зелеными стеклами: страшный зеленый сад — и чего в нем не растет! — на прощание посидели с Муром, по старому обычаю, перекрестились на пустое место от иконы...

...Кричат: *En voiture, Madame* (По вагонам!) — точно мне, снимая меня со всех прежних мест моей жизни. Нечего кричать — сама знаю».

И все же — отчего они вдвоем с сыном, отчего никто не провожает Цветаеву после семнадцати лет эмигрантской жизни? «Не позволили», — объясняет Цветаева в письме бельгийской приятельнице Ариадне Берг. Кто ж «не позволил» ей, вечной «своевольнице»? Хозяин не позволил. Тот, кто велел ей переехать из пригорода в гостиничку на бульвар Пастера. Тот, кто купил ей билет. Тот самый Хозяин, который отозвал своего агента Сергея Эфрона после проваленного дела в Москву (чтобы подлечить, а потом расстрелять). Тот самый Хозяин, которому сдал Эфрон жену и сына на руки, убегая в Москву. Хозяин принес билет и велел, чтобы никто не провожал. Да те, кто был поопытнее, и сами давно боялись с ней общаться, потому что неизвестно, что еще ей приказывал делать Хозяин. Мог приказать что угодно. У Хозяина менялась вывеска — ЧК, ГПУ, НКВД, КГБ, — но интересы, и методы, и цели оставались те же. Так что... Вот ведь и на допросе в полиции она изложила их версию мужниного побега: что велел сказать Хозяин, то и сказала: бежал, мол, в Испанию. А он, запоздало оберегая ее от лишнего знания, выпрыгнул чуть не на ходу из машины. Но она знала, что не в Испанию везла его машина...

А теперь и они с сыном едут туда, где царит Хозяин.

«Едем без проводов, — пишет она Тесковой, — как Мур говорит, *ni fleurs, ni couronnes*».

Какая страшная метафора — фраза из похоронного оповещения: «Венков и цветов не приносить». Так что Муру тоже страшновато, наверное. (Он тоже едет на гибель, все погибнут — коготок увяз... Выживет дочь Ариадна и до смерти будет умолять Хозяина, чтобы поместили их с убитым отцом на почетную доску «бойцов невидимого фронта».) Думаю, что метафору подыскала сама Цветаева, подарив любимому сыну. А себе взяла менее изящное:

«Едем... как собаки...»

Боже, какая страшная история! Но на вокзалах бывает всякое. С Восточного вокзала еще три-четыре года спустя увезли на смерть многие десятки тысяч евреев из покоренной Франции — там и доска установлена, чтобы граждане пассажиры помнили. Напрасный труд, все забывается. Массовый пассажир мечтает об объятиях сильных вождей...

Недавно вокзал Сен-Лазар, вернее, две привокзальные площади украсились двумя современными скульптурами. Они пользуются большой популярностью среди туристов (с одной стороны — авангард, куда уж дальше, а с другой — все понятно, как у любимца публики Дали). Речь идет о двух композициях Армана. На одной, перед вокзалом на Гаврской площади, сплавлено множество настенных часов (она называется «Все время»), а на другой, на Римской площади вокзала, сплавлены чемоданы (она называется «В вечное хранение»). Таким образом, количество скульптур в столице умножилось. Но сколько их вообще, скульптур, в Париже, этом городе искусства? Несколько лет назад автор книги о статуях Парижа писал с горечью, что даже число парижских статуй нам неизвестно и что многие из них в плачевном состоянии. С тех пор парижская мэрия создала специальную комиссию по учету и инвентаризации

памятников, которая насчитала семьсот статуй и начала приводить их в божеский вид. А ведь кроме солидных памятников есть еще мириады фигур на фронтонах, мириады атлантов и кариатид, есть статуи в парках, скульптуры на кладбищах — все это произведения искусства, не всегда первоклассные, но иногда — истинные шедевры. Все эти скульптуры вписываются в городской пейзаж и декор, становятся частицей повседневной жизни горожанина, фактором его воспитания, а также усладой армии туристов (их, напомню, шестьдесят миллионов).

Все эти скульптурные группы, статуи, кариатиды, барельефы — они чутко отражают смену художественных стилей и художественных вкусов, политических и литературных пристрастий. Чтобы постигнуть историю французского искусства за последние два-три столетия, историю войн, мира, политических течений, эволюцию понятий о праве и государстве, эволюцию представлений о женской красоте и моде — не обязательно слушать лекции в амфитеатре Сорбонны или прятаться в прохладу музеев. Париж сам великий музей под открытым, хотя зачастую и серым и чуть-чуть излишне прокопченным уже небом.

Даже и напоминая нам о каком-нибудь писателе или о маршале, о монархии или Революции, о Республике или первом поцелуе, статуи, как истинные произведения искусства, напоминают нам в первую очередь о законах пластики, о стилях, о творцах, скажем о Родене и Рюде.

Некогда статуи эти слишком тесно связывали с персонажем, с идеей и событием, оттого, вероятно, якобинские или гугенотские варвары с такой яростью крушили бесценные изваяния королей и Святой Девы. Для нынешних поколений статуи эти чаще всего лишь произведения искусства и ни в ком не пробуждают искренней ярости. Со времен последнего рецидива варварства в Париже тоже прошло уже больше тридцати лет. Он имел место в 1968-м, когда

Вокзал Сен-Лазар

участники «студенческой революции», или просто хулиганы, выступавшие под лозунгами гуманистов Мао или Троцкого, испохабили чуть не все статуи Парижа.

Сегодня революционеры мирно делают бизнес или добросовестно служат в конторах, лишь изредка с нежностью вспоминая свой былой разгул, а стены и памятники Парижа уже очистили. Вот разгул иконоклаcтов поры Великой французской революции был серьезнее: он лишил Париж самых древних его статуй. Очень мало уцелело из готики, из XII—XIII веков — кое-какие статуи на порталах и тимпанах собора Парижской Богоматери, да слегка покалеченная Дева с младенцем у северного портала. Зато уцелело много от эпохи Ренессанса —

Две новые скульптурные композиции Армана, установленные у вокзала Сен-Лазар, возродили былую славу вокзала в среде «художественно настроенной публики».

все эти греко-римские боги, богини и нимфы — и великолепные творения Жана Гужона — на фасаде Лувра, на фонтане Праведников. От XVII века целыми остались барельефы ворот Сен-Мартен. В XVIII веке истинные шедевры созданы были Куазевоксом и Кусту, и по прихоти судьбы лучшие их вещи, вроде «Меркурия» Куазевокса, перенесены были из Королевского дворца на площадь Согласия. Фонтан Бушардона «Времена года» возвестил начало неоклассицизма, а конец XVIII века и начало XIX отмечены трудами Гудона, Шоде, Муатта, Буазо. Считают, что с 30-х годов XIX века наступает, так сказать, «буржуазный» период скульптуры — императоров сменяют на площадях и перекрестках министры, артисты, ученые. Исчезают кавалеры с кружевными манжетами и в париках, появляются бородачи в рединготах. Романтизм приносит пасторальные и исторические сюжеты, столицу охватывает истинная «статуемания». Шедеврами тех времен считают «Марсельезу» Рюда на Триумфальной арке и его же маршала Нея на перекрестке у обсерватории. Усиленно трудятся в те годы Давид Анжерский, Прадье, Дюре, знаменитый анималист Бари. Во времена Второй империи и Третьей республики творят Фальгьер, Фремье, Бартольди, а также Энжальбер, Гийом, Маркест. Ну и, ко-

Одна из многих парижских Жанн д'Арк.

нечно, Роден, и, конечно, Карпо, и, конечно, Далу. В XX веке прославились Майоль, Жанио, Бушар, Ландовский, Цадкин. Украшали в нашем веке Париж и знаменитые иностранцы — Генри Мур, Миро, Джакометти.

Наряду с обычными музеями в Париже возникло в последние годы несколько великолепных музеев скульптуры в парках, скверах, перед знаменитыми зданиями — «музеев на открытом воздухе».

Парижские кладбища — это тоже великолепные заповедники скульптуры (пусть даже иногда несколько странной, но всегда безошибочно отражающей вкусы и взгляды эпохи). В Париже интересно не только кладбище Пер-Лашез с его «Монументом мертвым» Бартоломе, памятником Фальгьеру работы скульптора Маркеста, «Плакальщицей» Антуана Этекста и его же надгробием Жерико, памятником генералу Гоберу работы Давида Анжерского, «Снятием с креста» Акопа Гурджана и еще десятками поразительных скульптур. Интересно и Монпарнасское кладбище с его «Плакальщицей» Леопольда Мориса, памятником Бодлеру работы Жозефа де Шармуа, «Колесом» Жана Арпа и знаменитым «Поцелуем» Бранкузи на могиле безнадежно влюбленной бедной русской девочки Тани Рашевской.

Музеями скульптуры являются и мосты через Сену. Так, на мосту Карусель стоят аллегорические фигуры, изображающие Промышленность и Изобилие у одного берега и Сену и Город Париж — у другого. На мосту Иены высятся каменные фигуры арабского, галльского, греческого и римского воинов. На мосту Гренель неподалеку от Дома радио можно увидеть уменьшенную бронзовую копию знаменитой нью-йоркской статуи Свободы работы французского скуль-

Капитан Дрейфус был патриотом и служакой (лишь по глупой случайности попавшим в шпиономанскую заваруху: бедняга не ко времени оказался евреем). Именно таким он и выглядит на новом парижском памятнике (несмотря на его позорно переломленную палачом шпагу).

птора Бартольди. Копия была подарена городу Парижу американцами и установлена на мосту к открытию Всемирной выставки 1889 года. Но, конечно, истинным музеем скульптуры является самый русский из парижских мостов — мост Александра III, первый камень в основание которого заложил во время своего парижского визита в октябре 1896 года сын Александра III император Николай II. Мост был открыт к началу Всемирной выставки 1900 года, но в смысле художественном никак не возвещал о начале новой эры, а, напротив, строго придерживался пышно-декоративного стиля времен Людовика XIV. Над символическими фигурами для этого великолепного моста трудились Фремье, Далу, Массуль, Маркест. Жорж Ресипон

Иногда временные экспозиции скульптуры заполняют целые улицы, парки или мосты Парижа. Творения африканского скульптора Со были выставлены на Мосту искусств.

Современная скульптура все чаще получает место на парижских площадях и скверах.

изваял нимф ре́ки Невы и русские гербы. Некоторые из скульптур на мосту воистину очень хороши.

Мы не говорили еще о барельефах, аполлонах и кариатидах, которых в Париже многие сотни, совсем не говорили о современных скульптурах, об авангарде — о памятнике Рембо скульптора Жана Ипостеги, о котором я прослушал недавно часовую лекцию профессора Сорбонны, чтобы понять, отчего Рембо разрезан пополам и идет подметками вперед (так и не понял). О «Слухаче» Генри Мура — словно бы ненароком оброненных близ бывшего «Чрева Парижа» и церкви Сент-Юсташ бедной голове и ладони. О Мемориале депортированным работы Дессерпри. О того же Мура «Силуэте отдыхающего» во дворе ЮНЕСКО. О статуе Жоржа Помпиду у Елисейских полей. Об «Агрессорах» Пьерлуки и «Большом разговоре» Пенальбы. О «Ветре сражений» Феро, что у Порт-Майо, и об «Уранос» Этьена Хажду. Я не успел о них рассказать за недостатком времени, но вам все это еще предстоит увидеть, может, впервые. Можно вам только позавидовать.

И напоследок — одно вполне личное и вполне интимное признание. Часто спрашивают о красоте парижанок. Тема обширная и непростая. Мне кажется, что самые красивые парижанки были отлиты в бронзе, высечены из мрамора, вылеплены из глины. Красавиц этих в городе множество, и вы сами их отыщете, каждый по своему вкусу. На всякий случай обратите внимание на барельефы Лионского вокзала, на даму с памятника Ватто в Люксембургском саду, на прелестных «Плакальщиц» с Монмартрского кладбища и с кладбища Пер-Лашез, на фонтан в парке Монсури и на «Купальщицу» в скверика Серман-де-Куфра, что в XIV округе. Могут возразить, что они не живые. Но ведь и не мертвые. Зато вы всегда их застанете в Париже...

КВАРТАЛ БАТИНЬОЛЬ

Прежде чем двинуться от площади Клиши, что на севере Парижа, по одной из веером расходящихся от нее улиц — по авеню де Клиши к черте города, по улице Клиши к югу или по вожделенному для провинциалов-туристов бульвару Клиши, а может быть, также по улице Дуэ, где стареющий Тургенев устроил у себя в кабинете трубку, чтобы с нижнего этажа до него доносился все еще звучный голос все еще любимой женщины, дающей уроки пения, — или, скажем, отправиться на юго-запад по бульвару Батиньоль, остановимся прежде на обширной площади и окинем взглядом ее веселую россыпь ресторанов, кинотеатр «Пате». Сразу вспоминается, что гордый фирменный петушок этой старой кинокомпании был спасен от голливудского носорога своевременным переездом в Париж мастеровитых и талантливых русских киношников-эмигрантов, уже тогда умевших делать все, что умел Голливуд, а заодно вывезших добрую дюжину нестандартных гениев кино (таких, как Волков, Кирсанов, Мозжухин), позднее заполонивших и Голливуд тоже. Взглянем на магазины, на бильярдный зал и на громоздкий памятник маршалу Монсе работы Дублемара. Маршал этот прославился тем, что в 1814-м он возглавлял отряд Национальной гвардии, которая оказала на этой площади сопротивление вошедшим в город казакам. Конечно, маршал и гвардия были биты, но хоть оказали сопротивление, и то славно...

С площади Клиши я предлагаю отправиться для начала к юго-западу по бульвару Батиньоль, составляющему южную границу не слишком знакомого туристам квартала Батиньоль, лежащего в XVII округе Парижа, севернее парка Монсо, между бульварами Мальзерб и Клиши. Это сравнительно тихий и, как выражаются местные авторы, мелкобуржуазный квартал, в некоторой степени сохранивший свой былой характер, не похожий ни на аристократические окрестности парка Монсо, ни на лежащий поблизости простонародный Эпинет.

В этих местах простирался некогда унылый, бесплодный пустырь, на котором доблестная французская армия предавалась своим мирным и постылым упражнениям. («Шагом марш! Бегом! В колонну по четыре... К но-оге!» и так далее — боюсь, что вам, как и мне, это все еще снится в дурном сне.) После поражения любителя этих игр Наполеона Бонапарта (то есть в эпоху Реставрации) здесь стали селиться отставные военные, пенсионеры, мелкие торговцы, мелкие служащие, русские и польские эмигранты, строили тут скромные двух- и трехэтажные дома. Шли годы, квартал оставался тихим, почти загородным, его не коснулись соблазны аристократического шика какого-нибудь бульвара Курсель или буржуазный шик ближней авеню Терн, хотя и просторечье Эпинета его не затронуло. Конечно, нельзя сказать, чтобы квартал вовсе не бывал подвержен быстротечной моде и инородным вторжениям, таким, скажем, как нашествие поэтов и художников, среди которых была одно время мода на Батиньоль. Поэты-парнасцы, к примеру, собирались тут некогда на бульваре в салоне маркизы Рикар, а художники-импрессионисты усердно посещали кафе «Гербуа», что неподалеку, и усердно писали здешние живописные лавчонки. Улицы Батиньоля запечатлел Гюстав Доре, их высмеивал Лабиш, здесь жили Золя, Гюго, Малларме, Верлен (в доме № 29 по улице Жан-Леклэр, а потом и в доме № 45 по улице Лемерсье). Верлен и обучался в здешнем лицее Шапталь. В стихах Верлена здешние места предстают тихим пригородом, куда поэт зовет читателя сбежать от «османовской» роскоши и уже набивших оскомину якобы «сельских» высот Монмартра. Вот тут, мол, другое дело:

Вот улочка бежит под аркою крутою:
И складны и милы старинные дома,
Текущие ручьем, как улица сама...
Как рядом с этим всем устойчиво скучна
«Османовских» жилых кварталов новизна!
Прохожий простоват, но это только с виду.
Лукав он и умен — не даст себя в обиду!

...Сюда, как в темный лес, едва доходят вести:
Кто бережет покой, тому и дела нет
До театральных бурь, до натиска газет...

И в конце лукавое обращение к собрату из зловонного центра Парижа:

Признайся, недурен Эдем провинциальный?

Ворота аристократического парка Монсо,
среди аристократических вилл...

Квартал Батиньоль

Стефан Малларме у себя на бульваре Батиньоль (дом № 89) на протяжении многих лет собирал на свои знаменитые «вторники» учеников и друзей, создавших целую школу французской поэзии. В их стихах найдешь немало строк об этих местах, которые, впрочем, слышали не только напевную поэтическую декламацию, но и страстную политико-социальную риторику. На бульваре этом жила пылкая коммунарка Луиза Мишель, а в здешний зал собраний (дом № 8 по улице Левис) набивалось до пяти тысяч слушателей, когда выступали Барбес, Гамбетта, Ледрю-Роллен, Бланки, Гюго и прочие записные ораторы. Так что старая добрая улица Левис, где еще в XVII веке стоял особняк герцога Левила, наслушалась немало пророчеств грядущей катастрофы, которая, впрочем, меньше затронула эту тихую улицу, чем ею же искалеченные Тверскую, Лиговку или Сенную. Нынче французские ораторы перекочевали в студии телевидения, да и то сказать, громоподобное ораторство сейчас выходит из моды (даже и недавний де Голль уже звучит хоть и славно, но старомодно).

Во многих особняках и салонах этой аристократичной округи знали элегантного молодого сноба Марселя Пруста. Мало кто догадывался, что он станет одним из законодателей прозы XX века. (Карандашный рисунок Ж.-Э. Бланша.)

Пригородный Батиньоль лишь в 1860 году удостоился чести был включенным в XVII округ столичного города Парижа, а до того прозябал в звании пригорода, и порядки в нем были дачно-пригородные. Скажем, при заселении участков и домов местного Цветочного городка (Cité des Fleurs) местные власти требовали, чтобы при каждом доме было посажено хотя бы три фруктовых дерева (совсем как на подмосковных садовых участках), а также устроены лужайка и садик. Последствия этого мудрого законодательства и нынче ласкают взгляд...

Вообще, тут многое уцелело от былой пригородной идиллии, в тихом квартале Батиньоль. Покупатели, торговцы, соседи знают друг друга в лицо и по имени, за глаза перемывают друг другу косточки (стало быть, существует «общественное мнение»), выплывают вдруг из дали корни прежней эмиграции. Бывшая петербуржанка Ира Уолдрон узнала недавно, что в ее живописной квартирке на рю Нолле в былые времена жили русские. А однажды, когда мы стояли на углу улицы Ги Моке со здешним старожилом Мишей Щетинским, первым переводчиком моих романов на французский, я обнаружил вдруг, что кафе рядом с его домом содержит в названии слово «славянский» (то ли «славянский шарм», то ли «славянская душа», уже и не помню). Я еще не успел добиться от Миши вразумительного объяснения, как из кафе вышел черный как ночь африканец и бойко заговорил с Мишей по-русски. «Откуда?» — воскликнул я изумленно, а он подмигнул мне как-то очень по-московски и крикнул: «Клавка! А, Клавка! Выдь на минутку!» Вышла стопроцентно русская официантка и объяснила мне, что они с ее черным мужем жили в Москве, вот он и подучился: «Они ведь, черти, способные».

В другой раз, направляясь к Мише, я обнаружил на кабацкой вывеске за углом странную комбинацию французского (а может, офранцуженного русского) слова «бистро» с офранцуженным русским окончанием «оф» — там было написано «Бистрофф». Хозяйка кафе оказалась цыганкой из знаменитой семьи певцов Димитриевичей (их могилы на русском кладбище в Сент-Женевьев-де-Буа французские экскурсанты посещают сразу после могилы Ф. Юсупова).

Конечно, за годы городского существования в квартале Батиньоль зелени поубавилось, а все же есть еще и садочки и скверики, а главное — цел еще сквер Батиньоль на площади Шарль-Фийон, почти деревенский сквер за почти деревенской площадью и церковью. Нисколечко не французский, а скорее английский и даже отчасти русский (судя по вечному беспорядку) сквер, устроенный, конечно, благодетелем Альфандом по приказу другого парижского благодетеля, Османа, в царствование благодетеля Наполеона III. Парк романтический, с речушкой, водопадиком, гротом (какая может быть романтика без грота?).

Суета городской жизни мешает мне по приезде в Париж реализовать планы, которые я вынашиваю в деревенском своем одиночестве. Сколько уже лет собираюсь я снова навестить красивую хозяйку кафе «Бистрофф» — поговорить поподробнее о цыганской жизни, а может, и попеть вместе. И сколько лет собираюсь зайти на рю Мадам в банное заведение, оборудованное месье Николаем Бебутовым. Я читал о нем, что он коллекционер-антиквар, пишет стихи и разбирается в хитростях сантехники, что вовсе не лишнее при его бизнесе, но я все хочу спросить, кем он приходится тем Бебутовым, которых уже нет... Кстати, о тех, которые тут жили и которых больше нет с нами. Они на кладбище Батиньоль. Знаменитое кладбище. Сам Верлен собирался на нем водвориться после смерти и, как водится у поэтов, заранее все это описал:

Тяжелый песчаник и буквы имен;
Замшелые камни тесны и темны:
Здесь мать, и отец мой, и я погребен —
И сына положат у самой стены.

> *...Под этой землею — четыре судьбы,*
> *И с этой земли мы для жизни иной*
> *Поднимемся, вздрогнув при звуке трубы,*
> *О мать, и отец мой, и сын мой родной.*

В конце концов Верлен был похоронен не здесь. А на кладбище Батиньоль нашли последний приют многие из тех, чьи имена нам знакомы. На 25-м участке кладбища похоронены два замечательных русских художника — Александр Бенуа и Лев Бакст. Бенуа был не только живописцем и графиком — он был историком искусства, критиком, одним из основателей журнала «Мир искусства», хранителем отдела английской и французской живописи в петроградском «Эрмитаже». Лев Бакст был живописцем и замечательным театральным художником-декоратором. Он работал для Дягилева, входил в его «мозговой трест», очень много сделал для успеха дягилевской антрепризы. Оба художника уехали из России в 20-е годы, и Бенуа дожил в эмиграции до глубокой старости.

На кладбище Батиньоль похоронены бывший российский посол в Италии де Гирс и русский пианист и композитор Сергей Ляпунов. До 1984 года на этом же кладбище была могила великого русского артиста Федора Шаляпина. Потом прах Шаляпина, разлучив его в смерти с женой Марией, перевезли в Москву на Новодевичье кладбище. Против этой операции возражала в свое время дочь певца Дарья Шувалова (она напомнила ходатаям из Москвы, что советское правительство в свое время конфисковало всю недвижимость столь почитаемого им певца и ничего не вернуло), а позднее в своей статье «Перемещение трупов» протестовал Мстислав Ростропович, напомнивший, что эта пропагандистская операция противоречит предсмертной воле покойного. А на 25-м участке кладбища над пустой могилой по-прежнему стоит памятник с надписью:

«Здесь покоится Федор Шаляпин, гениальный сын земли русской».

БУЛЬВАР КЛИШИ

Среди бульваров, авеню и улиц, сходящихся лучами у площади Клиши, наибольший соблазн для приезжих представляет, конечно, бульвар Клиши. В этом вы убедитесь, увидев, сколько роскошных туристских автобусов дремлет на этом бульваре в ожидании своих пассажиров, которые ринулись в прославленное гнездо разврата — на Клиши. Пойдем и мы потихонечку. Не будем спешить. Предупреждаю со всей откровенностью (рискуя растерять попутчиков): никакого там особенного разврата нет, на этом бульваре. Так, одни глупости — секс-шопы, пип-шоу да еще цветные фотографии у входа в кабаки, как правило, куда более впечатляющие, чем все, что там можно увидеть внутри (стриптизерша, одна на весь бульвар, может заявиться лишь под утро, а пока — пей что-нибудь втридорога). К тому же мы с вами не из провинциального итальянского городка сюда приехали. Мы из России, где сексуальная революция произошла намного раньше, чем во Франции...

И все же пройтись по бульвару Клиши стоит. В начале XX века на северной стороне бульвара жило много художников, прославивших Францию, до сих пор в домах, выходящих на бульвар, немало ателье. В доме № 6 жил и умер Дега, в доме № 11 жил Пикассо, в доме № 130 были ателье Ван Гога, Тулуз-Лотрека, Сёра, Боннара, Ван Донгена. Здесь жили они сами, их семьи, их торговцы-«маршаны». Были на бульваре и знаменитые кабаре, и знаменитые театры. Театры здесь есть и сейчас, но должен предупредить своих спутников: для начала мы свернем на авеню Рашель (когда-то здесь был русский ресторан «Казанова») и окажемся перед входом на знаменитое Северное (в обиходе его называют Монмартрским) кладбище Парижа, не уступающее ни размерами, ни своей популярностью кладбищу Пер-Лашез. Если повернуть влево от главного входа, можно увидеть могилы «дамы с камелиями» Альфонсин Дюплесси, поэта Альфреда де Виньи, братьев Гонкуров, барона де Жомини (он был адъютантом императора Александра I, вел русскую армию против турок 15 лет спустя, а потом создал в России военную академию). Повернув вправо, можно увидеть могилу княгини Салтыковой (урожденной Потоцкой), надгробие Эмиля Золя, чуть дальше (в 27-м секторе) могилы Генриха Гейне и художника Греза, в 21-м — надгробия Дюма-сына и Фрагонара, в 22-м — Ренана... В 30-м секторе, где похоронены мадам Рекамье и Стендаль, есть одна могила (2-я линия авеню де ла Круа), которая так разволновала Ивана Бунина, что он записал в тот день: «Париж, 6 февраля 1924 года. Был на могиле Богини Разума». В очерке, названном «Богиня Разума», Бунин описывал жалкую могилку бывшей «Богини» на Монмартрском кладбище:

«Перед моими глазами было старое и довольно невзрачное дерево. А под деревом — квадрат ржавой решетки. А в квадрате — камень на совсем плоской и даже слегка осевшей земле, а на камне — две самых простых каменных колонки в аршин высотой, покосившихся, изъеденных временем, дождем и лишаями. Когда-то их «украшали» урны. Теперь колонки лишены даже этих украшений: одна урна совсем куда-то исчезла, другая валяется на земле. И на одной колонке надпись: «Памяти Фанни», а на другой — „Памяти Терезы Анжелики Обри".

Маленькая Фанни была дочерью красавицы Терезы Анжелики Обри, которой 10 ноября 1793 года по инициативе агитпропа Французской революции и творца культа Разума прокурора Шометта лично (он пережил свой культ на целый год и был гильотинирован в 1794-м) было поручено изображать (взамен Богоматери) Богиню Разума в декорациях, установленных в соборе Нотр-Дам. Позднее балерина покалечилась на сцене и умерла в бедности. Песенку Беранже, оплакивавшую ее судьбу, долго еще распевали парижские шарманщики:

> *Ты ль это — та, что была так прекрасна,*
> *Когда к колеснице теснился народ,*
> *Бессмертное имя твое прославляя,*
> *И знамя в твоей трепетало руке?*
> *Почитаема всеми, среди радостных криков,*
> *На вершине и славы и чудной твоей красоты*
> *Как ступала ты гордо, да, была ты богиней,*
>   *Богиней Свободы была.*
>
> *...Снова вижу тебя, быстротечное время*
> *Погасило глаза, где сияла любовь...*
> *Все забудь — колесницу, алтари, и цветы, да и юность,*
> *И величье, и славу, и надежду, и блеск,*
> *Все пропало — и ныне ты уже не богиня,*
>   *Не Богиня Свободы, никто...*

Если в уличной песенке звучит лишь тоска о мимолетности славы и славных днях народного опьянения, то в очерке Бунина наряду с жалостью к маленькой балерине бесконечное презрение к глумливой комедии атеизма, к «великому безобразию», учиненному в храме, к жестокости, к пошлой безвкусице революций, ко всему, от чего не остается даже следа на коммунальном кладбище. Есть в очерке и надежда на справедливость человеческой памяти:

«Остался, есть и вовеки пребудет Тот, Кто, со креста любви и страдания, простирает своим убийцам объятия, осталась Она, единая, богиня богинь, ее же благословенному царствию не будет конца».

А в 22-м секторе кладбища близ авеню Самсона я однажды набрел на могилу великого русского танцовщика Вацлава Нижинского. На могиле лежала совсем новенькая, модная дамская шляпка, и я без труда представил себе, как какая-нибудь романтическая парижанка (а может, москвичка), набредя, вроде меня, случайно на могилу самого Нижинского, стала озираться растерянно в поисках цветов — а потом, растроганная, оставила на могильной плите только что купленную шляпку...

В Париже 10-х годов XX века Нижинский был королем, богом. Увидев его на сцене, великая Сара Бернар воскликнула: «Мне страшно — передо мной великий актер мира!» Левая парижская пресса и правая парижская пресса славили эту несравненную звезду мирового балета, гениального танцовщика и новатора-постановщика, восторженные статьи писал о нем Огюст Роден. Дягилев гордился своим премьером, своим созданием, своим возлюбленным. А в 1913 году Дягилев отпустил Нижинского с труппой в Южную Америку, и на корабле «короля балета» взяла приступом венгерская аристократка Ромола де Пульски, мечтавшая стать «королевой». Не знавший до нее женщин Нижинский, сойдя на берег, женился на Ромоле, и Дягилев, придя в ярость, уволил его из театра. В расцвете молодости и таланта, в 27 лет, Вацлав Нижинский сходит с ума. Однажды Сергей Лифарь, занявший в театре и в сердце Дягилева место Нижинского, навестил вместе с Дягилевым квартиру в парижском районе Пасси, где взаперти томился безумный «король»... Нижинский больше не вернулся на сцену. Он прожил еще долгие десятилетия в помрачении разума и писал дневник, который нынче исполняют со сцены:

«Я знаю, что государь — это человек, вот почему я не хотел, чтобы его убивали. Я говорил об этом убийстве со всеми иностранцами. Мне жаль государя, потому что я любил его. Он стал жертвой зверей. Дикие звери — это большевики. Большевики — боги. Большевики — дикие звери. Я не большевик...»

В 1950 году Нижинский умер в Лондоне шестидесяти лет от роду. В 1953 году Сергей Лифарь привез его прах в Париж и захоронил на Монмартрском кладбище. Русский гений лежит неподалеку от великого французского танцовщика Вестриса... Да мало ли великих на Монмартрском кладбище! В свое время список знаменитостей, которых он хотел бы посетить и повидать в Париже, дал в своем воображаемом парижском «отчете о виденном» русский поэт Дмитриев:

Вчера меня князь Долгоруков
Представил милой Рекамье:
Я видел корпус мамелюков,
Сиеса, Вестриса, Мерсье,
Мадам Жанлис, Виже, Пикара,
Фонтена, Герля, Легуве,
Актрису Жорж и Фиеве...

Совсем недавно темную сиротскую плиту, чуть не полвека назад установленную на могиле «короля русского балета» Нижинского его преемником и соперником в любви Сергеем Лифарем, сменила эта скульптура Виктора Махаева. Петрушка, безумец, гений...

Ваш собственный перечень после визита на Северное кладбище будет не менее внушительным. Они ведь почти все здесь, эти знаменитости, перечисленные Дмитриевым...

Вернувшись на бульвар Клиши и продолжив свою прогулку (к востоку), мы минут через пять выйдем на знаменитую плас Пигаль. Здесь в доме № 11 были некогда ателье Изабель и Пюви де Шаванна, а в доме № 9 размещалось кафе «Новые Афины» (**La Nouvelle Athènes**), которое после 1876 года облюбовали художники Мане и Дега, а также их друзья-художники Ренуар, Писсарро, писатели Вильер и Дюранти де Лиль-Адам. С 1866-го по 1876-й они сидели чаще на улице Клиши в кафе «Гербуа» — и Мане, и Моне, и Ренуар, и Сислей, и Сезанн, и Писсарро, и Дега, и Надар. Их тогда называли еще не «импрессионистами», а «Батиньольской группой». В «Новых Афинах» за Мане, Дега и их друзьями был закреплен свой стол. Дега обессмертил этот интерьер в своем «Абсенте» (ныне полотно в Музее д'Орсэ). Что же до названия «Новые Афины», то оно закрепилось позднее за кварталом, выросшим южнее площади Пигаль. Не вижу, впрочем, что может помешать нам туда прогуляться...

К ЮГУ ОТ ПЛОЩАДИ ПИГАЛЬ

Немалую лепту в прославление развеселого бульвара Клиши и плас Пигаль внес знаменитый американский романист Генри Миллер. Но и без него перед войной за площадью закрепилась сомнительная слава плацдарма деятельности женщин легкого поведения и их малосимпатичных эксплуататоров-сутенеров. Кстати, совсем недавно в здешнем кафе «Малибран» парижская полиция обнаружила настоящее гнездо поставщиков живого товара из волжского города Казань. Ну а в былых кабаре и кафе, где спорили некогда об искусстве знаменитые художники Франции, нынче какие-то унылые типы упорно ждут появления стриптизерши.

В начале улицы Пигаль тоже идут подряд маленькие бары, где в полутьме сидят в ожидании клиентов разодетые в пух и прах или полураздетые, намазанные, обманчиво прекрасные и безобманно опасные представительницы древнейшей профессии. По вечерам группы туристов из крошечных немецких, итальянских или финских городков заглядывают в эти бары, глуповато шутят и громко, но как-то смущенно хохочут. Обитатели квартала ускоряют шаг и проходят, не глядя по сторонам. Но в дневное время квартал преображается. Несмотря на безжалостную новую застройку, здесь много еще сохранилось укромных, чарующих уголков, частных улочек, называемых в Париже виллами («виллá»), и еще жива память о многочисленных артистах, художниках, писателях и композиторах, живших здесь. Впрочем, и память о бедных девушках, торговавших своей красотой, которые обитали здесь, по соседству, и даже получили прозвище от названия здешней церкви, — память о них жива тоже.

В общем, в утренние и дневные часы, отправляясь к югу от площади Пигаль по улице, носящей то же, что и площадь, имя вполне барочного и даже отчасти классического французского скульптора XVIII века Жан-Батиста Пигаля, легко забыть о сомнительных вечерних соблазнах этой улицы. Особенно если, скажем, сразу заглянуть влево — на рю Виктор-Массе. Это здесь было открыто в начале 80-х годов самое первое монмартрское кабаре — «Черный кот», где пел знаменитый Аристид Брюан. Он пел о невзгодах Монмартра и высмеивал богатых (кого ж еще высмеивать богемному артисту, даже разбогатевшему?). Его силуэт с гитарой в черном плаще и красном шарфе увековечил Тулуз-Лотрек.

После войны в доме № 15 по улице Виктор-Массе открылся русский ресторан «1000 и одна ночь». В начале 90-х годов XIX века в доме № 18 размещалось ателье Боннара, а в живописном доме № 15 — ателье Тулуз-Лотрека. Номером двадцать обозначена группа домов на частной подъездной дороге — сите Мальзерб. А в доме № 37 было ателье Дега... Частные виллы и подъезды к ним, тишина, замкнутость — совсем другой мир и другой век...

Собственно, и на самой рю Пигаль немало великих теней былого. В здешних особнячках XVIII века охотно селились в XIX веке и писатели и художники. В доме № 60 жил Бодлер, в доме № 55 — Гюго, в доме № 28 — Боннар, в доме № 16 — Жорж Санд с Фредериком Шопеном, а в очаровательном уголке, носящем название сите Пигаль, жил некоторое время, незадолго до своего самоубийства, бедняга Ван Гог.

На углу улицы Пигаль и улицы Нотр-Дам-де-Лорет, а также на перекрестке улиц Шапталь и Фонтен всякий любопытный турист испытает вполне объяснимую раздвоенность и даже растроенность, не зная, куда лучше свернуть. Направо на улице, носящей имя наполеоновского архитектора Фонтена, жили некогда Тулуз-Лотрек и Андре Бретон, а также размещалась столь знаменитая в конце прошлого века академия живописи Жулиан, где среди прочих училась Мария Башкирцева.

В этом уголке Парижа процветали множество театров и прославленный мюзик-холл. На улице Шапталь тоже находились знаменитые театры, жили художники, сюда приходил работать к издателю Ван Гог...

На улице Пигаль помещались и знаменитые русские кабаки, которых между войнами было в Париже великое множество: в доме № 54 на Пигаль находилось знаменитое кабаре «Кавказский замок» (с «Кавказским погребком»), в доме № 59 — «Флореско», а в доме № 63 — «Яр». На улице Фонтен открыт был кабак «Омар Хайям», где играл на гитаре Саша Масальский.

Повернем влево и пойдем к югу по улице Нотр-Дам-де-Лорет. Поначалу нам будут попадаться не только отдыхающие поутру ночные заведения, но и старые почтенные дома, в одном из которых (в доме № 56) родился Гоген, в другом, в соседнем, располагалась мастерская Делакруа еще до того, как он переехал на левый берег, на прелестную Фюрстенбергскую площадь. Мы выйдем на площадь Сен-Жорж, украшенную статуей художника-графика Гаварни и двумя великолепными особняками. В первом из них, во дворце Тьера, ныне размещаются музей и библиотека Тьера, посвященные наполеоновской эпохе, а второй — дворец Пайва, построенный в 1840 году архитектором Рено, — считается истинным шедевром неоренессансной архитектуры.

Следуя дальше к югу по улице Нотр-Дам-де-Лорет, мы и выйдем к церкви Нотр-Дам-де-Лорет, построенной в 1836 году. Образцом для архитектора Ипполита Леба здесь явно служили итальянские базилики, и в частности знаменитая Санта-Мария-Маджиоре. На фасаде церкви — скульптуры, впрочем, вполне современные по стилю, изнутри же церковь богато украшена произведениями религиозного искусства времен Июльской монархии. Одним из мастеров, работавших над здешними полотнами и росписями, был лионский художник Виктор Орсель, глава архаичной религиозной школы живописи, вдохновлявшейся ранними, дорафаэлевскими шедеврами. Во времена Коммуны местный викарий аббат Сабатье был заперт коммунарами в церкви, а потом зверски убит. Что же до названия Лорет (а церкви с таким названием вы найдете повсюду на земном шаре), то это название итальянского городка Лорето в провинции Аскона. В XV веке там родилось поверье, что одна из церквей городка — это и есть дом Богородицы, Санта Каза, перенесенный в XIII веке ангелами из Назарета в Лорето. С XVI века эта Санта Каза Лорето окружена была стенами храма и привлекала в городок множество паломников...

Строительство здешней церкви Нотр-Дам-де-Лорет начато было в 1823 году, в самый разгар освоения нового квартала, который для вящей привлекательности назвали Новыми Афинами. Церковь эта и должна была обслуживать паству из нового, усиленно распродаваемого в то время всяческой художественной интеллигенции квартала. Однако в непосредственной близости к церкви в прилегающих к ней домах разместилась совсем другая публика. Тут жили по большей части женщины, которых называли по-разному — иногда падшими женщинами, иногда женщинами легкого поведения. Оба названия были громоздки и слишком эмоциональны. Между тем существовала настоятельная потребность как-то все же обособить этих представительниц женского пола от других дам, тех, кого столь же громоздко называли порядочными женщинами. В начале сороковых годов (еще точнее — в 1841-м) и было придумано название, которое прижилось: лоретки. Слово это, как вы догадываетесь, пошло от названия церкви и прилегающего квартала. Тут было тогда построено много новых домов, хозяевам этих домов позарез нужны были постояльцы, и они решили пускать на постой рядовых работниц панели, которых не слишком привечали в других местах. Это было тем более приемлемо для хозяев, что девицы только жили в этом квартале — свою общественно полезную деятельность они осуществляли в других местах, скажем на Елисейских полях или на бульваре Клиши.

Через десяток лет, к середине века, вошло в обиход и другое название для этих девиц — «биш», то есть «лань», «козочка», однако такие признанные авторитеты, как Бальзак, Бодлер, Флобер, Мане и Делакруа, оставались верны термину «лоретки», тем более что в противовес ему Эженом Сю пущен был в обиход термин «гризетки». Так называли теперь молоденьких девушек из бедных семей, каких-нибудь белошвеек, официанток, модисток, тоже вполне элегантных, хорошеньких и кокетливых, но не зарабатывающих на жизнь своим телом, а потому и одетых поскромнее, не столь блистательно роковых, как те, другие, а стало быть, и поскучнее, и посерее (слово «гризетки» и образовано от слова «гриз», что значит — «серая», «скучная»). Надо сказать, что фатальность лореток, так волновавшая художников, все эти блеск и нищета куртизанок тоже ведь существовали чаще в воображении художника. Реальность лореточной жизни была и мрачно-серой, и грустной. По тогдашней статистике, из сотни парижских лореток 17 умирали молодыми от болезней, 42 становились профессионалками панели, 4 выходили замуж, 4 уплывали за море — в Калифорнию или Австралию, 6 кончали самоубийством, 5 попадали с дурной болезнью в Сальпетриер, 3 возвращались в деревню, остальные перебивались кое-как мелким приработком. Статистика, как видите, грустная.

Вернемся, однако, к обитателям знаменитых Новых Афин, для которых изначально и строилась эта церковь, а также к самому этому кварталу, сохраняющему свой специфический, как бы загородный облик и сегодня. Считают, что на выбор названия для квартала повлияло тогдашнее возрождение моды на Грецию как на древнюю колыбель искусств, поэзии, философии, а также новые эпизоды борьбы Греции за освобождение от турецкого, оттоманского ига. Учитывая эту моду, гений финансов Лаперьер и рассчитывал привлечь на новую застройку между улицей Пигаль, улицей Бланш и вокзалом Сен-Лазар как можно больше новых состоятельных жильцов. Центром застройки стали улицы Ла Тур-де-Дам и Ларошфуко, где и строили уютные особняки под руководством архитектора Константена и других вполне известных парижских архитекторов, вроде Висконти, Удебура, Лелона, Бие. Так и возник невдалеке от еще не опозоренных тогда пошлостью плас Пигаль и плас Бланш истинный уголок эпохи Реставрации. Позднее и весь квартал Сен-Жорж стали называть здесь Новыми Афинами, ибо во всей этой округе обитали звезды французского искусства, одни — известные даже и нам с вами, другие — забытые и самими французами, но в свое время излучавшие ослепительный блеск мимолетной славы, — личности вроде Камбасере, Талаба, Дюшенуа или Верне. Первый дом на улице Ла Тур-де-Дам был построен Висконти, и в нем с 1824 года обитала пленительная мадемуазель Марс, вскружившая голову Парижу и публике «Комеди Франсез». А дом № 9 был специально построен Лелоном для великого трагика Тальма. На улице Ларошфуко мы можем полюбоваться особняком под номером 19, построенным Удебуром, а в доме № 14 находилась мастерская одного из прославленных мастеров французского символизма живописца Гюстава Моро. Он умер в 1898 году и завещал свои произведения государству. В его мастерской на улице Ларошфуко открылся музей, одним из хранителей которого являлся одно время ученик Моро, художник Жорж Руо, тяготевший к экспрессионизму. Никто не мешает нам с вами задержаться и не спеша полюбоваться странными, такими загадочными и такими, если можно так выразиться, литературными полотнами мэтра Моро, где перемешано все — и библейские легенды, и мистика, и аллегория, и мечта, и эротика... А в ушах у нас будет звучать музыка Вагнера, который жил тут же за уголком, на рю д'Омаль.

Неподалеку, в тех же Новых Афинах, на рю Тэтбу жили еще несколько писателей и художников и жила звезда французского романтизма Аврора Дюпен, она же мадемуазель Жорж Санд, вместе с романтическим Фредериком Шопеном. Об этом мы, впрочем, уже вспоминали, гуляя по шопеновскому Парижу...

МОНМАРТР

Монмартрский холм и светлый купол базилики Сакре-Кёр царят над Парижем и видны издалека. Взойти же на холм можно и от квартала Гут д'Ор, и от метро «Анвер», и еще из разных мест. Я предлагаю начать подъем от площади Бланш, где впустую машет крыльями красная мельница французского канкана («Мулен-Руж»), в которой Тулуз-Лотрек усердно рисовал некогда знаменитую Обжору-Гулю и прочих полураздетых девиц, — по улице Лепик. Молва включала некогда «Мулен-Руж» в знаменитый «великокняжеский» парижский маршрут. У приехавшего в Париж художника Александра Бенуа было подозрение, что и самое существование «великокняжеской» прогулки по злачным местам придумали русские левые эмигранты, чтобы насолить российской правящей династии. Художник отправился сам по всем этим прославленным местам и не увидел ни в «Мулен-Руж», ни на Балу Булье ни разгула, ни распутства, одни только пошлость, вульгарную мерзость и скуку. Так оно и было, конечно. С другой стороны, что мог доказать этот эксперимент изысканного эстета Бенуа? Ровным счетом ничего. Захотел же воспитанник Жуковского Александр II, прежде чем встретиться в Париже с любимой женщиной, поужинать тет-а-тет с хваленой певицей м-ль Шнайдер, которую злые языки прозвали «пассажем Принцев»...

Улица Лепик называлась когда-то Императорской, но была потом за что-то понижена в чине и получила имя генерала, оборонявшего холм против русских в 1814-м (и, как известно, в этом не преуспевшего). Как и многие окрестные улицы, эта тоже круто карабкается вверх по Монмартрскому холму, иногда мостовая даже уступает место лестнице, этажи высоких домов, оказавшись на разных уровнях холма, обретают собственные выходы и мостики — все очень романтично. На улице немало красивых домов двухсотлетнего возраста, по ее тротуарам ходило до нас множество счастливых пар и менее счастливых одиночек, иные из которых топили свое горе в вине (вроде Амедео Модильяни и его вечно пьяного друга Мориса Утрилло). В доме № 12, приехав сюда из Рима, жил с 1874 года с семьей художник Илья Репин, который почти три года снимал ателье здесь же за углом, на улице Верон (в доме № 31). Он писал в то время большое полотно на былинную тему — о богатом новгородском «госте» Садко. На его картине морской царь предлагает молодому Садко на выбор невест «всех эпох и национальностей: гречанок, итальянок...» (так рассказывал сам Репин в одном из писем). Но умница Садко выбирает, конечно, русскую девушку (как я его понимаю!).

И горести и музы...

Весной 1874 года Павел Третьяков заказал Репину портрет Ивана Сергеевича Тургенева. В одном из апрельских писем Репин рассказывает, что он писал портрет с утра до полудня, но стареющему Тургеневу собственная голова не понравилась (кто ж в этом возрасте нравится самому себе?). Тургенев сказал, что у него на портрете «вид старого развратника, да и улыбка какая-то наглая». «А между тем неплохо было написано», — растерянно отмечает Репин. Третьякову, впрочем, портрет тоже не понравился. В конце концов портрет купил Мамонтов, и нынче он в Третьяковской галерее. Осенью того же года ателье Репина посетил великий князь-наследник, будущий император Александр III. Он позднее и купил картину «Садко», но до этого Репин с ней еще немало намучился и ее люто возненавидел. Репин получил за эту картину звание академика (сейчас она в Русском музее в Питере). Летом 1876 года Репин смог наконец покинуть Монмартр... А в доме № 54 по рю Лепик жил бедняга Винсент Ван Гог со своим преданным братом Тео. Легко ли быть художником?..

У дома № 75 можно увидеть настоящую мельницу. Их было три десятка на Монмартре, осталось только две (вторая — на углу рю Лепик и улицы Жирадон), но эта — самая знаменитая (внутри у нее целы все мельничные механизмы), прославленная бесценными полотнами, вошедшая в легенду Лепешечная мельница, «Мулен-де-ла-

В ближнем к нам доме (по левую руку) размещалась мастерская Ильи Репина. Здесь ему позировал Тургенев, здесь он писал картину «Садко», сюда наведался однажды великий князь-наследник, будущий царь Александр III (который и купил картину).

Уцелели лишь две из трех десятков мельниц Монмартра. Зато уж этим двум выпала мировая слава...

Галетт» (**Moulin de la Galette**). Она была построена в 1622 году, а с начала XIX века принадлежала семье Дебре. В 1814 году молодые мельники четыре брата Дебре отчаянно защищали свою мельницу, а может, весь Монмартр и, по их понятиям, всю Францию, во всяком случае — своего бравого императора. Хотя это произошло сравнительно недавно, существует несколько туманных версий происходившего. По одной из них, все четыре брата пали в бою с пруссаками. По второй, более романтической, погибло три брата, а четвертый, Пьер-Шарль, чтобы отомстить захватчикам (по моей версии, освободителям), стал, уже после объявления перемирия, стрелять по русской колонне. Казаки убили его и, разрезав на четыре части, прибили к крыльям мельницы. Ночью супруга отцепила его и захоронила в могиле его братьев на маленьком погосте у церкви Сен-Пьер-де-Монмартр. Историки утверждают, что на самом деле этот Пьер-Шарль Дебре был убит у себя дома мародерами (слово французское, хотя профессия международная). Что до его жены, то она умерла еще раньше. Сообщая эти факты, Реймон Понфийи, автор замечательного «Русского путеводителя по Франции», высказывает предположение, что рождение легенды о четвертом брате Дебре

> LE 30 MARS 1814
> LES COSAQUES LANCERENT ICI
> EN PREMIER LEUR TRES FAMEUX "BISTRO"
> ET, SUR LA BUTTE, NAQUIT AINSI
> LE DIGNE ANCÊTRE DE NOS BISTROTS.

Считают, что именно от русского «быстро» и от казацкой торопливости вошло в обиход французское слово «бистро» (кстати, в бистро никто никуда не торопится, а пьют медленно и не допьяна). Предприимчивый Монмартр увековечил лингвистическую гипотезу в рекламно-мемориальной доске на главной площади и даже изобрел дату рождения слова.

свидетельствует о том, что казаки сумели нагнать страху на французов. Однако доподлинно известно и то, что французские дамы бесстрашно бросались в объятия этих варваров (иногда даже бесплатно). Из немногих казацких добродетелей (или пороков) парижане отметили в первую очередь решительность и торопливость. Не слишком надежная «историческая» надпись на здании бывшего кабака в доме № 6 на монмартрской площади Тертр гласит:

«30 марта 1814 года казаки пустили здесь в оборот свою прославленную присказку «бистро», и тогда на холме появился достойный прародитель наших бистро».

Итак, если верить этой надписи, французское «бистро» происходит от русского «быстро» — легенда не хуже всякой другой. Да и происхождение французского жаргонного выражения «трахаться по-казацки», или, более интеллигентно, «иметь по-казацки», тоже производят от казачьих обычаев той весны. И то и другое в сознании французов в большей степени связано с Монмартром, чем с Пале-Руайяль (во всяком случае, торговый Монмартр не упустил возможности сделать себе на этом анекдоте рекламу и украсил свою главную площадь забавной надписью).

Что же до мельницы «Мулен-де-ла-Галет», то потомок героических Дебре открыл в ней в 1860 году танцплощадку, на которую позднее зачастили Тулуз-Лотрек, Ван Гог, Утрилло, Ренуар и другие. И все они, конечно, рисовали этот уголок Монмартра, а знаменитое полотно Ренуара «Бал в Мулен-де-ла-Галет» и нынче можно увидеть в Музее д'Орсэ.

Если на перекрестке за мельницей свернуть влево, то можно через авеню Жюно добраться до улицы Жирардон. Но не спешите — и самый проход Лепик—Жюно, и авеню Жюно навевают немало трогательных воспоминаний: истинный Диснейленд для интеллигентного странника. Мощеный этот проход огибает скалу, находившуюся на пустыре, который называли некогда «макѝ Монмартра». Здесь мирно махали крыльями монмартрские мельницы, но ночью здесь лучше было не появляться. Еще и в начале XX века, если верить биографам Амедео Модильяни, эти заросли бурьяна продолжали называть «макѝ», то есть заросли, чаща, а в переносном смысле — любые дебри (даже во Франции есть свои дебри, и даже во Франции были в минувшую войну, хотя и немногочисленные, партизаны в маки). Возле старинного прохода на авеню Жюно любители традиционной французской игры в шары («петанк») устроили себе сейчас площадку (платную!).

У перекрестка улицы Жирардон жил на авеню Жюно писатель Марсель Эме (знаменит его рассказ о человеке, который проходил через стены). На торце соседнего дома умерший недавно знаменитый актер Жан Маре (менее знаменитый как художник, скульптор), возлюбленный знаменитого Жана Кокто, изобразил Марселя Эме проходящим сквозь стену (могила Марселя Эме здесь неподалеку, на кладбище Сен-Венсан, и мы ее непременно навестим). В доме № 15 жил знаменитый (насколько могут быть знамениты дадаисты) сюрреалист Тристан Тцара, а рядом (в доме № 15) — еще более знаменитый художник Франциск Пульбо (он сам спроектировал мозаики, украшающие дом). Пульбо прославился, рисуя этакого гамена-мальчугана, беспризорного гавроша с Монмартра, и слово «пульбо» (или «маленький пульбо», «юный пульбо») вошло в язык вслед за словом «гаврош». В те «старые добрые» времена, когда русскому туристу меняли денег лишь на одну картинку с Монмартра, во многих осчастливленных московских домах появились эти «писающие проказники-гамены» или «писающие гавроши»: на самом деле это были «писающие пульбо».

На уровне дома № 25 по авеню Жюно можете полюбоваться «виллой Леандр», тупичком с уютными домами. Подобное жилье смягчает суровость городской жизни, и на Монмартре живет много знаменитых или просто «более равных» парижан (формула Джорджа Оруэлла, применимая не только к так называемым «странам социализма», но и к «странам капитализма», тоже проповедующим и равенство и братство). Живут они как в солидных красивых домах (считается, что тут меньше дыма и шума —

Известный актер, художник и скульптор Жан Маре изобразил своего соседа по Монмартру писателя Марселя Эме в виде его фантастического героя («человека, проходящего сквозь стену»).

И горести и музы...

На крошечной романтической площади близ Замка Туманов недавно был установлен бюст красавицы египтянки, парижской певицы, в 44 года добровольно покончившей счеты с жизнью. Она звала себя Далида...

ночной балаган не в счет), так и в различных особнячках, так что тупичков-«вилл» на Монмартре несколько.

Если мы пересечем авеню Жюно и двинемся дальше к северу по рю Жирардон, то слева откроется белый особняк конца XVIII века, который носит красивое название Замок Туманов или Дворец Туманов. Это, конечно, никакой не замок — это загородная дача, на которой можно было некогда расслабиться, подурачиться и, вероятно, даже «оттянуться» (то есть это было типичное «фоли»). На Монмартре кроме Замка Туманов была еще дача Сандрин на улице Норвен. В конце XIX века здесь обитала семья знаменитого музыканта, а по соседству работал в своем ателье Ренуар. Нетрудно догадаться, что художники не раз писали этот живописный «замок». По вечерам он и правда выглядит загадочно, а на пло-

Не только людям, но и кабакам может выпасть счастливая судьба и слава. Как, скажем, этому кабаку «Проворный кролик» с Монмартрского холма.

щади по соседству недавно был установлен бюст молодой красавицы египтянки, сравнительно недавно покончившей с жизнью. Она была певица, и звали ее Далида...

От Замка Туманов рукой подать до кладбища Сен-Венсан, где покоятся композиторы Онеггер и Ингельбрехт, писатель Марсель Эме, художник Утрилло с женой и писатель Ролан Даржеле, чьим именем названа площадь, прилегающая к кладбищу (писатель был завсегдатаем Монмартра и умер сравнительно недавно). Неподалеку от этой площади, вдоль кладбища тянется улица Ивовых Деревьев (**rue des Saules**), на которой размещалось в годы довоенной славы Монмартра кабаре «Проворный кролик» (*Lapin Agile*). Когда-то в этом помещении находилось «Кабаре убийц», но в 1902 году его купил ка-

Аристид Брюан, певший в «Черном коте» о монмартрской гульбе и парижских невзгодах, купил однажды кафе на Монмартре, которое снискало славу под вывеской «Проворный кролик». Тулуз-Лотрек изобразил знаменитого куплетиста в черном плаще и красном шарфе.

бареточный певец Аристид Брюан, выступавший в кабаре «Черный кот». Брюан, конечно, отделался от пошлого старого названия кабака и заказал новую вывеску карикатуристу Жилю. Жиль нарисовал кролика (любимое мясо у французов — крольчатина), в последний момент ускользавшего из кастрюли. Так что кабаре стало называться «Кролик Жиля» (*Lapin à Gill*). Но, глядя на вывеску, завсегдатаи кабаре (как все французы, предпочитающие каламбур всем прочим ухищрениям юмора) переименовали его в «*Lapin Agile*», звучит так же, но значит «Проворный кролик». Управляться в своем кабаре Брюан поставил папашу Фреде, который бренчал на гитаре и славился своей привязанностью к ослице Лулу. «Весь Париж» знал папашу Фреде, а местные писатели перед войной просто не вылезали из этого кабака, как, впрочем, и художники. Надо сказать, что ослице Лулу суждено было стяжать еще большую славу, чем гитаристу и кабатчику папаше Фреде. Дело в том, что завсегдатай кабаре писатель Ролан Даржеле терпеть не мог всю эту «модерную мазню» Пикассо и его «банды из Бато-Лавуар». В один прекрасный день

Увлекательное занятие — угадывать, из какого уголка планеты явилась на Монмартр очередная группа туристов.

Даржеле привязал кисть к хвосту ослицы и поставил ей под зад полотно (в присутствии свидетеля). Лулу потрудилась на славу. Ее творение «Солнце садится за берег Адриатики» было выставлено в Салоне независимых. Оно имело бешеный успех и было продано за 400 франков, которые были пожертвованы на сиротский приют. Так развлекался Монмартр...

Вдоль улицы Ивовых Деревьев и параллельно улице Корто (**Cortot**) тянется виноградник, разбитый в 1932 году в память о былой монмартрской виноградной (и винодельческой) славе. Как вы заметили, нынешний Монмартр бережет и лелеет свое веселое прошлое, а прошлое в знак благодарности кормит Монмартр, завлекая сюда туристов. (Вы, конечно, не забыли, что самая доходная индустрия в промышленной Франции — индустрия туризма.) В доме № 12 по улице Корто раз-

Шарманщики по-прежнему зарабатывают себе на хлеб ручным трудом (крути ручку шарманки, зазывай публику).

мещается Музей Монмартра. С 1680 года здесь было поместье артистки мольеровской труппы Роз де Розимон. А два столетия спустя здесь обитало множество художников. Рассказывают, что именно в этом саду Ренуар написал свою «Девушку на качелях», что сюда в гости к другу Поля Гогена художнику Эмилю Бернару приходили сам Гоген и сам Ван Гог, Отон Фриес, Рауль Дюфи, Сюзанна Валадон, Утрилло и Пульбо...

Где ж, как не в музейном саду, углубиться нам с вами в историю холма Монмартр, который носил, как полагают, в римские времена название «холм Меркурия» (**Mont Mercure**). Улица Корто, где мы остановились, упирается в улицу Мон-Сени (**rue du Mont-Cenis**), по которой пролег путь святого Денисия (Сен-Дени), героя самой главной и одной из самых древних легенд этого холма. Согласно этой более известной в Средние века, чем ныне, легенде, первый парижский евангелист святой Денисий и его спутники Элевферий и Рустик были в III веке схвачены римскими властями за то, что не захотели отречься от Христа. Их держали в заточении и пытали на острове Сите, а потом повели на вершину Монмартрского холма, где стояло святилище Меркурия. На пути к подножию холма им отрубили голову. Святой Денисий поднял свою отрубленную голову, омыл ее в ручье, что протекал на месте нынешней улицы Жирардон, и продолжал свой путь, неся перед собой отсеченную голову, пока не упал замертво. На месте его смерти святая Женевьева соорудила позднее молельню, а еще позднее здесь поднялась прославленная базилика Сен-Дени. На улице Ивон-ле-Так (у нынешнего ее дома № 9) на месте казни святого мученика Игнатий Лойола и шесть его учеников основали в 1534 году Компанию Иисуса (орден иезуитов). Позднее места эти перешли в собственность монашеского ордена, а в XII веке король Людовик VI и Аделаида Савойская основали здесь бенедиктинское аббатство Монмартра. Женский монастырь существовал до самой Революции, которая, как известно, обрушилась на религию с остервенением и беспримерной жестокостью.

У кого нет старой доброй шарманки, тем приходится играть всерьез.

К Монмартру:
Сувенирная живопись площади Тертр вряд ли остановит ваше просвещенное внимание, как, впрочем, и могучий купол Сакре-Кёр, но между ними (вглядитесь) старинный храм Св. Петра, и крошечный погост, и века истории...

Роковая улица Ивон-ле-Так, где на месте прежней часовни Мучеников, разрушенной Революцией, в 1887 году была построена новая, выходит на площадь Абес (аббатисы, настоятельницы). На этой площади станция метро «Абес» сохранила очаровательную стеклянную маркизу архитектора Эктора Гимара (таких в Париже сохранилось всего две — здесь и над входом в метро «Порт-Дофин»). В здешней церкви Святого Иоанна-Евангелиста (первой железобетонной церкви Парижа) остался почти неприкосновенным орган великого мастера Кавайе-Коля.

От милой площади Абес (откуда мне никогда не хочется уходить) и от гимаровской маркизы пришло нам время подняться к вершине холма, куда так неудержимо стремятся

Если одни парижане зарабатывают на хлеб разнообразными движениями, то другим обитателям парижских улиц доход приносит неподвижность. Перемазанные золотой или серебряной краской, они изображают неподвижные статуи в подвижной толпе туристов. На мой взгляд, зрелище весьма грустное.

толпы туристов, — к площади Тертр и базилике Сакре-Кёр. Однако предлагаю все же заглянуть по дороге на уютную площадь Эмиля Гудо, где стоит уже упомянутое нами однажды здание, прозванное Бато-Лавуар (Баржа-Прачечная). (Такие еще попадаются иногда во Франции, да и прачечные на речке Трубеже в городке Переславль-Залесский на них отчасти похожи.) К этому странному длинному бараку (дом № 13) по вечерам добирался из своего ателье на пустыре молодой Модильяни. Барак этот тянул его к себе неудержимо, да он и сам жил в нем одно время, судя по обратному адресу на письмах: площадь Эмиля Гудо... Тянули его в барак царившая здесь атмосфера творчества, новые дружеские связи, интересные разговоры. Жили здесь художники, писатели, актеры, и даже самый краткий перечень имен объяснит, отчего «не зарастет тропа» к этой площади: Гийом Аполлинер, Пабло Пикассо, Хуан Грис, Ван Донген, Мак Орлан, Франсис Карко. Пикассо написал здесь своих «Авиньонских барышень», которых считают «манифестом кубизма». В 1908 году в этом бараке чествовали Анри Руссо — «Таможенника», знаменитый был банкет...

Модильяни сдружился здесь с художником и поэтом Максом Жакобом — их сблизило увлечение эзотерикой и каббалой. Это Макс Жакоб представил его известному маршану Полю Гийому. Через три года после того, как Модильяни расстался со своей петербургской любовью Анной (Ахматовой-Гумилевой), русский скульптор Цадкин познакомил его с фантастической женщиной, которую хорошо знали на Монмартре. Она называла себя Беатрис Хастингс, писала стихи и прогуливалась с корзиночкой, в которой сидела утка. Модильяни переезжает к Беатрис на улицу Норвен (дом № 13), а Поль Гийом снимает ему ателье на крутой улице Равиньян. Модильяни пишет в ту пору много портретов (Кокто, Диего Риверы, Льва Бакста, Сутина) и еще больше пьет. Его тогдашний друг Чарлз Дуглас рассказывает, как они с Модильяни пьяные читали стихи на Монмартрском кладбище над могилой Гейне. Часто Модильяни напивался и со своим закадычным другом, истинным сыном Монмартра Морисом Утрилло, которого монмартрские «пульботы» дразнили за пристрастие к бутылке Литрилло, а исповедоваться ходил к его матери Сюзанне Валадон, истинной дочери монмартрской богемы. Сюзанна была прачкой, потом акробаткой, потом позировала Пюви де Шаванну, Тулуз-Лотреку и Дега. Последний и посоветовал ей заняться живописью. Ее «ню» и натюрморты имели успех. Восемнадцати лет она родила от кого-то Мориса, который начал пить очень рано, и врач посоветовал ему лечиться живописью. Конечно, он исцелился не скоро, но живопись его тоже имела успех. Сын Монмартра, он стал певцом Монмартра... Может, эта его история вдохновляет бесчисленных живописцев, заполняющих знаменитую площадь Тертр на Монмартре. Одни из них продают картины того стиля, который тут называют «монмартрским», другие предлагают туристам (а чаще туристкам) написать (совсем недорого) портрет на память. Атмосфера вполне рыночно-туристская, и я помню, как во время самой первой моей поездки в Париж красивая москвичка-писательница из нашей туристской группы (Елена Ржевская, которая неизменно присутствовала — молодая, интеллигентная и прекрасная — во фронтовых рассказах моего тестя) сказала, озираясь встревоженно:

— Он ведь грустный, Монмартр...

Мне показалось тогда, что она права.

Площадь Тертр окружена красивыми старыми домами, иные из них снабжены мемориальными досками, сообщающими, что вот в доме № 3 размещалась мэрия коммуны Монмартра, а в доме № 6, в ресторане матушки Катрин, основанном аж в 1793 году, любили сиживать такой-то, такой-то и такой-то — весь цвет французской живописи.

Неподалеку от площади высится внушительный купол базилики Сакре-Кёр, которая строилась в конце XIX века, а освящена была в 1919 году. По мнению знатоков, базилика имеет много общего с перигорским собором Сен-Френ, но в общем-то является строением посредственным и неоригинальным. Большинству туристов базилика, впрочем, нравится — для них она такой же символ Парижа, как Триумфальная арка или Эйфелева башня. Зато неподалеку от базилики можно увидеть по-настоящему старую парижскую церковь Сен-Пьер-де-Монмартр (Святого Петра-на-Монмартре), освященную папой Евгением Третьим в 1147 году. Революция разместила в ней придуманный Шометтом Храм Разума, казаки, верные языческим военным обычаям, устроили в ней провиантский склад, и только в 1908 году в церкви, восстановленной Соважо, стали снова молиться Богу. В церкви этой можно видеть надгробные камни настоятельниц монмартрского бенедиктинского женского монастыря — от самой первой, Аделаиды Савойской, которая была основательницей монастыря, до предпоследней, Катрин де Ларошфуко. Последней, Луизе-Марии де Монморанси, отрубили голову в 1794 году на площади Насьон, и тело ее было сброшено в яму на улице Пикпюс. Она была старенькая, глухая и почти слепая, но ревтрибунал обвинил ее в том, что она «слепо и глухо» ненавидит революцию. Ну а за что, скажите, ее можно было б любить, эту кровавую революцию? Имя матушки де Монморанси присоединилось к длинному списку здешних христианских мучеников, в начале которого стоит святой Денисий... Иногда я вспоминаю несчастную эту старушку Луизу-Марию, стоя близ шумной площади Тертр, на крошечной, самой маленькой в столице, площади Голгофы над краем холма и глядя на сияющий огнями Париж. И мне думается, что оттого и уцелел во всех испытаниях этот город, что были в нем все же мученицы и праведницы вроде этой крошечной старушки из рода Монморанси или круглолицей русской поэтессы-монахини матери Марии Скобцевой...

МОСКВОРЕЦКИЙ КВАРТАЛ

К северу от Монмартрского холма, близ северной границы Парижа, лежит малоизвестный квартал, который вполне неожиданно назван по имени речки, на берегах которой мне было суждено увидеть свет. Впрочем, начну с парижских газетных объявлений, которые сообщили тут как-то о выпуске в продажу первого диска рок-группы с интригующим названием «Москокидз» («Москвичонки», «Москвичата»). Газеты писали в связи с этим также об актах необычного парижского Сопротивления. Не того знаменитого времен войны, о котором во Франции написано так много, но другого Сопротивления, вполне скромного, хотя тоже весьма многозначительного, — Сопротивления квартала, носящего название Ла Москова.

Своим названием Ла Москова, то есть Москва-река, этот квартал обязан соседству с кольцом «маршальских бульваров» Парижа, а еще точнее, с бульваром Маршала Нея. Известно, что Ней, «храбрейший из храбрых» (как о нем говорили) наполеоновских маршалов (он же Красный Лев), отличился в сражении, которое у нас называют Бородинским, а во Франции — битвой на Москве-реке или Москворецким сражением. За храбрость, проявленную в этом славном кровопролитии, сын простого ремесленника из Саарской области маршал Ней получил титул «принца Московского». Было за что: французы потеряли в этом сражении тысяч тридцать боевого состава (в том числе и четыре десятка генералов), но, как справедливо указывают французские источники, «одержали победу», которая умножила, хотя и совсем ненадолго, славу великого маршала Нея. Русские потеряли в этом сражении намного больше, чем французы, но, как справедливо указывают русские источники, сражение это стало поворотом в ходе войны в пользу России. В конечном счете Наполеон был разбит, отрекся от престола, был сослан на Эльбу, а маршалу Нею король Людовик XVIII дал титул пэра Франции. Дальше, впрочем, все сложилось менее благополучно. Неугомонный Наполеон бежал с Эльбы и двинулся на Париж, а пэр Франции, великий маршал Ней, вместо того чтобы посадить «корсиканское чудовище» в клетку и привезти к королю, как приказал ему новый суверен, перешел на сторону старого хозяина, за что и был расстрелян 7 декабря 1815 года на авеню Обсерватории (рядом с нынешним кафе «Клозери де Лила» — там ему и памятник нынче стоит).

От всего упомянутого кварталу Москворецкой битвы (или попросту Москворецкому кварталу), прилегающему к бульвару Маршала Нея, досталось только название далекой российской речки. Сам квартал сложился гораздо позднее. Между остатками последних по счету оборонительных стен Парижа и насыпью окружной железной дороги, рельсы которой и нынче лежат здесь спокойно и безмятежно, стали в конце XIX века селиться новые парижане — разорившиеся французские крестьяне и ремесленники, разнообразные эмигранты (испанцы, португальцы, поляки, позднее, с середины нашего века, уже магрибинцы и прочие африканцы). Пригород служил трамплином, пересадочной станцией для новых парижан. Здесь происходила их интеграция, и она была в ту пору чаще всего успешной. Те, кто преуспел, перебирались ближе к центру. Как делили здесь земельные участки в ту пору, не очень понятно. К домику старались все же прирезать кусочек земли для огорода и сада. Жители квартала выращивали овощи и цветы на продажу, и нынешняя улица Бонз называлась тогда улицей Виноградников. Здесь изготовляли знаменитый сорт местного сент-оуеновского вина. Огородов здесь было тогда множество. Нынче остался один: семья из Алжира как-то ухитрилась удержать свой клочок земли. Национальностей тут тоже было великое множество, но никаких национальных проблем в квартале не наблюдалось: царил дух французской рабочей солидарности.

Уничтожат ли бульдозеры улочки парижской окраины? Если не оказывать сопротивления, все поломают и все продадут (притом за большую взятку).

В квартале Москова между бульваром Нея и улицей Лейбница, как и на всех парижских окраинах, гремели в те времена простонародные танцульки-«генгет» по примеру монмартрских, только здешние были подешевле да играли на них цыгане, которые после закрытия окружной дороги стояли с кибитками на просторном пустыре, принадлежавшем когда-то военным. Самодельные домишки, составлявшие квартал Ла Москова, со временем уступили место большим доходным («меблированным») домам. Квартиры в них были мало-помалу выкуплены жильцами, так что теперь у каждого из домов по восемь или десять владельцев. Дома прочные, на постройку их шли камни от тьеровских укрепленных стен, вдобавок большинство домов были недавно реставрированы. А между тем еще и перед войной решено было все тут снести, объявив этот квартал «зоной реконструкции». Даже планы реконструкции уже были утверждены. Решено было снести 160 домов из 180. Отчасти этой его давней обреченностью объясняется и некоторая запущенность квартала. Симпатичная запущенность. Здесь можно забыть, что ты еще в Париже: словно попадаешь на улицу небольшого средиземноморского города. Через улицу перекликаются соседи. Ребятишки гоняют консервную банку посреди улицы. Распахнута калитка в садик... И никто, похоже, не боится (как боятся в центре Парижа), что нехороший человек будет приставать к детишкам с дурными намерениями или вдруг вломится в чужой незапертый дом: соседи-то на что, соседи присмотрят, если что. И новые люди тут все еще селятся. Приезжие, конечно. Мягко говоря, небогатые. Вон одна островитянка с Гавайских островов недавно поселилась — гляди, уже заговорила по-французски за три-то года. И мужем обзавелась. И детишками. Становится парижанкой... А в пустующие, брошенные дома вселяются, как водится в Париже, художники. Устраивают «коммуну». В мире парижских вольных художников среди их вавилонского столпотворения непременно попадаются русские...

В общем, как вы поняли, колоритный это квартал — Ла Москова. Однако уже обреченный квартал. Где-то там на самом верху, в мэрии или еще выше, решили, что непременно должна грянуть реконструкция, что будут здесь большие бетонные дома, будет много

А это редколлегия журнала «Маленький Ней». Кто докажет мне, что эти люди менее симпатичны, чем те, что сидят в здешнем парламенте, делают карьеру «слуг народа» и отчего-то богатеют при этом? Так почему же эти люди должны хуже начальства знать, где им жить и как им жить?

машин, будет высокая плотность населения, стеклом засверкают офисы...

— Архитекторы настроят перегородок, — пророчит здешний старожил Луи Бастен, сидя в своем запущенном богемном садике на улице Боне, в самом центре квартала. — Будет решетка перед каждым домом, код будет при входе за решетку, код у подъезда, код и домофон при подходе к лифту... Будет страх, и небезопасно станет, как везде. И люди не будут знать друг друга. И дети не будут играть во дворе... Наши-то выросли, не зная границы...

Луи Бастен вспоминает прошлое квартала, а мне вспоминаются при этом

Музыкант Либерто Планас дает москворецким детишкам уроки музыки и сам изготовляет музыкальные инструменты.

московские окраины моего детства — Останкино, село Алексеевское... В зрелые годы я видел, как раскурочили деревню Черепково на Новорублевском шоссе, деревушку у Речного вокзала, поселок у станции Переделкино, видел, как безжалостно вырубали старые сады... «Неумолимая поступь прогресса», — говорил мой старый друг, живущий нынче в суперпрогрессивном мерзко-провинциальном Бруклине. Но вот я слушаю здешнего Луи Бастена, и мне начинает казаться, что, может, он не так уж не прав, этот Бастен из парижского Москворечья. И впрямь, всегда ли прав асфальтовый каток прогресса, не щадящий ни наших кладбищ, ни наших корней, ни нашей истории? И кто эти люди из мэрии, которые все знают лучше, чем исконные жители этих мест? Впрямь ли они так умны, так неподкупны, так озабочены всеобщим благом, эти люди? Вот, скажем, реконструкцию квартала Ла Москова отдали какой-то богатой фирме «Семавип». Прошли годы, десятилетия, дома все рушат и рушат, но ничего пока не построено. И генеральный директор этого «Семавипа» месье Кемар уже сел в тюрьму за взяточничество и присвоение казенных средств (судя по ежедневным газетным сообщениям, это явление почти столь же распространено на берегах Сены, как и на берегах Москвы-реки). Ну хорошо, построят они башни, уничтожат последние сады и чудный дом стиля «ар деко», украшенный фаянсовыми плитками с росписью самого Пейракии, утроят население квартала, дадут еще семь тысяч метров конторам (их и так немало пустует в городе), выселят последние двести семей... Но зачем? Разве градостроители сами не ищут нынче последних островков тишины в Париже? Разве, задушенные потоками машин, они не мечтают теперь снова о былых трамваях и маленьких поездах окружной дороги, которые так спешили убрать?..

Не меня одного мучат эти сомнения. Парижские «московиты», двести семей, живущие вокруг улицы Боне, вдруг взбунтовались. Они решили не мириться с «неумолимым ходом» бетонного прогресса. Они создали «Ассоциацию борьбы за квартал Ла Москова» и начали выпускать свой журнал «Маленький Ней». Там все было про них — история здешних улиц, политика, местная жизнь, даже стихи. Сижу, читаю...

Вот какая-то Анна вспоминает, как всю прошлую неделю было солнышко, а она была на работе. Но вот суббота. Можно выйти во двор. Однако идет проливной дождь. Что ж, видно, и солнышку нужен отдых, решает Анна. Анна подождет, потерпит... Ведь здесь понимают, что такое усталость. Умеют терпеть. И, как выяснилось, здесь умеют постоять за себя. У «москвичан» сразу нашлись союзники — повалили со всех сторон. Двенадцать мавританских ребятишек создали рок-группу «Москокидз» — «Москвичата». Они поют в стиле «регги» на взрывной смеси здешнего уличного арго и школьных словечек. Поют про свой Москворецкий квартал — о том, что он должен жить. Они имеют успех. Престижная фирма «Барклай» только что выпустила их диск. Младшему из певцов четыре года, старшему — 12. Живущий здесь художник Ди Роза снял даже видеоклип с «Москвичатами»... Художников, музыкантов, артистов в квартале вообще много. Испанец Либерто Планас, например, ведет здесь музыкальную студию и сам мастерит инструменты редкостной красоты. Активисты из журнала «Маленький Ней» познакомились на улице с фотографом. (Он оказался русским.)

И дело москворецких бунтарей оказалось не безнадежным. Во время выборов и местная власть, и парижская мэрия пытаются проявлять внимание к «вокс попули», воплю по полю, к воплю народному. У парижан есть опыт: вон и бельвильским старожилам удалось отбить кое-что у асфальтового катка. Так что участники «движения Сопротивления» из парижского Москворечья надеются на удачу, и бетонное будущее больше не кажется им печально неизбежным.

В таинственном XVI, над Сеной

«В ПАССЯХ»

Если выйти из моей любимой станции метро — «Пасси», нависающей над правым берегом Сены, а потом еще подняться на маленьком пристанционном эскалаторе, то увидишь внизу мост через Сену с памятником Жанне д'Арк, слева Эйфелеву башню во всей красе, а при хорошей погоде — и весь город вплоть до Монмартрского холма и церкви Сакре-Кёр.

Продолжая подниматься вверх по правому берегу, можно через две минуты добраться до улицы Пасси. Когда-то она называлась Большая или Главная, как любят называть единственную улицу в здешних деревнях. Да она ведь и была главной улицей деревушки Пасси, которая зародилась на правом берегу задолго до того, как стала притчей во языцех славянских («Где живете?» — спрашивали в двадцатые годы у русского эмигранта в Париже, и он отвечал: «А где и все — в Пассях»). Деревушку эту основали дровосеки Нижона, о которых упоминают уже в документе 1250 года. Позднее, намного позднее, здесь обнаружили какие-то целебные воды с содержанием серной кислоты и железа, и популярность этого дачного местечка среди крупных парижских финансистов стала расти. В XV веке тут уже существовал замок, который в XVII веке купил и перестроил один крупный финансист. Позднее другой финансист купил его для своей возлюбленной — такие вот тогда делали подарки! Еще позднее город Париж присоединил деревушку к своим владениям, и она стала пользоваться еще большей популярностью у любителей тишины. Жан-Жак Руссо гостил тут у друга, Россини жил тут, а нежный поэт Ламартин провел тут последние дни жизни. Улица Пасси в начале века уже полна была всяких ресторанчиков и магазинчиков, но сегодня, на мой взгляд, сохраняет определенный шарм лишь маленькая площадь Пасси, где в хорошую погоду столики кафе добегают до самого фонтана, в котором утоляют жажду голуби. Сколько раз, присев на краешек фонтана, я съедал банан, размышляя о тех, кто грелся здесь на солнышке за полвека до меня, — о Бунине, Зайцеве, Куприне, Тэффи... Площадь почти провинциальная, рядом рынок Пасси, воркуют голуби, время течет незаметно, как ему и положено... В последний раз мы сидели на этой площади с литовским поэтом и стэнфордским профессором Томеком Венцловой, вспоминая прежних жен и прежнее мое жилье в Рублеве, на западе Москвы. Оказалось, оба мы все помним, и ничто не умирает, покуда мы живы. Но, может, и те, кто ушел, живы еще, покуда мы их помним...

В первые годы парижской моей жизни, выполняя поручения московских друзей, я не раз навещал на этих улочках бывшего русского поселения то чью-то бабушку Антонину Ивановну, то чьих-то сестер Нинуш и Зарик — остатки большой русской колонии 20-х годов. Сегодня большинство из них живы только в моей памяти...

У начала улицы Пасси сразу несколько улиц выходит на площадь Коста-Рики: рю дю Тур (Башенная), на которой еще стоит старая деревенская башня, улица Альбони и улица Винез, на которой всего в сотне метров от угла номером 9-бис была обозначена трехэтажная вилла, где жил в тридцатые годы Керенский (этот адрес стоит на журнале «Дни»). Владимир Зензинов, эсер и друг Фондаминского, рассказывал Роману Гулю, что Керенский часто прогуливался здесь своим стремительным шагом и однажды какая-то дама, увидевшая его на прогулке, нарочито громко сказала ребенку: «Смотри, Танечка, вот человек, который погубил Россию». Зензинов рассказывал, что Керенский после этого много дней не мог прийти в себя. По сравнению со многими десятилетиями, в течение которых Россия не может прийти в себя, это, конечно, немного. Любопытно, что типично русский спор о том, кто виноват и кто же все-таки погубил Россию, бесконечен. «И много лет спустя мы спорим, кто виноват и почему. Так в страшный час, над Черным морем, Россия рухнула во тьму», — написал как-то эмигрантский поэт.

Если от станции метро «Пасси» спуститься вниз по лестнице и пойти вправо, то по улице Вод (вероятно, тех самых, минеральных) выйдешь на крошечную уютную площадь Вод, где размещается теперь музей не вод, но вин. Дело в том, что в высокий берег Сены врыты здесь старинные погреба. Это монастырские погреба, принадлежавшие некогда монастырю Миним-де-Шайо, — в этих подвалах добрая тысяча метров благоустроенных старинных галерей...

Если продолжить свой путь от музея на юг параллельно Сене, то, миновав ворота старинного сада, охраняемого десятком каких-то десантников в пуленепробиваемых жилетах с рациями и автоматами, нырнешь вдруг в совершенно уникальную улочку Парижа: совсем узкая деревенская улочка, где сквозь брусчатку пробивается травка, а по обе стороны — высоченные, увитые плющом стены каких-то поместий с садом или даже парком. У глухих ворот справа можно увидеть старый, источенный непогодой и временем камень, надпись над которым доводит до нашего сведения, что камень это межевой (во французской деревне такие везде) и установлен был здесь в 1731 году, чтобы обозначить границу между поместьем Пасси и поместьем Отей. Ну а за воротами этими — бальзаковские тайны. В полном смысле слова, ибо это ворота бальзаковского дома. Что до стены слева, то, вглядевшись внимательно, можно заметить над невинным плющом, обвивающим ее, камеры телевизионного наблюдения. Пройдя еще метров пятьдесят, увидишь и полдюжины парней с автоматами, один из которых, совершенно позабыв о бдительности, рассказал мне однажды, что там, в саду, за стеной — турецкое посольство и что «революционные» курды уже много лет охотятся за живыми турками, стараясь превратить их в мертвых, ну а до курдов за живыми турками много лет так же яростно охотились армянские «революционные» террористы (они себя называли «революционной армией»), которые не могли простить туркам страшного армянского геноцида начала века. Как видите, всюду страсти роковые, и на деревенской улочке Бертон защита от них обходится в копеечку. Я не стал рассказывать коммандос, отчего я глазел на стену, ибо имен они всех этих не знают, вам же признаюсь, что сад этот до своего пуганого посольского существования принадлежал сперва принцессе Ламбаль, потом роду де Савуа-Кариньян и уже сравнительно недавно, какое-нибудь столетие с лишним назад, приобрел и дом и сад доктор Эспри Бланш, который и открыл здесь свою психиатрическую лечебницу. Там лечился Шарль Гуно, дважды находился на излечении Жерар де Нерваль, а что до столь любимого в России (ныне самого популярного автора московского вольного книгоиздательства) Ги де Мопассана, то он и умер здесь. Недоступный ныне сад, по дорожкам которого бродили безумные французские гении, был когда-то огромным, спускался террасами к Сене вдоль нынешней улицы Анкары.

Избавляясь от милитаризованного соседства, от камер телевизионного наблюдения и от нездоровых воспоминаний, можно подняться по крутой лестнице на застроенную солидными буржуазными домами улицу, носившую раньше название Фран-Буржуа, а позднее переименованную в улицу Ренуара. Справа от нас будут огромные модерные дома, сквозь входные стеклянные двери которых можно видеть цветники, нависающие над Сеной. Но интереснее для нас противоположная сторона улицы. Вот угол улицы Черновиц, на которой в тридцатые годы жил со своей женой Амалией Осиповной замечательный деятель первой русской эмиграции Илья Исидорович Фондаминский. Квартира у Фондаминских была просторная, ибо, как на их счастье, так и на счастье многих в той эмиграции, у Амалии Осиповны оставались еще кое-какие средства от семьи чаеторговцев Высоцких, к которой она принадлежала (русское все пропало, но были ведь какие-то заграничные плантации, в частности на Цейлоне), так что, не ища для себя никакой выгоды, супруги Фондаминские могли с энергией и самоотверженностью былых эсеров (вспоминают, как, встретив в очередной раз Фондаминского, вышедшего из ворот русской тюрьмы, Амалия Осиповна окликнула извозчика и сказала ему, усаживаясь с мужем в коляску: «За границу!») отдаться делам благотворительности и служению русской культуре. Пожалуй, именно Фондаминскому принадлежит главная заслуга в издании лучшего в истории русской эмиграции (а может, и в истории всей русской журналистики) «толстого» журнала «Современные записки». В эмиграции Фондаминский старался помочь всем — энергия добра была в нем неистощима. Набоков (не слишком щедрый на похвалы) писал, что от этого человека исходило какое-то особенное сияние. Человек, в сущности, традиционных вкусов (но притом самый терпимый в редакции журнала), Фондаминский сумел оценить модерниста Набокова, в первый его приезд в Париж поселил его у себя на улице Черновиц, окружил нежной заботой, организовал его чтения, привычно объехал всех, у кого были еще деньги, стараясь подороже продать набоковские билеты... Фондаминский был историк, публицист, редактор, но главный его талант был, конечно, талант филантропа, организатора, общественника... Он сгорел в печи немецкого крематория, отказавшись уезжать из Парижа, бежать из лагеря и вообще — спасаться. Христианские идеи самопожертвования уже владели им в то время...

Совсем другого рода человек жил в доме № 48-бис на той же улице Ренуара. Это был человек очень талантливый, настоящий писатель, однако совершенно беспринципный, к тому же любитель хорошо пожить (что на Западе редко удается писателю), жуир, шармер и циник. Звали его Алексей Николаевич Толстой, и он жил в этом доме в 1919 и 1920 гг. Здесь он написал «Детство Никиты», здесь им была начата его эпопея «Хождение по мукам» (первая часть ее — роман «Сестры»). После первых эмигрантских удач к Толстому и его милой жене, поэтессе Наталье Крандиевской, пришли неизбежные материальные трудности. Крандиевской приходилось зарабатывать на жизнь шитьем. Еще труднее пришлось в эмиграции соседу Толстых по дому — прославленному Константину Бальмонту, который жил двумя этажами ниже. Этот некогда самый знаменитый из петербургских поэтов познал здесь забвение, нищету, душевное нездоровье. В первое время его часто навещал другой бедолага, которого он приветствовал трогательными стишатами:

Здесь, в чужбинных днях, в Париже,
Затомлюсь, что я один,
И Россию чуять ближе
Мне всегда дает Куприн.

Бальмонт был в России живой легендой. Его считали иностранцем, «гидальго», а он оказался неизлечимо болен тоской по России, ненавидел Париж, скрывался в «глухой, седой Бретани» и все глубже погружался во мрак безумия...

Любопытно, что дом, где жили Алексей Толстой и Бальмонт, нависал на берегу над домом Бальзака, над психушкой, где, погружаясь в безумие, кончил свои дни Мопассан («господин Мопассан превратился в животное»). При этом ни озабоченному земной сытостью (я бы сказал, обжорством) Толстому, ни мечущемуся Бальмонту никогда не вспомнились ни бальзаковское страстное и тщетное стремление — до последних дней жизни — к достатку и роскоши, ни мопассановское угасание духа. Что нам до их бальзаков и мопассанов?..

Пройдя немного дальше по улице Ренуара, мы выйдем на угол рю Колонель-Боне. На ней в доме № 11-бис жили Зинаида Гиппиус и Дмитрий Мережковский.

Зинаида Гиппиус была в десятые годы XX века довольно яркой звездой петербургского поэтического небосклона. В 1919 году З. Гиппиус с мужем, известным романистом и деятелем религиозного возрождения, покинула Петроград. Она писала незадолго до бегства:

И мы не погибнем, — верьте!
Но что нам наше спасенье?
Россия спасется, — знайте!
И близко ее воскресенье.

Но спасенье России было не близко. И в привычном Париже Зинаида Гиппиус томилась по оставленной земле:

Как Симеону увидеть
Дал ты, Господь, Мессию,
Дай мне, дай увидеть
Родную мою Россию.

Супругам Мережковским повезло — в один из прежних, дореволюционных приездов в Париж они купили эту квартиру близ Сены. Здесь они и доживали эмигрантские годы, стараясь продолжать (на своих «воскресеньях») петербургские традиции литературных салонов и даже пушкинской «Зеленой лампы». У них дома по-прежнему спорили о литературе, религии, политике, и чета эрудитов задавала тон... Супруги по-прежнему много писали, много печатались, учили молодых литераторов. Квартира на рю Колонель-Боне долгое время спасала их от бездомности и одиночества. Но нужда, новая война, старость и болезни настигли их в свой черед...

В таинственном XVI, над Сеной

Иногда я задаю себе вопрос: отчего русские селились в Отей и «в Пассях»? С чего это пошло? С квартиры Мережковских? Или с эмиграции 1905 года? А может, началось раньше? И как возникают эти колонии вроде нынешнего «чайна-тауна» в Париже или сообщества португальских консьержек в том же XVI?.. Ответ не приходит в голову, а приходят дурацкие истории вроде той, что рассказал мне у себя в редакции в Тель-Авиве (где он был иллюстратором) старый институтский приятель Лева Ларский. Они с женой по приезде в Израиль долго копили деньги и искали квартиру. Потом нашли новый многоэтажный дом на окраине. Лева отвез туда деньги, вернулся на работу и рассказал сотруднику, молодому бухарскому еврею, что вот — есть дом... «Когда я въехал в новую квартиру, — закончил свой рассказ Ларский, удивленно качая головой, — я увидел, что весь дом населен одними бухарскими евреями. Все, все... Ну да, и мой сотрудник тоже, все, кроме нас с женой...»

Еще менее понятно, отчего советских служащих и в 80-е годы продолжали селить в XVI округе Парижа, который давно уже стал не просто дорогим, а самым дорогим. Немыслимо дорогим. Может, люди, отвечавшие за их или вообще безопасность, считали, что так им будет безопаснее жить кучно? Чтоб враз собраться по тревоге. Или еще зачем?

ЗАРЕЧНЫЙ КВАРТАЛ Д'ОТЕЙ

Нижним концом улицы Ренуара ограничен с северо-запада обширный квадрат, в центре которого стоит радиодом, Дом французского радио. Хотя прочие безработные вытесняют меня отсюда помаленьку, я еще прихожу в этот дом иногда, чтобы записать для русской редакции свои байки про Париж, про русских эмигрантов или каких-нибудь симпатичных французов. Прихожу поздно вечером, когда здание пустеет, работают лишь ночные редакции да студии записи, в которых молодые операторы, махнув мне рукой через окно («Мели, Емеля...»), уходят поболтать с приятелями или звонят своим девчонкам по телефону... Иногда мне вспоминается при этом собственная молодость, девчонки-операторши из московского радиодома на Путинках или на Пятницкой, мой героический побег из английской редакции московского иновещания в 30 лет (чтоб терпеть нищету и писать «нетленную прозу»... а может, лишь для того, чтоб приходить 30 лет спустя тихими вечерами на здешнее иновещание, но, правда, вещать уже на своих, по-русски). Что мы знаем о себе и своей судьбе? Судя по письмам, которые приходят довольно часто в редакцию здешнего радио, и тем, что приходят лишь изредка на мое имя в издательства, мне, похоже, лучше-то всего и удавалось в жизни «вещание», интимный разговор с невидимым единомышленником...

Здешний шикарный радиодом (куда до него московскому или лондонскому!) был построен в 1963 году (архитектор Анри Бернар). Здесь тысяча каких-то офисов, многие десятки студий, среди них есть совершенно грандиозные, например 104-я с залом на тысячу мест. Здесь есть фонотека, дискотека, башня с архивами («Память века»), библиотеки, справочные и еще какое-то подземелье с теплоцентралями и с горячей водой... Мне никогда не хватало времени обойти ни все здание, ни даже часть его, но доводи-

Думал ли я, с отвращением покидая радиодом на Пятницкой 40 лет лет тому назад, что надолго причалю у нового Дома радио в заречном квартале Парижа? Правда, здесь я вещаю не по-английски, а на родном языке, для своих...

В этом доме на улочке Жака Оффенбаха (по-семейному, — на Яшкиной улице) прошли все парижские годы Бунина (1922–1953). На счастье, щедрые русско-еврейские меценаты помогали любимому писателю снимать виллу в Приморских Альпах. Там-то были красота и приволье. И любовь, и работа, и прогулки, и разговоры, и спокойное чтение старых журналов...

лось останавливаться по пути в библиотеку у какой-нибудь залы, где репетирует хор. Сидят живые мужчины и женщины и поют. Значит, за всеми этими механическими радиоголосами существуют живые люди, которые бегут в метро, жуя на ходу булку, потом сморкаются в бумажный платочек, волнуются и — репетируют. Так, может, и за отрепетированными голосами комментаторов, политиков, депутатов, президентов, наполняющими и засоряющими эфир, тоже есть живые люди, которые страдают от боли в желудке, от чувства своей слабости и неполноценности, от непреодоленной жадности... Мучаются разным, но говорят все как есть об одном — о патриотизме и государственности, о наведении порядка и упрочении безопасности (которое они видят в одной лишь войне), о благе народа или народов, — бедные вы наши, заблудшие овцы-руководители, Господь вам судья...

От радиодома веером расходятся улицы квартала д'Отей, о котором самое время сказать несколько слов. Иные из историков полагают, что именно в этих местах происходила битва между галлами и римлянами. Доподлинно известно, что в 1100 году здесь находились владения Нормандского аббатства (ему принадлежал Отей до самой Революции, хотя он лишался постепенно, на протяжении веков, своих владений в Пасси, Лоншане и Булони). Здешние виноградари делали отличное отейское вино, которое было известно даже в Дании (вероятно, через тамошний монастырь). Студенты из Латинского квартала приходили сюда на праздник вина...

Позднее близость к берегу Сены и наличие горячих минеральных вод сделали Отей дачной местностью, где можно было подлечиться и просто отдохнуть от столичных невзгод. (Считают, впрочем, что воды Пасси, открытые еще в середине XVII века духовником мадам де Ментенон, были более действенными.) Так или иначе, у именитых парижан даже вошло в моду отдыхать, развлекаться, а то и просто жить в квартале Отей. Одним из первых сельское блаженство обнаружил здесь Буало, за ним и Мольер залечивал здесь душевные раны, нанесенные королем и супругой, потом уж тут творил Расин, да и король Людовик XV завел себе тут дом для тайных свиданий. Сюда удалялись мадам Рекамье, Ампер, Шатобриан, Юбер Робер, Тюрго, Бенджамин Франклин, Карпо, Гаварни и им подобные. В 1860-м процветающая деревня Отей стала одним из самых шикарных кварталов Парижа, прогуляться по которому не грех любому туристу, особливо русскому. Вот мы и отправимся в путь от радиодома, возле которого нас застиг этот краткий исторический экскурс.

Свернув направо с улицы Ренуара, мы попадем на улицу Ранелага. Название ее пришло в Отей из туманной Англии, которой, казалось бы, нечему было научить веселый город Париж по части танцев-шманцев. Ан не тут-то было. Именно в здешнем саду, названном садом Ранелага, устроены были незадолго до Революции балы на открытом воздухе «по примеру балов у лорда Ранелага в Лондоне». Первый такой бал состоялся в саду 25 июля 1774 года, а потом балы эти имели такой успех, что сама королева, сама Мария-Антуанетта явилась сюда однажды и кружилась, кружилась, счастливая и прекрасная, не чуя близкой беды. И неудивительно, что и сад, и ведущую к нему улицу назвали по имени лорда Ранелага, который был такой великий затейник (слово это, кстати, и сама эта профессия пользуются во Франции большим уважением). Позднее в том же парке, на авеню Рафаэля, № 26, построили большую танцевальную залу «Ранелаг», которая в 1814 году сгодилась победоносным русским казакам. Поначалу они разместили в ней лошадей, а потом там был устроен госпиталь. В 80-е годы в особняке на упомянутой нами авеню Рафаэля поселилась печальная молодая женщина, вдова (морганатическая супруга, то есть неровня она была императору, хотя и была им нежно любима) убитого террористом русского императора Александра II Екатерина Долгорукая (княгиня Юрьевская). Она растила здесь сына, а потом переселилась в Ниццу. Там она и похоронена на кладбище Кокад.

Кстати, раз уж мы коснулись интимной жизни русского двора, то мы могли бы продолжить прогулку по улице Ранелага в сторону бульвара Босежур, пересечь авеню Моцарта и свернуть направо на авеню Вион-Уитком. Здесь в доме № 6 содержала балетную студию балерина Матильда Феликсовна Кшесинская, которая в петербургские еще времена пользовалась большим успехом у членов царской семьи (даже у будущего императора), но в конце концов вышла замуж за великого князя Андрея Владимировича, вместе с которым и выехала в эмиграцию. В марте 1926 года высокопреосвященнейший митрополит Евлогий освятил новое учебное заведение, оно просуществовало до сороковых годов, а в пору расцвета в нем было до сотни воспитанниц. Русские балетные школы пользовались в Париже большой популярностью — еще со времен триумфальных гастролей Дягилева считалось, что балет — «русская профессия». Так что Матильда Феликсовна (получившая в эмиграции титул княгини Романовской-Красинской) не осталась без работы, трудилась и прожила чуть не до ста лет (пережив на 15 лет мужа, которого она была старше на 7 лет). Жили они с князем здесь же, неподалеку, в доме № 10 на частной улице («вилла́») Молитор, между улицами Буало и Шардон-Лагаш, и их часто посещали великий князь Гавриил Константинович и его супруга-балерина Антонина Нестеровская (получившая титул княгини Романовской-Стрельнинской, в честь дачи Кшесинской в Стрельне, где она впервые встретилась с великим князем Гавриилом). Антонина Нестеровская держала в то время дом моды «Бери» (это тоже считалось аристократическим русским занятием).

Впрочем, прежде чем пересечь авеню Моцарта, советую свернуть с улицы Ранелага направо и навестить две соседние улочки — улицу Жака Оффенбаха и улицу генерала Обе. В угловом доме № 1 по улице Жака Оффенбаха (на «Яшкиной улице», как говорили Бунины) с 1922 года до самой своей смерти в 1953 году жил с супругой знаменитый русский писатель, академик и первый (среди писателей) русский лауреат Нобелевской премии Иван Алексеевич Бунин. Я не раз приходил к этому дому, и однажды консьержка даже спросила меня, кого я ищу. Я объяснил ей, что тут жил наш русский писатель... «Знаю, — сказала она. — Господин Зуров». Я подумал, что Зурова (который прожил в этой квартире после смерти Бунина еще восемнадцать, а после смерти преданно любившей его жены Бунина Веры Николаевны еще десять лет) помнит хоть консьержка, а уж самого-то Бунина мало кто помнит в Париже. Окна бунинской квартиры выходили на какую-то подстанцию, летом тут было жарко, пыльно и тоскливо (Верлен был всегда в ужасе от парижского лета), но, пока были еще в Париже богачи-меценаты (по большей части русские евреи) и были деньги от премии, Буниным удавалось выбираться на дачу в Приморские Альпы. После войны стало совсем худо. Бунины обнищали, меценаты бежали в США, Иван Алексеевич болел. Нужда и уговоры окружавших его эмигрантов (которые, по его выражению, в то время «стали краснее рака») погнали его на прием в советское посольство, где провозглашали здравицы ненавистному Сталину (Бунин употреблял его имя только в одном ряду с Гитлером и Муссолини)... Потом автор антибольшевистских «Окаянных дней» до смерти оправдывался в этих визитах перед старыми друзьями...

Того, что происходило по соседству с его домом (в доме № 4 по улице генерала Обе) весной-осенью 1937 года, Бунин наверняка не знал. В этом доме жил видный агент советской разведки Игнатий Рейс. Получив в самый разгар московских чисток приказ вернуться в Москву, Рейс понял, что́ его ждет по возвращении. Он передал сотрудникам советского торгпредства письмо, в котором заявлял, что он порывает со «сталинизмом», и звал к дальнейшей «борьбе за социализм и пролетарскую революцию». Сталин приказал своим парижским агентам расправиться с Рейсом. Агентов в Париже было немало — из числа коммунистов, коминтерновцев и русских эмигрантов. Активным вербовщиком агентуры был в то время бывший белогвардеец и бывший «евразиец» С. Эфрон (муж поэтессы М. Цветаевой). Изрешеченное пулями тело И. Рейса было найдено 4 сентября того же года на дороге близ Лозанны. Операция была проведена грубо, следы вели во Францию (и в Москву). Агенты С. Эфрон, В. Кондратьев и супруги Клепинины были отозваны в Москву и все (кроме Кондратьева, который сам умер от туберкулеза) сперва награждены, а потом расстреляны...

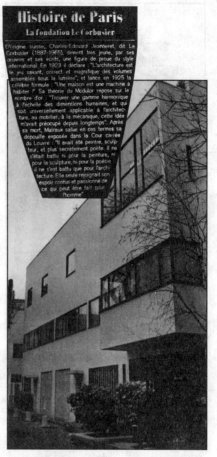

XVI округ – истинный заповедник архитектуры модерна. Здесь не только Гимар, но и Малле-Стевенс, и Корбюзье... Виллу Ла Рош считают архитектурным манифестом Ле Корбюзье.

Если от пересечения авеню Моцарта с улицей Ранелага двинуться к югу, то за углом откроется улица Асомсьон (**rue de l'Assomption**), то есть Успенская улица. В доме № 70 по улице Асомсьон, начиная с 1925 года, часто проходили собрания самых разнообразных русских организаций, а в 1926 году открылся Русский клуб, где выступали не менее популярная в эмиграции, чем раньше в Петербурге, Надежда Тэффи и живший неподалеку отсюда Александр Куприн. Куприн написал несколько рассказов, навеянных пере-

В этом квартале XVI округа Парижа – истинное царство чародея «ар нуво» Эктора (Гектора) Гимара. В доме № 17 на рю ла Фонтен (мирная улица Источника, на которой мятежные террористы робко судили своего агента-вождя Евно Азефа) сразу узнаешь руку Гимара.

крестком улицы Асомсьон и улицы Доктора Бланша, а также бульваром Босежур, улицей Ренуара и авеню Моцарта. Куприн сотрудничал в то время в «Иллюстрированной России», часто гулял по соседней окраине Булонского леса. Его красавица дочь Ксения (Киса) участвовала в демонстрации мод и снималась в кино. Как рассказывали мне старые эмигранты, это она уговаривала отца вернуться в Россию, но сама туда не поехала. Впрочем, Куприн в пору отъезда был уже совсем плох...

На упомянутом выше бульваре Босежур у дома № 6 в уютном для обитания уголке, который называется «вилла Босежур», можно обнаружить дома самой редкостной для Франции архитектуры — русские избы. Какой-то неглупый хозяин перетащил их сюда из русского павильона Всемирной выставки 1867 года (той самой, на которой присутствовал русский император), когда стали разбирать выставку. Но вообще-то для тех, кого не оставляет равнодушным архитектура, особенно архитектура начала XX века, для них Отей полон сокровищ.

Если мы вернемся на купринскую улицу Асомсьон и, дойдя до церкви, повернем направо по улице имени знаменитого психиатра доктора Бланша, то нам откроется улица (на самом деле это тупик) Малле-Стевенса. Улица носит имя архитектора (вероятно, он был скорее Роб Мэллит-Стивенс, чем Робер Малле-Стевенс), который построил здесь несколько домов для себя и друзей. Перенося в архитектуру принципы кубизма, он стремился, подобно Ле Корбюзье и Люрса, избавиться от излишеств «ар нуво», добиться строгости и геометрической трезвости объема. Здесь сразу несколько строений Малле-Стевенса, построенных в 1926—1927 годах, — дома № 4, 6, 7, 10, 12... Что касается Ле Корбюзье, то два дома, построенные им на площади Доктора Бланша (по левую руку от улицы доктора Бланша, если идти в направлении улицы Рафе), «Ла Рош» и «Дженнере» — считают истинным архитектурным манифестом Ле Корбюзье.

Прежде чем познакомить вас с еще одним архитектором, чьим истинным заповедником может считаться этот уголок Отей, обращу ваше внимание на улицу, которая была у нас по левую руку, когда мы шли по улице Доктора Бланша к площади Доктора Бланша, — на улицу Ивет. Здесь в доме № 26, в особняке, окруженном садом, размещался в 30-е годы XX века русский масонский храм, в котором проводили свои собрания восемь русских масонских лож Парижа. Две из них принадлежали к Великому Востоку Франции, а шесть — к Великой Ложе Франции. Чуть не все более или менее крупные деятели эмиграции входили в масонские ложи. Тех, кого интересует масонская деятельность русских эмигрантов, отсылаю к книге А. И. Серкова, которая только что вышла в Петербурге, здесь же напомню лишь, что в перечне прежних русских масонов найдешь имена Суворова, Кутузова, Грибоедова, Пушкина, Карамзина, двух русских императоров и представителей таких русских фамилий, как Тургеневы, Лопухины, Татищевы, Нарышкины, Гагарины, Трубецкие... По объяснению одного из эмигрантских «вольных каменщиков», в основе масонского учения «всегда лежала задача «познания тайны бытия», к которому ведут человека просвещение, самосовершенствование и духовное творчество». Мне довелось читать много книг этого «вольного каменщика» (М. Осоргина) и его писем к братьям-масонам. Все, что я читал, было проникнуто лишь заботой о ближнем: отрадное чтение...

Двигаясь по авеню Моцарта к югу, мы минем метро «Жасмен», близ которого меня часто посещает неприятное воспоминание: это здесь корниловский герой, агент ГПУ генерал Скоблин поймал в ловушку своего начальника генерала Миллера, начальника Российского общевоинского союза. Генерала Миллера больше никто никогда не видел. Но ведь и Скоблин как в воду канул...

От мрачных воспоминаний нас сможет отвлечь только архитектура — легкомысленные фантазии великого мастера «ар нуво» Эктора Гимара, который здесь представлен во всем его богатстве и разнообразии. В построенном по проекту Гимара доме № 122 по авеню Моцарта у Гимара и его художницы-жены было ателье. Гимар вводил в архитектуру плавные, изогнутые, текучие линии природы, растительные орнаменты, элементы готики... Построенный им узкий дом № 120, сразу за виллой «Флор», относится к тому периоду, когда архитектор увлекался «ар деко», а дом № 18 по улице Гейне — последний дом Гимара в этом стиле (здесь была и его последняя квартира перед отъездом в США).

Если мы свернем с авеню Моцарта на рю ла Фонтен (название ее имеет отношение к здешнему минеральному источнику, как и названия *Source, Eaux, Cure*, а не к великому французскому баснописцу, служившему источником для Крылова, но тоже нередко бывавшему в этих местах), мы погрузимся в причудливый, фантастический мир Гимара. И дом № 17, и дом № 19, и дом № 21 проектировал Гимар, а уж под номером 14 числится самый что ни на есть знаменитый гимаровский Замок Беранже. Прохожие попроще называли его в ту пору «деранже», что значит — «ненормальный», «чокнутый», да и то сказать, чего там только не было накручено — от природы, от фантазии, от готики. С другой стороны, ко времени постройки дома здесь был еще почти что пустырь в центре простонародного предместья, а Гимар построил дом с недорогими квартирами, из дешевых материалов и считал, что дом нуждается в украшениях, изготовленных серийным способом: и стекла, и витражи, и мозаики серийные (и дом действительно оказался недорогим). Гимар сам нарисовал все — проекты обоев, дверных ручек, каминов, труб... Специалисты высоко оценили дом, он получил первую премию на конкурсе парижских фасадов. Новизна и непривычность гимаровских домов вызвали немало и злобных нападок. Он обращается к новому стилю, более «французскому», создает немало шедевров (большинство их здесь же, в Отей), а потом, обиженный и разочарованный, уезжает в 1938 году в Нью-Йорк, где умирает четыре года спустя всеми забытый. Нынче все знают, в каком метро козыречек Гимара над входом, в каком — его маркиза («Волшебник Гимар! Прекрасная маркиза!)».

Продолжая прогулку по улице ла Фонтен, можно полюбоваться также отелем Меззара, тоже построенным Гимаром (дом № 60), монументальным домом Соважа (№ 65), интересным домом Эршера в стиле «ар нуво» (№ 85).

Видимо, не все обитатели этой улицы замечали усилия архитекторов, ее застраивавших. Скажем, обитавший одно время в доме № 32 эсер и террорист Борис Савинков был слишком озабочен тогда настойчивостью Владимира Бурцева, доказывавшего, что великий Азеф, по существу руководивший всеми акциями отважных террористов, был агентом полиции. Са-

Никто не знает, как попал бюст Макса Волошина работы польского скульптора Виттига во двор дома на бульваре Экзельманс. Ясно только, что поэту здесь одиноко. Теперь, когда ворота на запоре, его навещают еще реже, чем раньше.

Заречный квартал д'Отей

винков был другом Азефа, в своей книге «Записки террориста» приводит нежные письма Азефа, и признать, что Азеф агент и предатель, было нелегко и Савинкову, и другим светилам революционного террора. Поэтому они сперва долго боролись с Бурцевым, потом долго допрашивали Азефа, устраивали следствие и даже суд. Одно из таких судилищ происходило в доме № 32 по улице ла Фонтен, куда явились Виктор Чернов, Петр Кропоткин, Вера Фигнер и Герман Лопатин. В конце концов корифеям удалось испугать Азефа, и он попросту сбежал...

Если не доходя до конца улицы ла Фонтен свернуть направо по улице Пуссен, то у дома № 12 можно увидеть вход в частный поселок особняков Монморанси. В этом поселке на тихой улице Сикомор жил писатель Андре Жид (вы, может, помните, как удивлялся тишине этой городской гавани посещавший Жида Жорж Сименон), а на улице Липовых Деревьев — философ Анри Бергсон. Улица ла Фонтен доходит чуть не до самой заставы Порт д'Отей. У заставы Отей на площади Порт д'Отей (дом № 67, с выходом на бульвар Монморанси) стоял особняк братьев Жюля и Эдмона Гонкуров, на верхнем этаже которого (на «Гонкуровском чердаке») собирались собратья-писатели — Золя, Доде, Мопассан, Гюисманс, Готье... Это здесь зародилась Гонкуровская академия (да и премия тоже).

Рядом с заставой Отей расположен уникальный парижский Сад поэтов. В нем среди любимых цветов каждого из представленных поэтов стоят камни, на которых выбиты строки из их стихов. Есть здесь и бюсты нескольких поэтов, скажем бюст Гюго, созданный Роденом, и бюст Теофиля Готье. Летом 1999 года мэр Парижа открыл здесь бюст Пушкина. До этого в Париже были из наших краев только каменные Толстой, Шевченко да еще Максимилиан Волошин. Впрочем, Волошин проживает во дворе дома на бульваре Экзельманс вполне анонимно (без подписи и прописки),

Он любил Париж, но не любил ни одиночества, ни безвестности. А тут ходят мимо – и никто не узнает. Он знал и любил иностранные языки, но сколько же можно говорить по-иностранному – и как им не надоест? А куда девался друг – скульптор Эдуард Виттиг? И почему он оставил бюст в чужом дворе?..

наподобие «тайного эмигранта». Во время первого своего приезда в Париж я пытался выяснить у обитателей виллы, как попал к ним во двор этот бородатый русский. Никто даже не знал, кто он. На вилле тогда жили русские, и одна немолодая дама высказала вполне здравую догадку. Она сказала, что на соседней вилле, где теперь разместилось вьетнамское посольство, жил богатый инженер-поляк, который был помощником самого Гюстава Эйфеля. У него в саду собиралось много представителей парижской Полонии, так что, может, скульптор-поляк Эдуард Виттиг (автор скульптуры) и уступил хозяину бюст. Позднее часть сада с бюстом была прирезана к двум виллам под номером 66 (**hameau Exelmans**). В русском справочнике 30-х годов я нашел объявление какого-то технического института, размещавшегося тогда по этому адресу. Впрочем, вряд ли это недолговечное учреждение имело отношение к волошинскому бюсту. Когда я попал в этот двор впервые, какими-то последышами 1968 года Волошину были пририсованы ребра и повязка на глаз. Из окна напротив на мою коктебельскую маету под бюстом смотрела красавица француженка, жена молодого фотографа-американца. В конце концов он вышел и вполне дружелюбно спросил, что я здесь делаю целый вечер. Что мне было ответить: вспоминаю стихи Волошина, скучаю по Коктебелю, сочиняю новый рассказ про Волошина?.. Мы просто поболтали с полчасика — о жизни, о его профессии (он снимал дефиле моды и манекенщиц). Потом я ушел.

Бульвар Экзельманс полон русских воспоминаний. В доме № 87, наискосок от Волошина, нынче храм Явления Богородицы. А на втором этаже, над храмом, русский военный музей, которым занимается Андрей Дмитриевич Шмеман (один из моих консультантов по старой эмиграции). Однажды после службы в церкви я встретил здесь старую знакомую певицу Наташу Кедрову, жившую тогда в Медоне (она была дочь музыканта Константина Кедрова, дружила когда-то с Волошиным, жила в Коктебеле, куда и отправила отсюда в подарок целое собрание волошинских акварелей, которые так высоко ценил А. Бенуа). Наталья Константиновна представила меня пожилому князю Голицыну, у которого я спросил, не из тех ли он Голицыных, что жили в Малых Вяземах неподалеку от станции Голицыно и маленького Дома творчества писателей...

— А что, — удивился князь, — станция все еще называется Голицыно?

Нынче уже нет ни Наташи, ни ее мужа Малинина, ни старого князя... Может, и Дома творчества в Голицыне нет, давно там не был... А не так давно наткнулся я в книге на весеннее (оказалось, предсмертное) письмо Веры Николаевны Буниной, адресованное моей бывшей соседке по XIII округу Парижа художнице Татьяне Муравьевой-Логиновой:

«Сижу в кафе на бульваре Экзельманс. В ожидании всенощной не знаю, что делать? Решила написать Вам. У меня поблизости было деловое свидание, и я решила не возвращаться домой. Ждать надо полтора часа...

Хотела зайти к Струве, но их не было дома. Позвонила Полонской, она играет в карты. Этим спасается! Позвонила Алдановой — к телефону никто не подошел. Вот и сижу и бросаю взгляды на прохожих. Акведук снесен, получилась широкая улица, посреди возвышение для машин. Их теперь здесь видимо-невидимо... Я сегодня надела свой серый костюм: распускаются деревья. Небо синее, безоблачное. Пишу письма и «беседую с памятью»...»

Письмо датировано 4 апреля 1961 года. 7 апреля «Русские новости» сообщили, что Вера Николаевна умерла 3 апреля. Кто-нибудь да ошибся датой — газета или В. Н. Бунина. А все же они были — эти ее неторопливые полтора часа ожидания и синее апрельское небо над бульваром Экзельманс...

В доме № 39 по бульвару у знаменитого скульптора Карпо была мастерская. Этот дом достраивал Гимар, которой воздвиг здесь также дом № 7 на улице Фрилер.

От бульвара отходит улочка Клод Лоран. Там тоже есть маленькая русская церковь, в которой мне довелось стоять как-то ночью на Пасху. А рядом с церковкой небольшое французское кладбище Отей, где похоронены Шарль Гуно, Гаварни, Юбер Робер, мадам Эльвесиюс. О, эта мадам Эльвесиюс! В ее особняке на улице Отей (№ 59) бывали лучшие люди эпохи Просвещения — и Дидро, и Гольбах, и Андре Шенье, и д'Аламбер, и Тюрго, и Томас Джефферсон, и Бенджамин Франклин. Ее кружок называли «Обществом Отей», а саму мадам Эльвесиюс — «Отейской мадонной» (*Notre-Dame d'Auteil*). Двое из названных мною друзей дома были влюблены в хозяйку и к ней сватались — Тюрго и Франклин. Тюрго был знаменитый экономист, финансист, одно время генеральный контролер финансов, Франклин — физик (он производил свои опыты в доме № 62 по улице Ренуара, да и жил тут неподалеку), философ, политический деятель, изобретатель громоотвода. Тюрго говорил о нем, что этот человек «вырывает громы у небес и скипетры у королей» (имелся в виду британский король, у которого Франклин вырывал Америку). Тюрго был 81 год, когда он посватался к мадам Эльвесиюс (она была тоже далеко не девочка, но что такое женские 60—70 лет, если женщина духовна, умна, прекрасна...). Франклин, баловень Франции, посол Америки, сватался тоже. Но мадам Эльвесиюс осталась верна памяти мужа. Тюрго умер в 1780-м, Франклина (прижимавшего к груди бутылочку с отейской минеральной водой) на носилках унесли на борт корабля, уплывавшего в Америку. Мадам Эльвесиюс скучала по друзьям, но она пережила и Франклина, лет на десять (она умерла в 1800-м, была похоронена в своем саду, и только позднее прах ее был перенесен на кладбище). Она любила этот сад и сказала однажды Наполеону (тогда еще не Бонапарту и не императору): «Генерал, когда знаешь, как много радостей может доставить клочок земли, меньше думаешь о завоевании мира». Честолюбивый генерал не поверил умной пожилой даме, о которой Вольтер говорил, что с увяданием ее красоты расцветает ее ум, — и напрасно не поверил... Наполеон жил в этом особняке позднее, а потом здесь жил его племянник принц Пьер Бонапарт, который прославился лишь тем, что в разгар спора вдруг выхватил пистолет и застрелил журналиста, который не соглашался с его мнением (это случилось в 1870 году).

Неподалеку от особняка мадам Эльвесиюс в доме № 40 по улице Отей размещалась знаменитая харчевня «Белый баран», в которой любили некогда пировать Мольер и его друзья (прелесть этих застолий вспоминала другая умная дама — мадам Севинье).

Улицу Отей соединяет с бульваром Экзельманс старинная улица Буало. Знаменитый поэт XVII—XVIII веков, автор трактата «Поэтическое искусство», в котором он изложил каноны классицизма, Никола Буало владел поместьем, находившимся неподалеку от того места, где стоит сейчас бюст Макса Волошина, возле бывшей аэродинамической лаборатории Эйфеля и нынешнего вьетнамского посольства. Поэт принимал здесь друзей, радовался своему саду, воспевал в классических стихах своего садовника Антуана и его жену Бабет.

Эктор Гимар построил здесь дом № 34 (первый свой особняк) на месте дома Юбера Робера.

А в доме № 16 была водолечебница, нечто вроде санатория, который посещали Наполеон, Адольф Тьер, Карпо, Дюма, Гюго и Альфонс Доде.

Дом № 7 по улице Буало удостоился мемориальной доски, сообщающей, что в этом доме жил Николай Евреинов. Это был театральный человек — режиссер, драматург, теоретик и историк театра. Он был очень знаменит перед войной в Петербурге, где театральная жизнь била ключом. Без его участия и присутствия не обходились и артистические кабаре вроде «Бродячей собаки» или «Привала комедиантов», где он пел свои песенки и частушки, импровизировал на разнообразных инструментах. Без него не обходилось ни одно начинание авангардного театра. Он был вообще (еще со времен своего «Старинного театра») ключевой фигурой русского авангарда. В то же время это был человек ученый, теоретик и историк театра, который читал лекции на драматических курсах, разрабатывал собственное понятие о «театральности» и одну за другой выпускал серьезные книги по теории и истории театра («Введение в монодраму», «Театр как таковой», «Театр для себя», «Крепостные актеры», «Нагота на сцене»). В 1920-м он ставил в Петербурге массовое действо «Взятие Зимнего дворца», а в 1921-м поставил собственную, очень знаменитую пьесу «Самое главное», которая обошла впоследствии сцены многих театров мира (переведена на 15 языков).

С 1927 года Н. Н. Евреинов жил в Париже, где продолжал ставить драматические спектакли и оперы, писал новые пьесы и фундаментальные труды по теории и философии театра, написал несколько киносценариев. Он продолжал так же интенсивно работать в годы второй мировой войны и после войны. Любопытно, что его историческое исследование «Караимы» помогло этому маленькому народу в годы оккупации избежать нацистских лагерей (караимы исповедуют иудаизм, но по крови они, если верить им самим и Евреинову, не евреи). Евреинов выступал после войны с передачами по французскому радио, поставил в «Казино-Монпарнас» на французском языке ревю по своим пьесам, успел закончить книгу об эмигрантском театре в Париже и «Историю русского театра».

На мемориальной доске не указано, что в том же доме № 7 жил другой замечательный русский эмигрант — писатель и художник-каллиграф Алексей Ремизов. Странную парижскую квартиру этого странного писателя посещало множество людей. Книги его издавали по-русски и по-французски: в эмиграции он издал до 1957 года по-русски от 45 до 50 книг. В мемуарах В. Яновского есть такой «сводный» портрет Ремизова:

«Все воспоминания о Ремизове начинаются с описания горбатого гнома, закутанного в женский платок или кацавейку, с тихим внятным голосом и острым умным взглядом... Передвигалось это существо, быть может, на четвереньках по квартире, увешанной самодельными монстрами и романтическими чучелами. Именно нечто подобное мне отворило дверь...»

Ремизов создал у себя дома «Обезьянью палату» и выдавал ее членам грамоты, написанные его поразительным почерком: он был великий каллиграф, и художество его ценил сам Пикассо. И если тот же Яновский относился ко всей этой игре в странность с подозрительностью, то Борис Филиппов, например, как и многие другие, считал, что это лишь своеобразный «уход от жизни».

Еще один славный русский эмигрант жил на улице Буало (в доме № 59). Это был самый знаменитый из молодых русских писателей, рожденных эмиграцией, — Владимир Набоков. Позднее он стал знаменитым американским писателем, а недавно, хотя бы и посмертно, смог вернуться в Россию. На улице Буало Набоков с семьей прожил почти год, до самого бегства в США. Набоковы очень нуждались, и снова, как в молодости, Набоков искал учеников. Симпатичный Саба Кянжунцев давал теперь школьному другу ежемесячную субсидию. Когда Набокова свалил приступ межреберной невралгии, его посетила на улице Буало бывшая жена его покойного друга Ходасевича Нина Берберова, которая сделала такую запись (позднее вошедшую в ее мемуарную книгу):

«Нищая, глупая, вонючая, ничтожная, несчастная, подлая, все растерявшая, измученная, голодная русская эмиграция (к которой принадлежу и я!). В прошлом году на продавленном матрасе, на рваных простынях, худой, обросший, без денег на доктора и лекарства, умирал Ходасевич. В этом году — прихожу к Набокову: он лежит точно такой же. В будущем году еще кого-нибудь свезут в больницу, собрав деньги у богатых, щедрых и добрых евреев. (Принесла Набокову курицу, и Вера сейчас же пошла ее варить.)».

Нынче-то в этих кварталах бедные, пожалуй, не живут больше. В особняках близ Волошина сменились все жильцы. Это нынче шикарные кварталы...

На коротенькой улице Нарсисс-Диас, что лежит между улицей Мирабо и Версальской авеню, в доме № 7 находилась до войны клиника Мирабо. 9 февраля 1938 года в эту клинику, где работало тогда много русских (в том числе и в администрации), поступил с приступом аппендицита сын Троцкого Л. Седов. В тот же вечер он был оперирован, назавтра он почувствовал себя хорошо, и у его постели больше никто не дежурил. В ночь с 13 на 14 февраля ему стало вдруг хуже. 14-го он был снова оперирован и в тот же день умер.

За ним охотились давно. Было сделано несколько покушений на его жизнь, которые не увенчались успехом. За год до своей смерти Седов предупреждал на страницах журнала «Конфешн»:

«Хочу предупредить общественное мнение, что, несмотря на все, что мне пришлось пережить за последнее время... я вовсе не собираюсь ни исчезнуть, ни покончить самоубийством. Если со мной что-нибудь случится, то виновных нужно искать у Сталина, и никого другого».

19 июля 1938 года Троцкий прислал письмо следователю, который выяснял причины смерти его сына:

«Благодаря московским процессам мир узнал, что светила русской медицины под руководством бывшего шефа тайной полиции Ягоды ускоряли смерть пациентов средствами, следы которых позднее было невозможно или трудно обнаружить...

Учитывая все обстоятельства дела и пророческое предсказание самого Седова... следствие не должно пройти мимо предположения, что смерть не последовала в результате естественных причин... ГПУ не могло не воспользоваться случаем иметь своих агентов в клинике или поблизости от нее».

Уж наверняка «не последовала в результате естественных»... Судя по опубликованным недавно в Москве «убийственным» мемуарам генерала КГБ Судоплатова, героическим усилиям по убийству всей семьи Троцкого и самого ненавистного экс-конкурента Сталин придавал «государственное значение» и денег на это не жалел. Как с гордостью сообщает генерал, ответственное задание вождя было выполнено. А чего достиг Сталин, по-дикарски вырезав семью этого малоприятного Льва Давыдыча? Того, что не только Троцкий представляется нынче здешним не слишком начитанным левакам жертвою Сталина, но и троцкизм представляется жертвою сталинизма. Так, может, думают они, он и есть тот улучшенный вариант марксизма, которого жаждет их бунтарская душа?.. В результате даже легальные и полулегальные троцкисты, объединяясь, догоняют и обгоняют здесь легальных коммунистов на выборах. А ведь вдобавок Троцкий, как и Ленин, учил их конспирации. Сколько же их тут еще, нелегальных? Сам здешний премьер-социалист, как походя сообщила французская пресса, «из троцкистов». А что Троцкий был одним из главных творцов пореволюционного террора и ГУЛАГа — этого здесь ни один левак не знает (и знать не хочет)...

Ну а что в клинике Мирабо, перед которой застал нас этот печальный разговор, персонал был русский, так это неудивительно.

Заречный квартал д'Отей

Это были «русские» кварталы между войнами, здесь была русская инфраструктура. И гараж на рю ла Фонтен (в доме № 88) был русский (А. В. Татаринова), и ветеринар на авеню Эмиля Золя (в доме № 45) был свой (больную собачку из русской семьи не надо мучить французским разговором), и кондитерские свои, русские, с сушками и черным хлебом (на Лоншан и на рю де ла Помп), и гастроном свой на Мишель-Анж (дом № 83), и фотограф свой, русский (скажи «изюм», скажи «кишмиш»), на улице Пасси (Маркович, дом № 60), и фруктами-овощами торговал на авеню Золя, как положено, румяный А. Яблоков (дом № 40), и адвокаты свои, и врачи, и зубодеры, и портные, и сапожники... Их всех уже нет больше, конечно...

БУЛОНСКИЙ ЛЕС

Раз уж мы оказались на краю этого знаменитого леса, да еще поутру (или среди дня), да еще в будни, то отчего бы нам не прогуляться по его тропкам и не посидеть на скамейке в тенечке, как, бывало, сиживал Александр Куприн, живший неподалеку, или Александр Вертинский, прогуливавший тут собаку?

Булонский лес. Знаменитый Булонский лес. Ну, лес не лес, а парк огромный, площадью 863 гектара, 140 000 деревьев (если парижская рождественская буря на переломе нового тысячелетия числа их не убавила) — и по большей части дубы. Но когда-то ведь и лес тут был, самый настоящий лес, включавший и Медон, и Монморанси, и Сен-Жермен-ан-Лэ и носивший титул Дубового леса: охотились тут на оленей, на волков, кабанов и медведей. А почему Булонский, это известно. В 1308 году ходили лесорубы из здешней лесной деревушки на богомолье в приморскую Булонь (Булонь-сюр-Мер) поклониться Булонской Божьей Матери, пришли растроганные, испросили разрешения у тогдашнего короля (Филиппа IV Красивого, известного своими некрасивыми поступками) построить тут у себя в лесу церковь, подобную булонской. Король разрешил, они церковь построили и нарекли Малой церковью Булонской Божьей Матери (**Notre-Dame-de-Boulogne-le-Petit**). Ну а с веками церковь исчезла, а название пристало к лесу. Лес был еще серьезный, таились в его чаще разбойники, так что славному королю Генриху IV пришлось построить у кромки леса крепостную стену с воротами (он же велел насадить тут 15 000 тутовых деревьев и разводить шелковичных червей). При Людовике XIV прорубили для нужд охоты первые просеки и дороги, что расходились лучами (они и в XXI веке еще заметны). Уже тогда начались променады в лесу и впервые заложены были эротические традиции этих мест, от которых осталась среди прочего пословица: «В Булонском лесу жениться — кюре не нужен». То бишь под дубом на траве и венчаются (как у нас — под сосной). Впрочем, уже со времен Регентства высоко ценила лес и элегантная публика, строилась к лесу поближе — в Нейи и Мюэт, в Ранелаге и Багатели. В пору Революции приходилось в здешнем лесу прятаться не одним браконьерам, но и прочему гонимому люду, а прогнав непобедимого императора Наполеона, встали здесь постоем русские, пруссаки да англичане. Что остается после солдатского постоя, представить себе нетрудно, но в 1852 году истинный благодетель Парижа, паркоустроитель Наполеон III присоединил лес к городу, выделил два миллиона на его восстановление и обустройство, тут-то и закипела работа.

На месте погибших дубов сажали каштаны, сикоморы и акации, строили павильоны, устраивали водопады — в общем, ориентировались на лондонский Гайд-парк, от которого в восторге был англоман-император. Около сотни извилистых, петляющих аллей пришли на смену французским, прямым, с угловатыми перекрестками, вырыты были пруды и питающие их колодцы, засверкали озера. А еще устроен был ипподром Лоншан, построены для людской пользы киоски (первый из них — самим Давиу), шале и рестораны. Проложили от площади Звезды до самого парка авеню Императрицы, вызвавшую всеобщий восторг (нынче и сама авеню и название слегка поскучнели — называется авеню Фош, — но все еще, несмотря на бензиновую вонь, она радует глаз). Дальше — больше. У окружного бульвара построили обширный стадион — Парк де Прэнс, а чтобы хоть чуть облегчить дыхание в этих зеленых «легких Парижа», автостраду увели в туннель...

Конечно, в былые времена легче было отыскать в этом парке лесную атмосферу и уголки, навевающие воспоминания о лесных разбойниках. Сохранялся, впрочем, и позднее кое-какой разбой. Как-никак именно здесь 6 июня 1867 года неистовый поляк из Волыни Антон Березовский дважды выстрелил в медленно проезжавшего по лесу русского «царя-освободителя» (как видите, всем не угодишь, всех не освободишь).

«Хвала Небу, никто не был ранен, — сообщала в своих мемуарах одна знатная дама. — Между тем раненая лошадь, дернувшись, забрызгала кровью императора Александра и великого князя Владимира. Александр II, увидев, что одежда его сына в крови, подумал, что он был ранен... Это был страшный момент».

В конце концов выяснилось, что ни великий князь, ни император не пострадали. В толпе заметили при этом, что русский император встретил опасность с «надменным равнодушием», но ведь мало кому из французов было известно, что великий воспитанник Жуковского был вообще не робкого десятка, что так же хладнокровно стоял он перед Каракозовым и что это он удержал тогда толпу от расправы над террористом. В донесении французскому правительству о парижском покушении сообщалось:

«Император в момент покушения и после него проявлял величайшее хладнокровие. Вернувшись во дворец, он принял своих министров и сказал им: „Вот видите, господа, похоже, что я гожусь на что-то, раз на меня покушаются"».

Гораздо печальнее кончилась прогулка близ Булонского леса для другого русского — сорокасемилетнего экономиста, бывшего директора таинственного Банка Северной Европы Дмитрия Навашина: он был зарезан во время прогулки 25 января 1937 года. Полиция не нашла (и, скорей всего, не искала) убийцу. Троцкий писал тогда по этому поводу из своего мексиканского убежища (тоже оказавшегося ненадежным):

«Дмитрий Навашин слишком много знал о московских процессах. Недавно агенты ГПУ похитили в Париже мои архивы (двадцать лет спустя агент ГПУ Марк Зборовский похвастал комиссии Маккарти, что это он украл и отправил в Москву архив. — *Б. Н.*). Вчера они убили Навашина. Теперь я опасаюсь, чтобы мой сын, который считается у них врагом № 1, не стал их следующей жертвой».

В 70-е и 80-е годы XX века опушка Булонского леса с наступлением темноты превращалась в аттракцион ужасов, равный которому никогда не удавалось создать высокооплачиваемым изобретателям диснейлендов. Мне доводилось проезжать там на машине с приятелем, который хотел меня позабавить. Я так и не понял, почему это казалось ему забавным... Вдоль дороги, опоясавшей лес, стояли на обочине посиневшие от ночного холода полуголые женщины. Фары нашей машины выхватывали из полумрака то синие толстые ноги, то раздутые силиконом груди. Какие-то бесстрашные мужчины, остановив машину, о чем-то с ними договаривались через полуоткрытое окно машины, может быть о цене. О цене чего — радости, отвращения, болезни, гибели? Какие-то вовсе уж бесстрашные фанатики выходили из машины и шли за этими посиневшими амазонками во мрак леса. Что могло их там ждать? Позднее я прочел, что бразильские мужикобабы вытеснили в Булонском лесу устаревших гетеросексуальных тружениц. Еще позднее заботливая полиция переселила их в какой-то другой лес под Парижем. Полиция заботилась о чистоте леса, куда поутру придут няни и мамы с детишками...

Дневной Булонский лес манит парижан, особенно по выходным дням (отчего я и предложил вам гулять в будни) — катаются граждане в лодках по Верхнему и по Нижнему озеру, а там и водопады (как же романтическому парку без водопадов?), и острова. На островах, понятное дело, рестораны (иные фланеры, чтоб не маяться, сразу доезжают на катере до ресторана — гуляют). Замечательна та часть парка, что носит имя провансальского трубадура, которого зазря убили алчные охранники Филиппа IV (король велел их сжечь живьем за этот безнравственный поступок), — Пре Каталан: здесь тенистые аллеи, просторные лужайки, цветы. Есть еще сад Шекспира, там все цветы, что упомянуты в пьесах и сонетах великого Уильяма, и живые декорации для постановок по его пьесам. А есть ведь еще среди леса ботанический сад, есть музей народных обычаев и народного искусства, есть Королевский павильон, есть теплицы, есть детский центр, есть замок, есть старая мельница — всего мне не описать. Ограничусь одним прелестным уголком Булонского леса — укромным и элегантным парком Багатель (что значит — «безделица», и то сказать, площадь его всего 24 гектара, и пруд, и цветы). Это райский уголок, и впервые мне довелось там гулять не одному, а с прекрасной француженкой. Вот как это случилось. Я сидел дома (шел очередной год моей безработицы), когда позвонила какая-то дама и попросила меня давать ей уроки русского: русская подруга сказала ей, что я бегло говорю по-русски, а ей как раз нужен «разговорный русский». Она даже будет платить мне за уроки, только очень-очень мало. Я спросил, почему так мало.

Она сказала, что разговорный русский не может цениться высоко, тем более что она очень красивая женщина. Я согласился, только предложил, чтобы мы разговаривали на свежем воздухе, очень надоело сидеть дома. И вот она заехала за мной и повезла меня в сад Багатель. Там мы гуляли вокруг пруда и мило разговаривали по-русски (или почти по-русски). Она рассказала мне, что лет десять изучала наш язык, а потом еще пять лет работала в Москве. В конце концов я все же спросил, отчего же она так плохо говорит по-русски после всех этих усилий. Она с милой простотой объяснила мне, что она чистая француженка, а французы, как ей кажется, не способны выучить иностранный язык. Я спросил, зачем ей тогда эти новые усилия на ниве «разговорного русского», и она так же простодушно объяснила, что через неделю с визитом во Францию приедет М. С. Горбачев и французский МИД пригласил ее, мою ученицу, быть переводчицей при Р. М. Горбачевой (царствие ей небесное!) и при этом ей будут платить... (она назвала сумму, раз в 60 превышавшую мое профессорское вознаграждение). Я хотел спросить, почему пригласили именно ее, но вспомнил, что она уже объясняла мне про это по телефону: она красивая женщина. Это я мог понять. Лет 15 спустя этого никак не могли понять две следовательницы парижской прокуратуры, дотошно выяснявшие, почему глава МИД месье Роллан Дюма устроил своей любовнице через нефтяную компанию то ли 15, то ли 45 миллионов комиссионных (за чужой счет, конечно). Ну а я все понял еще тогда, в прекрасном саду Багатель, и потерял всякий интерес и к «разговорному русскому», и к французской внешней политике. Но не утратил интереса к прекрасному Багателю и его истории...

Замком Багатель владел брат Людовика XVI граф д'Артуа. Он пообещал прекрасной свояченице Марии-Антуанетте построить замок до конца охотничьего сезона 1777 года и выполнил обещание: замок был построен архитектором Беланже и восемью сотнями мужиков за два месяца: «маленький, но удобный». В 1782 году граф д'Артуа принимал в этом замке графа и графиню Норд из России. Это были путешествующие как бы инкогнито русский великий князь-наследник, будущий император Павел I и его супруга эльзасского происхождения, будущая русская императрица. Ее подруга детства баронесса д'Оберкирх вспоминала позднее, что в тот вечер в замке играли лучшие музыканты Парижа, да и «закуска была после этого в высшей степени изящной».

В 1835 году замок купил у герцога де Берри лорд Ричард Сеймур, герцог Хертфордский или четвертый маркиз Хертфордский, и эта англо-французская эпопея заслуживает более подробного рассказа.

Ричард Сеймур-Конвей, будущий четвертый маркиз Хертфордский, детские и отроческие годы провел с матерью в Париже. В Англию он вернулся шестнадцати лет от роду, стал кавалерийским офицером, прозаседал лет семь в палате лордов, посетил Константинополь, а в возрасте 35 лет купил у герцога де Берри замок Багатель и окончательно поселился в городе своего детства. У него была огромная квартира в доме № 2 по улице Лаффит, которая выходила на бульвар Итальянцев. Здесь он и проводил бо́льшую часть своего времени. Человек он был замкнутый, странный, малообщительный. Неохотно выходил из дому. Современник его рассказывает, что, когда во время Революции толпа проходила мимо его дома, он даже ни разу не откинул занавеси, чтобы взглянуть на улицу. Он никогда не был женат. Может, супружеские приключения второго маркиза, чья жена была слишком близка к принцу Уэльскому, да и семейные невзгоды его отца, третьего маркиза Хертфордского, не слишком вдохновляли его на брак. Впрочем, когда ему исполнилось 18 лет, некая миссис Агнес Джэксон родила от него сына, которого она назвала Ричардом и который носил материнскую фамилию, поскольку маркиз не признал своего отцовства.

Чем же занимался в свои уединенные парижские годы сэр Ричард Сеймур-Конвей, четвертый маркиз Хертфордский, потомок царедворцев, камергеров и послов Великобритании (еще ведь и первый маркиз Хертфордский был послом в Париже)? Он занимался тем же, чем занимались многие богатые и образованные люди его времени, — собиранием предметов искусства и старины, умножением семейной коллекции. Он разделял пристрастие своего отца к дореволюционной французской живописи, к Ватто, Грезу, Буше и Фрагонару, к французской кабинетной мебели таких мастеров, как Годрео и Ризенер, Вейсвейлер и Буль. Он приобрел богатейшую коллекцию старинных рыцарских доспехов и оружия. Но он покупал и голландских мастеров живописи, таких, как Рембрандт и Франс Халс, и великих мастеров других стран — Веласкеса, Ван Дейка, Рубенса. Особое пристрастие он испытывал к Мурильо и Грезу.

Умер четвертый маркиз Хертфордский в Булонском лесу в своем замке Багатель на самом закате Второй империи, в августе 1870 года, когда прусская армия подходила к его любимому Парижу. Огромное свое состояние — и замок Багатель, и квартиру на рю Лаффит, и ирландские поместья, и бесценные коллекции он завещал своему незаконному сыну от Агнес Джэксон Ричарду Уолласу, которому было в ту пору 52 года. Надо сказать, что Ричард Уоллас уже многие годы исполнял у отца обязанности секретаря и торгового агента, так что успел приобрести и вкус, и необходимые знания. Разделяя пристрастие отца к мебели, фарфору и французской живописи, он проявлял большую самостоятельность при выборе полотен времен Средневековья и эпохи Возрождения. Итак, в начале 70-х годов он стал владельцем всей коллекции и огромного состояния. Именно в эти годы Ричард Уоллас смог продемонстрировать свою любовь к этому городу, в котором он прожил чуть не полвека. Париж переживал тогда трудные времена. Франко-прусская война, осада, эпидемии, голод. Ричард Уоллас подарил городу Парижу кареты «скорой помощи» и полсотни изящных фонтанов с питьевой водой, которые до сих пор украшают Париж и носят название «уолласы»», подарок, увековечивший историю любви богатого английского бастарда к гостеприимному городу Парижу. Собственно, Ричард Уоллас и был ведь настоящим парижанином. И вкусы у него парижские, и судьба. В молодости он влюбился в продавщицу из парфюмерного магазина Жюли Кастельно, с которой он жил вне брака больше тридцати лет. Когда они поженились, их сыну Эдмонду, носившему фамилию Ричард, было уже тридцать. В эти годы Ричарду Уолласу было пожаловано звание баронета, и в 1872 году он поселился в Лондоне, в Хертфорд-хаузе. Тогда же он решил переправить в Англию значительную часть родовой коллекции. Видимо, после войны и насилий, сопутствовавших Парижской коммуне, Париж перестал казаться ему надежной гаванью. Когда сэр Уоллас поселился в Хертфорд-хаузе, часть его коллекции была выставлена в лондонском Бетнал-Грин-Музеуме. Выставку эту, которая стала настоящей лондонской сенсацией в начале 70-х годов, посетило пять миллионов человек. В 1887 году умер сын сэра Уолласа Эдмонд, и семидесятилетний коллекционер решил вернуться домой, в Париж, в Багатель. Он вернулся один. Старая и, надо сказать, довольно страхолюдная леди Уоллас, урожденная Амели Жюли Шарлотт Кастельно, бывшая парижская продавщица, в родной Париж с ним не поехала. Может, она уже тогда нашла кого-нибудь помоложе. Ричард Уоллас умер три года спустя в замке Багатель, в той же самой комнате, что и его отец, четвертый маркиз Хертфордский. Состояние и коллекции он оставил леди Уоллас. Она прожила еще семь лет, и советником ее (а заодно и любовником) был тридцатитрехлетний (то есть лет на тридцать ее моложе) Джон Меррей Скотт. Коллекции из Хертфорд-хауза она, согласно пожеланию мужа, передала государству. Все остальное — и замок в Булонском лесу, и квартиру на рю Лаффит, и остатки коллекции, и ирландские поместья леди Уоллас завещала своему любовнику, у которого город Париж и купил замок Багатель.

...Когда я в последний раз приехал в Лондон, я посетил Хертфорд-хауз, что на Манчестер-сквер, и место это показалось мне не только фантастическим заповедником искусства, но и уголком старого Парижа в самом центре Лондона. Даже фонтанчик «уоллас» там стоит близ парадного входа...

ТРОКАДЕРО

Если в хороший, солнечный день выйти из метро «Трокадеро» на террасу дворца Шайо, что близ площади над садом, над фонтанами, над берегом Сены, над Марсовым полем и напротив Эйфелевой башни, то как раз и попадешь в атмосферу этого самого «праздника, который всегда с тобой», наподобие сотового телефона: шикарные туристские автобусы пасутся у тротуара, мальчишки гоняют на роликах и совершают невероятные прыжки, японцы, непринужденно улыбаясь, фотографируют друг друга, американцы перекликаются, как в лесу, немцы что-то поют ностальгическое (уже скучают по дому), африканцы торгуют чем-то почти африканским, добросовестный гид рассказывает недоверчивым туристам, что тут была когда-то деревушка Нижон, которая стала потом частью деревни Шайо...

— Все может быть, — кивают пожилые туристы. — Место тут завидное.

Молодые туристы ничего не слушают, а, взявшись за руки, смотрят друг на друга и на город Париж.

Гид, отбывая трудовую повинность, сообщает, что в XV веке королева Анна подарила эту усадьбу монахам-минимам, которые свои нужды сводили до минимума и вообще слыли добрыми людьми. А позднее Мария Медичи тут построила дворец Трокадеро, который потом достался маршалу Басомпьеру. Это был галантный и неутомимый в мирных трудах кавалер, он переехал позднее в Бастилию, а перед самым переселением сжег шесть тысяч любовных писем — свидетельство не напрасно прожитой жизни (вот уж кому «не было мучительно стыдно»). Наследник писучего маршала продал дворец Генриетте Французской (в ту пору королеве Англии), а она здесь основала монастырь... Когда у Наполеона I родился сын (король Рима), император приказал построить от склона холма до самого Булонского леса грандиозный дворец, которому не было бы равных... Архитекторы почтительно обещали, что он будет «самым обширным, каких в мире еще...» (обещайте, обещайте, завтра все может перемениться). Назавтра императору стало не до дворца и не до Рима, хотя площадь эту до самого 1877 года звали площадью Короля Рима.

А все же и во Франции, как и в России, понимают, что свято место пусто не бывает, так что в дни Реставрации тут намеревались построить гигантский монумент во славу французской монархии, потом жилой дом и огромный обелиск, который увековечил бы ту немедленно всеми забытую испанскую экспедицию, имевшую место в 1823 году, а в пору Июльской монархии архитектор Море предложил воздвигнуть тут мавзолей и перенести в него прах Наполеона, — не просто мавзолей, а гигантский мавзолей, увенчанный императорской короной и орлом, что-нибудь наподобие мавзолея Адриана и Августа. Сюда собирались перенести слона с площади Бастилии, но архитектор Орб предложил воздвигнуть в честь Наполеона тридцатиметровую мраморную колонну. При Второй империи собирались тут воздвигнуть триумфальную арку по проекту Давиу, были и еще проекты, потому что природа не терпит пустоты, а идея величия мучит распорядителей кредитов. В конце концов выиграл Давиу — купили его проект дворца, приуроченный ко Всемирной выставке 1878 года, а позднее к этому его дворцу пристроили два обширных изогнутых неоклассических крыла, и вот «мы имеем то, что имеем», — выставочный дворец Шайо со всеми его

От дворца Шайо через площадь Трокадеро виден над оградой кладбища Пасси православный крест часовни Марии Башкирцевой...

павильонами, ротондами, аркадами, галереями, текстами Поля Валери и воистину бесчисленными золочеными скульптурами из бронзы вокруг паперти и бассейнов, целым музеем скульптуры конца XIX — начала XX века. Огромный этот дворец разместил множество музеев (этнографический музей, музей кино, синематеку), театр с залом на пять тысяч зрителей и многое другое.

Если в залах старого Трокадеро дирижировал концертами русской музыки Николай Рубинштейн, а концертами, приуроченными к выставке 1889 года, — Римский-Корсаков, то новые залы связаны с театральной деятельностью Жемье и Антуана Витеза, Жанны Моро и Жерара Филипа... В этих залах происходило множество знаменательных событий вроде заседаний Генеральной Ассамблеи ООН. В 1948 году на заседании Генеральной Ассамблеи здесь была принята Декларация прав человека. Здесь же в самый разгар холодной войны в 1951 году проходила VI сессия Генеральной Ассамблеи, на которой американский представитель предложил установить контроль за гонкой вооружений, в ответ на что многоопытный товарищ Вышинский изобличил американских агрессоров, которые мечтают о войне, а заодно изобличил и самую эту ООН. И только через четверть века отверстие в железном занавесе стало достаточно большим, чтобы в него пробился Театр на Таганке вместе с Высоцким и выступил на сцене этого вот самого дворца Шайо.

От стоянки туристских автобусов у эспланады Трокадеро видна стена кладбища Пасси и царящий над нею православный крест часовни Марии Башкирцевой. И раз уж мы тут — войдем в кладбищенские ворота, что почти напротив Трокадеро и дворца Шайо, и сразу попадем в неспешный, безмолвный мир опередивших нас на сколько-то времени незабвенных братьев-парижан и незабвенных сестер.

Французские журналисты любят называть кладбище Пасси «элегантным» или даже «самым элегантным» в столице: эпитет подразумевает естественную или благоприобретенную грацию, изысканность манер. Впрочем, чаще французские коллеги намекают, что в данном случае «элегантность» связана и с богатством, ибо по соседству с кладбищем лежат богатые кварталы. Поначалу тут были деревня и коммуна Пасси, а при них деревенское кладбище. Нынешнее кладбище появилось лишь как некий придаток к тому, вполне простонародному, муниципальному. А потом деревенское кладбище закрыли вовсе, из санитарных соображений, а вот «элегантный» придаток к нему разросся до 17 000 квадратных метров и стал отдельным кладбищем, которое в середине прошлого века вместе со всей деревней Пасси вошло в черту собственно Парижа. Нынешние ворота, украшенные барельефами, построены были только в 1934 году. В ту пору жило еще в Пасси немало русских эмигрантов, но до похорон на здешнем кладбище они уже не дотягивали — разве что сына великого князя Михаила, племянника Николая II, еще по средствам было здесь похоронить, да его матушку, морганатическую супругу великого князя, урожденную Наталью Шереметьевскую. Или знаменитого летчика-испытателя полковника Розанова.

Самый большой, однако, на целом кладбище фамильный склеп, лишенный, впрочем, на мой взгляд, особой «элегантности», здесь тоже русский: в нем и похоронена бедная Муся, двадцатичетырехлетняя художница и писательница Мария Башкирцева. Нынче ей бы уже было за 140, но она всегда пребудет молодой, прелестной, талантливой, оплакиваемой и желанной. Недавно один молодой французский писатель объявил, что если бы он стал с кем переписываться, то только с ней, с Мусей. А любивший бродить по кладбищам ныне покойный президент Франции Франсуа Миттеран нередко, говорят, приходил именно к этой могиле. Его кумир Баррес отзывался о книге Марии Башкирцевой как о «библии спальных вагонов», а что касается монпарнасской богемы начала века, то среди нее эта молодая французская писательница, уроженка Полтавщины, похороненная на кладбище Пасси в 1884-м, прослыла «Мадонной Монпарнаса».

Безутешная ее матушка воздвигла ей мавзолей по проекту любимого ее учителя Бастьен-Лепажа, а внутри мавзолея воспроизвела уголок ее ателье. Что было там внутри поценнее, вроде икон, уже, конечно, давно оттуда украдено, но кое-что еще осталось... И православный крест по-прежнему высится над стеной. И стихи знаменитого поэта Андре Тьере различимы на стене:

О, Мария, ты лилия белая, ты сияющая краса,
Не исчезла, не скрылась ты вся в ночи черной,
Дух твой жив, и, забвению непокорный,
Аромат бессмертный цветка все возносится в небеса.

Тут же близ стены — могила уже упомянутой мною княгини Брасовой, невенчанной супруги великого князя Михаила, брата последнего русского императора. Князь был инспектором русской кавалерии, и большевики убили его в Перми еще в 1918 году, а Наталью Шереметьевскую произвел в княжеское звание в эмиграции великий князь Кирилл Владимирович десять лет спустя. Фамилия же эта придуманная — Брасова — осталась от лучших времен. В 1911 году, путешествуя тайно вдвоем по довоенной Европе, великий князь и Наталья записались в книге венского отеля как граф и графиня Брасовы. Вот и осталось новоиспеченной эмигрантской княгине это имя в воспоминание о довоенной Вене...

На кладбище Пасси нет ни регулярного плана, ни линий, ни строгого порядка. Смотритель кладбища месье Антуан может всегда подсказать, куда вам идти. А куда вы хотите, он может угадать по вашему виду и акценту. Он неплохо изучил массовый туристический спрос.

— Японцы, — говорит он, — спешат сфотографировать могилу Клода Дебюсси и бежать дальше. Вы, судя по виду, тоже к Дебюсси, месье...

...К Дебюсси? Можно и к Дебюсси. Он ведь живал в России, потом работал с Дягилевым. Нижинский потряс Париж в его «Послеполуденном сне фавна». Из композиторов здесь еще неподалеку ученик Сен-Санса Габриэль Форе. Гляди-ка, пережил старик Форе молодого импрессиониста Дебюсси... А вон президент Франции Сади Карно.

— Нет, нет, — качает головой месье Антуан, — его уже нет здесь, президента, он теперь в Пантеоне. Зато остался сундучок с его окровавленной одеждой. Его ведь зарезал какой-то анархист на вокзале в Лионе.

А вон в укромном уголке бывший министр, возглавлявший кабинет министров при Клемансо, — Жорж Мандель. Немцы выдали его в 1942-м французской милиции, которая и убила его через два года в лесу Фонтенбло. Исключительно по причине его еврейского происхождения... А это граф Лас-Каз, он записал на Святой Елене свои беседы с Наполеоном.

А вот маршал Фош. Победитель. А вот генерал Хунцигер, петеновский военный министр. Немцы заставили его подписывать акт

В нынешнем Пушкинском клубе на улице Буасьер, в особняке бывшего партийного общества «Франция—СССР», можно теперь угодить на выставку ювелирных изделий и на распродажу французских вин.

капитуляции в 1940 году в том самом вагоне, в котором Фош подписывал акт победы в 1918-м. Невеселые игры. Через год униженный генерал Хунцигер попал в авиакатастрофу...

А это что? «Поцелуй». Чувственная скульптура Дуниковского на могиле какого-то его земляка, Антуана Черпликовского, кто он был, не знаю... Тут много отличных скульптур. А вот медальон Родена. Скульптура Осипа Цадкина. А это Октав Мирбо, как же, как же, романист, «Дневник горничной». Надпись на его могильной плите призывает творить добро и избегать ненависти, даже к злым людям...

А вот поэтесса Рене Вивьен. Она была на самом деле Полина Тарн, родилась в Лондоне. Совсем мало пожила бедная женщина. 32 года. Стихи на ее надгробии:

> *Утешилась, блаженствует душа,*
> *Уснула наконец без силы.*
> *Возлюбленная смерть, так хороша —*
> *Ей жизни грех простила.*

Отчего ж так. Неужто не была ей и жизнь в радость? Бедная, бедная Рене! Но смерть, конечно, надежнее жизни по части безгрешности...

А вот летчики-испытатели. Костес, Беллонте, Розанов. А вот актриса. Совсем молоденькая. Джейн Анрио. Погибла двадцати двух лет от роду при пожаре в «Комеди Франсез».

Снова подходит ко мне смотритель месье Антуан, может, просто тянет его к живому человеку, а может, надеется на скромные знаки дружбы...

— Которые из Южной Америки, — говорит он, — те ищут Эдгара Мане. Румыны всегда своего Георгиу ищут. А бельгийцы отчего-то все — Фернанделя...

— Да, да... Зубастый Фернандель, — я улыбаюсь месье Антуану. — Похож был на моего московского друга Костю...

— А может, вам богатых людей надо?! — предлагает месье Антуан. — Тут их много — Делесер, месье Коньяк-Жей с супругой, все большие филантропы...

— Не надо богатых, — говорю я. — Тут все равны. Но я просто погуляю, месье Антуан, тут столько знакомых, столько воспоминаний. Я здесь как дома...

...От площади Трокадеро и от авеню Президента Уилсона тянутся в сторону площади Звезды (Шарль-де-Голль-Этуаль) улицы, застроенные огромными домами (авеню Иена, Клебер, Марсо), в которых жили когда-то (да и нынче живут) люди состоятельные и знатные. Да и новые богачи здесь селятся тоже. Недаром же несколько лет назад именно на одной из этих авеню (на авеню Марсо) какие-то киллеры (судя по всему, русские) застрелили через бронированное стекло молодого новорусского миллионера, чем сильно озадачили непривычную к таким питерско-чикагским разборкам местную полицию.

На авеню Клебер уже в начале XX века стояли роскошные современные гостиницы вроде отеля «Мерседес» на углу Пресбургской улицы. Здание стиля «ар нуво» построено архитектором Шеданном. Над панорамными окнами его первого этажа — скульптурные изображения автомобиля и автомобилистов, истинная заря новой эры. Рядом (в доме № 19) раньше находился «Отель Кастилии», в котором до 1904 года жила королева Изабелла II. Позднее здесь появился отель «Мажестик», который был куплен государством, оборудовавшим в нем какие-то конференц-залы. И публика не замедлила собраться в этих залах. В июне 1921 года здесь состоялся европейский конгресс Русского национального союза. Присутствующие (их было три сотни) избрали своим председателем известного богослова, сторонника создания православного государства Антона Владимировича Картышева. Конгресс создал постоянный Русский национальный комитет, имевший целью «освобождение России от коммунистического рабства». В этих залах не раз проходили вечера русских писателей — Куприна, Мережковского и Гиппиус, Зайцева, Бальмонта, Бунина. В апреле 1926 года в одном из этих залов собрался под председательством Петра Струве Всемирный русский конгресс, имевший целью консолидацию всех сил, стремящихся к освобождению России от ярма Второго интернационала.

В доме № 52 по авеню Клебер жил некогда государственный деятель и нобелевский лауреат Аристид Бриан, который здесь и умер в 1932 году. В доме № 73 умер литовский поэт Милош. На соседней улице Амелен жил с 1919 года до своей смерти (в 1922 году) Марсель Пруст.

Параллельно авеню Клебер идет улица Лористон. На ней еще и в недавние годы жил писатель Владимир Максимов и помещалась редакция знаменитого эмигрантского (третьей волны русской эмиграции) журнала «Континент». А до того жила на той же улице лихая, остроумная дама, французская писательница, русская эмигрантка, интеллигентная азербайджанка из Баку, взявшая восточный псевдоним Ум Эль-Банин. Семидесятисемилетний Бунин называл ее «газелью» и «черной розой», а она описала этот эпизод последних лет его жизни в очень милой мемуарной книжечке «Последний поединок Бунина». Впрочем, незадолго до этих событий в ее квартирке на улице Лористон жил офицер оккупационной армии, знаменитый немецкий писатель Эрнст Юнгер, которому она поклонялась (как сорок лет спустя поклонялся ему Ф. Миттеран).

Авеню Клебер пересекает улица Буасьер. Когда-то на ней размещалось таинственное партийное общество «Франция—СССР». Теперь в этом особняке нормальный русский Пушкинский клуб, без кнопок и бронированной двери. Я был там однажды, на презентации прекрасной книги А.Васильева «Красота в изгнании». На той же улице (по сообщению того же А. Васильева) в доме № 59 размещалось до войны русское ателье мод «Лор Белен». Хозяйка его милая дама-эмигрантка Лора Бейлина, погруженная в тайны философии и эзотерики, делами занималась мало и отдала ателье под твердую руку балерины Тамары де Коби (урожденной Гамсахурдиа, дочери циркача-грузина и венгерской цыганки), женщины воистину романтической судьбы и самых разнообразных талантов. Дом «Лор Белен» специализировался на корсетах. Мода на женственные линии фигуры, которую на время потеснили девушки-гамены, эти твигги 20-х годов, мода эта вернулась в 30-е, и вот тут-то Тамаре пригодилось блестящее знание балетного костюма. Оставалось осваивать новые материалы. В 50—60-е годы знаменитая актриса Марлен Дитрих выходила на сцену в белом, усыпанном стеклярусом платье — и непременно в корсете, сделанном ее русской подругой Тамарой (так что мужские тревволнения в зале были вызваны не только природными формами актрисы, но и искусством Тамары). Модельерским мастерством, личным обаянием и даром дружбы Тамары Гамсахурдиа де Коби (и конечно, ее платьями, бельем, купальниками, корсетами) восхищались такие прославленные женщины подлунного мира, как Марлен Дитрих (надпись на фотографии, подаренной ею Тамаре гласит: «Я Вас люблю, я перед Вами преклоняюсь. Марлен»), как Жаклин Кеннеди, как королева Югославии, как русская меценатка леди Детердинг, как баронесса де Ротшильд, как императрица Аннама...

Многие из огромных домов на авеню Клебер, где разместились ныне музеи, международные организации, посольства, раньше целиком занимали люди состоятельные. Скажем, если в домах № 2 и № 4 по авеню Иена и раньше размещались посольства, то вот дом № 10 целиком принадлежал принцу Роланду Бонапарту, от которого осталась здесь огромная (100 000 томов) научная библиотека и кое-какие наполеоновские сувениры. В этом доме родилась принцесса Мария Бонапарт, ученица Фрейда и сама знаменитый психоаналитик. Ныне здесь Французский внешнеторговый центр. В доме № 51 по авеню Иена, где размещается ныне Португальский культурный центр, жил до войны промышленник-миллионер и меценат Галуст Гюльбенкян. Он собрал богатейшую коллекцию шедевров живописи, которую вы сможете увидеть, если судьба занесет вас в Лиссабон (там ныне великолепный Музей фонда Гюльбенкяна). Вообще, надо сказать, богатые обитатели квартала серьезно занимались коллекционированием. Мне лишь два-три раза доводилось бывать в здешних красивых (и пахнущих миллионами) квартирах, похожих на музеи. И надо сказать, что в случае удачи квартиры эти с их уникальными коллекциями произведений искусства и становятся музеями. Такой музей возник, к примеру, в доме № 6 на площади Иена, где жил лионский промышленник Эмиль Гиме, собравший огромную, на высокопрофессиональном уровне подобранную коллекцию яванского, кхмерского, афганского и индийского искусства, — здесь ныне один из богатейших музеев Парижа. Кстати, это здесь Максимилиан Волошин увидел скульптурный портрет египетской царевны Таиах, которая показалась ему похожей на будущую его жену Маргариту Сабашникову. Маргарита стала женой Волошина, потом ушла к другому, а заказанная Волошиным копия скульптурного портрета Таиах оставалась с ним до самой его смерти в Коктебеле в 1932 году.

Можно было бы насчитать полдюжины таких музеев в домах здешнего квартала миллионеров. Скажем, Музей моды и костюма во дворце герцогини Гальера. Герцогиня оставила городу Парижу не только свой дворец на улице Гальера, но и коллекцию произведений искусства. Человеку, знакомому с историей русской эмиграции, визит на улицу Гальера приводит, впрочем, на память не только коллекции здешних музеев и посмертную щедрость коллекционеров. Смутные чувства вызывает, увы, дом № 4 по улице Гальера. Во время войны в этом доме размещалась нацистская администрация по делам русских эмигрантов, которую возглавлял некто Жеребков. Это был страшный дом. Все русские эмигранты должны были отмечаться здесь, а тем, у кого в жилах текла еврейская кровь, ставили в паспорте особый штамп, и это означало для них верную гибель (о чем они еще не подозревали тогда). Во время освобождения, после прихода американской армии и дивизии генерала Леклерка, в доме этом водворился Союз советских патриотов (позднее переименованный в Союз советских граждан). Среди патриотически настроенных русских эмигрантов царила в первые послевоенные годы просоветская эйфория. Эмигрантам показалось, что в большевистской России-победительнице произошли какие-то положительные перемены. В этом их убеждала советская пропаганда. В доме на Гальера выпускали сразу несколько просоветских газет. Потом был обнародован указ о присвоении советского гражданства эмигрантам. Их звали возвращаться назад, и сам Молотов, посетивший Париж, обещал репатриантам заступничество. Чуть не половина русских парижан (около одиннадцати тысяч) взяли тогда советские паспорта. Из них около двух тысяч уехали в Россию, и о том, что они там изведали, догадаться нетрудно. Остальным не давали советскую визу: вероятно, в Париже они были полезнее для организаторов этой акции. Позднее стало ясно, что в России ничего не изменилось после войны к лучшему (преследование Анны Ахматовой и Михаила Зощенко было одним из первых послевоенных знаков несвободы и страха). Ну а патриотов с паспортами (как и здешних коммунистов) постаралась прибрать к рукам советская разведка.

Мне довелось быть знакомым с бывшим лидером Союза патриотов, моим парижским соседом Игорем Александровичем Кривошеиным. Он был сыном столыпинского министра (а позднее врангелевского премьер-министра), в войну сражался в Сопротивлении, прошел нацистские лагеря (и Компьень, и Бухенвальд), стал отчаянным советским патриотом, взял советский паспорт и в конце концов был выслан французами на долгожданную родину. Ну а там его (как позднее и его сына) ждали лагеря ГУЛАГа... Как страшно был обманут этот человек!..

Но прочь от дома с привидениями на улице Гальера! Попробуем забыть и об этом. Мы ведь так блаженно-забывчивы...

Вернемся к музеям. Напротив дворца герцогини Гальера на авеню Президента Уилсона раскинулись слитые воедино дворец «Нью-Йорк» и дворец «Токио» — два массивных здания на двух уровнях, построенные ко Всемирной парижской выставке 1937 года. Ныне здесь размещаются коллекции городского Музея современного искусства (часть собрания ушла в музей Центра Помпиду). Статуи на открытом воздухе, статуи в залах, аллегория Бурделя...

В постоянной коллекции музея — и Пикассо, и Брак, и Рауль Дюфи, и Вламинк, и Модильяни, и Матисс, и Руо, и Дерен, и Фужита, и Леже, и Пикабиа... Здесь много художников и скульпторов русского происхождения, для которых Париж стал их городом, — Серж Поляков и Соня Делоне, Сергей Шаршун и Хаим Сутин, Лев Бакст и Никола де Сталь, Осип Цадкин, Жак Липшиц, Марк Шагал...

Музеи, квартиры-музеи и квартиры, которые еще не стали музеями, — живой современный район и удивительный музей мировой культуры... Все вместе скромно обозначено как XVI округ Парижа...

Но вот уже и площадь Звезды. Похоже, мы с вами совершили круг по правобережному Парижу. Малый круг. Один из кругов. Их могло быть и пять, и десять, да где ж найти время...

Содержание

5 **Присядем у берега перед дорогой**
Отель-де-Виль, то бишь мэрия, на бывшей Гревской площади, или Откуда все пошло и к чему пришло
11 Башня Сен-Жак

По бывшему болоту

15 На север по болоту, по следам рыцарей-храмовников (квартал Маре)
21 Дворец Карнавале и его жиличка
25 По следам комиссара Мегрэ и его творца Сименона
35 Прогулка по следам Бальзака
43 Центр Помпиду

На запад вдоль Сены

47 Лувр
52 Пале-Руайяль
65 Сад Тюильри
70 «Все птицы Парижа», или Урок в саду Тюильри
74 Площадь Согласия
79 Елисейские поля
94 Вокруг да около Елисейских полей-1. Авеню Фош
97 Вокруг да около Елисейских полей-2. «Прозрачный дом» близ Триумфальной арки
103 Вокруг да около Елисейских полей-3. Квартал Франциска I. Авеню Монтень
109 Вокруг да около Елисейских полей-4. Рю Колизе, Боэти, Берри
115 Вокруг да около Елисейских полей-5. Дом на улице Мариньян
121 Фобур-Сент-Оноре
133 Вокруг Мадлен
138 От Мадлен и бульваров по следам Александра Дюма-сына
142 Вандомская площадь

У старой королевской дороги

147 Дорога радостей и горя Сен-Дени
153 Парижский Египет
159 По следам Ференца Листа от Мэльской улицы до Трокадеро
166 Там, где было «Чрево Парижа»

На восток по бульварам

173 Популярнее, чем Эйфелева башня
179 Большие бульвары
190 Улица Лаффит
195 Парижские пассажи
205 По парижским следам Шопена
210 Большие бульвары Нуреева

Содержание

218 Бульвар Ришар-Ленуар. Кое-что о мадам Мегрэ, но главное — о бароне Османе
222 Улица Фобур-Сент-Антуан в слободе краснодеревцев

Запад есть Запад, Восток есть Восток

226 Неуютная площадь Насьон на восточной окраине
230 «Блошиный рынок»
233 Послеобеденная прогулка в квартале Шаррон севернее заставы Монтрей
237 Кладбище Пер-Лашез
241 Бельвиль и Менильмонтан
245 Лысая гора и две улицы на северо-восточной окраине
255 Парк Ла Вилет
261 Лионский вокзал
266 В Венсеннском лесу

На барже, и пешочком, и рысью, и мимо

269 Вдоль идиллического канала к виселицам и дому с привидениями
277 Северный вокзал
284 В квартале Золотой капли

И горести и музы...

290 Вокзал Сен-Лазар
299 Квартал Батиньоль
304 Бульвар Клиши
309 К югу от площади Пигаль
313 Монмартр
326 Москворецкий квартал

В таинственном XVI, над Сеной

331 «В Пассях»
337 Заречный квартал д'Отей
352 Булонский лес
358 Трокадеро

Б. Носик
ПРОГУЛКИ ПО ПАРИЖУ
Правый берег

Редактор *В. Румянцев*
Переплет *А. Никулина*
Макет *Р. Сайфулина*
Художественные редакторы *К. Баласанова, Т. Иващенко*
Технический редактор *Е. Ростовцева*
Корректор *Н. Камышанская*

Подписано в печать 05.04.2001. Формат 60×100/16. Бумага офсетная. Гарнитура Korinna. Печать офсетная. Условн. печ. л. 25,53. Уч.-изд. л. 23,69. Доп. тираж 10000 экз. Заказ № 3409. Изд. № 8982. Налоговая льгота – общероссийский классификатор продукции ОК-005-93, том 2; 953000 – книги, брошюры. Лицензия ЛР № 020846 от 23 декабря 1998 г. ОАО Издательство «Радуга» 121839, Москва, пер. Сивцев Вражек, 43. Отпечатано в ОАО «Можайский полиграфический комбинат» 143200, Можайск, ул. Мира, 93.